FOM-Edition

FOM Hochschule für Oekonomie & Management

Reihe herausgegeben von
FOM Hochschule für Oekonomie & Management, Essen, Deutschland

Bücher, die relevante Themen aus wissenschaftlicher Perspektive beleuchten, sowie Lehrbücher schärfen das Profil einer Hochschule. Im Zuge des Aufbaus der FOM gründete die Hochschule mit der *FOM-Edition* eine wissenschaftliche Schriftenreihe, die allen Hochschullehrenden der FOM offensteht. Sie gliedert sich in die Bereiche Lehrbuch, Fachbuch, Sachbuch, International Series sowie Dissertationen. Die Besonderheit der Titel in der Rubrik Lehrbuch liegt darin, dass den Studierenden die Lehrinhalte in Form von Modulen in einer speziell für das berufsbegleitende Studium aufbereiteten Didaktik angeboten werden. Die FOM ergreift mit der Herausgabe eigener Lehrbücher die Initiative, der Zielgruppe der studierenden Berufstätigen sowie den Dozierenden bislang in dieser Ausprägung nicht erhältliche, passgenaue Lehr- und Lernmittel zur Verfügung zu stellen, die eine ideale und didaktisch abgestimmte Ergänzung des Präsenzunterrichtes der Hochschule darstellen. Die Sachbücher hingegen fokussieren in Abgrenzung zu den wissenschaftlich-theoretischen Fachbüchern den Praxistransfer der FOM und transportieren konkrete Handlungsimplikationen. Fallstudienbücher, die zielgerichtet für Bachelor- und Master-Studierende eine Bereicherung bieten, sowie die englischsprachige *International Series,* mit der die Internationalisierungsstrategie der Hochschule flankiert wird, ergänzen das Portfolio. Darüber hinaus wurden in der FOM-Edition jüngst die Voraussetzungen zur Veröffentlichung von Dissertationen aus kooperativen Promotionsprogrammen der FOM geschaffen.

Lena Rothe · Julia Naskrent · Marcus Stumpf · Jörg Westphal
(Hrsg.)

Marketing & Innovation 2023

Future Shopping – der Handel in der (Nach-)Coronazeit

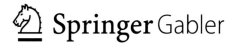

Hrsg.
Lena Rothe
Fachhochschule des Mittelstands
Köln, Deutschland

Julia Naskrent
FOM Hochschule
Siegen, Deutschland

Marcus Stumpf
FOM Hochschule
Frankfurt a.M., Deutschland

Jörg Westphal
FOM Hochschule
Bonn, Deutschland

ISSN 2625-7114   ISSN 2625-7122   (electronic)
FOM-Edition
ISBN 978-3-658-41308-8   ISBN 978-3-658-41309-5   (eBook)
https://doi.org/10.1007/978-3-658-41309-5

Die Deutsche Nationalbibliothek verzeichnet diese Publikation in der Deutschen Nationalbibliografie; detaillierte bibliografische Daten sind im Internet über http://dnb.d-nb.de abrufbar.

Planung/Lektorat: Angela Meffert
Springer Gabler ist ein Imprint der eingetragenen Gesellschaft Springer Fachmedien Wiesbaden GmbH und ist ein Teil von Springer Nature.
Die Anschrift der Gesellschaft ist: Abraham-Lincoln-Str. 46, 65189 Wiesbaden, Germany

Geleitwort

„Handel im Wandel" ist keine wirklich neue Erkenntnis. Sich änderndes Einkaufsverhalten, häufig begleitet oder sogar initiiert von zunehmender Digitalisierung, erlebt der Handel schon seit vielen Jahren. Beide Phänomene werden den Handel aber auch in Zukunft weiter beschäftigen. Die Pandemie sowie die aktuelle Krisensituation und ihre Folgen sind daher nicht als Trendsetter, sondern vielmehr als Trendverstärker anzusehen.

Der Wunsch gerader junger Kundschaft der Generationen Y und Z nach einer erlebbaren Omnichannel Customer Journey sowie der Einsatz moderner Technologien am Point of Sale schaffen eine völlig neue Dimension der Kundentransparenz. Hierbei spielen unter anderem die aktuellen und zukünftigen informationstechnologischen Möglichkeiten sowie der Einsatz von künstlicher Intelligenz eine besondere Rolle.

Es ist daher aus Sicht der Handelspraxis sehr zu begrüßen, dass sich auch die anwendungsorientierte Forschung mit den damit verbundenen Herausforderungen und Chancen auseinandersetzt – aus unterschiedlichsten Perspektiven, aber dennoch komprimiert.

In dem vorliegenden Buch finden die Leserinnen und Leser eine Fülle von Erkenntnissen und Anregungen, um Antworten auf die zukünftigen Herausforderungen des Handels zu erhalten. Ich kann dieses Buch daher nur allen Mitgliedern der Handelscommunity empfehlen und wünsche ihm in der Handelspraxis und -forschung eine weite Verbreitung.

Dr. Rainer Hillebrand, Hamburg
Mitglied des Aufsichtsrats der Otto Group

Vorwort

Die **Coronapandemie** hat das **Einkaufsverhalten** und damit den **Handel** wesentlich beeinflusst. Auf der einen Seite erlebt der Online-Handel über alle Kundensegmente sowie Branchen hinweg einen enormen Zuwachs und die Innenstädte kämpfen mit Leerständen. Auf der anderen Seite zeigt sich, dass die Pandemie zuletzt aber auch die Kundenbedürfnisse nach persönlichen und nachhaltigen Einkaufserlebnissen wieder mehr in den Vordergrund gerückt hat. Die Kundinnen und Kunden möchten Produkte in die Hand nehmen und persönlich erleben können. Dabei verschwimmen zunehmend die Grenzen zwischen stationärem und Online-Handel. Neue Konzepte wie z. B. „Click and Collect" haben sich etabliert. Die Erwartungen der Kundinnen und Kunden an ein nahtloses Omnichannel-Angebot und einen entsprechenden Service steigen, was die Unternehmen vor zunehmende Herausforderungen stellt.

In wissenschaftlichen und praktischen Diskussionen gelten ein sich veränderndes Kundenverhalten, neue Geschäftsmodelle und technologische Innovationen als wesentliche Treiber der **Transformation im Handel.** Dabei wird die Entwicklung hin zu einem Omni-Business-Management-Konzept als Erfolgsfaktor propagiert. Ziel ist es, dabei alle Geschäftsprozesse und Systeme auf Basis neuer Technologien aus der Perspektive der Kundschaft intelligent zu integrieren. Aber wie gelingt diese technische und organisatorische Herausforderung der Integration? Welche Konsequenzen ergeben sich daraus? Wie sieht eine oft geforderte Verschmelzung von persönlich und digital konkret aus? Wie gelingt die Integration von technologischen Neuerungen, wie z. B. AI oder Augmented Reality in die Customer Journey? Wie können Mensch und Technik optimal zusammen agieren, um den Kundinnen und Kunden ein einzigartiges Einkaufserlebnis an allen Kontaktpunkten zu bieten? Dabei kann das Thema aus verschiedenen Perspektiven wie der Kundschafts- und auch aus der Vertriebs- oder Handelsperspektive beleuchtet werden.

Diese und weitere Fragen werden die folgenden zwölf Beiträge der zweiten Publikation der vom KCMS KompetenzCentrum für Marketing & Sales Management der FOM Hochschule herausgegebenen **Jahrbuchreihe „Marketing & Innovation"** näher beleuchten:

Im ersten Teil dieser Publikation beschäftigen sich verschiedene Beiträge mit aktuellen Veränderungen im Kaufverhalten — ob allgemein oder speziell im Zuge der Coronapandemie. Unter anderem werden hier die Regionalisierung des Einkaufsverhaltens und die Förderung eines nachhaltigen Konsumverhaltens thematisiert. Als ein weiterer Themenschwerpunkt kristallisierte sich die Anwendung und Akzeptanz neuer Technologien heraus, u. a. virtueller Welten, digitaler Sprachassistenten und App-basierter Orientierungshilfen. Diese Beiträge bilden den zweiten Teil dieses Sammelbandes. Die Beiträge des dritten Teils stellen Kundenanforderungen an den stationären Handel vor, und zwar sowohl während als auch nach der Coronapandemie.

Nach Erscheinen dieser zweiten Publikation beabsichtigt das KCMS, die Jahrbuchreihe weiter zu verstetigen. Ziel soll es sein, die Relevanz der Funktionen Marketing und Vertrieb in der Forschung und Unternehmenspraxis zu stärken sowie insbesondere allen Professorinnen und Professoren sowie Dozierenden der FOM Hochschule eine Plattform zur Veröffentlichung ihrer Forschungsergebnisse zu bieten.

Jeder Sammelband thematisiert neue Erkenntnisse zu einem wissenschaftlich und praktisch besonders relevanten Schwerpunktthema des Marketing- und Sales-Managements. Die Jahrbuchreihe soll Einblicke in die aktuelle wissenschaftliche Diskussion des jeweiligen Schwerpunktthemas geben, wobei die Praxisrelevanz und der Anwendungsbezug der Inhalte im Vordergrund stehen. Dies kann ergänzt werden durch Beispiele, in denen Unternehmen ihre praktischen Erfahrungen mit innovativen Marketing- bzw. Vertriebsmethoden vorstellen. Entsprechend besteht die Zielgruppe der Sammelbände in erster Linie aus Praktikerinnen und Praktikern aus Unternehmen und Beratungen, die an generellen praxisrelevanten Erkenntnissen zum Marketing und Vertrieb interessiert sind. Das Herausgeberteam, die Mitglieder des KCMS KompetenzCentrum sowie ein double-blind Peer-Review-Verfahren sichern die Qualität der Beiträge.

Wir bedanken uns ganz herzlich bei allen Autorinnen und Autoren, den Mitgliedern des KCMS für ihre Review-Tätigkeit sowie allen anderen Personen, die an der Entstehung dieser Publikation beteiligt waren.

Köln   Prof. Dr. Lena Rothe
Siegen   Prof. Dr. Julia Naskrent
Frankfurt am Main   Prof. Dr. Marcus Stumpf
Bonn   Prof. Dr. Jörg Westphal
im Sommer 2023

Inhaltsverzeichnis

Teil I   Veränderungen im Kaufverhalten

**1   Auswirkungen der Coronapandemie auf das Cross-Border-
E-Commerce-Kaufverhalten der Verbraucherinnen und Verbraucher** ...   3
Anne Fota und Hanna Schramm-Klein

**2   Chancen zur Wiederbelebung des innerstädtischen Handels
in deutschen Klein- und Mittelzentren**   23
Roland Mattmüller, Julia Elspaß und Julia Matheis

**3   Sortimentspolitische Gestaltungsbereiche zur Förderung eines
nachhaltigen Konsumverhaltens**   49
Annett Wolf

**4   Potenziale und Herausforderungen von Omni-Channel-
Strategien im Möbeleinzelhandel**   65
Florian Braunegger und Elena Giovante

Teil II   Anwendung neuer Technologien

**5   „V-Commerce": Virtuelle Welten im Online-Shopping
und wie wir mit ihnen umgehen sollten**   93
Andreas Wagener

**6   Die Akzeptanz von neuen Technologien im stationären Einzelhandel
am Beispiel von digitalen Sprachassistenten in der DIY-Branche**   111
Uwe Kehrel und Nina Wörmer

**7   Ganz vorne mit dabei oder bereits hinten dran? –
Livestream-Shopping, seine Potenziale und die Situation
in Deutschland**   133
Sylvia Knecht und Alexander Bungarten

**8   Nutzung App-basierter Orientierungshilfen im stationären
      Einzelhandel**   151
      Atilla Wohllebe und Lina Johnsen

Teil III   Kundenanforderungen an den stationären Handel

**9   Customer Expectations and Their Fulfilment in the German
      Food Retail Market Before and During the COVID-19 Pandemic**   173
      Hendrik Godbersen, Tim Szabo und Susana Ruiz Fernández

**10   Beraten erlaubt, Berühren verboten – experimentelle
      Untersuchung des veränderten Konsumierendenverhaltens
      durch die Coronapandemie**   199
      Mandy Nuszbaum und Kristina Kampfer

**11   Qualitative Untersuchung der Bedürfnisse von Generation
      Z und Golden Agern in Bezug auf das stationäre Einkaufen**   221
      Tobias Keil und Dorothea Kissel

**12   Förderung der Customer Experience im stationären
      Bekleidungseinzelhandel trotz Hygieneauflagen**   245
      Julia Naskrent und Simon Dormann

Herausgeber- und Autorenverzeichnis

Über die Herausgeberinnen und Herausgeber

Prof. Dr. Lena Rothe ist seit 2023 Professorin am Fachbereich Wirtschaft der Fachhochschule des Mittelstands. Hier verantwortet sie den Bereich Automotive und Mobility Management am Standort Köln. Sie erlangte ihr Diplom in Wirtschaftswissenschaften an der Fachhochschule Aachen und absolvierte zusätzlich ein internationales Masterstudium im Fach Marketing an der Edinburgh Napier University. Anschließend promovierte sie an der Technischen Universität Braunschweig im Bereich der empirischen Distributions- und Handelsforschung. Sie wurde dabei durch das Doktorandenprogramm der Volkswagen AG gefördert. Im Anschluss war sie mehr als zehn Jahre in verschiedenen Positionen der internationalen Vertriebsstrategie, der Händlernetzorganisation und des Marketings für den Konzern tätig. Dabei engagierte sie sich zuletzt als Research Fellow im KCMS KompetenzCentrum für Marketing & Sales Management der FOM Hochschule, an der sie mehrere Jahre als freie Dozentin tätig war. Ihre Forschungsschwerpunkte umfassen insbesondere die zukünftige Ausgestaltung von Vertriebs- und Handelsformaten, Mobility Management und neue Geschäftsmodelle der Automobilbranche.

Prof. Dr. Julia Naskrent ist seit 2012 Professorin für Marketing an der FOM Hochschule und lehrt überwiegend am Hochschulzentrum Siegen. Seit Januar 2019 bekleidet sie zudem die Position der wissenschaftlichen Leiterin des KCMS KompetenzCentrum für Marketing & Sales Management der FOM Hochschule. Nach ihrem Studium der BWL mit dem Schwerpunkt Marketing und Unternehmensführung an der European Business School in Oestrich-Winkel, an der INCAE Business School in Costa Rica und der Graziado School of Business and Management an der Pepperdine University in Kalifornien promovierte Julia Naskrent im Rahmen ihrer Tätigkeit als wissenschaftliche Mitarbeiterin am Lehrstuhl für Marketing an der Universität in Siegen. Im Mittelpunkt ihres verhaltenswissenschaftlichen Forschungsansatzes steht der Mensch in seiner Form als Konsument, Spender, Nutzer oder Rezipient. Ihre Doktorarbeit wurde mit den Rolf-H.-Brunswig-Preis für ihre hohe wissenschaftliche Qualität ausgezeichnet.

Prof. Dr. Marcus Stumpf ist seit dem Jahr 2016 Professor für Marketing und Markenmanagement am Hochschulzentrum Frankfurt am Main der FOM Hochschule. Seit Januar 2019 hat er dort die wissenschaftliche Leitung des KCMS KompetenzCentrum für Marketing & Sales Management inne. Zuvor war er fünf Jahre als Professor für Marketing an der Fachhochschule Salzburg sowie ab dem Jahr 2015 an der Hochschule Macromedia tätig. Er verfügt über mehr als 15 Jahre Beratungs-, Lehr- und Managementerfahrung in Deutschland, Österreich und der Schweiz. So war er u. a. wissenschaftlicher Mitarbeiter und Assistent von Prof. Dr. Manfred Bruhn an der Universität Basel, Seniorkonsultant an der ZMU Marketingakademie in Oestrich-Winkel sowie als Geschäftsführer für die Vermarktung und die Markenführung des zweitgrößten deutschen Sportverbandes verantwortlich. Neben seiner hauptberuflichen Lehrtätigkeit ist er zudem als Gründer und Direktor des Employer Branding Institute (EBI) sowie als geschäftsführender Gesellschafter des Beratungsunternehmens relatio als selbständiger Berater tätig und verbindet dabei seinen wissenschaftlichen Hintergrund mit seinen beruflichen Erfahrungen.

 **Prof. Dr. Jörg Westphal** wurde 2011 zum Professor für All-
gemeine Betriebswirtschaftslehre, insbesondere markt-
orientierte Unternehmensführung, an die FOM Hochschule
am Hochschulzentrum Bonn berufen. Seit Januar 2019
fungiert er zudem als wissenschaftlicher Leiter des KCMS
KompetenzCentrum für Marketing & Sales Management der
FOM Hochschule, welches aus dem KCM
KompetenzCentrum für Marketing und Medienwirtschaft
und dem KCV KompetenzCentrum für Vertriebsmanagement
hervorging. Letzteres gründete Jörg Westphal im November
2015. Er studierte an der Universität Hamburg Betriebswirtschaftslehre und promovierte an der Helmut-Schmidt-Uni-
versität der Bundeswehr in Hamburg zum Thema „Vertikale
Wettbewerbsstrategien". Nach seiner Promotion bekleidete er
Führungspositionen in der Industrie und Top-Management-
Beratung. Seine Interessensschwerpunkte im Sales
Management sind u. a. die Identifikation der Sales-
Management-Excellence-DNA von Unternehmen, Kunden-
orientierungsmanagement, der Aufbau performanter
Vertriebsorganisationen sowie die wertschöpfende Vertriebs-
qualifizierung. In diesen Themen berät er auch neben seiner
Professorentätigkeit internationale (Groß-)Unternehmen.

Verzeichnis der Beitragsautorinnen und -autoren

Florian Braunegger Germaco AG, Rommerskirchen, Deutschland

Alexander Bungarten Köln, Deutschland

Simon Dormann Wilnsdorf, Deutschland

Julia Elspaß EBS Universität, Oestrich-Winkel, Deutschland

Anne Fota Universität Siegen, Siegen, Deutschland

Elena Giovante Köln, Deutschland

Hendrik Godbersen FOM Hochschule, Stuttgart, Deutschland

Lina Johnsen Fachhochschule Wedel, Wedel, Deutschland

Kristina Kampfer FH Kufstein Tirol International Business School GmbH, Kufstein,
Österreich

Uwe Kehrel FOM Hochschule, Münster, Deutschland

Tobias Keil Technische Hochschule Aschaffenburg, Aschaffenburg, Deutschland

Dorothea Kissel FOM Hochschule, Frankfurt a. M., Deutschland

Sylvia Knecht FOM Hochschule, Köln, Deutschland

Julia Matheis EBS Universität, Oestrich-Winkel, Deutschland

Roland Mattmüller EBS Universität, Oestrich-Winkel, Deutschland

Julia Naskrent FOM Hochschule, Siegen, Deutschland

Mandy Nuszbaum FOM Hochschule, Münster, Deutschland

Susana Ruiz Fernández FOM Hochschule, Stuttgart, Deutschland

Hanna Schramm-Klein Universität Siegen, Siegen, Deutschland

Tim Szabo GEBIT Solutions GmbH, Stuttgart, Deutschland

Andreas Wagener Hochschule Hof, Hof, Deutschland

Atilla Wohllebe Fachhochschule Wedel, Wedel, Deutschland

Annett Wolf Hochschule für Technik und Wirtschaft Berlin, Berlin, Deutschland

Nina Wörmer J.W. Ostendorf, Coesfeld, Deutschland

Auswirkungen der Coronapandemie auf das Cross-Border-E-Commerce-Kaufverhalten der Verbraucherinnen und Verbraucher

Anne Fota und Hanna Schramm-Klein

Inhaltsverzeichnis

1.1 Besonderheiten des Cross-Border-E-Commerce 7
1.2 Einflussfaktoren auf das Cross-Border-E-Commerce-Kaufverhalten zu
Coronazeiten – Eine empirische Studie 8
    1.2.1 Hypothesenherleitung 8
    1.2.2 Methodik 13
    1.2.3 Untersuchungsergebnisse 13
1.3 Zusammenfassung und Fazit 16
Literatur 19

Zusammenfassung

Online-Einkäufe finden zunehmend grenzüberschreitend statt, da das sogenannte „Cross-Border Online Shopping" Verbraucherinnen und Verbraucher Vorzüge wie beispielsweise günstigere Preise oder eine größere Produktauswahl bietet (vgl. PayPal, 2018). So partizipieren einerseits immer mehr Verbraucherinnen und Verbraucher am grenzüberschreitenden Onlinehandel, sodass während der Coronapandemie und den

A. Fota (✉) · H. Schramm-Klein
Universität Siegen, Siegen, Deutschland
E-Mail: fota@marketing.uni-siegen.de

H. Schramm-Klein
E-Mail: hanna.schramm-klein@uni-siegen.de

© Der/die Autor(en), exklusiv lizenziert an Springer Fachmedien Wiesbaden GmbH, ein Teil von Springer Nature 2023
L. Rothe et al. (Hrsg.), *Marketing & Innovation 2023*, FOM-Edition,
https://doi.org/10.1007/978-3-658-41309-5_1

damit einhergehenden Kontaktbeschränkungen und Lockdowns deutliche Umsatz-gewinne verzeichnet werden konnten (vgl. Global-e, 2020). Andererseits setzen in der globalen Pandemie vermeintlich mehr Verbraucherinnen und Verbraucher stärker auf lokale und regionale Produkte (vgl. Priporas et al., 2015). Gründe können die gezielte Förderung der regionalen Wirtschaft oder Angst vor Kontaminierung aus-ländischer Produkte sein. Diese zwei Beobachtungen des Konsumverhaltens der Verbraucherinnen und Verbraucher während der Coronapandemie scheinen jedoch widersprüchlich zu sein. Besonders für (ausländische) Onlinehändler ist es daher essenziell zu verstehen, welche Anpassungen der Einkaufsgewohnheiten und -Präferenzen mit einer Krisensituation einhergehen. In diesem Beitrag wird daher mithilfe einer Online-Studie (n = 187) die Frage beantwortet, wie der grenzüber-schreitende Onlinehandel von den Veränderungen, welche mit der Coronapandemie einhergehen, beeinflusst wird.

Schlüsselwörter

Cross-Border-E-Commerce · Online-Shopping · Grenzüberschreitender Einkauf · Konsumentenverhalten in Krisen · Coronapandemie

Zwar hat in den vergangenen Jahren die Weltwirtschaft verschiedenste Krisen und Kon-junktureinbrüche erlebt, doch die bis heute andauernde Coronapandemie sticht durch ihre weltweiten und drastischen Auswirkungen besonders hervor (vgl. Akter et al., 2021). Das COVID-19-Virus (SARS-CoV-2), das erstmalig im Dezember 2019 in Wuhan in China diagnostiziert wurde, ist seitdem weltweit präsent und bestimmt nach-haltig den Alltag der Verbraucherinnen und Verbraucher. Auch in Deutschland trat das Virus Ende Januar 2020 auf und ist bis heute fester Bestandteil des Verbraucher-lebens. Der Ausbruch der Pandemie, welcher harte Gegenmaßnahmen forderte, wirkte sich jedoch nicht nur auf das private Leben der Verbraucherinnen und Verbraucher aus, sondern hat seither gravierende Auswirkungen auf die (globale) Wirtschaft (vgl. Statistisches Bundesamt, 2021). Durch Kurzarbeit, vorübergehende Firmenschließungen und wochenlange Lockdowns hat die Wirtschaft weltweit erhebliche Einbrüche ver-zeichnet. 2020 führte der Ausbruch der Pandemie und der darauffolgende erste Lockdown Anfang des Jahres in Verbindung mit dem zweiten (Teil-)Lockdown als Antwort auf die zweite Welle der Coronaausbrüche zum Ende des Jahres zu einem Rück-gang des preisbereinigten deutschen BIP um 4,9 %. Nach einer davor zehnjährigen Wachstumsphase wurde die deutsche Wirtschaft 2020 von einer starken Rezession getroffen (vgl. Statistisches Bundesamt, 2021), sodass bereits im Frühjahr 2020 mehr als 700.000 Unternehmen Kurzarbeit für ihre Angestellten anmelden mussten. Die negativen Auswirkungen der Pandemie auf den Arbeitsmarkt, z. B. durch Arbeitsausfälle und Kurzarbeit, beeinflussen auch das Verbraucherverhalten, denn sie bedeuten unter anderem für einige Verbraucherinnen und Verbraucher den Wegfall bzw. die Reduktion ihres verfügbaren Einkommens. Dies wirkt sich wiederum negativ auf ihren privaten Konsum aus (vgl. Jung et al., 2020).

Anders als andere Krisen hat die aktuelle Coronakrise mehrere Branchen, aber auch grundlegende, ökonomische und gesellschaftliche Strukturen nachhaltig verändert (vgl. Sigala, 2020). Neben den grundlegenden, das Kaufverhalten der Verbraucherinnen und Verbraucher bestimmenden persönlichen Faktoren, wie z. B. Einkommen, Demografie, soziale oder kulturelle Faktoren, wird das Verbraucherverhalten zusätzlich von situativen und externen Einflussfaktoren bestimmt. Als solcher spielt die Coronakrise aktuell eine besondere Rolle. So wurden die Verbraucherinnen und Verbraucher aufgrund der gesundheitlichen Risiken und den von der Regierung auferlegten Kontaktbeschränkungen während der Pandemie beispielsweise dazu angehalten, sich physisch und sozial zu distanzieren. Dies wirkt sich seither nachhaltig in Form einer Veränderung ihrer Einkaufsgewohnheiten aus. So ist es beispielsweise nach dem weltweiten Ausbruch der Coronakrise zu einem raschen Anstieg der Nachfrage von Gesundheitsprodukten und bestimmten Gebrauchsgütern gekommen. Dies hatte weitreichende Auswirkungen, wie z. B. eine erhebliche Verknappung dieser Güter und steigende Rohstoffpreise (vgl. Long & Khoi, 2020). Die Verknappung von Gütern wurde zusätzlich durch verstärktes Horten von Produkten (sog. „Hamsterkäufe") und Panikkäufe begünstigt. Solche Verhaltensweisen sind bei Verbraucherinnen und Verbrauchern typisch in Zeiten der Unsicherheit und konnten bereits in der Vergangenheit zu Krisenzeiten beobachtet werden. Auch in der Zeit der Coronapandemie konnte eine wesentliche Veränderung im Konsum beobachtet werden (vgl. Naeem, 2021). Das Horten ist eine häufige Reaktion von Verbraucherinnen und Verbraucher auf die Ungewissheit der zukünftigen Versorgung und Angst vor Knappheit. Besonders der Grundbedarf und lagerfähige Konsumgüter werden gehamstert. Während der Lockdown-Phase wurden z. B. insbesondere Toilettenpapier, Mehl, Nudeln, Desinfektions- und Reinigungsmittel gehortet, was aufgrund des Auseinanderklaffens von Produktion und Abverkäufen zu Fehlbeständen, Engpässen und leeren Regalen im Einzelhandel geführt hat.

Auch verbringen Verbraucherinnen und Verbraucher seit der Coronakrise und der darauffolgenden Schließung der Gastronomie und stationärer Geschäfte im Durchschnitt (immer noch) mehr Zeit zu Hause. Gleichermaßen hat sich ihr Freizeitverhalten verändert, indem verstärkt individuelle Freizeitaktivitäten aufgenommen wurden. Aus diesen Veränderungen resultierte eine nachhaltige Veränderung der Nachfrage nach bestimmten Produktkategorien, wie z. B. eine erhöhte Nachfrage nach Lebensmitteln zum Mitnehmen, Alkohol oder Reinigungsmitteln, ebenso wie nach langlebigen Konsumgütern im Freizeitbereich (z. B. Sport, Outdoor-Bedarf), bei verringerter Nachfrage nach Produkten von Kategorien wie Fashion oder Kosmetik (vgl. HDE, 2022). Deutlich verändert hat sich auch die Besuchsfrequenz im stationären Einzelhandel. Diesem zulasten haben sich die Gewohnheiten stark zugunsten des Onlinehandels verschoben.

Verbunden sind diese Entwicklungen damit, dass sich Konsum, aber auch Arbeit, Bildung sowie die Pflege sozialer Kontakte von der analogen auf die digitale Ebene verlagert haben. Die Verbraucherinnen und Verbraucher mussten während der Lockdown-Phasen lernen, in allen Lebensbereichen zu improvisieren, bestehende Gewohnheiten abzulegen und neue Möglichkeiten zu finden. So hat sich z. B. die Nutzung von Video-diensten stärker etabliert, um mit anderen Menschen seit den pandemiebedingten Kontaktbeschränkungen sowohl beruflich als auch privat in Kontakt zu bleiben. Zusätz-lich werden verstärkt digitale Unterhaltungsformate genutzt, insbesondere Streaming-Dienste wie Netflix und Amazon Prime, welche vermehrt Kino- und Theaterbesuche ersetzen. Infolge der Coronakrise neigen Verbraucherinnen und Verbraucher zudem dazu, den Kauf langlebiger und kostenintensiverer Güter wie beispielsweise Autos, Immobilien oder Haushaltsgeräte einzuschränken oder in Krisenphasen zunächst in die Zukunft zu verschieben und stattdessen die Ausgaben für essenzielle Güter des täglichen Bedarfs zu erhöhen (vgl. Sheth, 2020).

Somit lassen sich folgende Veränderungen des Einkaufsverhaltens mit Bezug zur Coronapandemie festhalten:

- Nachfrageverschiebung präferierter Konsumgüter
- Anstieg des digitalen Konsums und der Nutzung (neuer) digitaler Technologien
- Anstieg des Konsums digitaler Güter
- Anstieg des Konsums von zu Hause
- Anstieg der Nutzung von Lieferdiensten
- Anstieg eines veränderten Lagerverhaltens privater Haushalte (z. B. Anlegen von Sicherheitsbeständen)
- vorsichtigerer Konsum vs. impulsive „Panikkäufe".

Besonders nachhaltig sind die Auswirkungen der Coronakrise auf das Online-Kauf-verhalten. Um die Ausbreitung des Virus zu verhindern, mussten die Menschen in Lockdown-Phasen primär zu Hause bleiben, haben jedoch weiterhin Produktbedarfe stillen müssen. Diese konnten z. B. nur online realisiert werden. Dies hat zu einem erheblichen Anstieg der Transaktionen im Onlinehandel geführt (vgl. Akter et al., 2021), der sich nachhaltig verfestigt hat. Die Ausbreitung der Coronapandemie, Lockdowns und das Risiko einer Ansteckung mit dem Virus haben somit vor allem auch die Online-Kaufbereitschaft und -intention der Verbraucherinnen und Verbraucher beeinflusst. Dabei wird nicht nur der nationale E-Commerce begünstigt. Vor allem die Produktknappheit und die steigenden Preise auf dem Heimatmarkt haben seit der Coronakrise vor allem den grenzüberschreitenden Onlinehandel für viele Verbraucherinnen und Verbraucher attraktiv gemacht, welcher eine zusätzliche Möglichkeit während der Pandemie dar-gestellt hat, die Folgen der Beschränkungen des stationären Handels zu umgehen.

1.1 Besonderheiten des Cross-Border-E-Commerce

Die Digitalisierung und ein zunehmender globaler Konsum erhöhen das Bewusstsein der Verbraucherinnen und Verbraucher für ausländische Online-Einkaufsziele. Marken und Produkte, die auf dem heimischen (Online-)Markt nicht verfügbar sind, werden für die Verbraucherinnen und Verbraucher zunehmend sichtbar, erreichbar und lieferbar. Dies führt dazu, dass Verbraucherinnen und Verbraucher, die mit Einzelhändlern, Sortimentsangeboten, Marken, Produkten oder Preisen auf dem heimischen Onlinemarkt nicht ausreichend ihre Bedürfnisse stillen können oder nicht zufrieden sind, über die Landesgrenzen hinweg online einkaufen können. Der grenzüberschreitende Onlinehandel (Cross-Border-E-Commerce) verzeichnete daher von 2020 bis 2021 eine Wachstumsrate von 17 % (vgl. Ecommerce News, 2022). Insgesamt sind die grenzüberschreitenden E-Commerce-Verkäufe zu Beginn der Pandemie weltweit um 21 % gestiegen (vgl. Global-e, 2020).

Cross-Border-E-Commerce-Käufe sind solche Transaktionen, bei denen Verbraucherinnen und Verbraucher Produkte in einem ausländischen Onlineshop bestellen, die aus dem Ausland an den Wohnort der Kundin bzw. des Kunden geliefert werden und somit die Landesgrenzen überschreiten (vgl. Wagner et al., 2016). Zwar müssen beim grenzüberschreitenden Online-Einkauf im Vergleich zum nationalen Onlineshopping größere räumliche Distanzen und zeitliche Barrieren überwunden werden, jedoch ermöglicht der grenzüberschreitende E-Commerce den Verbraucherinnen und Verbrauchern, online in anderen Ländern einzukaufen, die sie gegebenenfalls noch nie physisch besucht haben, um somit von den Produktangeboten in diesen Ländern zu profitieren. Verbraucherinnen und Verbraucher können somit unabhängig von ihrem Standort weltweit einkaufen und sind geografisch und zeitlich flexibler als bei einem stationären Einkauf. Der grenzüberschreitende Online-Einkauf unterscheidet sich somit vom inländischen Online-Einkauf, da dieser eine internationale Komponente beinhaltet, und vom physisch internationalen grenzüberschreitenden Einkauf, da die Verbraucherinnen und Verbraucher selbst physisch keine Landesgrenzen überqueren müssen. Diese Unterscheidung ist wichtig, da sich mehrere Rahmenbedingungen ändern, wenn Verbraucherinnen und Verbraucher für eine Transaktion (digital) eine Landesgrenze überschreiten, was wiederum zu verschiedenen zusätzlichen Vorteilen (Treiber) und Risiken (Hindernisse) des grenzüberschreitenden Online-Einkaufs im Vergleich zum inländischen Online-Einkauf führt.

Sowohl Verbraucherinnen und Verbraucher als auch Händler werden beim Cross-Border-E-Commerce mit verschiedenen (neuen) Faktoren konfrontiert, welche die Kaufentscheidungen der Verbraucherinnen und Verbraucher beeinflussen. So ergeben sich zahlreiche Vorteile, wie z. B. eine nahezu uneingeschränkte Produkt- und Markenverfügbarkeit, niedrigere Preise und eine große Produktauswahl. Dies sind die Hauptgründe, die deutsche Verbraucherinnen und Verbraucher davon überzeugen, Produkte online im Ausland zu bestellen (vgl. PayPal, 2018). Neben den Vorteilen, die sich aus dem

Zugang zu Produkten aus einem anderen Markt ergeben, werden die Verbraucherinnen und Verbraucher jedoch auch mit neuen Hindernissen und Risiken konfrontiert, die sich aus dem Handel mit Händlern in anderen Ländern ergeben können. So können beispielsweise kulturelle und sprachliche Barrieren sowie Unsicherheiten in Bezug auf die Produktqualität oder rechtliche Ansprüche das grenzüberschreitende E-Commerce-Einkaufserlebnis beeinträchtigen und im schlimmsten Fall den Verbraucherinnen und Verbrauchern monetär oder gesundheitlich schaden (vgl. Lin et al., 2018). Weitere Bedenken, die von den Verbraucherinnen und Verbrauchern mit Bezug zum Cross-Border-E-Commerce geäußert werden, sind beispielsweise die Kosten für den Versand, Zölle, Gebühren und Steuern, lange Lieferzeiten oder die Befürchtung, dass sie nicht den (richtigen) Artikel erhalten oder einem Onlinebetrug zum Opfer fallen (vgl. Wagner et al., 2019).

Darüber hinaus beeinflussen auch kulturelle, soziologische oder persönliche Faktoren die Kaufentscheidungen der Verbraucherinnen und Verbraucher. Ein wichtiger Aspekt in diesem Zusammenhang ist die persönliche Einstellung zu ausländischen Produkten. Dabei können Verbraucherinnen und Verbraucher entweder kosmopolitische und weltoffene Konsumpräferenzen haben oder eher ethnozentrisch eingestellt sein, sodass sie regionale und lokal hergestellte Produkte aus dem eigenen Heimatmarkt bevorzugen (vgl. Zeugner-Roth et al., 2015). Dies wirkt sich wiederum unterschiedlich auf ihre Einstellung zum grenzüberschreitenden E-Commerce aus. Gerade stärker werdende ethnozentrische Tendenzen können trotz der steigenden Cross-Border-E-Commerce-Aktivitäten während der Coronapandemie, vor allem in Kombination mit einem erhöhten Hygienebedürfnis während der Pandemie, die Absicht, grenzüberschreitend online einzukaufen, reduzieren, sodass Verbraucherinnen und Verbraucher vermehrt Produkte aus dem eigenen Heimatland kaufen möchten. Auch könnten zudem die zusätzlichen Risiken und Ungewissheiten, welche beim Cross-Border-E-Commerce auftreten (z. B. zusätzliche Kosten und längere Lieferzeiten), vor allem in Krisenzeiten einer Pandemie dazu führen, dass Verbraucherinnen und Verbraucher weniger bei Onlinehändlern aus dem Ausland einkaufen.

1.2 Einflussfaktoren auf das Cross-Border-E-Commerce-Kaufverhalten zu Coronazeiten – Eine empirische Studie

1.2.1 Hypothesenherleitung

Besonders in Krisenzeiten entstehen durch spezifische Einflussfaktoren neue Entwicklungen im Verbraucherverhalten. Einer der wichtigsten Faktoren, die das Verhalten in der Krise modellieren, ist die Risikowahrnehmung (vgl. Mehta et al., 2020). So lassen sich auch die sogenannten „Panikkäufe" während der Coronapandemie mit einer erhöhten Risikowahrnehmung der Verbraucherinnen und Verbraucher erklären (vgl. Loxton et al., 2020). Bedrohliche Situationen, die wie eine Krise als ungewiss und unkontrollierbar empfunden werden, erhöhen das generelle wahrgenommene Risiko. Daher weichen Verbraucherinnen und Verbraucher oftmals in Krisensituationen auf weniger risikoreiche Handlungen aus (vgl. Mansoor & Jalal, 2011). Aufgrund einer höheren Komplexität des Cross-Border-E-Commerce (z. B. andere Sprache, andere Rechtslage, zusätzliche Transaktionskosten) im Vergleich zum nationalen Online-shopping, ist es wahrscheinlich, dass Verbraucherinnen und Verbraucher hier ein höheres Risiko empfinden. Vor allem das finanzielle Risiko wird in einer Krise meist verstärkt wahrgenommen und bezieht sich auf jeden monetären Verlust, der auftreten kann. Zudem kann es in Krisen zu großen Wechselkursschwankungen und Wirtschaftsinstabilitäten kommen, welche große Risiken darstellen. Auch kann ein hohes wahrgenommenes Produktrisiko Verbraucherinnen und Verbraucher dazu bringen, einen Kaufprozess abzu-brechen. Dieses Produktrisiko kann im Rahmen einer Pandemie, wie der Coronakrise, steigen, da z. B. ein verändertes Bewusstsein für gesundheitliche Risiken zu erwarten ist. Darüber hinaus steigt mit weiterer geografischer Entfernung zwischen Kauf- und Liefer-ort sowie bei Überschreiten von Landesgrenzen die Wahrscheinlichkeit von Verlust und Beschädigung des Produktes. Dies erhöht das wahrgenommene Lieferrisiko im Cross-Border-E-Commerce. Zudem kann in Krisenzeiten der Versand von Produkten, welcher im Cross-Border-E-Commerce generell länger dauert, mehr Zeit in Anspruch nehmen. Frühere E-Commerce-Studien haben bereits gezeigt, dass das wahrgenommene Risiko die Kaufabsicht der Verbraucherinnen und Verbraucher negativ beeinflusst (vgl. Mou et al., 2020). Da Krisensituationen das wahrgenommene generelle Risiko zusätzlich erhöhen und von Verbraucherinnen und Verbraucher einige Risiken verstärkt im Cross-Border-E-Commerce wahrgenommen werden, wird folgende Hypothese aufgestellt:

▶ **H1:** Eine hohe Risikowahrnehmung während einer Krise wirkt sich negativ auf die Cross-Border-E-Commerce-Kaufabsicht aus.

Die bisherige Forschung weist darauf hin, dass sich Menschen mit Blick auf ihr Mindset unterscheiden. So unterscheiden sich gerade in Krisenzeiten die Verbraucherinnen und Verbraucher in ihrem Verbraucherverhalten, je nachdem, ob sie Optimisten oder Pessimisten sind. Optimistisch eingestellte Verbraucherinnen und Verbraucher stellen sich ein Ergebnis meist vorteilhaft vor und ein Prozess wird als einfacher eingeschätzt (vgl. Chan et al., 2013). Dies bedeutet im Kontext des Konsumentenverhaltens, dass optimistisch gestimmte Verbraucherinnen und Verbraucher das Ergebnis der Krise als weniger schwerwiegend einschätzen. Sie sind weiterhin davon überzeugt, dass sie mit der Krise gut umgehen können und auftretende Probleme lösen können. Ver-braucherinnen und Verbraucher mit einem niedrigen Optimismus geben hingegen früher auf, weil sie befürchten, das gewünschte Verhalten nicht ausführen zu können, oder weil sie erwarten, dass ihr Verhalten keinen Einfluss auf die Bewältigung der Krise hat (vgl. Parkinson et al., 2017). Somit stimmt niedriger Optimismus die Verbraucherinnen und Verbraucher in einer Krise negativ. Zusätzlich wurde in der Forschung herausgefunden, dass die Ausprägung des Verbraucheroptimismus die Nutzung von digitalen Systemen beeinflusst (vgl. Schaupp & Carter, 2010). Darüber hinaus zeigen Verbraucherinnen und Verbraucher mit einer stärkeren positiven Einstellung eine höhere Absicht, Produkte online zu kaufen (vgl. Hernandez et al., 2009). Übertragen auf die Cross-Border-E-Commerce-Kaufabsicht bedeutet das, dass zu erwarten ist, dass Verbraucherinnen und Verbraucher mit einem hohen Optimismus mit Bezug zur Krise auch eine höhere Cross-Border-E-Commerce-Kaufintention aufzeigen:

▶ **H2:** Ein hoher Optimismus während einer Krise wirkt sich positiv auf die Cross-Border-E-Commerce-Kaufabsicht aus.

Bei einem Kauf eines Produktes kennen die meisten Verbraucherinnen und Verbraucher das Herkunftsland dieses Produktes oder sie versuchen, vor dem Kauf diese Information in Erfahrung zu bringen. Die persönliche Einstellung hat in diesem Zusammenhang einen hohen Einfluss auf die Kaufintention von lokalen Produkten. Dies bedeutet, dass Verbraucherinnen und Verbraucher, die generell lokale Produkte bevorzugen, folglich auch eine höhere Kaufintention für diese Produkte aufweisen (vgl. Shin & Hancer, 2016). So werden lokale Produkte vor allem von jüngeren Verbraucherinnen und Verbrauchern, unter anderem aufgrund von Umwelt- und Nachhaltigkeitsaspekten, bevorzugt. Diese zeigen darüber hinaus auch meist eine höhere Zahlungsbereitschaft für lokale Produkte (vgl. Campbell et al., 2014). Auch spielt die Wahrnehmung einer höheren Qualität von lokalen Produkten eine essenzielle Rolle. Zudem kaufen viele Verbraucherinnen und Verbraucher lokale Produkte, um das Wachstum der eigenen inländischen Wirtschaft während einer Krise zu stärken (vgl. Priporas et al., 2015). Dies wurde ebenfalls in der Coronapandemie beobachtet. In dieser Zeit gingen in einigen Ländern die Einkäufe bei internationalen Onlinehändlern im Vergleich zum Vorjahr zurück. Dies kann auf das schwindende Vertrauen in die Zuverlässigkeit des internationalen Versands und der internationalen Postdienste zurückgeführt werden, aber auch auf „Buy local"-Kampagnen, welche zum Ziel hatten, die eigene Wirtschaft zu (unter-)stützen (vgl. Hall et al., 2020). Somit lässt sich vermuten, dass Verbraucherinnen und Verbraucher insbesondere in Krisensituationen lokale, inländische Produkte bevorzugen, um den eigenen Heimatmarkt in schweren Zeiten zu unterstützen, anstatt ausländische Märkte und Händler zu begünstigen. Eine Präferenz zu lokalen Produkten wirkt sich somit negativ auf die Cross-Border-E-Commerce-Kaufintention aus, weshalb folgende Hypothese aufgestellt wird:

▶ **H3:** Eine hohe Verbundenheit zu lokalen Produkten aufgrund einer Krise wirkt sich negativ auf die Cross-Border-E-Commerce-Kaufabsicht aus.

Einer der Haupttreiber der Verbraucherinnen und Verbraucher am Cross-Border-E-Commerce zu partizipieren, sind die günstigeren Produktpreise. Damit bildet die preisliche Wettbewerbsfähigkeit, die z. B. aufgrund von internationalen Produktions-kostenvorteilen oder durch geringere Steuern oder günstige Wechselkurse auftreten kann, einen Vorteil für Verbraucherinnen und Verbraucher. Dies bedeutet, dass eine Motivation für Verbraucherinnen und Verbraucher, bei ausländischen Onlinehändlern einzukaufen, in niedrigeren Gesamtkosten des Einkaufs (einschließlich Zöllen, Steuern und Versand-gebühren) gegenüber einem gleichen Kauf im Heimatmarkt liegen kann. Dies stellt einen zentralen Punkt dar, da der Preis eines der wichtigsten Kriterien ist, das in den Entscheidungsprozess der Verbraucherinnen und Verbraucher einfließt (vgl. Huang & Chang, 2019). Während einer Krise kann z. B. durch Kurzarbeit, wie sie während der Coronapandemie stattgefunden hat, das verfügbare Einkommen verringert werden, was wiederum zu einem geringeren Budget für den privaten Konsum führt. Darüber hinaus neigen Verbraucherinnen und Verbraucher auch bei einem weiterhin konstanten Ein-kommen dazu, während einer Rezession vermehrt zu sparen oder Schulden abzubauen, sodass weniger Geld für Waren und Dienstleistungen ausgegeben wird (vgl. Kamakura & Yuxing Du, 2012). Das höhere Preisbewusstsein geht demnach mit einer gewissen Sparsamkeit einher. Sparsame Verbraucherinnen und Verbraucher suchen vermehrt nach Preisinformationen, reagieren auf Sonderangebote und kaufen meist diese günstigeren Angebote. Diese aus Wirtschafts- bzw. Finanzkrisen bekannten Überlegungen können auch auf eine Pandemie bezogen werden, da schwerwiegende makroökonomische Aus-wirkungen auch in Gebieten, die von einer Pandemie betroffen sind, folgen. Zu diesen gehören eine hohe Arbeitslosenquote, Unsicherheit und eine wirtschaftliche Rezession (vgl. Laato et al., 2020). Unter der Annahme, dass Verbraucherinnen und Verbraucher während einer Krise preisbewusster agieren und dass Produkte bei ausländischen Online-händlern meist preisgünstiger sind, resultiert folgende Hypothese:

▶ **H4:** Ein hohes Preisbewusstsein während einer Krise hat einen positiven Einfluss auf die Cross-Border-E-Commerce-Kaufabsicht.

Ein zentrales Konstrukt im Rahmen von Krisen ist die wahrgenommene Kontrolle. Sie beeinflusst die Verhaltensintention, die wiederum den Haupttreiber für das tatsäch-liche Verhalten darstellt (vgl. Ajzen, 1991). Die wahrgenommene Kontrolle beschreibt die individuelle Wahrnehmung, wie einfach bzw. wie schwer es ist, ein Verhalten aus-zuführen, und ob die notwendigen Ressourcen und Möglichkeiten dafür vorhanden sind. Darüber gibt die wahrgenommene Kontrolle an, wie gut die Verbraucherinnen und Verbraucher mit einer Krise umgehen können und ob auch während einer Krise die nötigen Ressourcen vorhanden sind, um grenzüberschreitend einzukaufen. Somit ist das Besondere an der wahrgenommenen Kontrolle, dass diese sowohl von internen als auch externen Faktoren, wie beispielsweise einer Krise, beeinflusst wird (vgl. Parkinson et al., 2017). Während einer Finanzkrise kann z. B. die Frage aufkommen, ob ausreichend finanzielle Mittel vorhanden sind, um einen Onlinekauf zu tätigen. Bereits hierdurch kann abgeleitet werden, dass die wahrgenommene Kontrolle einen großen Einfluss auf die Cross-Border-E-Commerce-Kaufintention hat, da hier zusätz-liche Risiken und Aspekte eine Rolle spielen, welche Verbraucherinnen und Verbraucher kontrollieren müssen (z. B. ein längerer Versand oder eine andere Sprache und Rechts-

lage). Zudem kommen bei vielen Verbraucherinnen und Verbrauchern immer noch
Bedenken auf, inwiefern sie Onlinehändlern aus dem Ausland vertrauen können (vgl.
Huang & Chang, 2019). Diese Bedenken werden von der allgemeinen vorherrschenden
Unsicherheit während einer Krise verstärkt. Daraus kann abgeleitet werden, dass für
Verbraucherinnen und Verbraucher während einer Krise und insbesondere in Bezug auf
das Cross-Border-E-Commerce eine hohe Kontrolle zentral ist. Folglich könnten so die
Unsicherheiten reduziert werden, was wiederum einen positiven Effekt auf die Cross-
Border-E-Commerce-Kaufintention ausübt. Zusammen führen diese Erkenntnisse zu
folgender Hypothese:

▶   **H5:** Die wahrgenommene Kontrolle während einer Krise wirkt sich positiv auf die
    Cross-Border-E-Commerce-Kaufabsicht aus.

Im Forschungsmodell in Abb. 1.1 werden die postulierten Beziehungen visuell dargestellt.

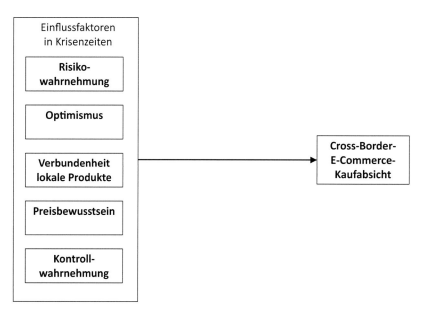

Abb. 1.1 Forschungsmodell „Einflussfaktoren auf das Cross-Border-E-Commerce-Konsumentenverhalten in Krisenzeiten"

1.2.2 Methodik

Um das Forschungsmodell und die damit verbundenen Hypothesen zu testen, wurden zwischen Januar und April 2021 mithilfe einer Onlineumfrage über das Cross-Border-E-Commerce-Konsumentenverhalten in Krisensituationen die erforderlichen Daten generiert. Insgesamt wurden die Daten von 187 Respondentinnen und Respondenten analysiert. Für die verwendeten Determinanten wurden etablierte Konstrukte an den Kontext der vorliegenden Studie adaptiert (s. Tab. 1.1).

Wie in Tab. 1.2 zu sehen, weist der Optimismus den höchsten Mittelwert mit einer geringen Standardabweichung auf (M = 3,68; SD = 0,707). Dies deutet bereits darauf hin, dass der Optimismus trotz einer Krise bei den Befragten der Umfrage im Durchschnitt recht hoch ist. Das Konstrukt der Risikowahrnehmung weist dagegen den niedrigsten Mittelwert auf (M = 2,45; SD = 0,983). Dies bedeutet, dass im Durchschnitt das Risiko während einer Krise als recht gering wahrgenommen wird. Die Umfrage wurde auf einer Likert-Skala mit den Werten von 1 bis 5 erhoben, wobei der Wert 1 widerspiegelt, dass die jeweilige Aussage überhaupt nicht auf die Person zutrifft und der Wert 5 dagegen angibt, dass die Aussage voll und ganz zutrifft.

1.2.3 Untersuchungsergebnisse

Um die aufgestellten Hypothesen und den Zusammenhang zwischen den Konstrukten sowie deren Einfluss auf die Cross-Border-E-Commerce-Kaufabsicht zu testen, wird eine multiple lineare Regressionsanalyse durchgeführt.

Das R^2 verzeichnet einen Wert von 0,384 (korrigiertes R^2 = 0,340). Das bedeutet, dass 34,0 % der Varianz der Cross-Border-E-Commerce-Kaufabsicht mithilfe dieses Modells erklärt werden. Mit Blick auf die Hypothesen lässt sich feststellen, dass der in H1 postulierte signifikant negative Einfluss nachgewiesen kann. Somit wirkt sich eine hohe Risikowahrnehmung während einer Krise negativ auf die Cross-Border-E-Commerce-Kaufabsicht aus (ß_1 = −0,321; p < 0,001). Auch lassen sich die Hypothesen 2 und 3 bestätigen, sodass die Ergebnisse implizieren, dass sich ein hoher Optimismus während einer Krise positiv auf die Cross-Border-E-Commerce-Kaufabsicht auswirkt (ß_2 = 0,173; p = 0,018), während eine hohe Verbundenheit zu lokalen Produkten einen negativen Effekt auf die Cross-Border-E-Commerce-Kaufabsicht während einer Krise ausübt (ß_3 = −0,445; p < 0,001). H4, welche annimmt, dass ein hohes Preisbewusstsein während einer Krise einen positiven Einfluss auf die Cross-Border-E-Commerce-Kaufabsicht hat, lässt sich jedoch nicht bestätigen (ß_4 = 0,093; p = 0,203). Jedoch lässt sich ein signifikant positiver Einfluss der wahrgenommenen Kontrolle während einer Krise auf die Cross-Border-E-Commerce-Kaufabsicht feststellen (ß_5 = 0,443; p < 0,001). Die Ergebnisse der Regressionsanalyse sind in Tab. 1.3 zusammengefasst.

Neben den Einflüssen auf ihre Cross-Border-E-Commerce-Kaufabsicht wurden die Befragten auch zu ihrem Kaufverhalten befragt. So vermeiden 17,2 % der Befragten

Tab. 1.1 Items der verwendeten Konstrukte

Konstrukt	Items
Risikowahrnehmung (Cox & Cox, 2001), ($\alpha = 0{,}908$)	Das Online-Shopping bei Händlern im Ausland während einer Krise ist riskant
	Das Online-Shopping bei Händlern im Ausland während einer Krise kann zu schlechten Ergebnissen führen
	Das Online-Shopping bei Händlern im Ausland während einer Krise hat ungewisse Auswirkungen
	Das Online-Shopping bei Händlern im Ausland während einer Krise beunruhigt mich
	Das Online-Shopping bei Händlern im Ausland während einer Krise bereitet mir Sorgen
Optimismus (Schweizer & Koch, 2001), ($\alpha = 0{,}842$)	In schwierigen Situationen in einer Krise werde ich einen Weg finden
	Während einer Krise ist keine Aufgabe zu schwer für mich
	Während einer Krise meistere ich auch schwierige Probleme
	Während einer Krise freue ich mich über jede Herausforderung
	Während einer Krise finde ich immer eine Lösung für ein Problem
Verbundenheit lokale Produkte (Shimp & Sharma, 1987), ($\alpha = 0{,}888$)	Während einer Krise sollte man bei inländischen Online-Händlern einkaufen, anstatt andere Länder durch uns reich zu machen
	Während einer Krise sollte man beim Online-Shopping immer Produkte aus dem eigenen Land kaufen
	Während einer Krise sollte man nicht bei ausländischen Online-Händlern einkaufen, ansonsten schadet es den inländischen Unternehmen
	Auch wenn mich inländische Produkte beim Online-Shopping mehr kosten, sollte man diese während einer Krise kaufen
Preisbewusstsein (Ailawadi et al., 2001), ($\alpha = 0{,}858$)	Während einer Krise vergleiche ich beim Online-Shopping die Preise von einigen Produkten, bevor ich mich für eines entscheide
	Während Krisen vergleiche ich beim Online-Shopping selbst bei kleinen Artikeln die Preise
	Während einer Krise ist es mir wichtig, beim Online-Shopping den besten Preis für die Produkte zu bekommen, die ich kaufe

(Fortsetzung)

Tab. 1.1 (Fortsetzung)

Konstrukt	Items
Wahrgenommene Kontrolle (Taylor & Todd, 1995), ($\alpha = 0{,}810$)	Ich glaube, ich kann trotz der Krise uneingeschränkt Produkte bei Online-Händlern im Ausland kaufen, wie ich es will
	Ich glaube, dass ich bei Online-Käufen im Ausland trotz der Krise vollständig die Kontrolle habe
	Ich bin mir sicher, dass ich die notwendigen Mittel und Ressourcen habe, um trotz der Krise bei Online-Händlern im Ausland einzukaufen
Cross-Border-E-Commerce-Kaufabsicht (Maxham & Netemeyer, 2002), ($\alpha = 0{,}862$)	In der Zukunft beabsichtige ich, Produkte bei Online-Händlern im Ausland zu kaufen
	In der Zukunft werde ich wahrscheinlich Produkte bei Online-Händlern im Ausland kaufen

Tab. 1.2 Mittelwerte der Konstrukte

Konstrukt	Mittelwert und Standardabweichung
Risikowahrnehmung	$M = 2{,}45$ ($SD = 0{,}983$)
Optimismus	$M = 3{,}68$ ($SD = 0{,}707$)
Verbundenheit lokale Produkte	$M = 3{,}21$ ($SD = 0{,}996$)
Preisbewusstsein	$M = 3{,}53$ ($SD = 1{,}110$)
Wahrgenommene Kontrolle	$M = 3{,}22$ ($SD = 0{,}912$)
Cross-Border-E-Commerce-Kaufabsicht	$M = 2{,}78$ ($SD = 1{,}080$)

Tab. 1.3 Ergebnisse der Hypothesenauswertung – Einflüsse auf die Cross-Border-E-Commerce-Kaufabsicht während der Coronapandemie

Einflüsse	ß	p-Wert
Risikowahrnehmung	−0,321	<0,001
Optimismus	0,173	0,018
Verbundenheit lokale Produkte	−0,445	<0,001
Preisbewusstsein	0,093	0,203
Wahrgenommene Kontrolle	0,443	<0,001

den Kauf chinesischer Produkte aufgrund des Coronavirus. Wiederum gaben 34,2 % der Befragten an, seit der Coronapandemie vermehrt online einzukaufen, und 27,2 % wollen auch in Zukunft vermehrt online einkaufen. Dabei haben schon 77,5 % der Befragten bereits bei Onlinehändlern im Ausland eingekauft, 12,3 % haben noch nie bei Onlinehändlern im Ausland eingekauft und 10,2 % sind sich nicht sicher, ob sie bereits bei

Onlinehändlern im Ausland eingekauft haben oder nicht. Zudem gaben insgesamt 64,7 % der Befragten an, dass sie während einer Krise weniger für einen Einkauf bei Onlinehändlern im Ausland ausgeben würden. Des Weiteren wurden die Befragten zu ihren Sorgen während der Coronapandemie befragt. 51,3 % der Befragten machten sich in der aktuellen Situation überhaupt keine Sorgen um ihren Arbeitsplatz und auch 41,2 % der Befragten zeigten keine Sorgen, sich anstehende Zahlungen nicht leisten zu können. Stattdessen sorgten sich 51,3 % um ihre Gesundheit in der Coronakrise.

1.3 Zusammenfassung und Fazit

Die Ergebnisse der Studie bestärken die bisherige Forschung in der Relevanz der Risiko-wahrnehmung, des Optimismus, der Verbundenheit lokaler Produkte und der wahr-genommenen Kontrolle der Verbraucher beim grenzüberschreitenden Onlineshopping. Zusätzlich bringen die Studienergebnisse wichtige Implikationen für die Praxis mit sich. Die Analyse kann insbesondere Onlinehändlern im Ausland ein besseres Verständnis des Verhaltens der Verbraucherinnen und Verbraucher in Krisen verschaffen und hilft zu ver-stehen, welche Einflüsse auf die Cross-Border-E-Commerce-Kaufabsicht wirken. Somit können Händler ihre Strategien, beispielsweise im Marketing oder in der Logistik, in einer Krisensituation an das entsprechende Verbraucherverhalten anpassen.

Risikowahrnehmung
Durch die internationale Komponente im Cross-Border-E-Commerce können zusätzliche Risiken, wie z. B. längere Lieferzeiten, beim Cross-Border-E-Commerce entstehen. Aber auch der Rückgabevorgang im Cross-Border-E-Commerce stellt für Verbraucherinnen und Verbraucher ein potenzielles Risiko dar. Insbesondere wenn die Kosten für die Rück-sendung von diesen übernommen werden müssen, wird dies als sehr negativ von Ver-braucherinnen und Verbrauchern empfunden. Es sollte folglich darauf geachtet werden, dass Verbraucherinnen und Verbrauchern beim Cross-Border-E-Commerce eine hohe Transparenz geboten wird, um die wahrgenommene Kontrolle im Prozess zu erhöhen. Dies ist besonders in Krisenzeiten relevant, da das Ergebnis der Analyse zeigte, dass eine hohe Kontrollwahrnehmung der Verbraucherinnen und Verbraucher die Cross-Border-E-Commerce-Kaufabsicht positiv beeinflusst. Die Komplexität der Risikowahr-nehmung wird jedoch darin deutlich, dass unterschiedliche Aspekte diese bewusst als auch unbewusst beeinflussen, wie beispielsweise Ergebnisse früherer riskanter Ent-scheidungen, das Anspruchsniveau, das vorhandene Vertrauen als auch die Erwartungs-haltung der Verbraucherinnen und Verbraucher (vgl. Weber & Hsee, 1998). Auch ist zu beachten, dass die Risikoeinschätzung während einer Krise im Laufe der Zeit meist abnimmt und die Risikowahrnehmung daher immer eine Momentaufnahme darstellt (vgl. Burns et al., 2012).

Optimismus

Zudem zeigt sich, dass ein hoher mit der Krise verbundener Optimismus die Intention der Verbraucherinnen und Verbraucher, bei ausländischen Onlinehändlern zu kaufen, steigt. Dies zeigt, dass Verbraucherinnen und Verbraucher in dem Fall davon ausgehen, dass sie mit der Krise gut umgehen können und dass die Folgen der Krise sie selbst nicht oder kaum beeinflussen werden. Daraus resultiert, dass auch ihr Konsumverhalten nicht negativ beeinflusst wird, wenn diese trotz Krisen optimistisch in die Zukunft blicken. Da Unsicherheiten und Ängste zu einem Rückgang des Konsums führen können, welcher wiederum der gesamten Wirtschaft schaden kann, ist es somit wichtig für Händler, Optimismus unter den Verbrauchern zu schaffen, indem den Verbraucherinnen und Verbrauchern Sicherheit gegeben wird. Jedoch ist hier vor einem übertriebenen unrealistischen Optimismus zu warnen, welcher dazu beitragen kann, dass Verbraucherinnen und Verbraucher eine risikoreiche Situation unterschätzen und sich somit potenziell verletzlich machen (vgl. Pornpitakpan & Green, 2007).

Verbundenheit lokale Produkte

Das Ergebnis bezüglich des Herkunftslandes des Produktes bestätigt die Hypothese, dass eine hohe Verbundenheit zu lokal hergestellten Produkten während einer Krise die Cross-Border-E-Commerce-Kaufintention abschwächt und dass die Konsumentinnen und Konsumenten insbesondere in einer Krise die eigene nationale Wirtschaft unterstützen wollen und somit vermehrt nationale Produkte kaufen (vgl. Priporas et al., 2015). Für Onlinehändler im Ausland bedeutet das, dass Maßnahmen getroffen werden sollten, um die Wettbewerbsfähigkeit mit den lokalen Händlern aufrechtzuerhalten. Beispielsweise könnten ausländische Onlinehändler Kooperationen mit lokal produzierenden Unternehmen eingehen, sodass die Verbraucherinnen und Verbraucher durch den Kauf dieser Produkte immer noch den eigenen Heimatmarkt unterstützen, was vielen Verbraucherinnen und Verbrauchern gerade in Krisenzeiten wichtig ist. Zusätzlich kann der sogenannte „Country-of-Origin"-Effekt hier eine Rolle spielen. Hier geht es nicht direkt um eine Verbundenheit zu lokalen Produkten, sondern es wird vielmehr der Vorzug von Produkten aus bestimmten Ländern thematisiert. Beispielsweise spielen Assoziationen mit einem gewissen Qualitätsstandard eine Rolle (vgl. Pharr, 2015). So könnte in zukünftigen Studien der Einfluss des Herkunftslandes eines Produktes untersucht und die Verbraucherpräferenz gegenüber Produkten aus bestimmten Ländern während einer Krise fokussiert werden.

Preisbewusstsein

Auch aus dem Ergebnis mit Blick auf das Preisbewusstsein lassen sich Schlussfolgerungen für Onlinehändler im Ausland ziehen. Potenziell niedrigere Preise bei Onlinehändlern im Ausland sind in der Literatur zwar einer der meistgenannten Gründe, weshalb Verbraucherinnen und Verbraucher sich dazu entscheiden, grenzüberschreitendes Onlineshopping zu betreiben, jedoch beeinflusst das Preisbewusstsein in einer Krise die Cross-Border-Kaufintention nicht. Das bedeutet, dass wenn

Verbraucherinnen und Verbraucher online im Ausland einkaufen, die Kosten des Einkaufs für diese kein ausschlaggebender Grund sind, um bei ausländischen Onlinehändlern zu kaufen. Hier scheinen stattdessen andere Faktoren entscheidend für die Cross-Border-E-Commerce-Kaufintention zu sein, wie z. B. die Verfügbarkeit von Produkten. Eine weitere Erklärung für den fehlenden Einfluss des Preisbewusstseins könnte die subjektive Wahrnehmung als auch Vielfältigkeit von Krisen liefern. So haben während der Pandemie viele Verbraucherinnen und Verbraucher noch keine unmittelbaren schweren (privat-)wirtschaftlichen Folgen wahrgenommen, sodass viele Verbraucherinnen und Verbraucher keine finanziell bedingten „Konsumkürzungen" vornehmen mussten. Dies verdeutlicht sich durch unter anderem die getätigten Panik- und „Hamster"-Einkäufe und dass somit lediglich eine Nachfrageverschiebung hin zu Gütern des täglichen Bedarfs stattgefunden hat (vgl. Sheth, 2020). Hier lag der Fokus nicht auf einen preisbewussten Konsum, sondern in der Sicherstellung der Verfügbarkeit von und eines uneingeschränkten Zugangs zu Produkten (vgl. Loxton et al., 2020), wobei der Cross-Border-E-Commerce vornherein als kostengünstige Konsummöglichkeit wahrgenommen wird (vgl. Wagner et al., 2019).

Wahrgenommene Kontrolle

Das Ergebnis der wahrgenommenen Kontrolle bringt einige Implikationen für Verbraucherinnen und Verbraucher sowie Händler und Politik mit sich. Gerade in Krisenzeiten entstehen viele Unsicherheiten, sodass viele Verbraucherinnen und Verbraucher das Gefühl haben, die Kontrolle im Alltag zu verlieren. Und auch die Literatur bestätigt, dass besonders während Krisen eine Angst vor einem Kontrollverlust vorherrscht. Verbraucherinnen und Verbraucher zweifeln dann an ihrer Kompetenz, die Kontrolle zu halten, weiterhin Probleme lösen zu können und das Leben eigenständig zu gestalten und nicht von der Krise kontrolliert zu werden (vgl. Enzler Denzler & Schuler, 2018). Bei einer hohen wahrgenommenen Kontrolle steigt folglich die Cross-Border-E-Commerce-Kaufabsicht. Haben Verbraucherinnen und Verbraucher das Gefühl, den Kaufprozess recht einfach und schnell abschließen und dabei gleichzeitig die Kontrolle übernehmen zu können, steigt die Wahrscheinlichkeit, dass sie selbst in Krisenzeiten grenzüberschreitenden Handel betreiben. Somit ist es für Händler insbesondere in Krisenzeiten wichtig, dass sie den Verbraucherinnen und Verbrauchern, wenn diese einen Online-Einkauf tätigen, das Gefühl der Kontrolle vermitteln, beispielsweise mit einem hohen Datenschutz und erhöhter Transparenz.

Zusammenfassend zeigen die Einflüsse der Risikowahrnehmung, des Optimismus und der wahrgenommenen Kontrolle, dass Verbraucherinnen und Verbraucher in Krisenzeiten vor allem Sicherheiten benötigen, besonders wenn es darum geht, grenzüberschreitend online einzukaufen. Dabei spielt hier das Preisbewusstsein der Verbraucherinnen und Verbraucher eine geringere Rolle. Stattdessen ist vor allem die Verfügbarkeit von Produkten, die während der Coronakrise beispielsweise ein großes Problem darstellte, einer der Hauptmotivatoren, am Cross-Border-E-Commerce zu partizipieren. Auch zeigen die Ergebnisse, dass, obwohl sich die Verbraucherinnen und Verbraucher weniger

Sorgen um ihren Arbeitsplatz oder ihre finanzielle Sicherheit machen und auch seit der Coronapandemie vermehrt online einkaufen, sie sich mit Cross-Border-E-Commerce-Einkäufen in Krisenzeiten eher zurückhalten und stattdessen lieber auf lokale Produkte zurückgreifen. Somit wird verdeutlicht, dass Verbraucherinnen und Verbraucher in Krisenzeiten stärker auf sichere und bekannte Kaufoptionen zurückgreifen, welche sie besser kontrollieren und dessen Risiko sie besser bewerten können.

Literatur

Ailawadi, K. L., Neslin, S. A., & Gedenk, K. (2001). Pursuing the value-conscious consumer: Store brands versus national brand promotions. *Journal of Marketing, 65*(1), 71–89.

Ajzen, I. (1991). The theory of planned behavior. *Organizational behavior and human decision processes, 50*(2), 179–211.

Akter, S., Ashrafi, T., & Waligo, V. (2021). Changes in consumer purchasing behavior due to COVID-19 pandemic. *Journal of Marketing and Consumer Research, 77,* 33–46.

Burns, W. J., Peters, E., & Slovic, P. (2012). Risk perception and the economic crisis: A longitudinal study of the trajectory of perceived risk. *Risk analysis: An official publication of the Society of Risk Analysis, 32*(4), 659–677.

Campbell, J., DiPietro, R. B., & Remar, D. (2014). Local foods in a university setting: Price consciousness, product involvement, price/quality inference and consumer's willingness-to-pay. *International Journal of Hospitality Management, 42,* 39–49.

Chan, E., Sengupta, J., & Mukhopadhyay, A. (2013). The antecedents of anticipatory purchase: Reconciling the two routes to optimism. *Journal of Consumer Psychology, 23*(1), 90–105.

Cox, D., & Cox, A. D. (2001). Communicating the consequences of early detection: The role of evidence and framing. *Journal of Marketing, 65*(3), 91–103.

Ecommerce News. (2022). Cross-border ecommerce worth €171 billion. https://ecommercenews.eu/cross-border-ecommerce-worth-e171-billion/. Zugegriffen: 11. Juli 2022.

Enzler Denzler, R., & Schuler, E. (2018). *Krisen erfolgreich bewältigen. Wie Führungskräfte in Wirtschaft und Politik Schicksalsschläge überwinden* (1. Aufl.), Springer-Verlag, Berlin, S. 20.

Global-e. (2020). Cross-border e-commerce growth during the pandemic. https://www.global-e.com/resource/covid-19-cross-border-ecommerce/. Zugegriffen: 11. Juli 2022.

Hall, M. C., Prayag, G., Fieger, P., et al. (2020). Beyond panic buying: Consumption displacement and COVID-19. *Journal of Service Management.* https://einzelhandel.de/component/attachments/download/10641. Zugegriffen: 11. Juli 2022.

HDE. (2022). Handelsszenario. Berlin. https://einzelhandel.de/component/attachments/download/10641. Zugegriffen: 04. Mai 2023.

Hernandez, B., Jimenez, J., & Jose Martin, M. (2009). The impact of self-efficacy, ease of use and usefulness on e-purchasing: An analysis of experienced e-shoppers. *Interacting with computers, 21*(1–2), 146–156.

Huang, S. L., & Chang, Y. C. (2019). Cross-border e-commerce: Consumers' intention to shop on foreign websites. *Internet Research, 29*(6), 1272.

Jung, S., Rürup, B., & Schrinner, A. (2020). *Privater Konsum in Zeiten von Corona. Konsummonitor Corona.* Handelsverband Deutschland.

Kamakura, W. A., & Du Yuxing, R. (2012). How economic contractions and expansions affect expenditure patterns. *Journal of Consumer Research, 39*(2), 229–247.

Laato, S., Islam, A. N., Farooq, A., et al. (2020). Unusual purchasing behavior during the early stages of the COVID-19 pandemic: The stimulus-organism-response approach. *Journal of Retailing and Consumer Services, 57,* 102224.

Lin, A. J., Li, E. Y., & Lee, S. Y. (2018). Dysfunctional customer behavior in cross-border e-commerce: A justice-affect-behavior model. *Journal of Electronic Commerce Research, 19*(1), 36–54.

Long, N. N., & Khoi, B. H. (2020). An empirical study about the intention to hoard food during COVID-19 pandemic. *Eurasia Journal of Mathematics. Science and Technology Education, 16*(7), 1–7

Loxton, M., Truskett, R., Scarf, S., et al. (2020). Consumer behaviour during crises: Preliminary research on how coronavirus has manifested consumer panic buying, herd mentality, changing discretionary spending and the role of the media in influencing behaviour. *Journal of risk and financial management, 13*(8), 166.

Mansoor, D., & Jalal, A. (2011). The global business crisis and consumer behavior: Kingdom of Bahrain as a case study. *International Journal of Business and Management, 6*(1), 104.

Maxham, J. G., III., & Netemeyer, R. G. (2002). A longitudinal study of complaining customers' evaluations of multiple service failures and recovery efforts. *Journal of Marketing, 66*(4), 57–71.

Mehta, S., Saxena, T., & Purohit, N. (2020). The new consumer behaviour paradigm amid COVID-19: Permanent or transient? *Journal of health management, 22*(2), 291–301.

Mou, J., Cui, Y., & Kurcz, K. (2020). Trust, risk and alternative website quality in B-buyer acceptance of cross-border E-commerce. *Journal of Global Information Management, 28*(1), 167–188.

Naeem, M. (2021). Do social media platforms develop consumer panic buying during the fear of Covid-19 pandemic. *Journal of Retailing and Consumer Services, 58,* 102226.

Parkinson, J., David, P., & Rundle-Thiele, S. (2017). Self-efficacy or perceived behavioural control: Which influences consumers' physical activity and healthful eating behaviour maintenance? *Journal of Consumer Behaviour, 16*(5), 413–423.

PayPal. (2018). Warum haben Sie schon einmal einen Einkauf bei einem Online-Händler aus dem Ausland getätigt? https://de.statista.com/statistik/daten/studie/982647/umfrage/gruende-fuer-einen-gren-zuebergreifenden-online-einkauf-weltweit/. Zugegriffen: 11. Juli 2022.

Pharr, J. M. (2015). Synthesizing country-of-origin research from the last decade: Is the concept still salient in an era of global brands? *Journals of Marketing Theory and Practice, 13*(4), 34–45.

Pornpitakpan, C., & Green, R. T. (2007). The effect of message appeals countering unrealistic optimism on purchase intentions. *Asia Pacific Journals of Marketing and Logistics, 19*(3), 207–226.

Priporas, C. V., Kamenidou, I., Kapoulas, A., et al. (2015). Counterfeit purchase typologies during an economic crisis. *European Business Review, 27*(1), 2–19.

Schaupp, L. C., & Carter, L. (2010). The impact of trust, risk and optimism bias on E-file adoption. *Information Systems Frontiers, 12*(3), 299–309.

Schweizer, K., & Koch, W. (2001). The assessment of components of optimism by POSO-E. *Personality and Individual Differences, 31*(4), 563–574.

Sheth, J. (2020). Impact of Covid-19 on consumer behavior: Will the old habits return or die? *Journal of business research, 117,* 280–283.

Shimp, T. A., & Sharma, S. (1987). Consumer ethnocentrism: Construction and validation of the CETSCALE. *Journal of marketing research, 24*(3), 280–289.

Shin, Y. H., & Hancer, M. (2016). The role of attitude, subjective norm, perceived behavioral control, and moral norm in the intention to purchase local food products. *Journal of Foodservice Business Research, 19*(4), 338–351.

Sigala, M. (2020). Tourism and COVID-19: Impacts and implications for advancing and resetting industry and research. *Journal of business research, 117,* 312–321.

Statistisches Bundesamt. (2021). Die Folgen der Corona-Pandemie in 10 Zahlen. https://www.destatis.de/DE/Presse/Pressemitteilungen/2021/03/PD21_N023_p001.html. Zugegriffen: 11. Juli 2022.

Taylor, S., & Todd, P. A. (1995). Understanding information technology usage: A test of competing models. *Information systems research, 6*(2), 144–176.

Wagner, G., Fota, A., & Schramm-Klein, H. (2019). Die Rolle des Verbraucherschutzes beim grenzüberschreitenden Online-Handel. https://www.verbraucherforschung.nrw/sites/default/files/2019-02/kvfwp12_Rolle%20Verbraucherschutzes.pdf. Zugegriffen: 11. Juli 2022.

Wagner, G., Schramm-Klein, H., & Schu, M. (2016). Determinants and moderators of consumers' cross-border online shopping intentions. *Marketing: ZFP–Journal of Research and Management 38*(4), 214–227.

Weber, E. U., & Hsee, C. (1998). Cross-culture differences in risk perception, but cross-cultural similarities in attitudes towards perceived risk. *Management Science, 44*(9), 1205–1217.

Zeugner-Roth, K. P., Žabkar, V., & Diamantopoulos, A. (2015). Consumer ethnocentrism, national identity, and consumer cosmopolitanism as drivers of consumer behavior: A social identity theory perspective. *Journal of international marketing, 23*(2), 25–54.

Dr. Anne Fota ist Postdoc an der Professur für Marketing und Handel an der Universität Siegen und seit 2017 an dieser beschäftigt. Im Rahmen ihrer Promotion untersuchte sie Treiber und Barrieren in unterschiedlichen Teilbereichen des E-Commerce. Zuvor studierte sie Betriebswirtschaftslehre und Management und Märkte an der Universität Siegen. Ihre Forschungsschwerpunkte umfassen u. a. folgende Bereiche: Cross-Border-E-Commerce, Voice-Commerce, Conversational-Commerce und Rental-Commerce.

Univ.-Prof. Dr. Hanna Schramm-Klein ist Inhaberin der Professur für Marketing und Handel und Co-Direktorin des Zentrums für Verbraucherschutz und Verletzliche Verbraucher an der Universität Siegen. Ihre Forschungsschwerpunkte liegen in den Bereichen des Handelsmarketings und -managements, insbesondere von Omni-Channel-Retailing und Customer Experience, sowie Verbraucher- und Konsumentenverhalten.

Chancen zur Wiederbelebung des innerstädtischen Handels in deutschen Klein- und Mittelzentren

2

Von Konkurrenz über Kooperation zu smarten Mixed-Use-Konzepten

Roland Mattmüller, Julia Elspaß und Julia Matheis

Inhaltsverzeichnis

2.1		Zur Ausweglosigkeit deutscher Innenstädte: Manchmal trügt der Schein.	24
	2.1.1	Schwierige Situationen bieten ungeahnte Möglichkeiten: Eine zweite Chance für den innerstädtischen Handel.	25
	2.1.2	Schöne neue Welt: Von der Chance zu greifbaren Potenzialen	27
2.2		Urbanes Leben: Wo der Schuh drückt	27
	2.2.1	Metaebene statt Deep Dive: Erfolgreiche Innenstädte sind eine Sache der Perspektive.	28
	2.2.2	Einzelhandel kommt nicht von einzeln handeln: Wettbewerb ist nicht alles	30
	2.2.3	Schwachstellen überwinden: Ansatzpunkte zur Nutzung der Chance der Re-Regionalisierung definieren	34
2.3		Totgeglaubte leben länger: Wie das „Future Shopping" in deutschen Klein- und Mittelzentren aussehen sollte.	36
	2.3.1	Smartes und multifunktional geprägtes Shopping statt monofunktional geprägter Zentren: Die Besucherinnen und Besucher sollen zurückkommen, nicht die Ware	36
	2.3.2	Neben Bewährtem auch neu denken: Wettbewerb überwinden und differenzierende Möglichkeiten ausloten.	38
	2.3.3	Masterplan Innenstadt: Der stationäre Einzelhandel als wichtigster Akteur	39
2.4		Von der vagen Chance hin zu greifbaren Potenzialen: Die Innenstadt wird zukunftsfähig	43
Literatur.			44

R. Mattmüller (✉) · J. Elspaß · J. Matheis
EBS Universität für Wirtschaft und Recht, Oestrich-Winkel, Deutschland
E-Mail: roland.mattmueller@ebs.edu

© Der/die Autor(en), exklusiv lizenziert an Springer Fachmedien Wiesbaden GmbH, ein Teil von Springer Nature 2023
L. Rothe et al. (Hrsg.), *Marketing & Innovation 2023*, FOM-Edition,
https://doi.org/10.1007/978-3-658-41309-5_2

Zusammenfassung

Aus ökonomischer, sozialer, funktionaler sowie politischer Perspektive sind die Folgen einer Verödung deutscher Innenstädte bedrohlich. Klein- und Mittelzentren sind hierbei im Besonderen anfällig, da ihnen Magneten wie Tourismus, Kulturangebote sowie überregional bekannte Arbeitgeber vergleichsweise oft in geringerem Umfang zur Verfügung stehen oder gänzlich fehlen. Der nachfolgende Beitrag beschäftigt sich daher insbesondere mit den diesbezüglichen Risiken für deutsche Klein- und Mittelzentren, aber auch mit der möglicherweise durch die Pandemie ausgelösten Chance zur Umkehr der skizzierten Entwicklung. Die Autorinnen und Autoren analysieren hierfür den Status quo aus der intra- und intersystemischen Wettbewerbsperspektive und liefern Lösungsansätze auf Basis von drei Handlungsstrategien: die autonome (für jeden Einzelhändler individuelle) Handlungsoption sowie die möglichen Handlungsweisen in den Konzepten der „Cooperation" und „Coopetition".

Schlüsselwörter

Wiederbelebung innerstädtischer Handel · Zukunft stationärer Einzelhandel · Customer Experience · Visitor Experience · Cooperation · Coopetition · Seamless Omnichannel-Management · Klein- und Mittelzentren

2.1 Zur Ausweglosigkeit deutscher Innenstädte: Manchmal trügt der Schein

Die veränderten Einkaufs- und Konsumgewohnheiten der Deutschen hin zum Onlinehandel haben sich in den letzten Jahren verfestigt und sind schon lange kein überraschendes Phänomen mehr (vgl. Hesse, 2019). Die Konkurrenz durch die immer stärker werdenden Onlinehändler macht deutschen Innenstädten somit nicht erst seit Kurzem zu schaffen. Mit der Coronakrise und den damit einhergehenden Lockdowns hat sich diese Situation noch weiter verschärft. Immer mehr Konsumentinnen und Konsumenten entscheiden sich für den Onlineeinkauf anstelle des stationären Einzelhandels (vgl. FTI-Andersch, 2021; Druck, 2021; MWIDE.NRW, 2021) – auch wenn kategoriebezogen hier zum Teil gravierende Unterschiede vorliegen. Während des ersten harten Lockdowns im Jahr 2020 herrschte in den Zentren deutscher Metropolen eine geringe Besucherfrequenz vor. In München beispielsweise waren in dieser Zeit im Vergleich zum Normalniveau nur 13 % der Passantinnen und Passanten unterwegs – damit wurde in der bayerischen Landeshauptstadt eine sogar noch deutlich geringere Frequenz erhoben als in anderen Metropolen wie Frankfurt am Main, Berlin, Köln oder Hamburg (vgl. IfW, 2020). Obwohl sich die wöchentliche Besucherfrequenz im deutschen Einzelhandel bei den untersuchten Händlern Anfang 2022 im Vergleich zum Vorjahreszeitraum mittlerweile wieder weitgehend positiv entwickelte, fielen die Besucherfrequenzen im Vergleich zu den Vorjahren weiterhin stellenweise geringer aus (vgl. Wollscheid, 2022; FTI-Andersch, 2021). Auch wenn sich mit Blick auf den Sommer 2022 die Frequentierung deutscher Innenstädte schon wieder den Zahlen der Vor-Pandemiezeiten genähert hat, so sind auch weiterhin Nachwehen der Pandemie, vor allem für den Einzelhandel in deutschen Innenstädten, spürbar: Nach Expertenschätzung waren Ende 2021 deutschlandweit bis zu 120.000 Geschäfte im stationären Einzelhandel in Existenzgefahr (vgl. MWIDE.NRW, 2021) und es war zu befürchten, dass daraus mindestens 50.000 tatsächliche Schließungen aufgrund von Umsatzrückgängen (von bis zu 70 %) resultieren könnten (vgl. Deutscher Städtetag, 2021; Deutscher Städte- & Gemeindebund, 2020; Hesse, 2019). Aktuell kommt hinzu, dass sich die deutsche Wirtschaft weiterhin, nicht zuletzt wegen des Krieges in der Ukraine und der hohen Inflation, in unsicheren Zeiten befindet, was wiederum die allgemeine Verbraucherstimmung drückt (vgl. Statista, 2022) – auch wenn der GfK-Konsumklimaindex (im Mai 2022 bei −26,2 Punkten) Prognosen zufolge seinen Sturzflug der letzten Monate im Juni 2022 das erste Mal wieder stoppen konnte (vgl. GfK, 2022). Die latente Gefahr der bereits in 2021 befürchteten Schließungen im stationären deutschen Einzelhandel scheint also möglicherweise in eine weitere Runde zu gehen.

Anhand der Auswirkungen des Attraktivitätsverlusts deutscher Innenstädte wird deutlich, dass die Folgen in ökonomischer, sozialer, funktionaler und politischer Hinsicht bedrohlich sein können. Da Großstädte durch andere Attraktivitätsfaktoren wie Tourismus, Kultur und interessante Arbeitgeber automatisch ein größeres Zugpotenzial für die Innenstadtfrequentierung bieten (vgl. BBSR, 2012), sind besonders die Innenstädte deutscher Klein- und Mittelzentren vom Attraktivitätsverlust betroffen (vgl. Hesse, 2019). Sie sind seltener erlebnisorientiert und multifunktional, sondern eher zweckmäßig orientiert und monofunktional (vgl. Pätzold, 2018; BMI, 2021) und bedürfen einer größeren Umsicht bei der Schaffung reizvoller Attraktivitätsfaktoren. Gerade in Innenstädten von Klein- und Mittelzentren sind die Akteurinnen und Akteure, allen voran die stationären Einzelhändler, daher zum gemeinschaftlichen Umdenken gezwungen, um nicht weiter von Attraktivlosigkeit, sinkenden Passantenfrequenzen und Leerständen regiert zu werden.

Passenderweise deuten verschiedene aktuelle Tendenzen darauf hin, dass es Grund zur Zuversicht zur Rettung der Innenstädte in deutschen Klein- und Mittelzentren geben könnte: Eine Gegenbewegung zu ihrem Aussterben ist erkennbar.

2.1.1 Schwierige Situationen bieten ungeahnte Möglichkeiten: Eine zweite Chance für den innerstädtischen Handel

Der Startschuss dieser Gegenbewegung ist, wie so oft, eine unerwartet auftretende Lage, die alles bisher Bekannte und Gewohnte in seinen Grundfesten erschütterte und durcheinanderwirbelte, so aber auch Raum für neue Möglichkeiten schuf: Die Coronapandemie. In Bezug auf den innerstädtischen Handel und die Coronapandemie drängt sich sicherlich in erster Linie die Verlagerung von der Einkaufsstraße hin zum Onlinehandel in den Vordergrund. Dem durch die Pandemie unbestritten befeuerten Wachstum des Onlinehandels und der damit einhergehenden sinkenden Passantenfrequenz in Innenstädten steht jedoch noch eine weitere, parallel stattfindende Entwicklung gegenüber: Die Re-Regionalisierung des Einkaufsverhaltens im Sinne einer Rückbesinnung auf den innerstädtischen Handel von Klein- und Mittelstädten (vgl. DDW, 2021).

Zu Beginn der Pandemie und während ihrer folgenden Verbreitung versuchten viele Konsumentinnen und Konsumenten aus Sicherheitsbedenken, lange Warteschlangen und Menschenansammlungen zu meiden (vgl. Simon, 2020), wie sie in Großstädten und Metropolen meist anzutreffen sind. Stattdessen bevorzugten es die Deutschen, im Zentrum ihrer eigenen Klein- oder Mittelstadt ihre Besorgungen zu erledigen und dort zu bummeln, statt in vollen Bahnen oder Bussen in die nächstgelegene Großstadt zu fahren (vgl. DDW, 2021; Seitz, 2020). Bestärkt wurde und wird dies auch aktuell durch die exorbitant angestiegenen Rohöl- und Energiepreise, die viele Bürgerinnen und Bürger dazu anregten, darüber nachzudenken, ob eine Fahrt in die kilometerweit entfernte, nächstgelegene Metropole tatsächlich notwendig ist.

Auch die Solidarität für die lokalen Händler und Gastronomen während der Coronapandemie war ein wichtiger Einflussfaktor (vgl. Seitz, 2020). 2021 gaben 52 % der Befragten einer Onlinebefragung an, dass ihnen die Unterstützung des Handels und der Gastronomie in ihrer eigenen Region wichtiger geworden sei (vgl. Simon-Kucher & Partners, 2021). Bewusstes und regionales Einkaufen alltäglicher Produkte gewann schnell an neuer Beliebtheit (vgl. Seitz, 2020; BMEL, 2020). Die nicht zuletzt durch den Ukraine-Krieg stark steigenden Lebensmittelpreise scheinen diesen Effekt des regionalen Einkaufens auch aktuell zu stärken.

Es zeigt sich also, dass die Besucherfrequentierung von Klein- und Mittelzentren nicht so stark unter der Coronapandemie gelitten hat, wie die der Großstädte (vgl. MWIDE.NRW, 2021). Dies ist auch vice versa – aus Großstadt-Perspektive – erkennbar: Die zuvor bereits dargestellten Besucherfrequenzen in Großstädten bestätigen, dass viele Konsumentinnen und Konsumenten Klein- und Mittelstädte für ihre Freizeitaktivitäten und Erledigungen vorziehen. Einige Menschen haben die Großstadt sogar komplett verlassen, was Klein- und Mittelstädten wiederum einen regelrechten Bauboom bescherte (vgl. Wenzel, 2021; Werner, 2021). Das Heimatgefühl, das Bürgerinnen und Bürger oft mit ihrem Zuhause verbinden, gepaart mit dem sozialen Netz, welches gerade Klein- und Mittelstädte bieten können (vgl. Portz, 2020), rückte in Pandemiezeiten verstärkt in den Mittelpunkt und weitete sich auch auf die entsprechenden Innenstädte aus. Zusammen mit der in dieser Zeit neu entdeckten Convenience der kurzen Wege, der zielgerichteten Auswahl und der individuellen Geschäfte untermauert es den Anschein, als sei dieser Trend mehr als nur vorübergehend (vgl. Seitz, 2020) und könnte als Ausgangspunkt zur Wiederbelebung der Innenstädte in deutschen Klein- und Mittelzentren dienen.

2.1.2   Schöne neue Welt: Von der Chance zu greifbaren Potenzialen

Die aufgezeigten Tendenzen hin zu einer möglichen längerfristigen Re-Regionalisierung des Einkaufsverhaltens weisen darauf hin, dass sich die Ausgangslage zur Rettung des innerstädtischen Einzelhandels in Klein- und Mittelzentren als positiv erweist, zumal Letztere etwa aufgrund ihrer ökonomischen und sozialen Funktion als prinzipiell „rettungswürdig" einzustufen sind. Doch liegt die damit verbundene „Rettungsfähigkeit" weitgehend allein an den Innenstadtakteurinnen und -akteuren selbst: Es ist ihre Aufgabe, das Potenzial des „New Normal" nicht nur zu erkennen, sondern nutzen zu lernen, statt es vorbeiziehen zu lassen und den Großstädten so kampflos das Feld zu überlassen.

Vor diesem Hintergrund der grundsätzlichen „Rettungswürdigkeit" und „Rettungsfähigkeit" der Innenstädte deutscher Klein- und Mittelstädte soll im weiteren Verlauf analysiert werden, welche zentralen Problem- bzw. Handlungsfelder sich auf der Basis des Ökosystems Innenstadt im Allgemeinen und des Wettbewerbs zwischen den Akteurinnen und -akteuren des stationären Einzelhandels im Speziellen ergeben. Dazu werden Schwachstellen aufgezeigt, mittels derer wiederum Ansatzpunkte für eine mögliche Wiederbelebung der Innenstädte und des innerstädtischen stationären Einzelhandels aufgedeckt werden können. Konkretisiert werden sollen diese Ansatzpunkte durch die Ableitung von praktisch-normativen Handlungsempfehlungen und Erfolgspotenzialen, die sich speziell für Ein- und Mehrbetriebsunternehmen des stationären Handels in Klein- und Mittelstädten ergeben könnten, um die sich bietenden Chancen zu nutzen.

Diese Betrachtung einer möglichen positiven Zukunft und Wiederbelebung der Innenstädte fokussiert also nicht die bereits vielfältig untersuchte, unter der hier getroffenen Annahme aber unzureichend erscheinende Perspektive des Wettbewerbs zwischen Onlinehandel und stationären Einzelhändlern. Vielmehr soll der vorliegende Beitrag darüber hinaus dazu dienen, den Betrachtungswinkel zu erweitern und die viel zu oft stiefmütterlich behandelte Perspektive des stationären Handels als zentraler Teil des Ökosystems Innenstadt einzunehmen, um eine attraktive und vor allem lebendige Zukunftsperspektive der stationären Handelslandschaft deutscher Klein- und Mittelstädte zu schaffen.

2.2   Urbanes Leben: Wo der Schuh drückt

Um aufzuzeigen, was konkrete Ansatzpunkte zur proaktiven Nutzung der Re-Regionalisierung des Einkaufsverhaltens sein können, ist es also wichtig, erst einmal das Ökosystem Innenstadt mit der dort vorherrschenden stationären Handelslandschaft sowie deren Wettbewerb zu verstehen.

2.2.1 Metaebene statt Deep Dive: Erfolgreiche Innenstädte sind eine Sache der Perspektive

Einen wesentlichen Dreh- und Angelpunkt einer Innenstadt stellen ihre Besucherinnen und Besucher dar. Somit ist es Grundvoraussetzung einer entsprechenden Analyse, die Motive eines Innenstadtaufenthalts sowie anknüpfende Attraktivitätsfaktoren von Innenstädten zu erkennen und zu verstehen. Eine Übersicht hierzu gibt Abb. 2.1.

Anhand der Verteilung der Motive zeigt sich – nicht gerade überraschenderweise –, dass ein zentrales Herzstück des Ökosystems Innenstadt der stationäre Einzelhandel ist (vgl. FTI-Andersch, 2021; BMWi, 2017). Dabei wird gleichzeitig aber auch deutlich, dass Einzelhändler allein nicht alle Attraktivitätsfaktoren bieten können. Um die aufgezeigte Nutzenmischung, die auch ein übergeordnetes Leitbild für deutsche Innenstädte darstellt (vgl. Deutscher Städtetag, 2021), zu gewährleisten, ist es vielmehr wichtig, dass das Ökosystem Innenstadt als Ganzes zusammenwirkt und jeder einzelne beteiligte Akteur seinen Beitrag leistet. Für eine umfassende und erfolgreiche Erfüllung relevanter Motive ist es also zwingend notwendig, dass gerade die stationären Einzelhändler auch andere Innenstadtakteurinnen und -akteure (beispielsweise Gastronomie, Freizeiteinrichtungen, Tourismusverbände, Stadtmarketing bzw. Stadtentwicklung,

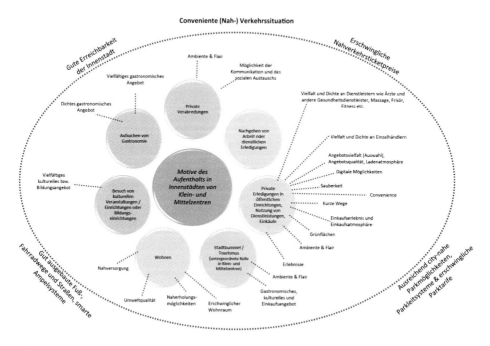

Abb. 2.1 Motive des Aufenthalts und anknüpfende Attraktivitätsfaktoren von Innenstädten deutscher Klein- und Mittelzentren (Quelle: Basierend auf Gruninger-Hermann, 2017; MWIDE. NRW, 2021; Deutscher Städtetag, 2021)

Immobilienwirtschaft, Immobilieneigentümer und Kultureinrichtungen, aber auch die Politik (vgl. FTI-Andersch, 2021)) in ihr Denken und Handeln einbeziehen oder letztendlich mit ihnen gemeinsam handeln. Alle Akteurinnen und Akteure sind also in der Pflicht, gemeinsam herauszufinden, wer die Besucherinnen und Besucher der Stadt sind, was diese erwarten und wie ihre Bedürfnisse mehrwertorientiert befriedigt werden können (vgl. Hedde, 2020). Erst so kann es dauerhaft gelingen, die Basis für eine Steigerung von Besuchsfrequenz und Aufenthaltsdauer zu legen, um einen langfristig und nachhaltig vitalen Handelsstandort zu schaffen (vgl. IFH KÖLN, 2021). Dabei ist es natürlich nachvollziehbar, dass es nie allen Innenstadtbesucherinnen und -besuchern gleichermaßen recht gemacht werden kann. Viel wichtiger ist es daher, eine größtmögliche Schnittmenge der Motive zu treffen, um Faszination und Begeisterung bestmöglich erlebbar zu machen (vgl. Wollenschläger, 2022).

Zur Erreichung dieser größtmöglichen Schnittmenge ist zunächst eine Betrachtung auf Metaebene unabdingbar. Ein passendes Konzept zur Übersetzung des Ökosystems Innenstadt in eine solche Metabetrachtung ist die Visitor Journey. Unter einer Visitor Journey, deren Begrifflichkeit ursprünglich aus der Tourismusbranche stammt (vgl. Lane, 2007), wird – übertragen auf die Innenstadt – eine kundenzentrierte Strategie verstanden, bei der die Innenstadtbesucherinnen und -besucher und ihre Motive in den Fokus aller Innenstadtaktivitäten gestellt werden. So werden die Besucherinnen und -besucher über ihre gesamte Verweildauer im Sinne einer kontinuierlichen Besucherreise begleitet (vgl. IFH KÖLN, 2021). Im Gegensatz zur parallel zu verstehenden Customer Journey, die auf einer tiefer liegenden Ebene die Interaktion zwischen den Innenstadtbesucherinnen und -besuchern und den einzelnen Innenstadtakteurinnen und -akteuren, beispielsweise den stationären Einzelhändlern, entlang aller Kontaktpunkte abbildet (vgl. Verhoef et al., 2009), betrachtet und strukturiert die Visitor Journey den gesamten Innenstadtbesuch unter Berücksichtigung aller Innenstadt-Kontaktpunkte der Besucherinnen und Besucher (vgl. IFH KÖLN, 2021). Die Visitor Journey umfasst damit in Summe alle Customer Journeys der einzelnen Innenstadtakteurinnen und -akteure und dient als Kompass, um diese im besten Fall zu einer optimalen, übergeordneten Visitor Experience zu verbinden, die wiederum die Besucherinnen und Besucher motivieren soll, den Innenstadtbesuch zu wiederholen. Basierend auf der Grundidee der Customer Experience erweitert die Visitor Experience diesen Gedanken: Die Visitor Experience umfasst dementsprechend die Gesamtheit aller kognitiven, physischen, sensorischen, spirituellen und sozialen Eindrücke aus der (in-)direkten Interaktion zwischen Besucherinnen und Besuchern und einzelnen Innenstadtakteurinnen und -akteuren (auf Basis von Lemon & Verhoef, 2016), die für Innenstadtbesucherinnen und -besucher während ihres Aufenthalts entlang aller Kontaktpunkte mit allen Innenstadtakteurinnen und -akteuren entstehen (vgl. Packer & Ballantyne, 2016). Erst so wird ein Gesamtbild geschaffen, ohne dessen strategische und operative Berücksichtigung das Erreichen einer Wiederbelebung oder einer Vitalisierung der Innenstädte von Klein- und Mittelzentren kaum möglich sein dürfte (vgl. IFH KÖLN, 2021). Allerdings ergibt sich aus dieser Funktion/Anwendung, dass die Visitor Journey zwangsläufig komplexer als die Customer Journey ist (vgl. Packer & Ballantyne,

2016) und im Gegensatz zu dieser von den Einzelhändlern nicht immer direkt beeinflusst werden kann. Sie ist vielmehr abhängig vom Verhalten eines jeden einzelnen Innenstadtakteurs und deren individuellen Customer Journeys sowie vom Ausmaß der Interaktion zwischen allen Innenstadtakteurinnen und -akteuren.

Abb. 2.2 zeigt eine beispielhafte Visualisierung einer Innenstadt-Visitor-Journey rund um den Besuch bei einem stationären Einzelhändler.

Diese Abbildung macht deutlich, dass der Terminus „Einzelhandel" eben gewiss nicht von „einzeln handeln" abstammt. Im Gegenteil: Erst wenn stationäre Einzelhändler verstehen, dass sie ein Teil des Ökosystems Innenstadt sind, kann eine positive Visitor Experience angestrebt werden, um die Attraktivität der Innenstadt für Besucher/Shopper dauerhaft zu erhöhen. Im besten Fall fokussieren sich stationäre Einzelhändler dazu eben nicht nur auf die Professionalisierung ihrer eigenen Customer Journey, sondern stehen in vielfältiger Interaktion mit allen anderen Innenstadtakteurinnen und -akteuren, nicht zuletzt auch mit anderen stationären Einzelhändlern, um die gesamte Visitor Journey der Innenstadt voranzutreiben. Gerade die Interaktion mit anderen Einzelhändlern findet dabei viel zu selten Beachtung. Zu häufig betrachten Einzelhändler sich gegenseitig nur als Kontrahentinnen und Kontrahenten, die in einem scharfen Wettbewerb um Verkaufsfläche sowie Konsumentinnen und Konsumenten stehen, statt die Beziehungen zu den anderen (stationären) Einzelhändlern durch eine andere Brille zu sehen und Potenziale der Zusammenarbeit zu erkennen.

2.2.2 Einzelhandel kommt nicht von einzeln handeln: Wettbewerb ist nicht alles

Zur Verdeutlichung dieser Argumentation ist ein grundlegendes Verständnis des Wettbewerbs von und in Innenstädten, im Besonderen des stationären Einzelhandels in Innenstädten von Klein- und Mittelzentren, sowie seine Einordnung in das Innenstadtgefüge hilfreich.

Übergeordnet steht der Wettbewerb zwischen Klein- und Mittelstädten auf der einen und mit den Großstädten auf der anderen Seite sowie der damit verbundene Wettbewerb zwischen dem jeweiligen in Klein- und Mittelstädten ansässigen stationären Einzelhandel und dem in Großstädten. Da, wie zuvor bereits erläutert, Großstädte eine andere Gewichtung der Motive und Attraktivitätsfaktoren des Innenstadtaufenthalts aufweisen, ist der Wettbewerb zwischen Innenstädten unterschiedlicher Größe und damit einhergehend der Wettbewerb zwischen deren innerstädtischem Einzelhandel zwar unbestritten zu berücksichtigen, wird aber nicht Kern der weiteren Ausarbeitungen sein. Relevant für die Analyse des hier vorliegenden Beitrags ist vielmehr der Wettbewerb zwischen den unterschiedlichen stationären Einzelhändlern in Klein- und Mittelzentren. Dieser kann intersystemisch zwischen den unterschiedlichen stationären Handelsorganisationsformen Einbetriebs- und Mehrbetriebsunternehmen, aber auch intrasystemisch innerhalb dieser beiden Handelsorganisationsformen stattfinden.

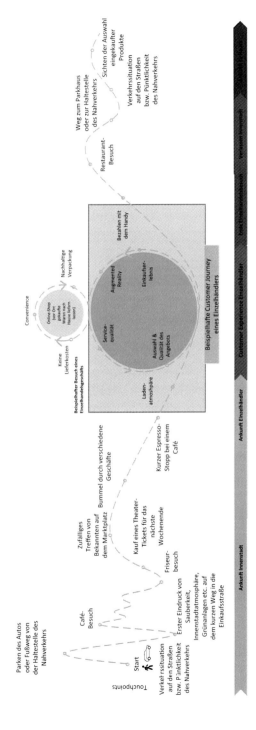

Abb. 2.2 Schematische Darstellung einer beispielhaften Innenstadt-Visitor-Journey (Quelle: Eigene Darstellung basierend auf Bliss, o. J.)

Die Handelsorganisationsformen Einbetriebs- und Mehrbetriebsunternehmung ergeben sich dabei aus der Kombination unterschiedlicher Ausprägungen von Betriebsform und Betriebsstätte (vgl. Mattmüller & Tunder, 2004): Das Einbetriebsunternehmen stellt hinsichtlich der Komplexität die einfachste Organisationsform des stationären Einzelhandels dar und ist ein Handelsunternehmen, das „qualitativ betrachtet eine einzige Betriebsform (also etwa ein Fachgeschäft, ein Warenhaus etc.) quantitativ einmal (also nur in einer einzigen Betriebstätte) betreibt" (Mattmüller & Tunder, 2004). Ein Mehrbetriebsunternehmen dagegen besteht aus mehreren Ausprägungen auf den zuvor aufgezeigten qualitativen und quantitativen Achsen. Auf dieser Basis lassen sich zwei grundlegende, hier relevante Ausprägungen von Mehrbetriebsunternehmen unterscheiden: Das multiplizierte Unternehmen (in den konkreten Ausprägungen Filialisierung oder Franchising) und das einfache Konglomerat (Diversifikation über Betriebsform und Betriebsstätte, bei dem die „Inhalte" der einzelnen Betriebsstätten allerdings nur jeweils einmal vorliegen) (vgl. Mattmüller & Tunder, 2004). Vor diesem Hintergrund ist der unmittelbare Wettbewerb stationärer Einzelhändler in seinem Kern geprägt von den folgenden, hier beispielhaft skizzierten Wettbewerbsmöglichkeiten: Ein Einbetriebsunternehmen (z. B. Schuhhaus Müller) konkurriert mit einem anderen Einbetriebsunternehmen derselben oder einer naheliegenden Kategorie (etwa Schuhhaus Meyer oder Bekleidungshaus Huber inkl. Schuhen und Lederwaren als Randsortiment). Gleichzeitig konkurriert es mit den Filialen eines ansässigen größeren Mehrbetriebsunternehmens (Schuhe und Lederwaren Schmidt) und vorhandenen Franchise-Läden (von Schnell-Schuh), welche wiederum auch untereinander im Wettbewerb stehen.

Auch wenn es nicht den Fokus dieser Ausarbeitung einnimmt, so ist für die besagte Betrachtung selbstverständlich auch der Onlinehandel als wichtige Komponente der Wettbewerbsbeziehungen relevant. Neben dem Vorhandensein von eigenständigen Onlinehändlern im Sinne autonomer Akteurinnen und Akteure kann der Onlinehandel jedoch auch Teil des Geschäftsmodells des stationären Handels sein. Dabei wird die Einkaufstransaktion durch den Onlineshop unterstützt, ergänzt (oder auf längerfristige Perspektive sogar substituiert) (vgl. Buschmann, 2021). Vor allem große filialisierte Handelsunternehmen sind hier Vorreiter. Sie integrieren den zusätzlichen Kontaktpunkt der Onlineshops dann häufig im Sinne eines ganzheitlichen Omni-Channel-Managements mehr oder weniger nahtlos in ihre Customer Journey. Online- und Offline-Kanäle konvergieren also zunehmend und die Grenzen zwischen online und offline verschwimmen (vgl. Buschmann, 2021). Dieses Modell nutzen zwar mittlerweile durchaus viele, aber bei Weitem eben noch nicht alle infrage kommenden Händler versiert und erfolgreich (vgl. Hesse, 2019). Viele „traditionelle" Einzelhändler dagegen sehen Onlineshops noch immer als Gegenentwurf zum stationären Handel (vgl. Buschmann, 2021) oder addieren sie als eher separaten Kanal im Sinne von Multi-Channel, statt sie, wie es das Ziel sein sollte, im Sinne einer nahtlosen Einbindung in ihre Customer Journey zu integrieren, um einen realen „Seamless-Commerce" für die Kundschaft zu bieten (siehe hierzu auch Abschn. 2.3.3).

Abb. 2.3 visualisiert diese Ebenen des Wettbewerbs von und in Innenstädten deutscher Klein- und Mittelzentren.

Innenstädte, so auch in Klein- und Mittelzentren, sind grundsätzlich durch den Mix von Ein- und Mehrbetriebsunternehmen als ihrem Kern gekennzeichnet (vgl. BMWi, 2017). Allerdings zeigt sich in deutschen Innenstädten seit Langem eine zunehmende Homogenisierung im Sinne der Ausbreitung von in allen Städten mehr oder weniger gleichgestalteten und daher gleichartig aussehenden Mehrbetriebsunternehmen der Filial- bzw. Franchisesysteme zulasten der individuellen, oft bereits seit Generationen ansässigen Einbetriebsunternehmen (vgl. Neiberger & Hahn, 2020). Untermauert wird dies auch durch den Umsatzanteil der Filialisten und Fachmärkte im deutschen Einzelhandel, der im Jahr 2019 rund 40 % betrug – der Umsatzanteil von kleinbetrieblichen Fachhändlern dagegen betrug nur rund 20 % (vgl. HDE, 2020). Diese prägende Veränderung führt nach und nach weg von einer ausgewogenen Handelslandschaft hin zu eingeschränkter Brandbreite und Auswahl und damit einhergehend zu einem Verlust von Authentizität und Charakter der jeweiligen Innenstadt. Mit Blick auf die Motive und Attraktivitätsfaktoren eines Aufenthalts in Innenstädten ist gerade diese verlorengehende Vielfalt jedoch relevant, um die Attraktivität der Innenstädte in Klein- und Mittelzentren zu erhalten oder zu stärken.

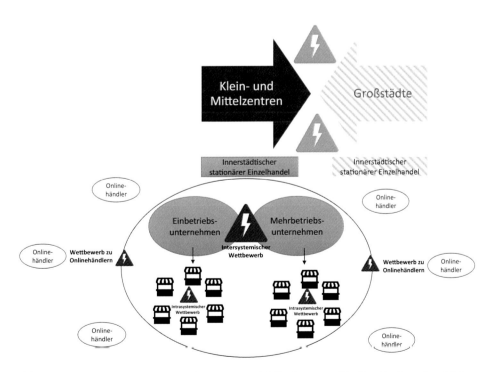

Abb. 2.3 Einzelhandelswettbewerb in Klein- und Mittelzentren (Quelle: Basierend auf Mattmüller & Tunder, 2004)

Es lässt sich an dieser Stelle festhalten, dass der reine Fokus der stationären Einzelhändler auf ihr einzelnes Handeln und die daraus resultierende einschränkende „Wettbewerbsbrille" im Hinblick auf andere stationäre Einzelhändler für Innenstädte deutscher Klein- und Mittelzentren unter Attraktivitätsgesichtspunkten alles andere als förderlich ist. Vielmehr ist der Erfolg von stationären Einzelhändlern oftmals ja eben auch davon abhängig, welche Betriebe sich in direkter Standortnachbarschaft befinden (vgl. gif, o. J.), da die Attraktivität des stationären Einzelhandels gerade auch von diesem Agglomerationseffekt lebt, ohne dass Letzterer unausweichlich zu einer Konkurrenzbeziehung führen muss (vgl. Mattmüller & Tunder, 2004). Dies trifft unter stationären Einzelhändlern jedoch leider viel zu selten auf Verständnis. Zu häufig steht noch der Wettbewerbsgedanke (vor allem zwischen Händlern mit gleichem/ähnlichem Angebot) im Vordergrund (vgl. gif, o. J.), statt das Potenzial und den Gesamterfolg im Blick zu haben.

Gewiss ist also einerseits der aufgezeigte Wettbewerb zwischen den jeweiligen Einzelhändlern unterschiedlicher und gleicher Systeme ein relevanter Aspekt, den es nicht aus den Augen zu verlieren gilt. Andererseits schwächt eine reine Fokussierung auf die eigene Customer Journey und damit einhergehend die Vernachlässigung der gesamthaften Visitor Journey das Erfolgspotenzial einer Visitor Experience. Einzelhändler berauben sich so vieler Möglichkeiten, die Motive der Konsumentinnen und Konsumenten mittels Nutzenmischung ganzheitlich zu erfüllen und sie langfristig an den Standort zu binden. Es ist also an der Zeit, dass stationäre Einzelhändler ein Umdenken beginnen und eine oft festzustellende Betriebsblindheit durchbrechen. Dabei sollte der Fokus auf dem gemeinsamen Wachstum und den damit einhergehenden Möglichkeiten liegen, statt an einem eindimensionalen und überholten Konkurrenzverständnis festzuhalten.

2.2.3 Schwachstellen überwinden: Ansatzpunkte zur Nutzung der Chance der Re-Regionalisierung definieren

Vor dem Hintergrund der Visitor Journey und des Wettbewerbs zwischen den stationären Einzelhändlern in Innenstädten deckt Abb. 2.4 offensichtliche Schwachstellen des Mikrokosmos Innenstadt auf. Diese Defizite lassen sich im Sinne unserer bisherigen Strukturierung unterscheiden nach Schwachstellen, die einerseits aus dem individuellen Handeln der stationären Einzelhändler hervorgehen sowie sich andererseits auf die übrigen Akteure des Ökosystems Innenstadt beziehen.

Erst wenn die Akteurinnen und Akteure der Innenstädte nicht nur isoliert vorgehen, sondern gemeinsam daran arbeiten, sich dieser Schwachstellen bewusst zu werden und eine attraktive Innenstadt mit einer abwechslungsreichen und interessanten Visitor Journey zu schaffen, können sie zahlreiche Ansatzpunkte der möglichen Chance einer Re-Regionalisierung des Einkaufsverhaltens zur Rettung der Innenstädte nutzen.

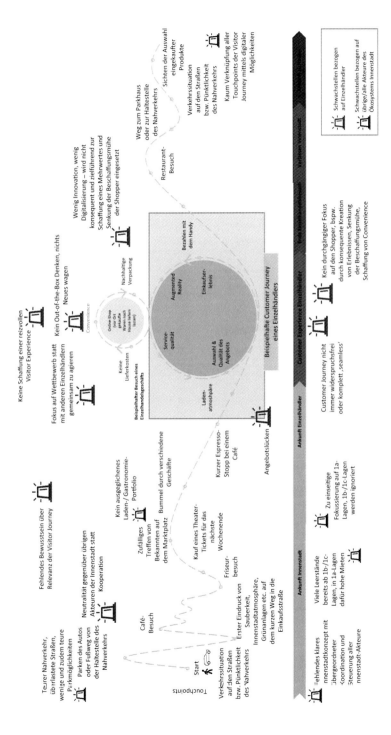

Abb. 2.4 Schwachstellen von Innenstädten deutscher Klein- und Mittelzentren (Quelle: Basierend auf Bliss, o. J.)

Auch wenn die identifizierten Schwachstellen, die aus dem Handeln aller Akteurinnen und Akteure der Innenstadt entstehen, eine wichtige Basis zur Steigerung der Innenstadtattraktivität legen, so hat das spezifische Verhalten der Einzelhändler eine besondere Relevanz für den Erfolg kleiner und mittlerer Innenstädte (vgl. MWIDE.NRW, 2021). Neben der Gestaltung der eigenen Customer Journey, die, gerade bei Einbetriebsunternehmen, durchaus im Hinblick auf Originalität, Convenience und Digitalisierung schwächelt, ist die fehlende Interaktion mit anderen Innenstadtakteurinnen und -akteuren (erneut) als besonders problematisch zu charakterisieren. Dies bezieht sich dabei nicht nur auf die Interaktion mit anderen Einzelhändlern, welche – wie zuvor bereits aufgezeigt – zu eingeschränkt unter Wettbewerbsgesichtspunkten stattfindet, sondern auch auf übrige Innenstadtakteurinnen und -akteure wie Gastronomen, Dienstleister, Innenstadt-Organisatoren usw. Grundvoraussetzung für eine solche Interaktion wäre, dass vor allem die Einzelhändler ein limitiertes und zugleich limitierendes Bild der Innenstadt überwinden und ihren Fokus auf die gesamte Visitor Journey und die damit einhergehende Interaktion mit allen anderen Innenstadtakteurinnen und -akteuren (auch ihren eigentlichen Wettbewerbern) richten.

2.3 Totgeglaubte leben länger: Wie das „Future Shopping" in deutschen Klein- und Mittelzentren aussehen sollte

Nachdem deutlich wurde, dass für die Meisterung der Herausforderungen im Kampf gegen die Verödung und für die vitale Zukunft der Innenstädte in Klein- und Mittelzentren ein Paradigmen-Wechsel hin zu einer ganzheitlichen, professionellen Visitor Journey mit attraktiver Visitor Experience erforderlich ist, sollen im Folgenden anhand der aufgezeigten Schwachstellen Lösungsansätze entwickelt werden. Zunächst werden dazu übergreifende Lösungsansätze aufgezeigt, ohne die die Wirkung der Aktivitäten einzelner Innenstadtakteurinnen und -akteure nur schwer die erwünschte Wirkung erzielen können. Anschließend sind dann im Detail mögliche Ansatzpunkte und anknüpfende Handlungsempfehlungen zu entwickeln, mit denen vor allem stationäre Einzelhändler maßgeblich zur Zukunft der Innenstädte in Klein- und Mittelzentren beitragen können.

2.3.1 Smartes und multifunktional geprägtes Shopping statt monofunktional geprägter Zentren: Die Besucherinnen und Besucher sollen zurückkommen, nicht die Ware

Im Fokus der Bemühungen aller Innenstadtakteurinnen und -akteure sollte es stehen, möglichst viele der Innenstadt-Attraktivitätsfaktoren zu bieten und alle Mühen für die Besucherinnen und Besucher entlang der Visitor Journey zu reduzieren sowie unverwechselbare Erlebnisse zu schaffen. Wie Abb. 2.1 gezeigt hat, hängt die Attraktivität einer Innenstadt neben den Aktivitäten der einzelnen Akteurinnen und Akteure auch von verschiedenen übergeordneten oder umgebenden Rahmenbedingungen wie etwa Erreichbarkeit und Parkmöglichkeiten und der damit verbundenen Convenience ab. Diese übergeordneten Faktoren haben einen maßgeblichen Einfluss auf den Erfolg aller anderen Aktivitäten und liegen in der Verantwortung der jeweiligen Stadt selbst, koordiniert durch Institutionen wie beispielsweise örtliche Wirtschafts- und Werbegemeinschaften oder das kommunal organisierte Stadtmarketing.

Als eine solche übergeordnete Aktivität kann beispielsweise der Einsatz von Echtzeitsystemen zur Verkehrsführung und zum Auffinden von Parkplätzen genannt werden. So wird unmittelbar schon der erste Kontaktpunkt der Visitor Journey von den Besucherinnen und Besuchern als stressfrei empfunden.

Darüber hinaus sollte die gesamte Visitor Journey der Besucherinnen und Besucher eng begleitet und mit Zusatzinformationen unterstützt werden. Dies kann zielgruppenspezifisch etwa durch eine professionalisierte Nutzung von Digitalisierungsoptionen erfolgen, beispielsweise mittels mobilen Serviceportalen, die den Besucherinnen und Besuchern in Echtzeit Wetterdaten, Angebote, Events, eine digitale Innenstadt-Map mit Shopfindern oder gar nach Besuchs- oder Einkaufsanlass kuratierte Innenstadtrouten liefert. So wird den Besucherinnen und Besuchern ein möglichst problemloses und angenehmes Einkaufserlebnis ermöglicht. Eine interessante Vorlage hierzu liefert etwa die britische Metropole London: Sie präsentiert ihr vielfältiges Einkaufs-, Mode- und Lifestyle-Angebot der berühmten Einkaufsstraße Regent Street bereits mit einem Live-Mapping-System. Es werden Veranstaltungstermine, Informationen, Sehenswürdigkeiten, Abfahrtstafeln, Fahrradverleihstellen und vieles mehr geteilt. Zudem werden die Besucherinnen und Besucher angeregt, diese Informationen über Facebook und Twitter im Newsfeed zu teilen (vgl. Wollenschläger, 2022). Auch das deutsche Mittelzentrum Ratingen hat bereits damit angefangen, in der „RatingenApp" lokale Nachrichten, Informationen zu freien Parkplätzen, Bus- und Bahnverbindungen sowie (E-)Tankstellen bereitzustellen. Die App enthält neben einem Wegweiser durch die Stadtverwaltung auch einen Veranstaltungskalender. Verwender erhalten Gutscheine, können in Parkhäusern bargeldlos bezahlen bzw. die Parkgebühren verrechnen lassen und außerdem Bonuspunkte für ihren nächsten Einkauf sammeln, was einen erneuten Besuch noch attraktiver macht (vgl. MWIDE.NRW, 2021). Ein solches Angebot von mobilen Serviceportalen oder Apps könnte zudem durch kostenfreies WLAN und durch Breitbandausbau unterstützt werden.

Neben diesen übergeordneten Möglichkeiten sind auch Umstrukturierungs- und Umnutzungsmaßnahmen von Flächen zur Ermöglichung vielfältiger Nutzenmischungen im Sinne von Mixed-Use-Konzepten relevante Eckpfeiler, um ein durchgehend attraktives Innenstadtbild zu erzeugen. Eine zentrale Rolle spielt hier ein professionelles Leerstandsmanagement. Nicht mehr genutzte Flächen (beispielsweise ehemaliger Warenhäuser) sollten schnell und gemeinschaftlich umfunktioniert werden, statt aufgrund einer fehlenden Abstimmungs- und Kompromissbereitschaft sowie wegen mühseliger Genehmigungspraktiken (im Zusammenhang mit erforderlichen Nutzungsänderungen der betroffenen Immobilie) länger als nötig leer zu stehen. Die Koordination aller Innenstadtakteurinnen und -akteure und deren Einzelmaßnahmen – wiederum durch die Verantwortlichen der zuvor erwähnten kommunalen Institutionen – ist dabei unabdingbar, um eine ausgewogene Nutzenmischung zu schaffen.

2.3.2 Neben Bewährtem auch neu denken: Wettbewerb überwinden und differenzierende Möglichkeiten ausloten

Da gerade multifunktionale Zentren wie Innenstädte einen attraktiven und vitalen stationären innerstädtischen Handel benötigen, soll im Folgenden ein besonderer Fokus auf Rolle, Aufgaben und Möglichkeiten der Einzelhändler zur Nutzung der Chance der Re-Regionalisierung des Einkaufsverhaltens gelegt werden.

Da es jedoch keine One-Fits-All-Lösung gibt, basieren die im Folgenden dargelegten Basisstrategien (Abb. 2.5) auf der Annahme unterschiedlicher Aktionsradien der Realisierung von Attraktivitätsfaktoren.

Die autonome Perspektive der einzelnen Handelsbetriebe umfasst die durch eigenständige Aktivitäten zu schaffende Professionalisierung ihrer jeweiligen Customer Journey und daraus hervorgehend die Kreation einer einzigartigen, handelsbetriebsindividuellen Customer Experience.

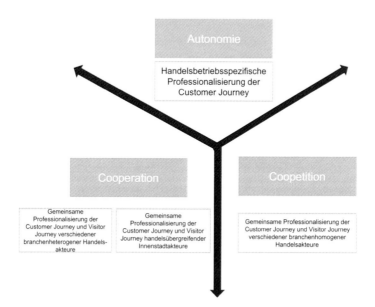

Abb. 2.5 Basisstrategien zur Nutzung des Potenzials der Re-Regionalisierung des Einkaufsverhaltens

Der kooperative Zusammenschluss branchenhomogener Handelsakteurinnen und -akteure, auch als Coopetition oder kooperativer Wettbewerb bezeichnet (vgl. Buschmann, 2021), ist eine hybride Form gleichzeitiger Kooperation und Konkurrenz. Auf diesem Wege können Händler die Vorteile von Wettbewerb und Kooperation kombinieren (vgl. Brandenburger & Nalebuff, 2007). Im Kontext des innerstädtischen Handels steht der Begriff für das zuvor bereits skizzierte Verständnis, dass Einzelhändler andere Einzelhändler nicht ausschließlich als Konkurrenten, sondern auch als wichtige Verbündete zur Erreichung übergeordneter, für alle Beteiligten gleichermaßen relevanten Ziele sehen (vgl. Brandenburger & Nalebuff, 2021). Gerade für kleine Einzelhändler auf Einbetriebsebene bietet dieser Ansatz interessante neue Möglichkeiten, um Kosten zu reduzieren, doppelten Aufwand zu vermeiden und Kompetenzen zu ergänzen (vgl. Brandenburger & Nalebuff, 2021).

Unter Cooperation (als die Coopetition streng genommen umfassenden Begriff) versteht man die Zusammenarbeit aller für eine Innenstadt relevanten Akteurinnen und Akteure, um so möglichst viele der zuvor aufgezeigten Aufenthaltsmotive anzusprechen, die Verweildauer der Besucherinnen und Besucher in der Innenstadt zu maximieren und so dauerhaft handlungsfähige und resiliente Strukturen zu schaffen. Dabei umfasst der kooperative Zusammenschluss zwei mögliche Ausprägungen: Zum einen den Zusammenschluss branchenheterogener Handelsakteurinnen und -akteure (aber dabei eben innerhalb des Systems Handel) und zum anderen den Zusammenschluss von Händlern mit handelsübergreifenden Innenstadtakteurinnen und -akteuren (etwa mit der Gastronomie, mit relevanten Dienstleistern, mit Vereinen etc.). Beide kooperative Varianten haben das Ziel, neben den einzelnen Customer Journeys vor allem auch die übergeordnete Visitor Journey zu professionalisieren. Gerade Coopetition und Cooperation zeigen dabei, welche vielfältigen Möglichkeiten stationäre Einzelhändler mittels der Interaktion mit anderen Innenstadtakteurinnen und -akteuren entwickeln können, um eine wahrnehmbare Visitor Experience zu schaffen.

Diese drei Basisstrategien dienen somit als planerischer Startpunkt für kreative und innovative Ideen und somit als Ausgangspunkte dafür, wie zukunftsfähige Einzelhandels- und damit Innenstadtlösungen aussehen können.

2.3.3   Masterplan Innenstadt: Der stationäre Einzelhandel als wichtigster Akteur

Die nachfolgenden Ausführungen zeigen konkrete praktisch-normative Handlungsempfehlungen für stationäre Einzelhändler in Klein- und Mittelzentren auf der Grundlage der genannten Basisstrategien.

Handelsbetriebsspezifische Professionalisierung der Customer Journey: Schaffung einer attraktiven Customer Experience

Der stationäre Einzelhandel innerhalb einer jeden Innenstadt sollte im Sinne des Wettbewerbs der Städte untereinander darauf abzielen, von den Shoppern als möglichst unverwechselbar wahrgenommen zu werden. Dazu ist es zunächst wichtig, alle Aktivitäten entlang der eigenen Customer Journey zu professionalisieren und eine attraktive, betriebsspezifische Customer Experience zu schaffen. Als mittlerweile geradezu unverzichtbarer Ansatz dient hierzu das bereits erwähnte Omni-Channel-Management. Durch einen „Seamless-Commerce" gelingt eine konsequente Ausrichtung an den Bedürfnissen der unterschiedlichen Nachfragergruppen und die gleichzeitige Reduzierung ihrer Beschaffungsmühe. Um dies zu erreichen, sollten Händler nicht nur einen einzigen, dabei isolierten Absatzkanal anbieten, sondern ein Portfolio an ineinander übergehenden, convenienten und aufeinander abgestimmten Kommunikations- und Distributionskanälen. Erforderlich ist also nicht nur ein zusätzlicher Onlineshop, in dem die Kundschaft etwa eine Bestellung zur Lieferung nach Hause tätigen kann, sondern ein umfassender Omni-Channel-Ansatz unter Berücksichtigung der gesamten Prozesskette einer Customer Journey (von der initialen Such- und Informationsphase über die Auswahl der Produkte, den Bezahlvorgang bis hin zur Auslieferung/Abholung sowie möglichen After-Sales- und After-Use-Prozessphasen).

Diese Möglichkeit gilt grundsätzlich sowohl für Ein- als auch für Mehrbetriebsunternehmen. Da Onlineshops bzw. Ansätze eines Multi- bzw. echten Omni-Channels insbesondere für größere Mehrbetriebsunternehmen in den meisten Fällen allerdings bereits gelebte Praxis sind, geht es für diese eher um deren Professionalisierung als um die grundsätzliche Integration. Filialsystemen (und aufgrund der Eigentümer-Differenzierung in eingeschränktem Maße auch Franchiseunternehmen) kommt in diesem Zusammenhang aufgrund ihrer üblichen Präsenz an mehreren Standorten zugute, dass sie den Kundinnen und Kunden Touchpoints auch in größeren Einzugsgebieten und standortübergreifend bieten können. Gerade viele kleinere Einzelhändler in Form eines Einbetriebsunternehmens aber scheuen bisher aus wirtschaftlichen und/oder logistischen Gesichtspunkten davor zurück, einen eigenen Onlineshop zu betreiben bzw. ihren Kundinnen und Kunden einen Seamless-Commerce-Prozess bieten zu können. Dennoch gibt es gerade auch für sie Ansatzpunkte, um die Beschaffungsmühe für die Konsumentinnen und Konsumenten zu verringern und im Ergebnis des Zusammenspiels aus Offline- und Online-Komponenten die Attraktivität des eigenen Geschäfts zu steigern. Als Vorteile können etwa die oftmals stärker ausgeprägte Kundenbeziehung und persönliche Kenntnisse über Präferenzen der Kundinnen und Kunden sowie eben die von übergeordneten (Konzern-)Strukturen unabhängige Flexibilität in Entscheidungsprozessen genannt werden, die sich in unterschiedlichsten Lieferoptionen oder unkomplizierten Umtausch- bzw. Rückgabemöglichkeiten (unabhängig vom Offline- oder Online-Kaufprozess) niederschlagen können.

Autonom können Händler zur Professionalisierung ihrer Customer Journey zudem beispielsweise mobile Bezahlsysteme verwenden, die den Shoppern Entscheidungsfreiheit, Convenience und Zeitgewinn bringen. Kunden-Apps als weiteres Beispiel bieten die Möglichkeit der zielgerichteten und persönlichen Kundenansprache durch aktuelle Angebote oder kuratierte Sortimente. Gepaart mit digitalen Bonusprogrammen sorgen sie außerdem für gezielte, vor allem emotionale Kundenbindung bei gleichzeitiger Convenience und Flexibilität in der Handhabung.

Gerade auch stationäre Einzelhändler als Mehrbetriebsunternehmen können den Schauplatz Innenstadt zudem als eine Art Spielwiese im Sinne eines Testmarkts nutzen, um Produkt- und Serviceinnovationen zu testen, bevor sie flächendeckend innerhalb des Filial- bzw. Franchisenetzes vermarktet werden. Dazu, aber auch für bestehende Sortimente, können Pop-up-Stores eine Möglichkeit für stationäre Einzelhändler in Klein- und Mittelzentren sein. Sie bieten zusätzliche Kontaktpunkte mit den Shoppern, die zudem durch die gebotene Inspiration positiv zur Schaffung einer abwechslungsreichen Visitor Experience beitragen. Gleichzeitig können mittels dieser temporären Nutzung dauerhafte Leerstände mit kreativen und flexiblen Konzepten genutzt werden, wie bereits zuvor erwähnt.

Coopetitive Professionalisierung von Customer Journey und Visitor Journey: Gemeinsame Aktivitäten verschiedener branchenhomogener Handelsakteure

Baumärkte und Tankstellen haben längst den Vorteil des eingangs schon aufgeworfenen Agglomerationsgedankens verinnerlicht und profitieren von seinem Effekt: Wer sich zwangsläufig ein räumliches Gebiet mit (in-)direkten Mitwettbewerbern teilen muss, der sollte umdenken und auch hier nicht nur auf Wettbewerb, sondern gleichermaßen auf die bereits skizzierte Coopetition setzen. Gerade die proaktive Nutzung solcher homogenen Zusammenschlüsse zieht mehr potenzielle Kundinnen und Kunden in die Innenstadt und kann, bei effektiver Umsetzung, das Absatzvolumen aller beteiligten Händler steigern. Daher sollten sich stationäre Einzelhändler in Klein- und Mittelzentren gemeinsam um eine Attraktivitäts- und Frequenzsteigerung bemühen, statt ihre Energie vorrangig in die Bekämpfung der jeweils anderen Händler insbesondere derselben Kategorie und derselben Stadt zu investieren.

Auch hier kann der bereits erwähnte Pop-up-Store als Umsetzungsoption genannt werden. Teilen sich mehrere Händler eine leerstehende Fläche über einen Zeitraum, so teilen sie sich auch die anfallenden Mietkosten und schaffen sich so mehr Flexibilität bei der zeitlichen Länge der eigenen Präsenz sowie der attraktiven Ausgestaltung. Gleiches gilt für eine geteilte Flächennutzung durch gemeinsame Konzepte. Hier kommt das Stichwort „Mixed Use" zum Tragen, da manchmal ganze Flächen nicht durch einen einzelnen Händler bespielt werden können oder sich ein Händler räumlich verkleinern möchte, um Kosten einzusparen (vgl. Wollenschläger, 2022). Durch die Kombination unterschiedlicher Segmente derselben Branche kann eine eindrucksvolle Erlebniswelt für Besucherinnen und Besucher geschaffen werden, deren Attraktivität kein einzelner Händler durch autonomes Handeln erreichen kann. Durch diese Konzepte können immer wieder wechselnde Besuchergruppen angesprochen und so die Besucherfrequenz nachhaltig und regelmäßig gesteigert werden. Der Kernerfolgsfaktor liegt dabei im professionellen Management und der Gestaltung der Flächenbespielung, was wiederum am Grad der Abstimmung und des Austauschs der einzelnen Händler hängt. Fakt ist, dass auch ein solches Konzept nur dann Früchte tragen kann, wenn alle Akteurinnen und Akteure gemeinschaftlich an einem Strang ziehen (vgl. Wollenschläger, 2022).

Als weitere beispielhafte coopetitive Formate mögen an dieser Stelle Projekte der stationären Einzelhändler einer Innenstadt dienen, die etwa im Rahmen einer Modenschau, eines „Moonlight-Shoppings" oder eines Thementags ihre neuen Kollektionen präsentieren oder die Saison mit einem gemeinsamen „Ausverkaufstag" beenden. Gleiches gilt für die Kommunikation an die Shopper durch themenbezogene Newsletter.

Maßgeblich für eine erfolgreiche Umsetzung des Konzeptes Coopetition sind Vertrauen, Loyalität, „gerechte" Aufgabenverteilung und offene Kommunikation. Wenn alle Händler darauf vertrauen können, dass niemand opportunistisch handelt und als Trittbrettfahrer Synergien übermäßig für sich ausnutzt sowie dass alle Akteurinnen und Akteure transparent kommunizieren, kann dieser Lösungsansatz nachhaltig gelingen. Für den erforderlichen initialen „Gedankenanstoß" bzw. auch für die nachfolgende konkrete Koordination bieten sich wiederum die relevanten Institutionen (Wirtschafts-/Werbegemeinschaften, Stadtmarketing etc.) auf kommunaler/regionaler Ebene an.

Cooperative Professionalisierung von Customer Journey und Visitor Journey: Gemeinsame Aktivitäten branchenheterogener Handelsakteure sowie handelsübergreifender Innenstadtakteure

Das Konzept der Cooperation erweitert den zuvor erwähnten Ansatz der Coopetition um weitere Akteurinnen und Akteure der Innenstadt. Auf dieser Betrachtungsebene steht nicht mehr nur die Coopetition branchenhomogener stationärer Einzelhändler im Fokus, sondern die Cooperation branchenheterogener Handelsakteure zum einen und die Cooperation handelsübergreifender Innenstadtakteure zum anderen. Dabei sind alle nur denkbaren Kollaborationen möglich: Händler und Gastronomen, Kulturorganisationen und Innenstadtmanagement, Händler und Kulturorganisationen usw. Auch diese Kombinationsmöglichkeit umfasst wieder gleichermaßen Ein- und Mehrbetriebsunternehmen des Handels.

Themenbezogene Projekte – wie etwa ein „Italienisches Wochenende" – visualisieren anschaulich die so zustande kommende Allianz von Modehändlern unterschiedlicher Kategorien mit Autohäusern, Gastronomen und dem Kulturverein einer Stadt. Während die Fashion-Händler die neuesten italienischen Kollektionen präsentieren, beteiligt sich der örtliche Autohändler italienischer Marken mit Ausstellung und Probefahrten und die relevante Gastronomie lädt zum kulinarischen Verweilen ein. Durch die Kombination unterschiedlicher Händlersegmente unter Anreicherung kulinarischer Spots und der Verbindung mit Events und Motto-Tagen kann eine nachhaltige Erlebniswelt für die Innenstadtbesucherinnen und -besucher erzeugt werden. Die kommunalen Behörden und Entscheidungsträger können hier beispielsweise durch entsprechende rechtliche Rahmenbedingungen bzw. Flexibilisierungen (Sonder- und Sonntagsöffnungszeiten oder erleichterte Nutzungsänderungen) zum Erfolg beitragen.

Ein solches multi-faktorisches Erlebnis, das Sehen, Hören, Riechen, Schmecken und Haptik für eine exklusive und vielfältige Customer Experience bietet, kann nur in der Offline-Welt, einer physischen Innenstadt, entstehen. Gerade Konzepte, die vielfältige Besuchsmotive wie Einkaufen, Bummeln, Verweilen, Inspiration und soziale Kontakte abdecken, also eine Art „Erlebnisbühne" schaffen, generieren Anziehung und Attraktivität. Dieses Alleinstellungsmerkmal sollte von den vielfältigen Innenstadtakteurinnen und -akteuren verinnerlicht und durch kreative Ideen operationalisiert werden. Die Basis dazu könnte beispielsweise eine monatliche neue Thematisierung und Ordnung der Flächen mit Mode- und Schuhhäusern, Blumenläden, Reisebüros mit saisonalen Aktionen wie Grillwochen, Mode-Shows, Urlaubs- oder Fitnesswochen sein.

2.4 Von der vagen Chance hin zu greifbaren Potenzialen: Die Innenstadt wird zukunftsfähig

Basierend auf der Ausgangsthese, dass die Re-Regionalisierung des Einkaufsverhaltens als Chance zur Wiederbelebung des innerstädtischen Handels und somit der rettungswürdigen Innenstädte von Klein- und Mittelzentren genutzt werden kann, lassen sich abschließend die folgenden Ansätze zu deren Rettungsfähigkeit zusammenfassen:

1. Als Basis für den Erfolg des innerstädtischen Handels und der Innenstadt als Ganzes liegt es in der Verantwortung der zuständigen Werbe- und Marketingkreise oder des Stadtmarketing, die übergeordneten oder umgebenden Rahmenbedingungen der Visitor Journey (beispielsweise Erreichbarkeit und Parkmöglichkeiten etc.) zu optimieren, da diese zwangsläufig einen maßgeblichen Einfluss auf den Erfolg aller anderen Aktivitäten haben.
2. Um von den Besucherinnen und Besuchern der Innenstadt als unverwechselbar wahrgenommen zu werden, sollten stationäre Einzelhändler autonom spezifische Aktivitäten entlang ihrer eigenen Customer Journey professionalisieren, um eine attraktive Customer Experience zu erzeugen.
3. Auch wenn der stationäre Einzelhandel das Herzstück des Ökosystems Innenstadt ist, sollte er sich nicht als „einzeln handelnd" begreifen. Eine umfassende Berücksichtigung möglichst vieler Motive, die Besucherinnen und Besucher in die Innenstädte ziehen, kann der Handel allein nicht leisten. Alle Innenstadtakteurinnen und -akteure sollten kooperativ zusammenarbeiten und sich konsequent an der übergeordneten innerstädtischen Visitor Journey ausrichten. Erst so kann der Erlebnisraum Innenstadt belebt und professionell inszeniert werden.
4. Dazu sollten die stationären Einzelhändler neben der autonomen Professionalisierung ihrer eigenen Customer Journey ihr einzelnes Handeln überwinden und in Kooperation mit branchenhomogenen (Coopetition) und branchenheterogenen Handelsakteuren sowie mit handelsübergreifenden Innenstadtakteuren (Cooperation) treten. Die damit einhergehende Überwindung von gewohntem, dabei oft auf

historisch tradierten und auf herkömmlichen Branchen- und Kategoriemustern beruhendem Wettbewerb, ermöglicht eine – unter Berücksichtigung der eigenen Customer Journey – wertschätzende und gewinnbringende Zusammenarbeit mit anderen stationären Händlern und weiteren Innenstadtakteurinnen und -akteuren. Dies legt die Basis zur Schaffung einer ganzheitlichen und attraktiven Visitor Experience mit den Prämissen Reduzierung der Beschaffungsmühe, Schaffung von Convenience und Generierung von Mehrwert.

5. Coopetition (als hybride Ausprägung gleichzeitiger Kooperation und Konkurrenz) bietet stationären Einzelhändlern interessante und vor allem bisher außer Acht gelassene Möglichkeiten. Dazu ist jedoch das überholte Bild eines reinen Verdrängungswettbewerbs gegen die potenzialschaffende Perspektive der Kombination von Wettbewerb und Kooperation einzutauschen.
6. Auch die beiden Ausprägungen der Cooperation sind parallele und zentrale Erfolgsfaktoren. Für viele der infrage kommenden Ausprägungen sind ein professionelles Management und die Bestimmung von Hauptverantwortlichen mit Festlegung klarer Verantwortungen unabdingbar.

Wenn alle Innenstadtakteurinnen und -akteure, speziell der dort ansässige Handel, sich dieser Punkte bewusst werden, können die sich abzeichnenden Potenziale einer postpandemischen Rückbesinnung für die Innenstädte genutzt werden. Der Schlüssel dazu liegt in der Mischung aus der Professionalisierung von Altbekanntem und dem mutigen Ausprobieren von neuen, auch unkonventionellen Ideen, um sich als langfristig multifunktionale Besuchermagneten mit resilienten Strukturen zu etablieren. Umso mehr gilt dabei das Motto: *Wir sind nur so stark, wie wir vereint und so schwach, wie wir getrennt sind.*

Literatur

BBSR (Bundesinstitut für Bau-, Stadt- und Raumforschung im Bundesamt für Bauwesen und Raumordnung). (2012). *Die Attraktivität großer Städte: ökonomisch, demografisch, kulturell Ergebnisse eines Ressortforschungsprojekts des Bundes.* https://www.bbsr.bund.de/BBSR/DE/veroeffentlichungen/sonderveroeffentlichungen/2012/DL_AttraktivitaetStaedte.pdf;jsessionid=6B353EAF265B8C3F433A885F540F4552.live11293?__blob=publicationFile&v=1. Zugegriffen: 14. Juni 2022.

Bliss, J. (o. J.). *How the Smithsonian Built their Journey Map.* https://www.customerbliss.com/podcasts/smithsonian-built-journey-map-samir-bitar-cb4/. Zugegriffen: 14. Juni 2022.

BMEL (Bundesministerium für Ernährung und Landwirtschaft). (2020). Kompass Ernährung – Bewusst essen: Vielfältig und nachhaltig. https://www.bmel.de/SharedDocs/Downloads/DE/Broschueren/Kompassernaehrung/kompass-ernaehrung-2-2020.pdf?__blob=publicationFile&v=5. Zugegriffen: 20. Juni 2022.

BMI (Bundesministerium des Innern, für Bau und Heimat). (2021). *Innenstadtstrategie des Beirats Innenstadt beim BMI: Die Innenstadt von morgen – multifunktional, resilient, kooperativ.*

https://www.bmi.bund.de/SharedDocs/downloads/DE/veroeffentlichungen/themen/bauen/wohnen/innenstadtstrategie.pdf?__blob=publicationFile&v=3. Zugegriffen: 20. Juni 2022.

BMWi (Bundesministerium für Wirtschaft und Energie. (2017). *Perspektiven für eine lebendige Stadt Abschlussbericht der Workshop-Reihe „Perspektiven für eine lebendige Stadt" der Dialogplattform Einzelhandel.* https://www.bmwk.de/Redaktion/DE/Publikationen/Mittelstand/dialogplattform-einzelhandel-kompendium-3.pdf?__blob=publicationFile&v=8. Zugegriffen: 20. Juni 2022.

Brandenburger, A., & Nalebuff, B. (2007). Coopetition – kooperativ konkurrieren. Mit der Spieltheorie zum Unternehmenserfolg. In C. Boersch & R. Elschen (Hrsg.), *Das Summa Summarum des Management – Die 25 wichtigsten Werke für Strategie, Führung und Veränderung.* Gabler.

Brandenburger, A., & Nalebuff, B. (2021). Wie Ihr Feind Ihnen hilft (17.05.2021). *Harvard Business Manager, 6.*

Buschmann, A. (2021). Geschäftsmodellkonvergenz im Handel – Alternative, innovationsfördernde Ansätze zur Systematisierung und Erklärung der Entstehung und Entwicklung von Erscheinungsformen des Handels am Beispiel des Omnichannel-Handels. In der Reihe R. Mattmüller. (Hrsg.), *Strategisches Marketingmanagement* (Bd. 34). Lang.

DDW (Die Deutsche Wirtschaft – Stimme des Mittelstands). (2021). *Zwischen Hightech und Handelssterben.* https://die-deutsche-wirtschaft.de/hightech-und-handelssterben/. Zugegriffen: 14. Juni 2022.

Deutscher Städtetag. (2021). *Zukunft der Innenstadt Entwurf eines Diskussionspapiers.* https://www.staedtetag.de/files/dst/docs/Publikationen/Positionspapiere/2021/210224-diskussionspapier-zur-innenstadt.pdf. Zugegriffen: 14. Juni 2022.

Deutscher Städte- und Gemeindebund. (2020). *Rettet die Innenstädte!.* https://www.dstgb.de/publikationen/mediathek/rettet-die-innenstaedte/. Zugegriffen: 14. Juni 2022.

Druck, D. (2021). Öffnen und neu denken. (15. März 2021). *Lebensmittel Praxis.* https://lebensmittelpraxis.de/zentrale-management/30170-innenstaedte-oeffnen-und-neu-denken.html. Zugegriffen: 14. Juni 2022.

FTI-Andersch. (2021). *Einfluss der COVID-19 Pandemie auf deutsche Innenstädte – Handel, Gastronomie, Kultur- und Immobilienwirtschaft unter Druck (Studienreihe Future Cities).* https://cms.andersch-ag.de/storage/uploads/2021/01/28/601276e519b16FTI-Andersch_Future-Cities_Band-1_2021.pdf. Zugegriffen: 14. Juni 2022.

GfK. (2022). *Absturz des Konsumklimas gestoppt.* https://www.gfk.com/hubfs/website/editorial_ui_pdfs/20220525_PM_Konsumklima_Deutschland_dfin.pdf. Zugegriffen: 24. Juni 2022.

gif (Gesellschaft für Immobilienwirtschaftliche Forschung e. V.). (o. J.). *Agglomerationseffekt.* https://www.gif-ev.de/glossar/view_contact/292. Zugegriffen: 14. Juni 2022.

Gruninger-Hermann, C. (2017). *Zukunft der Innenstädte? – Auswirkungen zunehmender Online-Käufe auf den stationären Einzelhandel und die Innenstädte.* Working & Discussion Paper, 1, DHBW, Lörrach.

HDE (Handelsverband Deutschland e. V.). (2020). *Standortmonitor 2020.* https://einzelhandel.de/component/attachments/download/10376. Zugegriffen: 20. Juni 2022.

Hedde, B. (05. Februar 2020). Freizeit statt Versorgung. *W&V, 2,* 17.

Hesse, A. (2019). *Digital-lokaler Einzelhandel. Wissenschaftliche Schriften des Fachbereichs Wirtschaftswissenschaften, 29.* Hochschule Koblenz.

IfW. (2020). *Corona: Lockerungen zeigen Wirkung, deutsche Innenstädte beleben sich wieder.* https://www.ifw-kiel.de/de/publikationen/medieninformationen/2020/corona-lockerungen-zeigen-wirkung-deutsche-innenstaedte-beleben-sich-wieder/. Zugegriffen: 20. Juni 2022.

IFH KÖLN GmbH. (2021). *Handelsstandorte beleben. Innovation, Kreativität und Digitalisierung.* https://kompetenzzentrumhandel.de/wp-content/uploads/2021/07/handelsstandorte-beleben_leitfaden.pdf. Zugegriffen: 14. Juni 2022.

Lane, M. (2007). The visitor journey: The new road to success. *International Journal of Contemporary Hospitality Management, 19*(3), 248–254.

Lemon, K. N., & Verhoef, P. (2016). Understanding customer experience throughout the customer journey. *American Marketing Association, 80,* 69–96.

Mattmüller, R., & Tunder, R. (2004). *Strategisches Handelsmarketing.* Vahlen.

MWIDE.NRW (Ministerium für Wirtschaft, Innovation, Digitalisierung und Energie des Landes Nordrhein-Westfalen). (2021). *Zukunft des Handels, Zukunft der Städte – Handel und Handelsstandorte in Nordrhein-Westfalen, Status quo und Perspektiven.* https://www.wirtschaft.nrw/sites/default/files/documents/27_07_21_mwide_stadt_handel_zukunft.pdf. Zugegriffen: 14. Juni 2022.

Neiberger, C., & Hahn, B. (2020). Warum Geographische Handelsforschung? In C. Neiberger & B. Hahn (Hrsg.), *Geographische Handelsforschung* (S. 3–12). Springer Spektrum.

Packer, J., & Ballantyne, R. (2016). Conceptualizing the visitor experience: A review of literature and development of a multifaceted model. *Visitor Studies, 19*(2), 128–143.

Pätzold, R. (2018). Wie anders ticken kleine Städte? Auf der Suche nach Verbindendem und Trennendem. In B. Reimann, G. Kirchhoff, R. Pätzold, & W. C. Strauss (Hrsg.), *Vielfalt gestalten Integration und Stadtentwicklung in Klein- und Mittelstädten* (Bd. 17, S. 75–87). Edition Difu – Stadt Forschung Praxis.

Portz, N. (2020). Klein- und Mittelstädte: Stadttypen mit viel Perspektiven. *vhw FWS, 5,* 226–230.

Seitz, J. (2020). Die Macht des Miteinanders. In C. Schuldt & L. Papasabbas (Hrsg.), *Die Welt nach Corona* (S. 64–69). zukunftsinstitut.

Simon, V. (2020). *Corona und Schlangestehen: Die Abstands-Wauwaus.* https://www.sueddeutsche.de/leben/schlangestehen-corona-hoeflichkeit-streit-1.5028432. Zugegriffen: 20. Juni 2022.

Simon-Kucher & Partners. (2021). *Studie zur Zukunft des Shoppings in Innenstädten: Kunden wollen Einkaufserlebnis, Events und soziale Begegnungen.* https://www.simon-kucher.com/en/node/6508. Zugegriffen: 14. Juni 2022.

Statista. (2022). GfK-Konsumklima-Index von Mai 2020 bis Mai 2022 und Prognose für Juni 2022. https://de.statista.com/statistik/daten/studie/2425/umfrage/gfk-konsumklima-index/. Zugegriffen: 24. Juni 2022.

Verhoef, P., et al. (2009). Customer experience creation: Determinants, dynamics and management strategies. *Journal of Retailing, 85*(1), 31–41.

Wenzel, F.T. (2021). *Der Häuserboom erreicht die Kleinstadt: Corona-Krise sorgt für neue Höchstpreise.* https://www.rnd.de/wirtschaft/der-haeuserboom-erreicht-die-kleinstadt-corona-krise-sorgt-fuer-neue-hoechstpreise-XJDW72VJNRDD5IOJ2EI5G3BNEI.html. Zugegriffen: 20. Juni 2022.

Werner, K. (2021). *Stadt oder Land – Wie wollen wir leben?.* https://www.sueddeutsche.de/wirtschaft/stadt-oder-land-wie-wollen-wir-leben-1.5481362. Zugegriffen: 20 Juni 2022.

Wollenschläger, J. (März 2022). *Experteninterview zu Herausforderungen und Chancen deutscher Innenstädte.*

Wollscheid, M. (26. März 2022). Innenstädte leiden unter Spätfolgen. *Focus, 13, 20.*

Prof. Dr. Roland Mattmüller ist Inhaber des Lehrstuhls für Strategisches Marketing an der EBS Universität für Wirtschaft und Recht und u. a. akademischer Leiter verschiedenster Weiterbildungsprogramme, wie z. B. der Markenakademie, Sprecher des Vorstandes des IMMF: Institut für Marketing-Management und -Forschung e. V., Professor für Marketing des Deutsch-Chinesischen Hochschulkollegs an der Tongji Universität Shanghai sowie Mitglied verschiedener Kommissionen und Jurys. Außerdem war er viele Jahre Mitglied des Aufsichtsrats sowie des Stiftungsvorstands der Trägergesellschaft der EBS Universität und ist dort seit Ende 2019 Mitglied des Hochschulrats. Er studierte von 1982 bis 1986 Betriebswirtschaftslehre mit den Schwerpunkten Marketing, Finanzen und Bankwesen sowie Rechtswissenschaften an der Universität Augsburg. 1990 beendete er sein Doktorat und 1996 seine Habilitation. Von Oktober 1992 bis März 1995 lehrte er als Professor für Marketing an der TU München-Weihenstephan und vertrat von April bis September 1995 den Lehrstuhl für Betriebswirtschaftslehre, insbesondere für Marketing, an der Ernst-Moritz-Arndt-Universität in Greifswald. Seine Forschungsschwerpunkte liegen im Strategischen Marketing, im Handels- und im Dienstleistungsmarketing.

Julia Elspaß ist seit 2019 wissenschaftliche Mitarbeiterin und Doktorandin am Lehrstuhl für Strategisches Marketing der EBS Universität für Wirtschaft und Recht. Ihr Bachelorstudium International Marketing absolvierte sie an der Fontys International Business School in Venlo (Niederlande), das anschließende Masterstudium der Betriebswirtschaftslehre mit Schwerpunkt Management & Marketing an der Mercator School of Management der Universität Duisburg-Essen. Nach dem Studium arbeitete sie mehrere Jahre als Produktmanagerin bei einem führenden Vermarkter und Distributor für Konsumgütermarken in den Bereichen Feinkost, salzige Snacks und Süßwaren im deutschen Lebensmitteleinzelhandel. Ihre Forschungs- und Interessensbereiche liegen im strategischen Marketing, im Handelsmarketing (Schwerpunkt Lebensmitteleinzelhandel), im Brandmanagement (inkl. Handelsmarken und Retail Brands), im Konsumentenverhalten sowie im Nachhaltigkeitsmarketing.

Julia Matheis war von 2020 bis 04/2023 wissenschaftliche Mitarbeiterin und Doktorandin am Lehrstuhl für Strategisches Marketing der EBS Universität für Wirtschaft und Recht. Sie absolvierte eine Ausbildung zur Kauffrau für Marketingkommunikation und ein Bachelorstudium der Betriebswirtschaftslehre mit Schwerpunkt auf Dienstleistungsmarketing an der Dualen Hochschule Baden-Württemberg in Mannheim. Das Masterstudium in Innovation Management schloss sie an der Hochschule für Wirtschaft und Gesellschaft in Ludwigshafen ab. Während und zwischen der Studien war sie bei einem Energieversorgungs-, einem Versicherungs- sowie einem Automobilkonzern in den Bereichen Marketing, Customer Experience und Innovation, Vertrieb und Personal beschäftigt. Seit Mai 2023 ist sie als Personalmanagerin bei der Daimler Truck AG tätig. Ihre Forschungs- und Interessenbereiche liegen im Employer Branding, im Dienstleistungsmarketing sowie in der identitätsbasierten Markenführung.

Sortimentspolitische Gestaltungsbereiche zur Förderung eines nachhaltigen Konsumverhaltens

3

Aufnahme alternativer Fleischprodukte ins Sortiment des Lebensmitteleinzelhandels

Annett Wolf

Inhaltsverzeichnis

3.1 Einleitung... 50
3.2 Nachhaltiger Konsum und alternative Fleischprodukte.......................... 51
3.3 Sortimentspolitik im Lebensmitteleinzelhandel 55
3.4 Sortimentspolitische Gestaltungsbereiche und nachhaltiger Konsum................ 57
3.5 Fazit 60
Literatur... 60

Zusammenfassung

Die Coronapandemie beeinflusst seit dem Jahr 2019 das weltweite Geschehen. Darauf reagiert ein nicht unerheblicher Anteil der deutschen Bevölkerung mit einem verstärkt an Nachhaltigkeit und Gesundheit orientierten Kaufverhalten. So ernähren sich bereits heute laut einer repräsentativen Studie im Auftrag der Heinrich-Böll-Stiftung et al. (2021) 10,4 % der befragten Personen im Alter zwischen 15 und 29 Jahren vegetarisch, 2,3 % vegan – und die Tendenz ist weiter steigend. Eine Schlüsselposition kommt dabei dem Lebensmitteleinzelhandel zu. Dieser kann mit der Aufnahme und proaktiven Vermarktung alternativer Fleischprodukte das Kauf- und Ernährungsverhalten der Menschen gezielt beeinflussen. Im Beitrag wird ansatzweise dargestellt, welche Möglichkeiten sortimentspolitische Gestaltungsbereiche bieten

A. Wolf (✉)
HTW Berlin, Berlin, Deutschland
E-Mail: annett.wolf@htw-berlin.de

© Der/die Autor(en), exklusiv lizenziert an Springer Fachmedien Wiesbaden GmbH, ein Teil von Springer Nature 2023
L. Rothe et al. (Hrsg.), *Marketing & Innovation 2023*, FOM-Edition,
https://doi.org/10.1007/978-3-658-41309-5_3

und wie sich der Einzelhandel damit im Wettbewerbsumfeld profilieren kann. Belegt wird dies durch erfolgreiche Beispiele aus der Handelspraxis.

Schlüsselwörter

Nachhaltiger Konsum · Veganismus · Vegetarismus · Flexitarismus · Alternative Fleischprodukte · Sortimentspolitik · Premiumhandelsmarken · Einkaufsstättenprofilierung

3.1   Einleitung

Seit dem Jahr 2019 beeinflusst die Coronapandemie das weltweite Geschehen. Einer qualitativen Studie zu den Auswirkungen dieser Pandemie auf die Zukunft der Land- und Ernährungswirtschaft aus dem Jahr 2020 zufolge, herausgegeben von der ScMI AG und dem Cluster Ernährung am Kompetenzzentrum für Ernährung, hat dies auf die beteiligten Akteurinnen und Akteure innerhalb der Nahrungsmittelkette unterschiedliche Auswirkungen. So befürchtet beispielsweise der Lebensmitteleinzelhandel strukturelle Veränderungen, welche sich zum einen in einer erhöhten Preissensibilität der Konsumentinnen und Konsumenten bei Lebensmitteln ausdrücken (vgl. Fink & Michl, 2020, S. 6). Zum anderen ist auch ein **Umdenken hinsichtlich des Ernährungsverhaltens** zu beobachten. Bereits 30 % der Deutschen (n = 500) sind bereit, 10 % mehr Geld für hochwertige Lebensmittel auszugeben, wenn diese den Kriterien Gesundheit und/oder Nachhaltigkeit entsprechen (vgl. KPMG, 2020, S. 14). Damit geht auch eine erhöhte Akzeptanz alternativer Proteinquellen einher (vgl. Fink & Michl, 2020, S. 40). So ernähren sich laut einer repräsentativen Studie im Auftrag der Heinrich-Böll-Stiftung (n = 1227 Personen) bei Jugendlichen und jungen Erwachsenen im Alter zwischen 15 und 29 Jahren bereits 10,4 % vegetarisch, 2,3 % vegan. Zusammen verzichten damit knapp 13 % auf Fleisch – rund doppelt so viele wie in der Gesamtbevölkerung in Deutschland (vgl. Heinrich-Böll-Stiftung et al., 2021).

Alternativen für eine pflanzenbasierte bzw. fleischreduzierte Ernährung werden in Wissenschaft und Praxis bereits vermehrt diskutiert. So ermöglichen heute moderne und disruptive Technologien, Fleischalternativen auf verschiedenste Weise herzustellen. Beispielhaft sei hier das Kultivieren von Fleisch oder Fisch im Labor aus tierischen und pflanzlichen Bestandteilen zu nennen (In-Vitro-Fleisch/-Fisch). Dies kann zukünftig die traditionelle Massentierhaltung überflüssig machen und zusammen mit dem 3-D-Druck von Fleischersatzprodukten eine umweltfreundliche Alternative zum traditionellen Fleisch eröffnen (vgl. Wirsam et al., 2020). Eine Schlüsselposition kommt dabei dem Lebensmitteleinzelhandel zu. Dieser definiert mit der **Festlegung bedarfsorientierter Sortimente** nicht nur seine Stellung im Branchengefüge, sondern kann mit der Aufnahme und gezielten Vermarktung alternativer Fleischprodukte auch das Kauf- und Ernährungsverhalten der Menschen nachhaltig beeinflussen (vgl. Wolf, 2022, S. 58).

Die bisherige Handelsforschung hat sich jedoch nur bedingt mit derartigen Frage-stellungen auseinandergesetzt. So finden sich zahlreiche psychologische und ver-haltenswissenschaftliche Studien, die sich mit dem Thema der Verbraucherakzeptanz beispielsweise von In-Vitro-Fleisch beschäftigen (vgl. Bryant & Barnett, 2020; Weinrich et al., 2020). Wie Handelsunternehmen durch das Angebot alternativer Fleischprodukte auf das veränderte Kaufverhalten im Lebensmitteleinzelhandel reagieren können, wurde bislang im Schrifttum nach Kenntnisstand der Verfasserin nicht untersucht. Auch ist unklar, welche Auswirkungen dies gegebenenfalls auf die Sortimentszusammensetzung und damit auf das Category Management hat. Der vorliegende Beitrag greift diese Forschungslücke auf. So besteht die Zielsetzung darin, zunächst einen umfassenden Überblick über den aktuellen Forschungsstand zum Thema alternative Fleischprodukte im Handel zu erhalten. Auf konzeptioneller Ebene soll darauf aufbauend diskutiert werden, welche Möglichkeiten sich dem Einzelhandel auf sortimentspolitischer Ebene bieten, um durch das verstärkte Angebot derartiger Produkte das Kaufverhalten nach-haltig zu beeinflussen und sich damit gezielt im Wettbewerbsumfeld zu profilieren. Hierfür werden auch bereits vorliegende interdisziplinäre Forschungsergebnisse heran-gezogen sowie erfolgreiche Beispiele aus der Handelspraxis dargestellt. Abschließend soll weiterer Forschungsbedarf aufgezeigt werden.

3.2   Nachhaltiger Konsum und alternative Fleischprodukte

Wie bereits dargelegt, reagiert ein nicht unerheblicher Teil der Bevölkerung infolge der Coronapandemie mit einem verstärkt an nachhaltigen Kriterien orientiertem Konsumver-halten. So achten einer Studie von McKinsey zufolge bereits drei Viertel der deutschen Verbraucherinnen und Verbraucher beim Einkaufen auf die Nachhaltigkeit der Produkte. Knapp die Hälfte gibt dafür seit der Pandemie mehr Geld aus und sogar zwei Drittel der Befragten würden mehr nachhaltige Produkte kaufen, wenn diese günstiger wären (vgl. McKinsey, 2021). Nach Balderjahn (2013, S. 21) impliziert ein **nachhaltiger Konsum** die Umsetzung von Nachhaltigkeit beim individuellen Konsumverhalten. Durch den privaten Konsum kann ein großes Potenzial in den Bereichen Ökologie und Soziales gehoben werden, denn der **Konsumstil einer Gesellschaft** wirkt sich auch auf öko-soziale Faktoren aus (vgl. Ludin & Wellbrock, 2021, S. 4). Beispielhaft können hier ein verstärkter Klimaschutz durch Nachfrage klimafreundlicher Produkte oder die ver-minderte Belastung des Gesundheitssystems durch ein verbessertes Ernährungsverhalten genannt werden. Hierbei können alternative Fleischprodukte einen zentralen Beitrag leisten.

Aus Sicht des bereits vorhandenen Angebots wird der Ausdruck **alternative Fleisch-produkte** im wissenschaftlichen Schrifttum als Oberbegriff für vegetarische, vegane, pflanzen- oder insektenbasierte sowie künstlich hergestellte Fleischalternativen ver-wendet (vgl. Jetztke et al., 2020). Eine Übersicht über die Kategorisierungsmöglich-keiten von alternativen Fleischprodukten ist der Abb. 3.1 zu entnehmen. Klassische

vegane Produkte („classic vegan") sind frei von tierischen Inhaltsstoffen wie Ei, Gelatine sowie Milch und werden schon seit Längerem im Einzelhandel angeboten. Nachteilig an derartigen Alternativen ist jedoch, dass diese zumeist nicht nach Fleisch schmecken und daher von den meisten Verbraucherinnen und Verbrauchern – außer von ethisch denkenden Veganerinnen und Veganern – abgelehnt werden (vgl. Kearney, 2018). Im Gegensatz dazu gehören klassische **vegetarische Produkte** („classic vegetarian") schon seit mehreren Jahren zum Portfolio der meisten großen Fleischproduzenten. So erwirtschaftete beispielsweise die Rügenwalder Mühle im Jahr 2020 mehr Umsatz mit derartigen Produkten als mit dem konventionellen Fleischsortiment (vgl. Terpitz, 2020). Grundlage hierfür ist, dass der Konsum vegetarischer und veganer Lebensmittel – selbst bei Fleischesserinnen und -essern – heutzutage sozial akzeptiert ist (vgl. Bryant, 2019, S. 2).

Bei Fleischersatzalternativen aus Insekten (**„Insect-based meat"**) handelt es sich um Produkte auf Proteinbasis, welche hauptsächlich aus Mehlwürmern und Grillen bestehen (vgl. van Huis, 2013, S. 564). Der Hauptvorteil ist dabei die überlegene Umwandlungsrate von Energie und Protein im Vergleich zu herkömmlichem Fleisch (vgl. Jensen et al., 2017). Obwohl diese Produkte ein enormes Potenzial als Lebensmittel für Nutztiere oder für die industrielle Lebensmittelverarbeitung haben, sind sie in westlichen Ländern nicht beliebt, nicht nur wegen des Geschmacks, sondern auch, weil die meisten Menschen Insekten nicht als Lebensmittel betrachten (vgl. Kearney, 2018). In tropischen

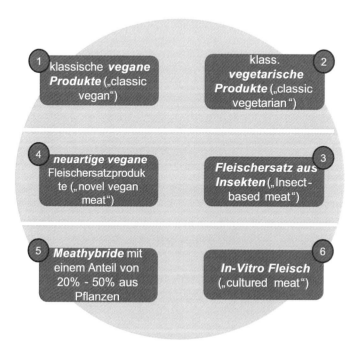

Abb. 3.1 Kategorien alternativer Fleischprodukte

Regionen hingegen werden Insekten regelmäßig als Delikatesse bevorzugt und das, obwohl der Verkaufspreis von essbaren Insekten oft höher als der von konventionellem Fleisch ist (vgl. van Huis, 2013, S. 573). In diesem Kontext merken Martins und Pliner (2005, S. 214) an, dass die Akzeptanz von insektenbasierten Lebensmitteln zwar durch affektive, persönliche oder kulturelle Faktoren gesteuert wird. Die grundsätzlichen Motive beim Kauf basieren jedoch hauptsächlich auf sensorischen und genussbezogenen Überlegungen. Auch neigt der Mensch dazu, ungewohnte Lebensmittel zu meiden, insbesondere wenn sie tierischen Ursprungs sind. Dies wird im Schrifttum als **Lebensmittelneophobie** bezeichnet (vgl. Martins & Pliner, 2005). Ursächlich hierfür ist beispielsweise der anfängliche Ekel gegenüber einem bestimmten Lebensmittel (vgl. Collins et al., 2019, S. 523). Nahrungspräferenzen sind jedoch nicht stabil und können sich im Laufe der Zeit ändern, wie das Beispiel Sushi in der westlichen Welt zeigt (vgl. van Huis, 2013, S. 574).

Neuartige vegane Fleischersatzprodukte („novel vegan meat") werden hingegen vollständig aus Pflanzen hergestellt. Der Geschmack und die Konsistenz ähneln eher dem Fleisch als dem klassischen veganen Fleischersatz. Maßgeblich für die wachsenden Marktpotenziale pflanzlicher Fleischprodukte sind unter anderem vereinfachte Herstellungsverfahren, die eine Skalierung der Produktion im industriellen Maßstab ebenso ermöglichen wie die zunehmende Produktdifferenzierung (vgl. Jetztke et al., 2020). Start-ups wie *Impossible Foods, Just* und *Beyond Meat* können hier als erfolgreiche Beispiel angeführt werden (vgl. Kearney, 2018). Aber auch die Unternehmen des Lebensmitteleinzelhandels haben das enorme Potenzial derartiger Produkte erkannt. So hat beispielsweise *Edeka* im April 2021 die neue Marke *Vehappy* für eine vegane, rein pflanzliche Produktline positioniert. Werden aktuell nur sieben pflanzenbasierte Milchalternativen angeboten, soll das Sortiment zeitnah auch um vegane Burger Patties, Bratwurst und Hack erweitert werden (vgl. Edeka, 2021).

Darüber hinaus findet sich vereinzelt die Diskussion um die Einführung sogenannter **Meathybriden.** Bei diesen Produkten wird ein Anteil von 20 % bis 50 % durch Proteine auf Pflanzenbasis ersetzt (vgl. Profeta et al., 2021). Als erster Lebensmitteleinzelhändler in Deutschland bietet *Rewe* seit Juli 2021 unter der Handelsmarke *Better half* klassische Fleischartikel an, die stets zur Hälfte aus Gemüse bestehen. Damit werden vor allem Verbraucherinnen und Verbraucher angesprochen, die ihren Fleischkonsum reduzieren möchten – aber ohne Genusseinbußen (vgl. Rewe, 2021). Zusätzlich kann vor allem für konventionelle Fleischkonsumentinnen und -konsumenten das sogenannte **In-Vitro-Fleisch** („cultured meat") von Interesse sein. Dieses wird auch als Kulturfleisch, Hybridfleisch oder sauberes Fleisch („clean meat") bezeichnet (vgl. Weinrich et al., 2020; Bryant & Barnett, 2019, S. 105), und entsteht durch exponentielles Zellwachstum in Bioreaktoren. Das Ergebnis ist äußerlich identisch mit herkömmlichem Fleisch (vgl. Kearney, 2018). Als Vorreiterunternehmen auf diesem Gebiet gelten *Mosa Meat* oder *Memphis Meats.* Aktuelle Studienergebnisse belegen jedoch, dass die Verbraucherinnen und Verbraucher bislang noch eher skeptisch sind, wenn es um die Entscheidung geht, In-Vitro-Fleisch zu konsumieren. Begründet wird dies unter anderem mit Neophobie durch die Wahrnehmung von Ekelgefühlen, Unnatürlichkeit und einer negativen sensorischen

Erwartung beim Konsum (vgl. Bryant & Barnett, 2020, S. 12; Weinrich et al., 2020; Wilks & Phillips, 2017, S. 8–10). Fest steht, dass neuartige vegane Fleischersatzprodukte und das Kulturfleisch das höchste Kommerzialisierungspotenzial besitzen (vgl. Michel et al., 2021, S. 1). Dieses ist jedoch einerseits davon abhängig, inwiefern In-Vitro-Fleisch im Geschmack mit konventionellem Fleisch konkurrieren kann und andererseits, wie derartige Produkte preislich positioniert sind (vgl. Bryant & Barnett, 2020, S. 17). So geht die Beratung BCG davon aus, dass bis zum Jahr 2032 eine generelle Preisparität bei In-Vitro-Fleisch besteht, das heißt, Fleischprodukte und deren Alternativen werden dann wahrscheinlich einen ähnlichen Preis haben (vgl. Terpitz, 2020).

Der angebotsorientierten Sichtweise stehen auf der nachfragebezogenen Seite unterschiedliche Zielgruppen bzw. Nachfragetypen gegenüber. So identifizierten Verain et al., (2017, S. 7 ff.) im Hinblick auf eine gesunde und nachhaltige Ernährungsweise vor allem drei Kundensegmente. Die sogenannten **Durchschnittsverbraucherinnen und -verbraucher** zeichnen sich durch ein durchschnittliches Interesse an den Faktoren Preis, Geschmack und Gesundheit auf der individuellen Ebene und den Nachhaltigkeitsaspekten wie Umwelt- und Tierschutz auf der gesamtgesellschaftlichen Ebene aus. Personen dieser Zielgruppe werden auch als sogenannte **Flexitarierinnen und Flexitarier** bezeichnet, welche vegetarische und vegane Produkte ebenso konsumieren wie konventionelles Fleisch (vgl. Wirsam & Fein, 2018). Demgegenüber sind die individuellen Motive, wie die Förderung der eigenen Gesundheit, bei dem **Pro-Selbst-Segment** den altruistischen Motiven wie Tier- oder Umweltschutz deutlich überlegen (vgl. Profeta et al., 2021, S. 10). Die Nachfrager des Pro-Selbst-Segments verzehren auch weiterhin gern Fleisch und können damit als sogenannte **Fleischesserinnen und Fleischesser** (vgl. Collins et al., 2019) oder auch **Omnivoren** (vgl. North et al., 2021) verallgemeinert werden. Dagegen erfährt im Segment der **nachhaltig bewussten Verbraucherinnen und Verbraucher** der Umwelt- und Tierschutz auf gesamtgesellschaftlicher Ebene die höchste Relevanz (vgl. Verain et al., 2017, S. 8). Collins et al., (2019, S. 524) bezeichnen die bewussten Verbraucher daher auch als **„grüne" Käuferinnen und Käufer,** da Nachhaltigkeit für diese Zielgruppe ein ausschlaggebendes Kaufmotiv ist. Zudem wird ein veganer oder vegetarischer Lebensstil verfolgt (vgl. Bryant, 2019, S. 1), sei es aus Sorge um die Gesundheit oder die ethische Behandlung von Tieren (vgl. Collins et al., 2019, S. 524).

In Zukunft erscheinen nach Bryant und Barnett (2020, S. 12) sowohl Fleischesserinnen und -esser als auch Flexitarierinnen und Flexitarier am ehesten bereit zu sein, Meathybride, Insekten oder kultiviertes Fleisch auszuprobieren. Zu dieser Erkenntnis kommen auch Hwang et al. (2020), Orkusz et al. (2020), Reis et al. (2020), Collins et al. (2019). Vor allem die neuartigen veganen Fleischersatzprodukte werden dabei den langfristigen Übergang zu Kulturfleisch prägen. Dies wird allerdings erst im Jahr 2040 der Fall sein (vgl. Kearney, 2018), denn bislang behindern noch zahlreiche Faktoren die Akzeptanz von In-Vitro-Fleisch, so beispielsweise die Lebensmittelneophobie. Zum tieferen Einblick in die Akzeptanzforschung sei auf Reis et al. (2020), Wilks et al. (2019) oder Berger et al. (2018) verwiesen.

3.3 Sortimentspolitik im Lebensmitteleinzelhandel

Nach Gümbel (1963, S. 59) bezeichnet der **Begriff Sortiment** die gedankliche Zusammenfassung der zu einem bestimmten Zeitpunkt getroffenen Auswahl verschiedenartiger selbstständiger Sachleistungen zum Zweck der Verwertung am Absatzmarkt. Möhlenbruch (1994, S. 11) ergänzt dies und führt an, dass es den Unternehmen des Lebensmitteleinzelhandels vornehmlich darum geht, ein Warensortiment in Bereitschaft zu halten, was sowohl den Anforderungen der Kundinnen und Kunden entspricht als auch die Gegebenheiten des Absatzmarktes berücksichtigt. Die Sortimentspolitik stellt damit den **Kern der Handelsleistung** dar.

Als Herausforderung gilt, das Sortiment aus der **subjektiven Bedarfslage der Kundinnen und Kunden** festzulegen (vgl. Zielke, 2001, S. 101). Für den Sortimentsaufbau rücken daher demografische als auch psychografische Faktoren der relevanten Zielgruppe in den Fokus. Aktuell steht dabei der **Wunsch nach fleischfreier Ernährung** im Vordergrund. Auch die Preisbereitschaft spielt dabei eine zentrale Rolle (vgl. Schröder, 2012, S. 97). Je nach anvisierter Zielgruppe bieten die Unternehmen des Lebensmitteleinzelhandels mehr oder weniger Eigenmarken, auch als Handelsmarken bezeichnet, im Sortiment an. Während im Preiseinstiegsbereich vornehmlich günstige Gattungsmarken positioniert werden, finden sich im oberen Preis-Leistungs-Bereich eher sogenannte **Premiumhandelsmarken** (vgl. Levy & Gendel-Guterman, 2012, S. 89). Hierbei bildet eine überlegene Produktqualität den Markenkern zur Rechtfertigung des Premiumanspruches (vgl. Wolf, 2011, S. 11). Zudem werden premiumpositionierte Eigenmarken zumeist mit einem **mehrwertbietenden Zusatznutzen** angeboten – so auch im **Bereich der alternativen Fleischprodukte**. Im weiteren Verlauf des Beitrags werden daher ausschließlich diese Handelsmarkenkonzepte betrachtet. Mit deren Angebot kann der Handel nämlich nicht nur **Markteintrittsbarrieren** gegen konkurrierende Anbieter aufbauen, sondern durch den klaren Zusatznutzen auch eine **Vorzugsstellung im Evoked Set** der Konsumentinnen und Konsumenten erreichen (vgl. Wolf, 2011, S. 11 f.). Auch reagiert der Lebensmitteleinzelhandel mit der Einführung derartiger Premiummarken auf ein verändertes Ernährungsverhalten der Kundinnen und Kunden und stellt sich damit für eine **zukunftsfähige Marktbearbeitung** proaktiv auf. So ist seit Längerem zu beobachten, dass frühere Herstellermarken-Käuferinnen und -Käufer vermehrt ihre Markenpräferenz zugunsten von (Premium-)Eigenmarken ändern (vgl. Akcura et al., 2019). Auch werden bestehende Eigenmarken-Konsumentinnen und -Konsumenten zunehmend gesundheits- und umweltbewusster und wechseln innerhalb des Eigenmarkensortiments zum höheren Preissegment (vgl. Wolf & Mühlbach, 2019, S. 12).

Aktuell ist infolge der im Jahr 2022 gestiegenen Lebensmittelpreise ein Nachfragerückgang in der Warengruppe konventionelles Fleisch zu beobachten. So hatte diese Kategorie im Mai 2022 einen Preisanstieg von 13,6 % im Vergleich zum Vorjahresmonat zu verzeichnen (vgl. Kolf, 2022). Wie sich das langfristig auf den Bereich der alternativen Fleischprodukte auswirken wird, ist noch offen. Da nun Fleischalternativen preislich teilweise unterhalb konventioneller Fleischprodukte positioniert sind, ist durchaus denkbar, dass dies die Akzeptanz und damit die stärkere Marktdurchdringung alternativer Fleischprodukte positiv beeinflussen kann. Zudem belegen Erkenntnisse von Hamilton und Chernev (2013, S. 6), dass Kaufentscheidungen nicht nur durch die Preise einzelner Artikel beeinflusst werden, sondern auch durch das Preisimage eines Einzelhändlers. Insofern ist den premiummarkenführenden Handelsunternehmen geraten, ihr Profil sowohl durch das Angebot an Fleischalternativen als auch durch eine zielgruppenorientierte Preisgestaltung zu schärfen (vgl. Hamilton & Chernev, 2013, S. 6).

Insgesamt ist festzuhalten, dass die Kernaufgabe der Sortimentspolitik darin besteht, mit dem gesamten Sortiment verschiedene Kundengruppen anzusprechen und dabei ein konsistentes Erscheinungsbild zu wahren (vgl. Schröder, 2012, S. 95). Zentral ist für Handelsunternehmen aber nicht nur der **optimale Mix aus Handels- und Herstellermarken** (vgl. Wolf, 2011, S. 12–14.), sondern auch der **Aufbau des Sortiments** an sich. Zur Kennzeichnung wird dabei weitgehend der Begriff der **Sortimentspyramide** genutzt. Hierbei handelt es sich um eine mehrstufige Klassifikation der Wareneinheiten eines Sortiments (vgl. Möhlenbruch, 1994, S. 13). Nach Seyffert sind dabei die folgenden Sortimentsebenen zu unterscheiden (von der kleinsten zur größten Sortimentseinheit): Sorte, Artikel (= Sortengruppe), Warenart (= Artikelgruppe), Warengattung (= Warenartengruppe), Warenbereich (= Warengattungsgruppe) und Sortiment (= alle Warenbereiche mit allen Sorten) (vgl. Ahlert et al., 2020, S. 210–211). Der Sortimentsaufbau in der Praxis wird beispielhaft anhand der Handelsunternehmen *Edeka* und *Aldi Süd* verdeutlicht (s. Abb. 3.2). In der **Warengruppe der konventionellen Fleischprodukte** bieten *Edeka* und *Aldi Süd* mit den premiumpositionierten Handelsmarken *Edeka Bio* und *Aldi Gut Bio* Hackfleisch mit dem Zusatznutzen aus biologischem Anbau an. Anzumerken ist in diesem Zusammenhang, dass die Marken *Edeka Bio* und *Aldi Gut Bio* als **Dachmarke** bzw. **Sortimentsmarke** sowohl eine inhaltliche Klammer zwischen den Produkten mit dem Zusatznutzen der Ökologieorientierung im gesamten Sortiment bieten, als auch mit der **Retail Brand** des markenführenden Unternehmens verbunden sind (z. B. Retail Brand *Edeka* und die Premiumhandelsmarke *Edeka Bio*). Damit kann sich das Handelsunternehmen im Wettbewerbsumfeld profilieren und zeitgleich sein akquisitorisches Potenzial erhöhen (vgl. Swoboda & Weidel, 2019). So belegen beispielsweise empirische Ergebnisse von Porral und Levy-Mangin (2016), dass das Vertrauen in Handelsmarken einen großen Einfluss auf die Kaufabsicht und damit auf die Kundenloyalität hat. Kremer und Viot (2012, S. 529) belegen zudem, dass dies insbesondere dann der Fall ist, wenn beide denselben Markennamen tragen. Demgegenüber können die Kundinnen und Kunden aber auch Premiumeigenmarken in der **Warengruppe neuartiger, veganer Fleischalternativen** finden – nämlich bei *Edeka* die Marke *Vehappy* und bei *Aldi Süd* das Produkt *Wonder Hack*. Auffällig ist, dass diese Handelsmarken nicht mit der Retail Brand des markenführenden Unternehmens versehen sind und als **Warengruppenmarke** geführt werden. Unklar ist bislang, welchen Einfluss dies auf das Vertrauen in den markenführenden Händler und damit auf den Aufbau von Kundenloyalität hat. Einen zusammenfassenden Überblick über die strategischen Entscheidungsbereiche innerhalb der Sortimentspolitik liefert die Abb. 3.2.

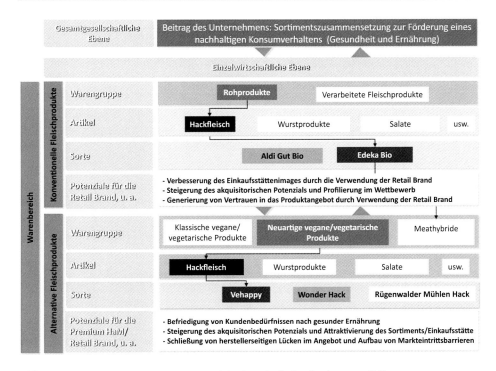

Abb. 3.2 Strategische Entscheidungsbereiche innerhalb der Sortimentspolitik

3.4 Sortimentspolitische Gestaltungsbereiche und nachhaltiger Konsum

Die **Sortimentspolitik gilt im Handel** als strategisches Instrument zur Differenzierung gegenüber dem Wettbewerb (vgl. Ahlert et al., 2020, S. 209). Als **sortimentspolitische Gestaltungsbereiche** gelten dabei das gesamte Sortiment im Sinne der Sortimentsbreite und -tiefe, die Warengruppen (Categories) und letztlich der einzelne Artikel beispielsweise in Form der Aufnahme oder Auslistung (vgl. Ahlert et al., 2020, S. 210–212). Die wichtigste Entscheidung betrifft die **Sortimentsdimensionen** in Form der Sortimentsbreite und -tiefe. Die **Sortimentsbreite** sagt aus, wie viele verschiedene Warengruppen angeboten werden. So zeigen Forschungsergebnisse von Kahn et al. (2014), dass Verbraucherinnen und Verbraucher ein Sortiment bevorzugen, in dem sie viel von ihrem gesamten Kaufbedarf bei einem Händler abdecken können. Morales et al. (2005) konnten zudem vorweisen, dass bei Übereinstimmung der äußeren Struktur eines Sortiments mit der inneren Struktur, die eine Verbraucherin oder ein Verbraucher für die Kategorie hat, auch die wahrgenommene Komplexität des angebotenen Sortiments sinkt und damit die Kundinnen und Kunden besser in der Lage sind, eine zufriedenstellende Wahl zu treffen. Ferner zeigten Mogilner et al. (2008), dass das bloße Vorhandensein von Kategorien – konventionelle und alternative Fleischprodukte – die Zufriedenheit

mit einem Sortiment bei Kundinnen und Kunden, die mit den Produkten nicht vertraut sind, erhöhen kann. Dadurch entsteht größere Gesamtzufriedenheit mit der end-
gültigen Auswahl aus dem Sortiment. Dies bezieht auch die **Sortimentstiefe** mit ein,
welche Auskunft über die Anzahl der Artikelgruppen innerhalb einer Warengruppe
gibt – also zwischen wie vielen Kaufmöglichkeiten eines Produktes eine Kundin bzw.
ein Kunde sich entscheiden kann (vgl. Ahlert et al., 2020, S. 210–212). Müller-Hagedorn (1993, S. 163) bringt zusätzlich noch die **Sortimentshöhe** in Betracht, welche die
Anzahl aller vorrätigen Produkte beschreibt, um Fehlmengen zu vermeiden. Aufgrund
von geringen Regalplätzen und steigender Markenvielfalt müssen Entscheidungen
bezüglich der Sortimentszusammensetzung mit Bedacht getroffen werden (vgl. Kahn
et al., 2014). So erhöhen größere Sortimente zwar die Chance, dass die Kundinnen
und Kunden ein Produkt finden, das ihren Vorlieben entspricht (vgl. Diehl & Poynor,
2010), können jedoch bei einer Überforderung bzw. Verwirrung infolge der Vielfalt auch
zu Unzufriedenheit und damit zum Kaufabbruch führen (vgl. Akcura et al., 2019). Im
Kontext der zu betrachtenden Premiumhandelsmarken in der Warengruppe der alternativen Fleischprodukte ist hier zu klären, welchen Einfluss ein breites oder schmales
Sortiment an konventionellen Fleischprodukten auf den Abverkauf von Fleischalternativen hat und umgekehrt. So ist nach den Erkenntnissen von Chernev und Hamilton
(2009) zu vermuten, dass sich bei Sortimenten mit einem hohen Preis-Qualitäts-Niveau
eine Verkleinerung des Sortiments weniger stark negativ auswirkt oder sich möglicherweise sogar umkehrt, was zu einem Anstieg der Gesamtpräferenz für den Einzelhändler
führen kann. Da sich alternative Fleischprodukte vornehmlich an Flexitarierinnen
und Flexitarier richten, ist es durchaus denkbar, dass eine Verringerung des Sortimentsumfangs an Fleischprodukten die Bereitschaft der Kundinnen und Kunden zum
Probieren und letztendlich zum Konsum von Fleischalternativen erhöht. Gleichzeitig
kann der markenführende Einzelhändler mit einem **diversifizierten Sortiment seine
Einkaufsstätte attraktivieren und sich im Wettbewerbsumfeld profilieren.** Dies
deuten allgemeine Forschungsergebnisse im Bereich des Handelsmarkenmanagements
an (vgl. Kahn et al., 2014). Die Herausforderung im Einzelhandel besteht folglich darin,
dafür zu sorgen, dass die Verbraucherinnen und Verbrauchen ihre bevorzugten Produkte
bzw. Marken im Sortiment finden und gleichzeitig ermutigt werden, auch andere Artikel
der Warengruppe zu erkunden (vgl. Mantrala et al., 2009).

Im Hinblick auf Entscheidungen bezüglich der **Änderungen bestehender Sortimente** ist grundsätzlich zu unterscheiden, ob ein neues Sortiment gestaltet oder ein
bestehendes verändert werden soll. Den Handelsunternehmen eröffnen sich zunächst drei
verschiedene Optionen. Die Ausweitung, die Strukturveränderung und die Einengung
des Sortiments. Die **Ausweitung** kann sowohl Tiefe als auch Breite betreffen, wobei
bei Letzterem zu hinterfragen ist, wie groß der Neuheitsgrad des zusätzlichen Angebots
ist (vgl. Müller-Hagedorn & Natter, 2011, S. 264 ff.). Bei der **Strukturveränderung**
bleibt der Aufbau des Sortiments in seinem Grundsatz bestehen. Es geht hauptsächlich darum, Artikel gegeneinander auszutauschen und damit den Schwerpunkt – z. B.
den Anteil an Hersteller- vs. Handelsmarken – zu verschieben (vgl. Müller-Hagedorn
& Natter, 2011, S. 264–267). Die **Reduktion des Sortiments** impliziert einerseits

die Verringerung des Sortimentsumfangs infolge reduzierter Regalflächen (vgl. Rühl & Steinicke, 2003, S. 40). Andererseits können Einzelhändler von einer Sortimentsreduzierung auch profitieren, indem diese den Anteil von Handelsmarken im Allgemeinen bzw. Premiumhandelsmarken im Speziellen erhöhen und dafür Herstellermarken aus dem Sortiment entfernen (vgl. Ruiz-Real et al., 2017). Akcura et al. (2019) konnten jedoch zeigen, dass es für Einzelhändler insgesamt positiv ist, wenn diese den Anteil an Hersteller- und Premiumhandelsmarken gleichzeitig erhöhen, da sich dies positiv auf das akquisitorische Potenzial auswirkt. Im Kontext der hier zu betrachtenden alternativen Fleischprodukte ist festzustellen, dass es bis vor zwei Jahren noch herstellerseitige Lücken in dieser Warengruppe gab und der Handel darauf mit der Entwicklung von premiumpositionierten Eigenmarkenkonzepten – wie z. B. *Edeka* mit der Marke *Vehappy* – reagiert hat (vgl. Wolf, 2022, S. 58). Die Rügenwalder Mühle – mit den Produkten im Bereich vegetarischer und veganer Fleischalternativen – ist hier jedoch als überzeugende Herstellermarke anzuführen und bietet den Kundinnen und Kunden zusammen mit den Premiumhandelsmarken eine gute Auswahlmöglichkeit in der Warengruppe (Category) (s. Abb. 3.2). Insofern steht die Handelspraxis noch **am Anfang einer in die Breite gerichteten Sortimentsausweitung.** Die Dauer der damit einhergehenden **Strukturveränderung** im Sortiment im Sinne der Reduktion des Fleischangebots und der Erhöhung des Anteils an Fleischalternativen wird langfristig nicht nur den Erfolg einer nachhaltigen Konsumveränderung bestimmen, sondern auch das akquisitorische Potenzial des Einzelhändlers – gerade in der Nach-Coronazeit – steigern.

Der Gestaltung des Sortiments aus Handelssicht steht die **Sortimentsgliederung aus Sicht der Kundinnen und Kunden** gegenüber. Im Schrifttum wird dies unter dem Begriff **Category Management** diskutiert, was im Sinne einer **endverbraucherorientierten Sortimentsgliederung** den Prozess der Sortimentsplanung, die Organisation sowie die Kooperation zwischen Industrie und Handel subsumiert (vgl. Rühl & Steinicke, 2003, S. 141; Zielke, 2001, S. 100). Aufgrund des gewählten Schwerpunkts im Sinne des Angebots premiumpositionierter Eigenmarken in der Warengruppe der Fleischalternativen ist nachfolgend nur die Frage nach der Sortimentsgliederung relevant. Diese bildet nicht nur den Ausgangspunkt im Category-Management-Prozess, sondern bestimmt auch die Abteilungs- und Regalstrukturen in den jeweiligen Einkaufsstätten. So hat sich beispielsweise Zielke (2001) sehr detailliert mit der Frage beschäftigt, wie Sortimente kundenorientiert zu gestalten sind und welche Anforderungen Kundinnen und Kunden an die Anordnung von Waren am Point of Sale stellen. Demnach soll die **Warenpräsentation einerseits den Suchaufwand der Kundinnen und Kunden reduzieren.** Andererseits kann der Handel mit einer Regalgestaltung entsprechend der Kaufalternativen im Sinne von Artikeln, die im Hinblick auf das aktuelle Bedürfnis als Substitute angesehen werden, auch die **Orientierung bei der Kaufentscheidungsfindung** erleichtern bzw. lenken (vgl. Zielke, 2001, S. 102). So ist es durchaus denkbar, dass im Kontext der zu betrachtenden Fleischalternativen Flexitarierinnen und Flexitarier durchaus eine Platzierung in der Nähe von konventionellen Fleischprodukten erwarten. Darüber hinaus kann damit auch das Interesse an alternativen Fleischprodukten bis bisherigen Omnivoren stimuliert werden. Da hierzu noch keine empirischen Forschungsergebnisse vorliegen, ist vor allem im Bereich des **Category Managements ein nicht unerheblicher Forschungsbedarf** zu konstatieren. Demnach stellen sich beispielsweise rentabilitätsbezogene Fragen, wie die Auswirkung der Auslistung von Produkten mit bekannten Deckungsbeiträgen und der damit einhergehenden Aufnahme neuer Produkte mit ungewissem Markterfolg (vgl. Wolf, 2022, S. 61). Auch sind Zielprioritäten neu zu diskutieren. Offen ist, ob infolge der stärkeren Marktmacht der Kundinnen und Kunden weiterhin den rentabilitätsbezogenen Kriterien Vorrang vor kundenorientierten und damit langfristigen Kundenbindungszielen gewährt werden soll. In diesem Zusammenhang ist auch die verstärkte Einführung von Premiumhandelsmarken vs. Herstellermarken in der Warengruppe der Fleischalternativen und deren Relevanz im Kaufentscheidungsprozess der Kundinnen und Kunden zu untersuchen.

3.5   Fazit

Das Ziel des vorliegenden Beitrags bestand darin, einen Überblick über den aktuellen Forschungsstand zum Thema alternative Fleischprodukte im Sortiment des Einzelhandels zu erhalten. Zudem wurden auf konzeptioneller Ebene Möglichkeiten diskutiert, wie sich der Einzelhandel durch das verstärkte Angebot derartiger Produkte proaktiv im Wettbewerbsumfeld profilieren kann. So bietet beispielsweise eine langfristig ausgerichtete **Sortimentsstrukturveränderung** – weniger konventionelle Fleischprodukte und mehr Fleischalternativen – die Chance, dem veränderten Kauf- und Ernährungsverhalten der Kundinnen und Kunden in Richtung Gesundheit und Nachhaltigkeit Rechnung zu tragen. Die **Coronapandemie** darf hier aber keineswegs als Auslöser für eine derartige Veränderung des Einkaufsverhaltens gesehen werden, sondern **vielmehr als Verstärker.** Dies zeigen bereits vorliegende empirische Studien deutlich (vgl. McKinsey, 2021). Was allerdings noch ungeklärt ist, ist die Frage, welchen Einfluss beispielsweise die Marke (Handelsmarken oder Herstellermarken) auf die Wahl derartiger Produkte hat. Auch ist offen, welche Relevanz dabei das Angebot eines **diversifizierten Sortiments** für die Kundinnen und Kunden besitzt. Denn damit bietet sich den Unternehmen nicht nur die Möglichkeit zur **Attraktivierung der Einkaufsstätte im Post-Corona-Wettbewerbsumfeld,** sondern auch zur gezielten **Förderung eines nachhaltigen Konsumverhaltens.**

Literatur

Ahlert, D., Kenning, P., & Brock, C. (2020). *Handelsmarketing – Grundlagen der marktorientierten Führung von Handelsbetrieben* (3. Aufl.). Springer.

Akcura, M., Sinapuelas, I., & Wang, H. (2019). Effects of multitier private labels on marketing national brands. *Journal of Product & Brand Management, 28*(3), 391–407.

Balderjahn, I. (2013). *Nachhaltiges Management und Konsumentenverhalten*. utb.

Berger, S., Bärtsch, C., Schmidt, C., Christandl, F., & Wyss, A. M. (2018). When utilitarian claims backfire: Advertising content and the uptake of insects as food. *Frontiers in Nutrition, 88*(5), https://doi.org/10.3389/fnut.2018.00088.

Bryant, C. (2019). We can't keep meating like this: Attitudes towards vegetarian und vegan diets in the United Kingdom. *Sustainability, 11*(6844). https://doi.org/10.3390/su11236844.

Bryant, C., & Barnett, J. (2019). What's the Name? Consumer perceptions of in vitro meat under different names. *Appetite, 137,* 104–113.

Bryant, C., & Barnett, J. (2020). Consumer acceptance of cultured meat: An updated review (2018–2020). *Applied Sciences, 10*(5201). https://doi.org/10.3390/app10155201.

Chernev, A., & Hamilton, R. (2009). Assortment size and option attractiveness in consumer choice among retailers. *Journal of Marketing Research, 46*(3), 410–420.

Collins, C., Vaskou, P., & Kountouris, Y. (2019). Insect food products in the Western world: Assessing the potential of a new 'green' market. *Annals of the Entomological Society of America, 112*(6), 518–528. https://doi.org/10.1093/aesa/saz015.

Diehl, K., & Poynor, C. (2010). Great expectations?! Assortment size, expectations, and satisfaction. *Journal of Marketing Research, 47*(2), 312–322.

Edeka. (2021). Vehappy. https://www.edeka.de/unsere-marken/eigenmarken-lebensmittel/vehappy.jsp. Zugegriffen: 14. Apr. 2021.

Fink, A., & Michl, C. (2020). Die Auswirkungen der Corona-Pandemie auf die Zukunft der Land- und Ernährungswirtschaft. ScMI AG und Cluster Ernährung am Kompetenzzentrum für Ernährung (Hrsg.). https://www.cluster-bayern-ernaehrung.de/?jet_download=991. Zugegriffen: 20. Juli 2022.

Gümbel, R. (1963). *Die Sortimentspolitik in den Betrieben des Wareneinzelhandels.* Verlag für Sozialwissenschaften.

Hamilton, R., & Chernev, A. (2013). Low prices are just the beginning: Price image in retail management. *Journal of Marketing, 77*(6), 1–20.

Heinrich-Böll-Stiftung, Bund für Umwelt und Naturschutz Deutschland & Le Monde Diplomatique (Hrsg.). (2021). Fleischatlas 2021 – Daten und Fakten zu tierischen Nahrungsmitteln. https://www.boell.de/sites/default/files/2021-01/Fleischatlas2021_0.pdf?dimension1=ds_fleischatlas_2021. Zugegriffen: 12. Febr. 2022.

van Huis, A. (2013). Potential of insects as food and feed in assuring food security. *Annual Review of Entomology, 58,* 563–583. https://doi.org/10.1146/annurev-ento-120811-153704.

Hwang, J., You, J., Moon, J., & Jeong, J. (2020). Factors affecting consumers' alternative meats buying intentions: Plant-based meat alternative and cultured meat. *Sustainability, 12*(5662). https://doi.org/10.3390/su12145662.

Jensen, K., Kristensen, T. N., Heckmann, L., & Sørensen, J. G. (2017). Breeding and maintaining high-quality insects. In van A. Huis & J. K. Tomberlin (Hrsg.), *Insects as food and feed. From production to consumption* (S. 174–198). Wageningen Academic Publishers. https://doi.org/10.3920/978-90-8686-849-0.

Jetztke T., Richter, S., Keppner, B., Domröse, L., Wunder, S., & Ferrari. A. (2020). Die Zukunft im Blick: Fleisch der Zukunft – Trendbericht zur Abschätzung der Umweltwirkungen von pflanzlichen Fleischersatzprodukten, essbaren Insekten und In-vitro-Fleisch. https://www.umweltbundesamt.de/sites/default/files/medien/1410/publikationen/2020-06-25_trendanalyse_fleisch-der-zukunft_web_bf.pdf. Zugegriffen: 14. Apr. 2021.

Kahn, B., Chernev, A., Böckenholt, U., Bundorf, K., Draganska, M., Hamilton, R., Meyer, R., & Wertenbroch, K. (2014). Consumer and managerial goals in assortment choice and design. *Marketing Letters, 25,* 293–303.

Kearney. (2018). When consumers go vegan, how much meat will be left on the table for agribusiness? https://www.de.kearney.com/consumer-retail/article/?/a/when-consumers-go-vegan-how-much-meat-will-be-left-on-the-table-for-agribusiness. Zugegriffen: 8. Apr. 2021.

Kolf, R. (2022). Preissprung im Supermarkt: Viele Konsumenten verzichten jetzt auf Fisch und Fleisch (10.06.2022). Handelsblatt. https://www.handelsblatt.com/unternehmen/handel-konsumgueter/lebensmittel-preissprung-im-supermarkt-viele-konsumenten-verzichten-jetzt-auf-fisch-und-fleisch/28398832.html. Zugegriffen: 7. Juli 2022.

KPMG. (2020). Consumer Barometer 01/2020. Fokusthema: Nachhaltigkeit. https://home.kpmg/de/de/home/themen/2020/02/consumer-barometer-1-2020-nachhaltigkeit.html. Zugegriffen: 20. Juli 2022.

Kremer, F., & Viot, C. (2012). How store brands build retailer brand image. *International Journal of Retail & Distribution Management, 40*(7), 528–543.

Levy, S., & Gendel-Guterman, H. (2012). Does advertising matter to store brand purchase intention? A conceptual framework. *Journal of Product & Brand Management, 21*(2), 89–97.

Ludin, D., & Wellbrock, W. (2021). Verbraucherökonomische Grundlagen eines nachhaltigen Konsums. In W. Wellbrock & D. Ludin (Hrsg.), *Nachhaltiger Konsum* (S. 3–15). https://doi.org/10.1007/978-3-658-33353-9_1. Springer.

Mantrala, M., Levy, M., Kahn, B., Fox, E., Gaidarev, P., & Dankworth, B., et al. (2009). Why is assortment planning so difficult for retailers? A framework and research agenda. *Journal of Retailing, 85*(1), 71–83.

Martins, Y., & Pliner, P. (2005). Human food choices: An examination of the factors underlying accep-tance/rejection of novel and familiar animal and nonanimal foods. *Appetite, 45*, 214–224. https://doi.org/10.1016/j.appet.2005.08.002.

McKinsey. (2021). Corona-Pandemie verstärkt den Trend zu nachhaltigem Konsum. https://www.mckinsey.com/de/news/presse/2021-05-17-pm-nachhaltiger-konsum. Zugegriffen: 13. Juni 2022.

Michel, F., Hartmann, C., & Siegrist, M. (2021). Consumers' associations, perceptions and acceptance of meat and plant-based meatalternatives. *Food Quality and Preference, 87*(104063). https://doi.org/10.1016/j.foodqual.2020.104063.

Mogilner, C., Rudnick, T., & Iyengar, S. S. (2008). The Mere categorization effect: How the presence of categories increases choosers' perceptions of assortment variety and outcome satisfaction. *Journal of Consumer Research, 35*(2), 202–215.

Möhlenbruch, D. (1994). *Sortimentspolitik im Einzelhandel*. Gabler.

Morales, A., Kahn, B. E., McAlister, L., & Broniarczyk, S. M. (2005). Perceptions of assortment variety: The effects of congruency between consumers' internal and retailers' external organization. *Journal of Retailing, 81*(2), 159–169.

Müller-Hagedorn, L. (1993). *Handelsmarketing* (2. Aufl.). Kohlhammer.

Müller-Hagedorn, L., & Natter, M. (2011). *Handelsmarketing* (5. Aufl.). Kohlhammer.

North, M., Kothe, E., Klas, A., & Ling, M. (2021). How to define „Vegan": An exploratory study of definition preferences among omnivores, vegetarians, and vegans. *Food Quality and Preference, 93*(104246), https://doi.org/10.1016/j.foodqual.2021.104246.

Orkusz, A., Wolanska, W., Harasym, J., Piwowar, A., & Kapelko, M. (2020). Consumers' attitudes facing entomophagy: Polish case perspectives. *International Journal of Environmental Research and Public Health, 17*(2427). https://doi.org/10.3390/ijerph17072427.

Porral, C., & Levy-Mangin, J. P. (2016). Food private label brands: The role of consumer trust on loyalty and purchase intention. *British Food Journal, 118*, 679–696.

Profeta, A., Baune, M.-C., Smetana, S., & Terjung, N. (2021). Preferences of German consumers for meat products blendedwith plant-based proteins. *Sustainability, 13*(650). https://doi.org/10.3390/su13020650.

Reis, G., Heidemann, M., de Matos, K., & Molento, C. (2020). Cell-based meat and firms' environmental strategies: New rationales as per available literature. *Sustainability, 12*(9418). https://doi.org/10.3390/su12229418.

Rewe Group. (2021). REWE, REWE führt exklusiv Fleischprodukte mit 50 Prozent Gemüse ein. https://www.rewe-group.com/de/presse-und-medien/newsroom/pressemitteilungen/rewe-fuehrt-exklusiv-fleischprodukte-mit-50-prozent-gemuese-ein. Zugegriffen: 13. Sept. 2021.

Ruiz-Real, J., Gázquez-Abad, J., Esteban-Millat, I., & Martínez-López, F. (2017). The role of consumers' attitudes in estimating consumer response to assortment composition evidence from Spain. *International Journal of Retail & Distribution Management, 45*(7/8), 782–807.

Rühl, A., & Steinicke, S. (2003). *Filialspezifisches Warengruppenmanagement Ein neues Konzept effizienter Sortimentssteuerung im Handel.* Deutscher Universitätsverlag.

Schröder, H. (2012). *Handelsmarketing – Strategien und Instrumente für den stationären Einzelhandel und für Online-Shops* (2. Aufl.). Springer.

Swoboda, B., & Weidel, J. (2019). Management von Retail Brands und Handelsmarken. In F.-R. Esch (Hrsg.), *Handbuch Markenführung* (S. 485–506). Springer.

Terpitz, K. (2020). Rügenwalder Mühle: Veggie-Fleisch überholt erstmals klassische Wurst (20.08.2020). Handelsblatt. https://www.handelsblatt.com/unternehmen/handel-konsumgueter/ceo-michael-haehnel-ruegenwalder-muehle-veggie-fleisch-ueberholt-erstmals-klassische-wurst/26128214.html?ticket=ST-852385-tJDizwYdqzdeFczcppQS-ap3. Zugegriffen: 8. Apr. 2021.

Verain, M., Sijtsema, S., Dagevos, H., & Antonides, G. (2017). Attribute segmentation and communication effects on healthy and sustainable consumer diet intentions. *Sustainability, 9*(743). https://doi.org/10.3390/su9050743.

Weinrich, R., Strack, M., & Neugebauer, F. (2020). Consumer acceptance of cultured meat in Germany. *Meat Scince, 162.* https://doi.org/10.1016/j.meatsci.2019.107924

Wilks, M., & Phillips, C. (2017). Attitudes to in vitro meat: A survey of potential consumers in the United States. *PLoS ONE, 16.* https://doi.org/10.1371/journal.pone.0171904

Wilks, M., Phillips, C., Fielding, K., & Hornseyda, M. (2019). Testing potential psychological predictors of attitudes towards cultured meat. *Appetite, 136,* 137–145.

Wirsam, J., Biber, A., & Bahlmann, J. (2020): Zukunftstrend „Alternative Food" – Disruption und Transformation globaler „Food Systems". In Feri Cognitive Finance Institute (Hrsg.), *Zukunftstrend „Alternative Food" Disruption und Transformation globaler „Food Systems". Ausgabe: Erkenntnisse der Cognitive Finance.* https://d-nb.info/1219033588/34. Zugegriffen: 7. Juni 2022.

Wirsam, J., & Fein, V. (2018). Pflanzenbasierte Produkte – Wirtschaftlichkeit und Nachhaltigkeit im Gleichschritt. In A. Khare, D. Kessler, & J. Wirsam (Hrsg.), *Marktorientiertes Produkt- und Produktionsmanagement in digitalen Umwelten* (S. 223–237). https://doi.org/10.1007/978-3-658-21637-5_16. Springer.

Wolf, A. (2011). *Premiumhandelsmarken im Sortiment des Einzelhandels – Eine verhaltenstheoretische Analyse.* Gabler.

Wolf, A. (2022). Premiumhandelsmarken im Segment Alternativer Fleischprodukte – Stand der Forschung. In C. Baumgarth, H. Schmidt, & J. Redler (Hrsg.), *Der Markentag 2021* (S. 53–68). Springer.

Wolf, A., & Mühlbach, M. (2019). Nachhaltigkeit im Lebensmitteleinzelhandel – Sortimentsgestaltung als Einflussfaktor auf die Kaufentscheidung am Beispiel von Tierwohl-Produkten. https://opus4.kobv.de/opus4-htw/frontdoor/index/index/searchtype/simple/query/%2A%3A%2A/browsing/true/yearfq/2019/docId/364/start/0/rows/10. Zugegriffen: 20. Juli 2022.

Zielke, S. (2001). Kundengerechte Sortimentsgliederung am Point of Sale – Ansätze zur Erhebung kognitiver Strukturen als Richtgrößen für Warenplatzierung und Category Management. *Marketing ZfP, 2,* 100–116.

 **Prof. Dr. Annett Wolf** ist seit 2012 als Professorin für Marketing und Strategische Unternehmensführung an der Hochschule für Technik und Wirtschaft Berlin tätig. An der Martin-Luther-Universität Halle-Wittenberg promovierte sie am Lehrstuhl für Marketing & Handel von Prof. Dr. Dirk Möhlenbruch. Seit Oktober 2018 ist sie im Wissenschaftlichen Beirat von Conomic Research & Results GmbH. Ihre Forschungsschwerpunkte liegen u. a. in den Bereichen B2B-Marketing sowie Markenpolitik in Industrie und Handel. Sie ist Preisträgerin des Wolfgang Wirichs Förderpreises im Handel 2012 für die Dissertation zum Thema „Premiumhandelsmarken im Sortiment des Einzelhandels". Diese ist im Jahr 2011 im renommierten Gabler-Verlag erschienen. Seit 2022 ist sie Co-Herausgeberin der AfM-Periodika „PraxisWISSEN Marketing".

Potenziale und Herausforderungen von Omni-Channel-Strategien im Möbeleinzelhandel

4

Eine empirische Analyse der Customer Journey und Konsumentenakzeptanz

Florian Braunegger und Elena Giovante

Inhaltsverzeichnis

4.1   Forschungsstand und Status quo im Möbeleinzelhandel   66
4.2   Zielsetzung und Vorgehen   68
4.3   Ableitung eines theoretischen Rahmens   69
4.4   Ableitung von Hypothesen.   74
4.5   Vorbereitung der empirisch-quantitativen Forschung   75
4.6   Ergebnisse und Implikationen für den Einzelhandel   77
        4.6.1   Kaufphase   79
        4.6.2   Nachkaufphase.   80
        4.6.3   Akzeptanzbedingungen von Omni-Channel-Systemen   81
4.7   Schlussbetrachtung   84
4.8   Kritische Würdigung und weiterer Forschungsbedarf   85
Literatur.   86

F. Braunegger (✉)
Germaco AG, Rommerskirchen, Deutschland
E-Mail: braunegger@germaco.ag

E. Giovante
Köln, Deutschland
E-Mail: elena.giovante@cbs-mail.de

© Der/die Autor(en), exklusiv lizenziert an Springer Fachmedien Wiesbaden GmbH, ein
Teil von Springer Nature 2023
L. Rothe et al. (Hrsg.), *Marketing & Innovation 2023*, FOM-Edition,
https://doi.org/10.1007/978-3-658-41309-5_4

Zusammenfassung

Unverändert hinterlässt die Coronapandemie weltweit tiefe Spuren im wirtschaftlichen und gesellschaftlichen Leben. Doch Krisen bergen immer auch Chancen. Unter diesem Eindruck ist auch im Möbeleinzelhandel das Bewusstsein nochmals gereift, dass Unternehmen auf ihrem Weg hin zu einer klaren Kundenzentrierung keine Zeit mehr zu verlieren haben. Omni-Channel-Strategien ermöglichen die attraktive Kombination der Convenience und Professionalität eines Onlineshops mit der Kundennähe sowie Agilität eines stationären Handels. Dieser Beitrag zielt darauf ab, stationäre Möbelunternehmen, die den Weg des Omni-Channel-Managements einschlagen möchten, dabei zu unterstützen, strategische Herausforderungen zu adressieren. Die Erkenntnisse der empirisch-quantitativen Forschung bieten zudem hilfreiche Implikationen zu aktuellen Anforderungen der Konsumierenden und zur Steigerung der Akzeptanz digitalbasierter Services.

Schlüsselwörter

Omni-Channel-Management · Customer Journey · Customer Experience · Kundschaftsbedürfnisse · Technologieakzeptanz · Möbeleinzelhandel

4.1   Forschungsstand und Status quo im Möbeleinzelhandel

Die Digitalisierung, Veränderungen im Kundschaftsverhalten und die Coronapandemie stellen den stationären Einzelhandel vor zahlreiche Herausforderungen. So konnte dieser im Gegensatz zum wachsenden Onlinehandel in den letzten Jahren kein signifikantes Umsatzwachstum realisieren. Aktuelle Daten des Handelsverbands Deutschland (HDE) aus 2021 illustrieren diese Dynamik: Der Onlinehandel ist seit 2015 jährlich um rund 12 % gewachsen, der stationäre Handel durchschnittlich lediglich um 2 % (vgl. HDE, 2021, S. 8). So registrieren stationär Anbietende rückläufige Publikumsfrequenzen angesichts veränderter Innenstädte. Sie leiden unter Effekten wie „Showrooming" sowie der „Internationalisierung und Plattformisierung des Einzelhandels" als auch unter Konzentrationsprozessen und der Preisaggressivität größerer Wettbewerbsteilnehmenden (vgl. Heinemann, 2021, S. 21). Kundschaft sämtlicher Altersgruppen weiß die Vorteile des Onlinehandels zunehmend zu schätzen. Schätzungen zufolge beträgt der Anteil des E-Commerce am gesamten deutschen Einzelhandelsumsatz 2020 bereits fast 12,6 % (vgl. HDE, 2021, S. 8) und 2021 mehr als 13 % bei einem Umsatz im Onlinehandel von knapp 78 Mrd. Euro (netto) (vgl. Statistisches Bundesamt, 2021). Einige Fachleute prognostizieren daher, dass die Pandemie insgesamt den Trend zum E-Commerce sowie das seit einigen Jahren anhaltende „Flächensterben des lokalen Einzelhandels" – das Schrumpfen der Filialnetze und die Aufgabe kleinbetrieblicher Fachgeschäfte – nochmals stark beschleunigen könnte (vgl. Rusche, 2021, S. 2). Zahlreiche empirische

Studien konnten jedoch belegen, dass parallel sowie während verschiedener Phasen des Kaufentscheidungsprozesses eine beliebige Kombination diverser Kommunikations- und Vertriebskanäle gewählt wird – entsprechend derer jeweiligen Vor- und Nachteile („Channel Hopping"). Folglich müssen sich auch rein auf den Onlinehandel ausgerichtete Geschäftsmodelle verändern, da Kaufinteressierte zunehmend einen nahtlosen und flexiblen Wechsel zwischen der virtuellen und physischen Welt mit identischen Produkt- und Serviceangeboten, Preisen und Zahlungsmöglichkeiten verlangen (vgl. Piotrowicz & Cuthbertson, 2014, S. 8).

Auch der stationäre Möbeleinzelhandel war im Zuge zeitweiliger Ladenschließungen und Veränderungen des Einkaufs- und Konsumierendenverhaltens mit bislang nie gekannten Herausforderungen konfrontiert. Die zehn umsatzstärksten Unternehmen konnten 2020 einen Gesamtumsatz in Höhe von rund 19,7 Mrd. Euro erwirtschaften und einen Marktanteil von rund 56 % für sich behaupten. Dies verdeutlicht, dass der Möbelhandel in Deutschland durch eine starke Konzentration, Konsolidierungsprozesse und einen ausgeprägten Verdrängungswettbewerb gekennzeichnet ist (vgl. Britter & Bockmann, 2021, S. 5). Die vergangenen Jahre zeigten, dass insbesondere inhabergeführte kleinere Geschäfte, aber auch mittelständische Unternehmen, aufgrund der größeren finanzstarken Konkurrenz und Onlinehandelnden an Marktanteilen verloren haben oder übernommen wurden (vgl. Stummeyer, 2020, S. 308). Zwar ist der stationäre Möbeleinzelhandel im Vergleich zum Onlinehandel mit einem Marktanteil von 88,5 % im Jahr 2020 nach wie vor der größte Vertriebskanal in Deutschland, dennoch gilt der Online-Möbelhandel als aufbrechender Markt mit hohem Wachstumspotenzial (vgl. EHI Retail Institute, 2021, S. 4).

Einzelhandelsfachleute bewerben Omni-Channel-Konzepte folglich als Chance, die Stärken stationärer Geschäfte mit denen von Internetgeschäften und digitalen Interaktionen zu vereinen. Hierbei streben Unternehmen die optimale Kombination und Integration aller verfügbaren Distributions- und Kommunikationskanäle an, um das Kundenerlebnis zu optimieren (vgl. Beck, 2016, S. XXI). Die gegenwärtige Ausgangssituation der im Möbeleinzelhandel Tätigen bringt bereits Ansätze zur Realisierung des Omni-Channel-Managements hervor, allerdings berichten aktuelle Studien übereinstimmend, dass Digitalisierungspotenziale noch nicht in voller Breite erkannt werden. Es scheint somit im Zuge aktueller Entwicklungen zur Sicherung der Wettbewerbsfähigkeit unausweichlich, adäquate Anpassungen an sich verändernde Marktdynamiken vorzunehmen sowie die Flexibilität und Innovativität in Krisenzeiten zu erhöhen (vgl. PwC, 2019, S. 23).

Wenngleich das wissenschaftliche Interesse an der Forschung im Bereich des Omni-Channel-Managements seit etwa 2013 stetig steigt, befindet sie sich nach wie vor noch in einem frühen Stadium. In der Literatur konzentrierten sich die meisten Studien zunächst auf begrifflich-konzeptionelle Grundlagen und erst in den letzten Jahren vermehrt auf die Kaufentscheidungsprozesse, das Kanalwahlverhalten oder die Technologieakzeptanz. Obgleich sich das Analysewerkzeug der Customer Journey sowie Technologieakzeptanzmodelle für das Omni-Channel-System als Erklärungsmodelle etablierten, findet sich nur selten eine übergreifende Analyse unter Verwendung dieser theoretischen Ansätze und quantitativer Studien. Eine strukturierte Beschreibung der Aufgaben und der Strategien des Omni-Channel-Managements wird in der Literatur nur fragmentarisch vorgenommen. Zusätzlich fällt auf, dass sich Untersuchungen häufig auf einzelne Unternehmen oder den Modehandel konzentrieren (vgl. Tueanrat et al., 2021, S. 399). So fehlt es insbesondere für den Möbeleinzelhandel an tiefergehenden wissenschaftlichen Untersuchungen und Handlungsempfehlungen für die Praxis. Hier bedarf es aufgrund des dynamischen Unternehmensumfelds neuer empirischer Erkenntnisse, um Vermutungen zu neuen Kaufverhaltensmustern validieren und die Akzeptanz von Omni-Channel-Systemen abschätzen zu können.

4.2 Zielsetzung und Vorgehen

Die Ergebnisse dieses Artikels sollen Antworten auf strategische Herausforderungen und die festgestellten Forschungslücken bieten. Die zugrunde liegende Annahme ist, dass identifizierte Chancen der kanalübergreifenden Managementstrategie ebenfalls im Möbeleinzelhandel realisiert werden können. Die empirisch-quantitative Untersuchung zielt daher darauf ab, einen vertiefenden Einblick in den Kaufentscheidungsprozess zu gewinnen sowie zu eruieren, welche kritischen Kundenkontaktpunkte hierbei existieren. Aufgrund hoher Investitionen und Risiken bei der Implementierung des Omni-Channel-Ansatzes oder der Einbettung digitaler Elemente im physischen Verkaufsraum sollte jedoch ebenfalls die Technologieakzeptanz geklärt werden. Ein weiteres Ziel der statistischen Analyse ist es deshalb, empirisch zu prüfen, inwiefern Omni-Channel-Services im Möbeleinzelhandel Anwendung finden können und wodurch die Akzeptanz beeinflusst wird (vgl. Gizycki, 2018, S. 127). Die zentrale Forschungsfrage lautet dementsprechend:

▶   Wie beeinflussen einzelne Faktoren Konsumierende in ihrer Akzeptanz gegenüber Omni-Channel-Systemen und Kaufabsicht im Möbeleinzelhandel?

Somit zielt dieser Artikel darauf ab, Agierende des stationären Möbeleinzelhandels, die den Weg des Omni-Channel-Managements einschlagen möchten, dabei zu unterstützen, Herausforderungen zu adressieren. Nichtsdestotrotz bietet die Studie auch Online-handelnden hilfreiche Implikationen und Impulse zu innovativen Vertriebskonzepten. Handlungsempfehlungen zur Entwicklung einer Omni-Channel-Strategie werden für den Gesamtmarkt generiert – ohne ein einzelnes Preissegment zu isolieren. Der Verzicht auf eine weitergehende Differenzierung bezüglich der verschiedenen Möbelsegmente begründet sich durch das zu beobachtende hybride und multioptionale Kaufverhalten, wobei Konsumierende häufig zwischen verschiedenen Segmenten wechseln (vgl. Piasecki, 2008, S. 9). Empfehlungen für die betriebliche Praxis richten sich in erster Linie an Vertretende der höheren Managementebene sowie an den Vertrieb, Verkauf und das Marketing. Der Fokus liegt nicht auf der Sicht der Wirtschaftsinformatik oder Logistik.

Im Folgenden werden zunächst forschungsrelevante Begriffe definiert und voneinander abgegrenzt. Der Fokus der theoretischen Rahmung liegt auf dem Konsumierendenverhalten. Hierzu werden zum einen Modelle der Customer Journey und zum anderen der Technologieakzeptanz beleuchtet, was der Ableitung von Hypothesen dient. Aufbauend auf einer Literatur- und Marktanalyse wurden relevante Aspekte für eine quantitative Konsumierendenbefragung identifiziert. Die Durchführung und Auswertung dient der Hypothesentestung und der zielgerichteten Beantwortung der Forschungsfrage. Die gewonnenen theoretischen Erkenntnisse sowie erhobenen Daten werden somit in Handlungsempfehlungen für den stationären Möbeleinzelhandel überführt. Der Beitrag schließt mit einem Fazit, einer kritischen Würdigung und einem Ausblick.

4.3   Ableitung eines theoretischen Rahmens

▶ **Omni-Channel-Management** Die höchste Evolutionsstufe des Mehrkanal-Managements stellt seit etwa 2012 das Omni-Channel-Management dar. Das ganzheitliche Konzept impliziert zur Optimierung des Kundenerlebnisses einen kanalübergreifenden Austausch von Kundschafts-, Preis-, Umsatz-, Liefer-, Bestands- und Marktdaten. Durch ein systematisches Management mit einheitlicher Zielsetzung werden Absatz- und Kommunikationskanäle nicht mehr isoliert betrachtet (vgl. Verhoef et al., 2015, S. 176).

Zusammenfassend bietet Tab. 4.1 einen umfassenden Überblick der jeweiligen Charakteristika der drei zentralen Mehrkanal-Management-Ansätze und verdeutlicht den unterschiedlichen Grad der Kanalkoordination und -integration.

Zentrale Bausteine einer Omni-Channel-Strategie
Laut Piotrowicz und Cuthbertson besteht durch die Zusatzeinnahmequelle die Möglichkeit, die Vorzüge der digitalen und physischen Welt optimal zu vereinen und die jeweiligen Nachteile der Absatzkanäle auszugleichen. Die Reaktion auf das neue Such- und Einkaufsverhalten der Konsumierenden kann zu einer erhöhten Kundenzufriedenheit und -treue führen. Es entstehen neue Möglichkeiten zur Kundenansprache, Datenanalyse sowie der Gewinnung an Marktanteilen, was insgesamt mit der Erwartung eines größtmöglichen wirtschaftlichen Erfolgs verbunden ist (vgl. Piotrowicz & Cuthbertson, 2014, S. 10). Denn validierte Studien mittels Tiefeninterviews mit Konsumierenden oder ökonometrischer Modelle auf der Basis von Transaktionsdaten konnten belegen, dass der mobile Vertriebskanal, Empfehlungssysteme sowie Social-Media-Aktivitäten zu einer signifikanten Steigerung der Kaufwahrscheinlichkeit und

Tab. 4.1 Charakteristika unterschiedlicher Channel-Management-Ansätze. (Quelle: Angepasst adaptiert von Mirsch et al., 2016, S. 7; Verhoef et al., 2015, S. 176)

	Multi-Channel	Cross-Channel	Omni-Channel
Fokus	Vertriebskanäle (stationär, online und Kataloggeschäft)	Vertriebskanäle und einzelne (mobile) Kommunikationskanäle (z. B. Smartphones, Tablets, Apps)	Sämtliche Vertriebskanäle und Kundenkontaktpunkte wie mobile Kanäle, Social Media sowie Massenkommunikationskanäle (TV, Radio, Print …)
Kanalintegration	Keine Integration, z. B. abweichende Preise, Produkte und Services	Kanalwechsel zwischen bestimmten Kanälen möglich	Nahtloser Kanalwechsel und vollständige Integration zwischen allen verfügbaren Kanälen möglich
Management	Jeder Kanal wird separat betreut, Betrachtung der einzelnen Kanal-Performance	Nicht vollständig kanalübergreifend, teilweise technisch und organisatorisch getrennt	Kanalübergreifende Koordination, Einführung übergeordneter Indikatoren, um Kanalsynergien messbar zu machen
Daten	Keine gemeinsame Datenbasis	Unvollständige gemeinsame Datenbasis	Vollständige gemeinsame Datenbasis

des Umsatzes führen können (vgl. Huang et al., 2016, S. 275). Auch Hossain et al. bestätigen in einer Mixed-Methods-Studie, dass die Kundenprofitabilität, Wiederkaufabsicht sowie Quer- und Zusatzverkäufe bei hoher wahrgenommener Kanalintegration erhöht werden (vgl. Hossain et al., 2020, S. 238). Cao und Li weisen erhöhte Impulskäufe nach, besonders wenn bestellte Ware im stationären Handel abgeholt oder Kaufempfehlungen gefolgt wird. Beziehungen zu besonders profitablen Kundensegmenten werden somit gestärkt (Cao & Li, 2015, S. 213). Die Einbettung digitaler Technologien verbessert weiterhin die Leistungsfähigkeit der gesamten Organisation, beispielsweise anhand zuverlässiger Berichtsfunktionen und exakter Vertriebsprognosen. Dies wird durch Skaleneffekte begünstigt, da vorhandene Funktionen und Abteilungen kanalübergreifend genutzt werden können (vgl. Mehn & Wirtz, 2018, 2018, S. 26). Ebenfalls kann die Digitalisierung des Risiko- und Lieferkettenmanagements unterstützt werden, um auf Anfälligkeiten in globalen Lieferketten durch eine detailliertere Bestandskontrolle reagieren zu können. So unterstützt Omni-Channel-Management insgesamt dabei, die Wettbewerbs- und Resilienzfähigkeit gegenüber zukünftigen Krisen zu stärken (vgl. Chakraborty & Chung, 2014, S. 387).

Die Umsetzung einer Omni-Channel-Strategie ist jedoch mit erheblichen Risiken verbunden. Herausforderungen ergeben sich in erster Linie durch die erhöhte Aufgabenkomplexität sowie strategische und unternehmenskulturelle Hürden. Es bedarf hoher einmaliger und laufender Investitionen in Human- und Sachkapital, um Single- oder Multi-Channel-Konzepte zu Omni-Channel-Konzepten zu transformieren. Zentrale Misserfolgsfaktoren ergeben sich durch kundenseitige Inkonsistenzen oder Kombinationsprobleme in der Nutzung diverser Kanäle. Folglich stellt eine hoch ausgeprägte Omni-Channel-Integrations- und Strategiekompetenz in der gegenwärtigen Handelslandschaft bislang eine Seltenheit dar.

Die Omni-Channel-Transformation ist somit als fortlaufender Prozess und als Teil einer Unternehmensstrategie zu verstehen, um langfristig geplante Managementziele erreichen sowie aufgezeigte Risiken und einen strategischen Misserfolg vermeiden zu können (vgl. Swoboda et al., 2019, S. 224). Um ein einheitliches Kundenerlebnis zu gestalten und interne Zielkonflikte zu reduzieren, können auf Basis existierender Forschungsarbeiten folgende elementare Bestandteile für eine abgestimmte, kanalübergreifende Omni-Channel-Strategie identifiziert werden (ausführlicher siehe etwa Beuse & Pletzer, 2020; Mehn & Wirtz, 2018, 2018; Westermann et al., 2018):

Bausteine einer Omni-Channel-Strategie
Eine Omi-Channel Strategie kann grundsätzlich in verschiedene Bausteine aufgeteilt werden. Hierbei ist zwischen Fokus, Kanalintegration, Management und Daten als wichtigen Bausteinen zu unterscheiden. Diese Bausteine differenzieren die Bereiche Omni-, Cross- und Multi-Channel wesentlich voneinander. Die Fokussierung des Omni-Channels ist auf sämtliche dem Unternehmen zur Verfügung stehenden Vertriebskanäle ausgerichtet. Beispielhaft sind hier mobile Kanäle, Social Media sowie Massenkommunikationskanäle wie TV oder Print zu nennen. Relevant ist eine komplette Integration aller Kanäle. Dies bedeutet, dass ein nahtloser Wechsel zwischen den Kanälen für den Kunden möglich ist. Aus Unternehmenssicht ist eine kanalübergreifende Koordination relevant, um ein einheitliches Kundenerlebnis zu generieren. Hierbei spielt ein ganzheitliches Management eine wichtige Rolle, um Synergien zu schaffen und auf eine einheitliche Datenbasis zurückzugreifen.

▶ **Customer Journey** Seit den 1990er-Jahren rückt die „Customer Journey" zunehmend ins Interesse der wissenschaftlichen Forschung und Praxis. Sie beschreibt den gesamten Interaktionsprozess der Kundschaft mit einer Marke, einem Produkt oder einer Dienstleistung – den Weg vom ersten Berührungspunkt entlang aller Phasen des Kaufentscheidungsprozesses. Bedeutsam ist demnach, dass die Sequenz der selbst- oder fremdgesteuerten Kontaktpunkte beleuchtet wird (vgl. Lemon & Verhoef, 2016, S. 70).

Um den zunehmend komplexer werdenden Kaufprozess greifbar zu machen, unterstützen Prozessmodelle durch eine vereinfachte Abbildung der Wirklichkeit. Sie gliedern diesen in mehrere zusammenhängende Phasen, wobei sich existierende Modelle primär anhand der Benennung sowie der Anzahl der definierten Phasen und betrachteten Zwischenstufen unterscheiden (vgl. Hölter & Schmidt-Ross, 2020, S. 112). Lemon und Verhoef fokussieren sich in ihrem Ansatz stark auf die einzelnen Touchpoints und teilen die Customer Journey in drei Phasen ein:

1. **Vorkaufphase**
   Berücksichtigt werden alle Interaktionspunkte vor einer Transaktion wie die Bedürfniserkennung, Produktsuche und die Evaluierung von Kaufalternativen.
2. **Kaufphase**
   Nach der Alternativenbewertung inkludiert die Kaufphase die Interaktionspunkte während des Kaufereignisses bis zum Kaufabschluss sowie der Lieferung.
3. **Nachkaufphase**
   Diese Phase umfasst die Touchpoints nach dem Kauf und während der Produktnutzung. Die Kundschaft bewertet die getroffene Kaufentscheidung sowie die Erfahrung nach dem Kauf und bei Serviceanfragen, wie etwa die Retourenabwicklung und teilt diese gegebenenfalls über die sozialen Medien oder das private Umfeld. Die Interaktionskette gleicht einem Kreislauf: In der letzten Phase werden bereits die Weichen für weitere Kundeninteraktionen, die Kundenloyalität und das zukünftige Kundenerlebnis gestellt (vgl. Lemon & Verhoef, 2016, S. 76).
   Gleichwohl sie auf eine starke Abstraktion angewiesen ist, unterstützt die Theorie durch die leichtere Visualisierung bei der Identifikation relevanter Touchpoints und weist auf die Relevanz der ganzheitlichen Touchpoint-Integration hin. Das Modell wurde zudem zur Strukturierung der Customer Journey ausgewählt, da es sich speziell für die Analyse extensiver Kaufentscheidungen bzw. hochpreisiger High-Involvement-Produkte eignet und für die vorliegende Studie angenommen wurde, dass dies auf den Kauf eines hochpreisigen Möbelstücks, eines langlebigen Konsumgutes, zutrifft (vgl. Stummeyer, 2020, S. 306).

Technologieakzeptanz
Da mit der ganzheitlichen Implementierung eines Omni-Channel-Ansatzes jedoch hohe Anstrengungen, Kostenaufwendungen und Risiken verbunden sind, sollte zuvor geprüft werden, weshalb Konsumierende die Absicht haben, das Omni-Channel-System oder einzelne Services anzunehmen oder zu nutzen. Die Technologieakzeptanz gilt somit als Zustimmung und Befürwortung, sprich „als Voraussetzung für eine Integration digitaler Elemente in die Customer Journey" (vgl. Gizycki, 2018, S. 122).

Venkatesh et al. (2003) konsolidierten in ihrem Modell für den organisationalen Kontext die Erkenntnisse empirischer Studien zur Verhaltensökonomik sowie die

Kernkonzepte von acht Modellen zur Technologieakzeptanz. Die Anwendung im Konsumierendenkontext wurde 2012 durch die mehrfach validierte „Unified Theory of Acceptance and Use of Technology 2" (UTAUT2) ermöglicht (vgl. Venkatesh et al., 2003). Da die Theorie einen wertvollen Anhaltspunkt für die Strukturierung von Einflussfaktoren bietet, wird sie im Forschungsfeld des Omni-Channel-Managements in jüngster Zeit von empirischen Studien zunehmend aufgegriffen, um die Akzeptanz technologiebasierter Omni-Channel-Services zu prüfen. Juaneda-Ayensa et al. untersuchten in diesem Zuge die Triebkräfte der Technologieakzeptanz und ihren Einfluss auf die Kaufabsicht bei einem Omni-Channel-Handelsunternehmen, das die flexible Kombination verschiedener Kanäle ermöglicht. Dazu haben die Publizierenden die Grundform des UTAUT2-Modells modifiziert und mit zwei kontextspezifischen Variablen erweitert: *Innovationsfähigkeit („Personal Innovativeness")* und *Wahrgenommene Sicherheit („Perceived Security")*. Sie nehmen an, dass diese unabhängigen Variablen einen direkten Einfluss auf die Nutzungsabsicht von Omni-Channel-Services während der Vorkaufs- und Kaufphase sowie damit auf die abhängige Variable der *Kaufabsicht* zeigen. Das Modell dient in vorliegendem Artikel als ein strukturierter Bezugsrahmen, da die Güte der Mess- und Strukturmodelle validiert ist und die Verfassenden dazu anregen, das Modell für die weitere Forschung und andere Branchen anzuwenden. Zudem beinhaltet es die wesentlichen Attribute des UTAUT2 und gewährleistet die Übersetzungsäquivalenz der originalen Items (vgl. Juaneda-Ayensa et al., 2016, S. 6–9) (vgl. Abb. 4.1).

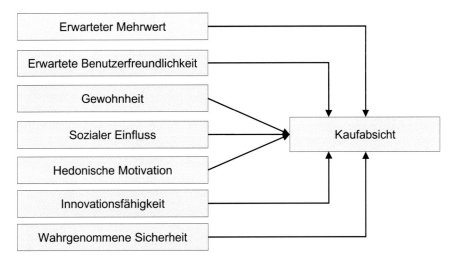

Abb. 4.1 Theoretisches Modell zur Kaufabsicht bei einem Omni-Channel-Handelsunternehmen. (Quelle: In Anlehnung an Juaneda-Ayensa et al., 2016, S. 5)

4.4   Ableitung von Hypothesen

Ein Ziel dieses Beitrags ist es, zu untersuchen, wie einzelne Einflussfaktoren Konsumierende in ihrer Akzeptanz gegenüber Omni-Channel-Systemen und Kaufabsicht beeinflussen. Aufgrund der Limitation des Artikels werden jedoch nicht alle Messvariablen des Modells von Juaneda-Ayensa et al. (2016) untersucht. Daher werden zunächst die für die weitere Forschung ausgewählten Variablen definiert und die angenommenen Beziehungen zwischen unabhängigen und der abhängigen Variable auf Basis der Literatur hergeleitet.

Erwarteter Mehrwert
Dieser ist definiert als der Umfang an Vorteilen, welche die Nutzung unterschiedlicher Kanäle und/oder Technologien während der Customer Journey beim Möbelkauf für Konsumierende mit sich bringt. Hierzu zählen die Zeitersparnis, die Nützlichkeit und Unterstützung im Alltag (vgl. Juaneda-Ayensa et al., 2016, S. 4). Es wird erwartet, dass wenn Kundinnen und Kunden beim Möbelkauf durch das Omni-Channel-Konzept „mehrwertstiftende, Convenience-orientierte und differenzierende Angebote" erhalten, sie ebenfalls gewillter sind, diese zu nutzen und bei einem Omni-Channel-Handelsunternehmen einzukaufen (vgl. Hölter & Schmidt-Ross, 2020, S. 108). Aus diesem Grund wird die folgende Hypothese (H) aufgestellt:

▶   **H1:** Der erwartete Mehrwert des Omni-Channel-Systems hat einen positiven Einfluss auf die Kaufabsicht.

Erwartete Benutzerfreundlichkeit
Die erwartete Benutzerfreundlichkeit impliziert unter anderem, dass eine nahtlose Kombination unterschiedlicher Touchpoints während der Customer Journey ermöglicht wird. Dazu zählt neben dem Kanalwechsel etwa auch die einfache Bedienbarkeit der Services oder einer App. Je intuitiver und einfacher ein Omni-Channel-Service oder eine einzelne Technologie gestaltet und wahrgenommen werden, desto eher treffen sie auf Akzeptanz und werden die Kaufabsicht beeinflussen (vgl. Juaneda-Ayensa et al., 2016, S. 4):

▶   **H2:** Die erwartete Benutzerfreundlichkeit des Omni-Channel-Systems hat einen positiven Einfluss auf die Kaufabsicht.

Gewohnheit
Zahlreiche Studien konnten das Erfahrungsniveau als Prädiktor für die Technologienutzung und Kaufabsicht identifizieren (vgl. Venkatesh et al., 2012, S. 158). Eine

aktuelle Langzeitstudie des Forschungszentrums für Handelsmanagement an der Universität St. Gallen belegt, dass die Nutzung unterschiedlicher Kanäle und Omni-Channel-Services im Zuge der Pandemie für viele Konsumierende an Relevanz gewann (vgl. Universität St. Gallen, 2021). Neue Gewohnheiten und digitale Serviceerwartungen könnten somit bestehen bleiben und sich ebenfalls auf den Möbeleinzelhandel auswirken. Daraus resultiert, dass auch beim Möbelkauf die Nutzungs- und Kaufabsicht positiv beeinflusst wird bei Konsumierenden, die bereits mit der Nutzung von Omni-Channel-Systemen vertraut sind (vgl. Juaneda-Ayensa et al., 2016, S. 4):

▶   **H3:** Die Gewohnheit hat einen positiven Einfluss auf die Kaufabsicht.

4.5   Vorbereitung der empirisch-quantitativen Forschung

Westermann et al. betonen, dass ein erfolgreicher Omni-Channel-Ansatz nur gelingen kann, wenn die Zielgruppenbedürfnisse sowie die entsprechende Mediennutzung analysiert werden (vgl. Westermann et al., 2018, S. 47). Speziell im Omni-Channel-Management zeigen Mishra et al. anhand einer umfangreichen Analyse renommierter Journals auf, dass bestehende Forschungsarbeiten zielführende Erkenntnisse mithilfe der quantitativen Forschung generieren konnten (vgl. Mishra et al., 2021, S. 153). Um anhand einer Primärforschung Strategien aus der Perspektive Konsumierender formulieren zu können, fiel die Wahl daher auf eine Onlinebefragung. Tab. 4.2 zeigt, welche Maßnahmen zur Einhaltung spezifischer Gütekriterien ergriffen wurden (Abb. 4.2).

Basierend auf den theoretischen Überlegungen wurden folgende Schwerpunkte adressiert: Die Gestaltung der Customer Journey sowie die Akzeptanz von Omni-Channel-Services. Für diese Themenblöcke wurden spezifische Fragestellungen konzipiert, die allesamt verpflichtend beantwortet werden mussten. Die Inhalte und Antwortskalen sind Tab. 4.2 zu entnehmen. Den entsprechenden Fragebogen sowie die detaillierten Analyseergebnisse erhalten Interessierte gerne auf Anfrage von den Beitragsautoren zugesandt.

Um die Repräsentativität der Stichprobe erhöhen zu können, wurde der Fragebogen nach einem durchgeführten Pretest online in den sozialen Netzwerken verbreitet. Der Erhebungszeitraum erstreckte sich vom 12. Februar bis 3. März 2022. Es nahmen 337 befragte Personen an der Umfrage teil. In dieser Studie wurden nur vollständig ausgefüllte Rückläufe ausgewertet. Nach erfolgter Datenbereinigung lag die finale Stichprobengröße somit bei 309 Teilnehmenden. Wenngleich die Zusammensetzung der Stichprobe volatil ist und sowohl verschiedene Alters-, Bildungs-, Beschäftigungs- als auch Einkommensgruppen widerspiegelt, kann es sich aufgrund des selbstrekrutierten Auswahlverfahrens um keine perfekte Zufallsstichprobe handeln (vgl. Pokorny & Roose, 2020, S. 7). Die angestrebte Grundgesamtheit umfasste die

Gütekriterium	Umsetzung in der vorliegenden Studie
Objektivität: Unabhängigkeit der Forschenden von individuellen und externen Einflüssen	*Durchführungsobjektivität* • Fragebogenanpassung in einem Pretest mit zehn Teilnehmenden • Bereitstellung umfangreicher Hilfetexte, um ein einheitliches Verständnis gewährleisten zu können • Standardisierte Fragebogeninhalte und Verzicht auf Einflussnahme auf die Studienteilnehmenden während der Untersuchung *Auswertungs- und Interpretationsobjektivität* • Objektive Item-Formulierung mit Antwortmöglichkeiten • Nutzung einer Statistiksoftware (SPSS) zur Auswertung • Orientierung an theoretischen Auswertungsvorschriften und einheitlichen Interpretationsrichtlinien
Reliabilität: Verlässlichkeit durch reproduzierbare Messergebnisse bei wiederholter Messung; Grad der Genauigkeit einer Datenerhebung	• Dokumentation und Begründung der Erhebungsmethoden • Bestimmung des Reliabilitätskoeffizienten Cronbachs Alpha • Regelgeleitete Auswertung
Validität: Gültigkeit von Variablen im Modell; Generalisierbarkeit auf eine Grundgesamtheit	• Anlehnung an empirische Befunde: Nutzung validierter Ergebnisse als Input, beispielsweise von Juaneda-Ayensa et al. (2016) und Venkatesh et al. (2012) • Überprüfung der Repräsentativität in Anlehnung an Barlett et al. (2001) und Qualtrics (o. D.)

Abb. 4.2 Maßnahmen zur Einhaltung der Gütekriterien im quantitativen Forschungsdesign. (Quelle: Angepasst adaptiert von See, 2019, S. 59)

deutschsprachige Bevölkerung ab 14 Jahren (70,635 Mio.) (vgl. Arbeitsgemeinschaft Verbrauchs- & Medienanalyse, 2022, S. 20). Bei einem Konfidenzniveau von 95 % und einer Fehlerspanne von 5 % läge die ideale Stichprobengröße bei 385 befragten Personen. Somit weist die vorliegende Datenbasis keine breite Repräsentativität auf und

Tab. 4.2 Untersuchungsinhalte

Frage	Inhalt und Antwortskala	Ableitung
1–6	Häufigkeit genutzter Kanäle während der drei Hauptphasen der Customer Journey beim Kauf eines hochpreisigen Möbelstücks; fünfstufige Likert-Skala Kanalwechsel während der Customer Journey beim Möbelkauf; Single-Choice-Frage Relevanz bestimmter Offline- und Online-Elemente beim Möbelkauf; fünfstufige Likert-Skala	Aemmer et al. (2021, S. 384) Güldenast und Schroeder (2018, S. 13) Schaper und Preukschat (2018 S. 6) Stummeyer (2020, S. 307)
7	Bedeutung einer Augmented Reality (AR)-App beim Möbelkauf; Single-Choice-Frage	Aemmer et al. (2020, S. 387)
8	Wichtigkeit einzelner Omni-Channel-Services beim Möbelkauf; fünfstufige Likert-Skala	Stummeyer (2020, S. 307)
9	Einflussfaktoren einer erhöhten Akzeptanz des Omni-Channel-Systems; siebenstufige Likert-Skala	Juaneda-Ayensa et al. (2016, S. 6) Venkatesh et al. (2012, S. 178)
10	Soziodemografische Daten	Arbeitsgemeinschaft Verbrauchs- und Medienanalyse (2022, S. 20)

verallgemeinernde Aussagen über die Stichprobe hinaus sind nur bedingt möglich (vgl. Bartlett et al., 2001, S. 49).

4.6   Ergebnisse und Implikationen für den Einzelhandel

Die strukturierte Auswertung der empirisch erhobenen Daten erfolgte mithilfe der Software IBM SPSS Statistics 27 und statistischer Analysemethoden. Neben einer Aufbereitung der deskriptiven Statistik wurden zur Hypothesentestung multiple lineare Regressionen angewandt. Nachfolgend werden erfolgskritische Faktoren während der Customer Journey beim Möbelkauf herausgearbeitet. Hierbei wird auf die drei Phasen von Lemon und Verhoef (2016) Bezug genommen. Anschließend werden Implikationen zur Erhöhung der Akzeptanz eines Omni-Channel-Systems abgeleitet.

Vorkaufphase
In dieser Studie konnte belegt werden, dass der stationäre Handel altersübergreifend und von 72,8 % am häufigsten genutzt wird. Für 67 % stellen zudem mobile Kanäle bedeutende Ausgangspunkte der Customer Journey dar. Die erhobenen Daten verdeutlichen insgesamt, dass der Möbelhandel die Präsenz auf sämtlichen digitalen Kanälen

(z. B. Websites, Bewertungsportalen, Social Media) erhöhen sollte, um im Speziellen jüngere konsumstarke Zielgruppen in der Zukunft nicht an die Konkurrenz zu verlieren. Trotz eines Corporate Designs braucht es hierbei eine kanalspezifische Variation der Unternehmensbotschaft, um den Nutzen des jeweiligen Kanals zu unterstreichen und unterschiedliche Zielgruppen ansprechen zu können (vgl. Wirtz, 2018, S. 11). Die Daten zeigen, dass Bewertungen und Empfehlungen von Bezugsgruppen und Meinungsanführenden bei Entscheidungsprozessen eine große Rolle spielen, weshalb diese an einer prominenten Stelle platziert werden sollten. Insbesondere durch die Einbettung der sozialen Medien können Kundinnen und Kunden nicht nur zu Markenbotschafterinnen und -botschaftern werden und Produktfeedback bieten, sondern im Sinne der „Co-Creation" ebenfalls in den Designprozess und die Produktindividualisierung eingebunden werden. Um Inspiration und Interaktion zu bieten, können Werbemails, Influencer-Marketing und emotionales Storytelling eingesetzt werden – beispielsweise durch die Vorstellung der Entstehungsgeschichten, (nachhaltigen) Produktionsstätten oder der Designenden einzelner Produkte (vgl. Aemmer et al., 2021, S. 389). Unternehmen sollten laut Redler folglich „nicht mehr Herrscher über Botschaften, sondern Teilnehmer und Auslöser von Gesprächen" sein (Redler, 2014, S. 451).

Aemmer et al. konstatieren, „dass beim Möbelkauf die Herausforderung besteht, die Sicherheit zu diversen Produktmerkmalen zu erhöhen und damit die kognitive Dissonanz zu reduzieren" (Aemmer et al., 2021, S. 391). 72,8 % der befragten Personen erachten es als (sehr) wichtig, kaufrelevante Informationen (z. B. Preis, Produktmerkmale, Warenverfügbarkeiten, Liefer-, Aufbau- und Rückgabeservices) kanalübergreifend bereitzustellen. Im Onlinemarketing kommen der Suchmaschinenoptimierung, (3-D-)Bild- und Videomaterial, der Einteilung von Produkten nach Bedürfnissen oder Lebensstilen sowie dem digitalen Category Management eine gesonderte Bedeutung zu. Die Befragungsergebnisse zeigen zudem, dass für 60,8 % eine erhöhte Informationsnachfrage bezüglich der Produktherkunft und Herstellungsbedingungen besteht. Unternehmen können hierzu Blockchain-Technologien einsetzen, um anhand einer dezentralen Datenbank die lückenlose Nachverfolgung von Produktinformationen zu ermöglichen. Weiter wurde deutlich, dass sich die Stichprobe am meisten wünscht, Warenverfügbarkeiten und -standorte online zu prüfen, eine Onlineterminbuchung für eine stationäre Beratung zu vereinbaren und Click & Reserve-Services nutzen zu können. Auch Filialfinder, Online-Produkt-Konfiguratoren oder Einrichtungsplaner erfuhren in der Befragung Zustimmung. Diese digitalen Zusatzdienste unterstützen in der Vorkaufphase den Kanalwechsel, was potenzielle Kundschaft in den stationären Handel leiten kann (vgl. Stummeyer, 2020, S. 309). Zudem bieten sich Shopping-Apps an, die bislang erst von einzelnen Möbelunternehmen eingesetzt werden. IKEA nutzt die Virtual-Reality-Brille „Oculus Rift" und die „IKEA Place App" (vgl. IKEA, 2019). Die Daten zeigen, dass eine solche AR-App insgesamt auf hohe Resonanz stoßen würde und für 81,2 % den Kaufentscheidungsprozess verkürzen könnte. Dies stimmt mit der Untersuchung von Aemmer et al. überein: Eine App kann den Kaufentscheidungsprozess durch Funktionen wie AR, Merklisten und dem Einbezug von Dritten unterstützen sowie die „Unsicherheit bezüglich der

Wirkung der Möbel in der Bestimmungsumgebung" reduzieren (vgl. Aemmer et al., 2021, S. 390). Obgleich ihr in vorliegender Studie eine vergleichsweise geringe Wichtigkeit beigemessen wurde, verweisen diverse Verfassende auf die Potenziale einer Kaufberatung per Videocall. Es entstehen hierbei die Möglichkeiten, potenzielle Kundinnen und Kunden auf Basis der Verkaufshistorie oder bekannter Präferenzen proaktiv für ein Verkaufsgespräch kontaktieren und die Kapazitäten für die intensivere Kundenbetreuung erhöhen zu können (vgl. Beuse & Pletzer, 2020, S. 8).

Datenanalysen hinsichtlich der Kundenbedürfnisse, Verhaltensmuster, Zahlungsbereitschaft oder Einstellungen schaffen in dieser Phase die Basis für Optimierungen des Produktangebots, prädiktive Analytik sowie personalisierte Angebote und Rabattcodes. Der Möbeleinzelhandel profitiert hier von ausgeprägten Datenanalysefähigkeiten und Fachleuten, um aus der Fülle quantitativer und qualitativer Daten zielführende Erkenntnisse zu gewinnen (vgl. Cadonau, 2018, S. 33).

4.6.1 Kaufphase

Die Ergebnisse unterstreichen, dass der stationäre Handel für 82,2 % als wichtigster Absatzkanal fungiert. In den Verkaufsstellen kommen dem Einkaufserlebnis, der Ladenatmosphäre sowie der Beratungskompetenz eine besondere Rolle zu. So bietet der stationäre Handel Kundinnen und Kunden die Möglichkeit, „Faktoren wie Maße, Design, Verarbeitung, Bequemlichkeit [oder die] Funktionalität" physisch zu erleben und zu prüfen (vgl. Aemmer et al., 2021, S. 379). Die Produktbegutachtung gilt ebenfalls für 91,3 % der befragten Personen als wichtigster Aspekt beim Kauf teurerer Möbel. Der stationäre Handel sollte daher zu einem markenbildenden Erlebniszentrum umgestaltet werden, um Inspiration, Unterhaltung, Kompetenz und maßgeschneiderten Service beim Möbelkauf zu vereinen. All dies versteht sich unter der Prämisse, dass nachhaltige Hygienevorkehrungen getroffen werden, um kundenseitige Bedenken hinsichtlich einer Ansteckung mit COVID-19 verringern zu können (vgl. Gröppel-Klein et al., 2021, S. 107).

Die vorliegende Studie illustriert allerdings auch die zunehmende Relevanz der virtuellen Kaufaktivitäten, weshalb neben weiteren Vertriebskanälen genauso die Einbettung digitaler Elemente im Verkaufsraum erwägt werden sollte. Personal des stationären Handels kann Tablets nutzen, um die Einkaufshistorie der Kundinnen und Kunden und zusätzliche Produktinformationen aufzurufen oder die Möglichkeit der Produktkonfiguration und Individualisierung anbieten zu können. Hierzu sollten Daten für das Verkaufspersonal zugeschnitten aufbereitet und die Anwendungskompetenz geschult werden. Die Service- und Beratungsleistung sollte dadurch jedoch nach Piotrowicz und Cuthbertson nicht ersetzt, sondern lediglich unterstützt werden. Es wird empfohlen, intensivere Schulungen im Bereich der Verkaufsstrategie und -psychologie anzubieten. Denn empathisches und qualifiziertes Verkaufspersonal mit einer hohen Beobachtungsgabe bietet weitere Inspiration, trägt durch einen unbezahlten Mehrwert zu einer erhöhten Servicequalität bei, kann die Vertragsabschlussrate erhöhen und das Risiko eines Fehlkaufs reduzieren (vgl. Piotrowicz & Cuthbertson, 2014, S. 7). Dies entspricht der durchgeführten Studie: Trotz der Tatsache, dass die Kundschaft umfassend informiert und vernetzt ist sowie von einer erhöhten Preis- und Informationstransparenz profitieren kann, scheint die Beratung nach wie vor für 68,3 % und überwiegend für Ältere und Personen mit höherem Nettoeinkommen relevant. Um Kanalübergänge in einem Omni-Channel-System nahtlos zu gestalten, können auch QR-Codes an Produkten im Handel oder im Katalog Alternativprodukte anzeigen oder weitere Informationen bieten – etwa zu Kundenbewertungen oder den Liefer- und Rückgabeprozessen. Hierdurch kann ebenfalls In-Store-Navigation oder eine Verknüpfung zur App des Handelsunternehmens ermöglicht werden. Alle digitalen Angebote im Handel sollten somit von einer technischen Infrastruktur und einem frei nutzbaren WLAN-Netz begleitet werden.

Neben den von Konsumierenden gewünschten Omni-Channel-Services sind zahlreiche weitere innovative Serviceleistungen denkbar. Um die Zirkularität und Materialschonung zu fördern, bietet IKEA beispielsweise den Rückkauf gebrauchter IKEA-Produkte an, die wiederverkauft oder recycelt werden. Im Sinne der „Sharing Economy" können Handelsunternehmen anbieten, Möbelstücke zu mieten. Im Bereich der Datenanalyse werden in der Kaufphase größtenteils Analysen der Kundenstruktur, Einkaufsfrequenz oder des Kundenlauf- bzw. Klickverhaltens gewinnbringend sein. So kann eine Optimierung von Lagern, Sortimenten, Angebotsplatzierungen und des Einsatzes von Mitarbeitenden erfolgen. Dies kann zu einer Reduktion der Bestände sowie einer höheren Flächenproduktivität führen (vgl. Gizycki, 2018, S. 117).

4.6.2   Nachkaufphase

Nach dem Kauf kann es besonders beim Kauf teurerer Möbelstücke zu kognitiven Dissonanzen bzw. Gefühlszuständen kommen, etwa aufgrund von Qualitätsmängeln oder schlechter After-Sales-Services (vgl. Aemmer et al., 2021, S. 380). Für 84,5 % scheint eine schnelle und kostenfreie Lieferabwicklung entscheidend. Um die analysierten Erwartungen der Konsumierenden weiterhin zu erfüllen, sollten laut über 66 % der befragten Personen Aufbauservices, flexible Rückgabemöglichkeiten, Reklamationen sowie ein persönlicher Service für Rückfragen angeboten werden. Im Rahmen der vorliegenden Analyse wurde deutlich, dass daher vorab im Bereich der Logistik einzelne Systeme durch Lagerverwaltungssysteme miteinander verknüpft werden müssen, um sowohl schnelle und pünktliche Lieferungen sicherzustellen als auch anhand Voraussagetools Lagerbestände zu prüfen und auffüllen zu können. Um die Logistik und die Retourenabwicklung zu vereinfachen, bieten sich mitunter Kooperationen mit Logistikdienstleistenden an. Flexible Finanzierungsoptionen sowie Omni-Channel-Services wie transparente Lieferverfolgungen, (mobile) Couponing, personalisierte Gutscheine und Loyalitätsprogramme können in der Nachkaufphase weitere Kundenmehrwerte schaffen und unterstützen bei der Positionierung als ganzheitliche Lösungsanbietende. Zugleich kann die Einführung eines Kundenclubkonzepts mit einer engagierten Online-Community, exklusiven Werbeaktionen, Workshops und Veranstaltungen empfohlen werden. Die Wahrnehmung des Unternehmens und die Maßnahmen zur Kundenbindung im CRM-Marketing in dieser Phase beeinflussen somit die weitere Mundpropaganda sowie das Wiederkaufverhalten – die „Loyalitätsschleife". Wenngleich stets Anreize für Kundenbewertungen geschaffen werden sollten, sollte insgesamt berücksichtigt werden, dass jegliche Touchpoints – ob physisch oder digital – Chancen und Risiken bergen. So stellt zufriedene Kundschaft in den sozialen Medien eine wertvolle Referenz dar, andererseits können durch negative Kundenbewertungen Handelnde jederzeit negativ sanktioniert werden. Dies impliziert, dass sämtliche Kanäle aktiv gemanagt als auch das Kundenfeedback und die Kundenstruktur analysiert werden sollten (vgl. Lemon & Verhoef, 2016, S. 76).

4.6.3 Akzeptanzbedingungen von Omni-Channel-Systemen

Chatterjee und Kumar postulierten in ihrer Studie, dass bei einer hochpreisigen und risikoreichen Kaufentscheidung Konsumierende eher bei einem Omni-Channel-Handelsunternehmen anstatt bei einem Online-Pure-Player einkaufen würden. Sie empfehlen daher die Realisierung einer Omni-Channel-Strategie (vgl. Chatterjee & Kumar, 2017, S. 265). Die vorliegende Studie konnte diese Annahme für den Kauf teurerer Möbelstücke bestätigen und zeigte auf, welche Services gewünscht werden. Während Click-&-Collect-Angebote in Befragungen zu anderen Branchen aufgrund der Möglichkeit der pandemiebedingten Kontaktvermeidung und dem Einsparen von Versandkosten an steigender Beliebtheit gewinnen konnten (vgl. Rudolph et al., 2021, S. 25), wurden sie in dieser Studie am wenigsten gewünscht. Womöglich scheint bei hochpreisigen (sperrigen) Möbelstücken die direkte Lieferung nach Hause angenehmer als die Selbstabholung. Abhilfe können hier Express- oder Drive-in-Optionen schaffen (vgl. KPMG, 2018, S. 38). Abb. 4.3 stellt einen Auszug der Analyseergebnisse dar.

Die Anwendung multipler linearer Regressionen zeigte, dass alle in den Hypothesen vermuteten Beziehungen signifikant waren: Die Prädiktoren *Erwarteter Mehrwert*, *Gewohnheit* ($p < 0{,}001$) sowie *Erwartete Benutzerfreundlichkeit* ($p < 0{,}05$) sagen statistisch signifikant das Kriterium der *Kaufabsicht* voraus. Auffallend war jedoch, dass in diesen Aussagen eine relativ starke Streuung gemessen wurde, weshalb Subgruppenanalysen durchgeführt wurden. Der positive Einfluss des *Erwarteten Mehrwerts* auf die *Kaufabsicht* scheint zunächst für sämtliche Altersgruppen signifikant. So weisen durchaus auch ältere befragte Personen eine Nutzungsbereitschaft auf – sobald der erwartete Mehrwert größer als das wahrgenommene Risiko ist, weshalb eine reine altersbezogene Segmentierung zu vermeiden ist.

Weiterhin lässt in der vorliegenden Studie ein schwach gemessener Effekt vermuten, dass, je höher das monatliche Nettoeinkommen ist, desto höher ebenfalls der *Erwartete Mehrwert* als auch die Absicht im Omni-Channel-Möbeleinzelhandel einzukaufen ist.

„Inwiefern stimmen Sie den folgenden Aussagen zu?"
1 = Stimme gar nicht zu; 2 = Stimme eher nicht zu; 3 = Stimme eher nicht zu; 4 = Teils teils; 5 = Stimme eher zu; 6 = Stimme eher zu; 7 = Stimme voll und ganz zu

Konstrukt	Korrespondierende Items nach Juaneda-Aysena et al., 2016, S. 6	Mittelwert	Standard-abweichung	Ausgaben der Regressionsanalysen *Abhängige Variable: Kaufabsicht* *Signifikant, da p < 0,05 oder **p < 0,001
Erwarteter Mehrwert	- Die Omni-Channel-Services ermöglichen mir beim Möbelkauf eine Zeitersparnis. - Die Omni-Channel-Services werden beim Möbelkauf nützlich für mich sein. - Die Möglichkeit, unterschiedliche Vertriebskanäle eines Möbelhändlers zu nutzen, wird die Flexibilität in meinem Alltag erhöhen.	5,63	1,52	B = 0,48 ß = 0,45 T = 9,15 p = 0,00*
Erwartete Benutzer-freundlichkeit	- Die Nutzung unterschiedlicher Kanäle (z. B. stationärer Handel, Website) während des Kaufprozesses wird einfach für mich. - Zu lernen, wie man unterschiedliche Omni-Channel-Services nutzt, wird mir leicht fallen.	5,81	1,35	B = 0,15 ß = 0,13 T = 2,30 p = 0,02*
Gewohnheit	- Die Kombination unterschiedlicher Kanäle wurde bereits beim Kauf diverser Produkte zu einer Gewohnheit für mich (z. B. bei Mode/Technik: Onlinerecherche, dann Kauf stationär oder umgekehrt). - Ich nutze bereits regelmäßig Omni-Channel-Services (z. B. Click & Collect; Produktkonfiguratoren im Geschäft; …).	5,82	1,58	B = 0,20 ß = 0,19 T = 3,58 p = 0,00*
Wahr-genommene Sicherheit	- Die Bekanntgabe von persönlichen Informationen und Zahlungsinformationen scheint mir bei digitalen Interaktionen sicher. - Ich bin dazu bereit, meine Daten einem Möbelhändler zur Verfügung zu stellen. - Bei der Nutzung von Omni-Channel-Services habe ich Angst vor Datenmissbrauch.	4,60	1,41	B = 0,09 ß = 0,08 T = 1,78 p = 0,07
Kaufabsicht	- Ich würde einen Möbelhändler, der neben dem stationären Handel auch einen Onlineshop anbietet, einem Möbelhändler vorziehen, der ausschließlich stationär erreichbar ist. - Ich würde in der Zukunft gerne bei einem Omni-Channel-Möbelhändler einkaufen. - Ich würde meinen Freunden raten, eher bei einem Omni-Channel-Möbelhändler einzukaufen.	5,23	1,61	
Hypothesentestung	H1 H2 H3	✓ ✓ ✓		

Abb. 4.3 Auswertungsergebnisse (Auszug)

Auch dies entspricht den Erkenntnissen anderer Forschungsarbeiten und deutet darauf hin, dass vornehmlich diese kaufkräftige Zielgruppe erreicht werden kann (vgl. Hossain et al., 2020, S. 238). Somit lässt sich ableiten, dass der Mehrwert und die Innovativität einzelner Omni-Channel-Services klar im Fokus stehen und durch informatives Marketing aktiv beworben werden sollte. Hierzu zählen beispielsweise die Zeitersparnis, Convenience, finanzielle Vorteile oder die Unterstützung bei der Kaufentscheidung (vgl. Juaneda-Ayensa et al., 2016, S. 9). Jüngere befragte Personen schätzen die *Erwartete Benutzerfreundlichkeit* etwas höher ein als ältere. Venkatesh et al. nehmen an, dass ältere Konsumierende Schwierigkeiten mit der Anwendung einer Technologie haben und Hilfestellungen benötigen könnten (vgl. Venkatesh et al., 2012, S. 162). Somit gilt weiterhin, dass nur wenn die Benutzerfreundlichkeit eines Omni-Channel-Systems hoch ist, dieses Erfolg haben wird und so als bedeutender Differenzierungsfaktor eines Unternehmens wirken kann.

Entgegen den Erwartungen der Publizierenden konnte die Studie von Juaneda-Ayensa et al. keinen signifikanten Einfluss der Gewohnheit auf die Kaufabsicht nachweisen. Die Daten des vorliegenden Artikels bestätigen hingegen die in der Herleitung der Hypothesen unterstellte Annahme: Für Konsumierende wurde es (möglicherweise auch pandemiegetrieben) vermehrt zu einer Gewohnheit, zwischen unterschiedlichen Kanälen während der Customer Journey zu wechseln und Omni-Channel-Services zu nutzen, was sich positiv auf die Kaufabsicht auswirkt. Die Rangkorrelation zeigte, dass dies überwiegend für jüngere befragte Personen gilt. Basierend auf den Umfrageergebnissen empfiehlt sich im Speziellen die Einbettung des Smartphones als Vertriebskanal und „Träger" kostenfreier mobiler Apps mit einer optimalen Performance und intuitiven Benutzeroberfläche, da Kundschaft unterschiedlichen Alters den Umgang bereits gewohnt ist (vgl. Juaneda-Ayensa et al., 2016, S. 9).

Die Studie lässt zudem vermuten, dass Kundinnen und Kunden durchaus bereit sind, ihre Daten zur Verfügung zu stellen, wenn sie dafür mehrwertstiftende und maßgeschneiderte Services erwarten. Für Managerinnen und Manager ist eine bedeutende Erkenntnis, dass für die kanalübergreifende Datensammlung und -nutzung nicht nur eine Verknüpfung aller Datenquellen relevant ist – vielmehr können Datenleaks oder ein Informationsmissbrauch negative Reaktionen der Kundschaft auslösen. Es ist aufgrund existierender Studien wie von Kazancoglu und Aydin (2018, S. 959) anzunehmen, dass sich diese Aspekte negativ auf die Nutzungs- und Kaufabsicht auswirken, wenngleich die vorliegende Studie keinen signifikanten Effekt messen konnte. Den Aspekt, dass jüngere befragte Personen die Sicherheit des Systems deutlich höher einschätzen als ältere, gilt es gesondert zu adressieren. So kann anhand eingeholter Einwilligungen und transparenter Informationen Vertrauen gewonnen werden. Insgesamt empfiehlt sich, mittels eines effizienten Risikomanagements entsprechende Datenschutzvorkehrungen und Schulungen der Mitarbeitenden in Absprache mit der Rechtsabteilung vorzunehmen. Um folglich eine möglichst hohe Akzeptanz des Omni-Channel-Systems sicherstellen zu können, sollte ein hoher Interaktionsgrad zwischen Mensch und genutzter Technologie herrschen. Feedback aller involvierter Stakeholder muss regelmäßig eingeholt werden, um Optimierungspotenzial und Zielgruppenstrategien ableiten zu können (vgl. Lehrer & Trenz, 2022, S. 5).

4.7   Schlussbetrachtung

Ausgehend von bisherigen Forschungen wurde angenommen, dass sich ebenfalls für den Möbeleinzelhandel ein großes Potenzial für die nahtlose Verzahnung der Vertriebs- und Kommunikationskanäle abzeichnet. Die dazu durchgeführte quantitative Befragung fokussierte sich zum einen auf die Kernpunkte einer Customer-Journey-Analyse, zum anderen auf die Akzeptanz von Omni-Channel-Systemen. Auch wenn der Onlinehandel neue Chancen eröffnet, geht aus den empirischen Daten hervor, dass er beim Möbelkauf nicht alle Aspekte der physischen Interaktion abbilden kann: Der stationäre Handel behält die höchste Relevanz als Inspirationsquelle und Einkaufsstätte. Es wurde andererseits gezeigt, dass auch beim Möbelkauf digitale Kanäle eine zunehmende Bedeutung einnehmen, Konsumierende während der Customer Journey zwischen unterschiedlichen Touchpoints wechseln und gegenüber Omni-Channel-Konzepten positiv eingestellt sind. Vornehmlich Online-Verfügbarkeitsanzeigen und -Terminbuchungen für eine stationäre Beratung sowie Click-&-Reserve-Services finden Anklang. In der Konsequenz bedeutet dies, dass es neben einer kanalübergreifenden Ausrichtung der Vertriebs- und Kommunikationsaktivitäten insgesamt einer Neupositionierung des stationären Möbeleinzelhandels bedarf. Das zentrale Ziel wird es sein, die Vorteile der verschiedenen Kanäle zu kombinieren, kommunizieren und „diese bestmöglich zur konsistenten und vor allem einheitlichen Positionierung" einzusetzen (vgl. Hölter & Schmidt-Ross, 2020, S. 111). Dieser Artikel ging ferner der Forschungsfrage nach, inwiefern einzelne Faktoren Konsumierende in ihrer Akzeptanz gegenüber Omni-Channel-Systemen beeinflussen. Es konnten die Hypothesen angenommen werden, dass die Absicht, bei einem Omni-Channel-Möbelhandelsunternehmen einzukaufen, signifikant positiv durch erwartete Mehrwerte, die Benutzerfreundlichkeit sowie Gewohnheitsaspekte beeinflusst wird. Dies galt speziell für befragte Personen mit einem höheren monatlichen Nettoeinkommen. Auf Basis der Datengrundlage ist anzunehmen, dass die Teilnehmenden altersübergreifend ein Omni-Channel- einem Single-Channel-System vorziehen würden, was ebenfalls auf den pandemiegetriebenen „digitale[n] Schub im Einkaufsverhalten" zurückzuführen sein kann (vgl. Rudolph et al., 2021, S. 25).

Abgeleitet von den gewonnenen Analyseresultaten wurden praxisnahe Handlungsempfehlungen für den stationären Möbeleinzelhandel präsentiert. Es wurden wesentliche Bestandteile einer ganzheitlichen Omni-Channel-Strategie skizziert und herausgestellt, dass es einer grundlegenden Umgestaltung organisatorischer und operativer Prozesse sowie einer ausgereiften IT-Architektur und Datenharmonisierung bedarf. Im Rahmen des Change-Managements gilt es, eine klare Vision und Verantwortlichkeiten zu definieren als auch die Befähigung der Mitarbeitenden und die cross-funktionale Zusammenarbeit zu fördern. Hierzu zählen ebenfalls kundenorientierte Anreiz- und

Vergütungssysteme. Eine hohe Kanalintegration und -vernetzung sowie kanalübergreifende Abstimmungen zielen darauf ab, positive, markenspezifische Erlebnisse und ein kohärentes, vertrauenswürdiges Markenimage über alle Berührungspunkte zu orchestrieren. So gilt es, die aufgezeigten kritischen Kundenkontaktpunkte gesondert zu adressieren und mit Services zu versehen, die sich an weiteren Marktforschungen und der Zielgruppenfokussierung orientieren, somit wahre Kundenmehrwerte bieten und intuitiv gestaltet sind. Da vorrangig ältere Konsumierende Datenschutzbedenken hegen, sollten Unternehmen die richtige Balance zwischen personalisierter Ansprache und Privatsphäre finden als auch Maßnahmen zur Datensicherung etablieren. Entscheidend bei der Evaluation durchgeführter Maßnahmen ist die Einführung eines ausgeklügelten Kennzahlensystems mit einem festen Analyseturnus.

Abschließend ist festzuhalten, dass die in diesem Artikel aufgezeigten Herausforderungen adäquat und entsprechend den individuellen Zielgruppenbedürfnissen entlang der Customer Journey kanalübergreifend gemeistert werden müssen. Gelingt es, den Transformationsprozess strategisch und ganzheitlich anzugehen, kann der stationäre Möbeleinzelhandel die Kundenbindung auch im digitalen Zeitalter erhöhen und die Wettbewerbsfähigkeit nachhaltig stärken.

4.8   Kritische Würdigung und weiterer Forschungsbedarf

Schlussfolgernd leistet der vorliegende Artikel einen Beitrag zum Verständnis der Entscheidungsprozesse und Bedürfnisse der Konsumierenden sowie der Akzeptanz des Omni-Channel-Systems. Diese Ausarbeitung ist nach bestem Wissen die erste, die das Modell von Juaneda-Ayensa et al. (2016) für eine empirische Forschung im Möbelkontext aufgreift und mit einer Analyse der Customer Journey verknüpft. Die Grenzen der Vorgehensweise können eine Anregung für zukünftige Forschungsarbeiten bieten und werden im Folgenden dargelegt.

Insgesamt ist kritisch anzumerken, dass es bei der Einführung des Omni-Channel-Ansatzes einer individuellen Evaluation und Abwägung bedarf, ob der entstehende Zusatznutzen für die Kundschaft die unternehmensseitigen Kosten und Risiken rechtfertigt. Somit sollte untersucht werden, inwiefern das Konzept für ein individuelles Unternehmen und die eigene Zielgruppe einen ökonomischen Mehrwert bietet. Basierend auf Cluster- oder latenten Klassenanalysen werden diese Studien der Ableitung strategischer Empfehlungen für einzelne Kundensegmente oder der Erstellung von Personas zur Kundensegmentierung dienen.

Aus den Erkenntnissen dieses Artikels lassen sich Anhaltspunkte für die Schaffung einer ganzheitlichen Omni-Channel-Strategie ziehen. Zielführend wäre es, eine Prüfung der Empfehlungen im Anwendungszusammenhang anhand einer Validierung mittels befragten Fachkundigen vorzunehmen, um weitere Handlungsempfehlungen zur optimalen Orchestrierung aller Omni-Channel-Aktivitäten abzuleiten.

Durch die gewählte Forschungsmethodik steigt die Gefahr der Stichprobenver-zerrung. Weiterhin ist die Stichprobengröße mit 309 Teilnehmenden zu klein, um als repräsentativ zu gelten. Es wird nahegelegt, die Forschung in einem größeren Umfang mit einer breiteren Struktur durchzuführen, um mitunter validere Ergebnisse bezüglich der Beziehung zwischen den unabhängigen Variablen und der Kaufabsicht zu erlangen.

Es gilt zu beachten, dass aufgrund der Limitation des Artikels einzelne Wirkungs-zusammenhänge des Modells von Juaneda-Ayensa et al. (2016) nicht in voller Gänze untersucht werden konnten. Künftige Forschung kann die empirische Studie ausbauen und eine Akzeptanzprüfung einzelner Technologien unter Berücksichtigung sämtlicher Variablen vornehmen. Diese Studien können weiterhin ein Customer-Journey-Modell mit mehr Phasen anwenden, um tiefere Einblicke zu ermöglichen. Darüber hinaus sollten stets neue quantitative und qualitative Befragungen durchgeführt werden, um das Kanalwahlverfahren und Bedürfnisse entlang der Customer Journey zu eruieren sowie die Akzeptanz im Situationskontext mit praktischen Tests zu prüfen. Ebenso empfiehlt sich, den Ansatz einer Langzeitstudie wie von Venkatesh et al. zu verfolgen (2003, S. 439), um ebenfalls pandemiegetriebene Entwicklungen zu analysieren – zumal bis-lang vorwiegend Vermutungen darüber bestehen, welche Veränderungen im Einkaufs-verhalten langfristig andauern werden. Auf Basis dieser neuen Erkenntnisse kann somit neben einer Organisationsoptimierung ebenfalls die Konzeption von Maßnahmen zur Steigerung der Benutzerfreundlichkeit sowie des Kundenerlebnisses erfolgen.

Literatur

Aemmer, D., Bigler, J., Birkhofer, M., Brechbühler Pešková, M., & Harder, D. (2020). Augmented Reality als Entscheidungshilfe beim Möbelkauf. In J. Schellinger, K. O. Tokarski, & I. Kissling-Näf (Hrsg.), *Digitale Transformation und Unternehmensführung* (S. 355–381). Springer Gabler.

Aemmer, D., Bigler, J., & Harder, D. (2021). Datenbasierte Weiterentwicklung des Kundenerleb-nisses in der Möbelbranche. In J. Schellinger, K. O. Tokarski, & I. Kissling-Näf (Hrsg.), *Digital business* (S. 375–414). Springer Gabler.

Arbeitsgemeinschaft Verbrauchs- und Medienanalyse. (2022). *Konsumenten im Fokus: Basis-informationen für fundierte Mediaentscheidungen – VuMA Touchpoints 2021*. VuMA. https://www.vuma.de/fileadmin/user_upload/PDF/berichtsbaende/VuMA_Berichtsband_2021.pdf. Zugegriffen: 7. Apr. 2022.

Bartlett, J., Kotrlik, J., & Higgins, C. (2001). Organizational research. Determining appropriate sample size in survey research. *Information Technology, Learning, and Performance Journal, 19*(1), 43–50.

Beck, N. (2016). *Konsumentenakzeptanz von mobilen Click & Collect Systemen als Determinante der Kaufentscheidung. Dargestellt an kleinen und mittleren stationären Einzelhandels-geschäften* (1. Aufl.). Steinbeis-Edition.

Beuse, E., & Pletzer, R. (2020). *Omnichannel: Zentrale Erfolgsfaktoren und Herausforderungen. Von der Strategie zur Implementierung* [White paper]. Iskander Business Partner GmbH. https://i-b-partner.com/wp-content/uploads/2019-12-29_IBP-Whitepaper-Omnichannel-Online.pdf.

Britter, R., & Bockmann, E. (2021). Analyse: Online-Anbieter machen große Sprünge. *Möbel Kultur, 3,* 5–7. https://www.yumpu.com/de/document/read/65397437/mobel-kultur-03-21.

Cadonau, H. (2018). Logic & Magic: Customer Journey unter neuen Blickwinkeln. In F. Keuper, M. Schomann, & L. I. Sikora (Hrsg.), *Homo Connectus – Einblicke in die Post-Solo-Ära des Kunden* (S. 33–51). Springer Gabler.

Cao, L., & Li, L. (2015). The impact of cross-channel integration on retailers' sales growth. *Journal of Retailing, 91*(2), 198–216. https://doi.org/10.1016/j.jretai.2014.12.005.

Chakraborty, S., & Chung, I. (2014). Challenges and opportunities of omnichannel retailing. *European Journal of Risk Regulation, 5*(3), 386–388. https://doi.org/10.1017/S1867299X00003937.

Chatterjee, P., & Kumar, A. (2017). Consumer willingness to pay across retail channels. *Journal of Retailing and Consumer Services, 34,* 264–270. https://doi.org/10.1016/j.jretconser.2016.01.008

EHI Retail Institute. (2021). *Marktvolumen und Distributionsstruktur des Handels mit Möbeln 2020.* https://www.ehi.org/de/studien/marktvolumen-und-distributionsstruktur-des-handels-mit-moebeln-2020/. Zugegriffen: 28. Dez. 2021.

Gizycki, V. (2018). Customer Journey und digitale Kanäle – zwischen Technologieakzeptanz und Erlebniskauf. In V. v. Gizycki & C. A. Elias (Hrsg.) *Omnichannel Branding. Digitalisierung als Basis erlebnis- und beziehungsorientierter Markenführung* (S. 111–130). Springer Gabler.

Gröppel-Klein, A., Kirsch, K.-M., & Spilski, A. (2021). (Hedonic) Shopping will find a way: The COVID-19 pandemic and its impact on consumer behavior. *Journal of Research and Management, 43*(2), 95–108. https://doi.org/10.15358/0344-1369-2021-1-2-95.

Güldenast, G., & Schroeder, D. (2018). *Für Händler und Hersteller der Möbelbranche. Trendstudie Möbel. Wie Sie das Potenzial des Online-Handels ausschöpfen und Kunden auch stationär ein gesteigertes Kauferlebnis bieten.* https://www.moebelmarkt.de/files/article/be4f7780fe91ab32623c0cc1250dd59e.pdf. Zugegriffen: 10. Febr. 2022

HDE = Handelsverband Deutschland. (2021). *Online Monitor 2021.* https://einzelhandel.de/index.php?option=com_attachments&task=download&id=10572.Zugegriffen: 4. Apr. 2022

Heinemann, G. (2021). *Intelligent Retail: Die Zukunft des stationären Einzelhandels* (1. Aufl.). Springer Gabler.

Hossain, T. M. T., Akter, S., Kattiyapornpong, U., & Dwivedi, Y. (2020). Reconceptualizing integration quality dynamics for omnichannel marketing. *Industrial Marketing Management, 87,* 225–241. https://doi.org/10.1016/j.indmarman.2019.12.006

Hölter, A.-K., & Schmidt-Ross, I. (2020). Omni-channel-management und customer journey. In L. Binckebanck, A.-K. Hölter, & A. Tiffert (Hrsg.), *Führung von Vertriebsorganisationen. Strategie – Koordination – Umsetzung* (S. 107–124). Springer Gabler.

Huang, L., Lu, X., & Ba, S. (2016). An empirical study of the cross-channel effects between web and mobile shopping channels. *Information & Management, 53*(2), 265–278. https://doi.org/10.1016/j.im.2015.10.006.

IKEA. (2019, 23.09.). *Mit der IKEA App per Augmented Reality einrichten.* https://www.ikea.com/de/de/this-is-ikea/corporate-blog/ikea-place-app-augmented-reality-puba55c67c0. Zugegriffen: 24. März 2022.

Juaneda-Ayensa, E., Mosquera, A., & Murillo, Y. S. (2016). Omnichannel customer behavior: Key drivers of technology acceptance and use and their effects on purchase intention. *Frontiers in Psychology, 7,* 1–11. https://doi.org/10.3389/fpsyg.2016.01117.

Kazancoglu, I., & Aydin, H. (2018). An investigation of consumers' purchase intentions towards omni-channel shopping: A qualitative exploratory study. *International Journal of Retail & Distribution Management, 46*(10), 959–976. https://doi.org/10.1108/IJRDM-04-2018-0074.

KPMG. (2018). *Auf Zukunft eingerichtet. Studie zur Zukunft des Möbelmarktes in Deutschland.* Abgerufen am 07.03.2022 von https://hub.kpmg.de/hubfs/Landing-Pages-PDF/14945_KPMG-Mo%CC%88belstudie_BF_SEC.pdf?utm_medium=email&_hsmi=60035833&_hsenc=p2ANqtz--slGq7YCqE48v9wAQhaRdPsN5goy_uwMvsXmxiwwtmISGnpAFuUzyHifAAVYReDDDPhtdxaTjyNCtrgjZaqYklqYIS5A&utm_content=60035833&utm_source=hs_automation.

Lehrer, C., & Trenz, M. (2022). Omnichannel business. *Electronic Markets, 31*(4), 1–13. https://doi.org/10.1007/s12525-021-00511-1

Lemon, K. N., & Verhoef, P. C. (2016). Understanding customer experience throughout the customer journey. *Journal of Marketing: AMA/MSI Special Issue, 80*(6), 69–96. https://doi.org/10.1509/jm.15.0420.

Mehn, A., & Wirtz, V. (2018). Stand der Forschung – Entwicklung von Omnichannel-Strategien als Antwort auf neues Konsumentenverhalten. In I. Böckenholt, A. Westermann, & A. Mehn (Hrsg.), *Konzepte und Strategien für Omnichannel-Exzellenz. Innovatives Retail-Marketing mit mehrdimensionalen Vertriebs- und Kommunikationskanälen* (S. 3–36). Springer Gabler.

Mirsch, T., Lehrer, C., & Jung, R. (2016). Channel integration towards omnichannel management: A literature review. In *Proceedings of the 20th Pacific Asia Conference on Information Systems (PACIS), 288,* 1–16. https://aisel.aisnet.org/pacis2016/288.

Mishra, R., Kumar, S. R., & Koles, B. (2021). Consumer decision-making in omnichannel retailing: Literature review and future research agenda. *International Journal of Consumer Studies, 45,* 147–174. https://doi.org/10.1111/ijcs.12617

Piasecki, M. (2008). *Möbelhandelsmarketing. Eine explorative Analyse der Erfolgsursachen stationärer filialisierter Möbelhändler im mittleren und gehobenen Segment in Deutschland* [Dissertation]. Rainer Hampp.

Piotrowicz, W., & Cuthbertson, R. (2014). Introduction to the special issue information technology in retail: Toward omnichannel retailing. *International Journal of Electronic Commerce, 18*(4), 5–16. https://doi.org/10.2753/JEC1086-4415180400.

Pokorny, S., & Roose, J. (2020). *Die Eignung von Umfragemethoden. Methodische Einschätzung.* Konrad-Adenauer-Stiftung. Abgerufen am 19.02.2022 von https://www.kas.de/documents/252038/7995358/Die+Eignung+von+Umfragemethoden+%28pdf%29.pdf/930e07f3-f750-502b-fd48-a42b94914a4d?version=1.0&t=1605534848743.

PwC = PricewaterhouseCoopers, (2019). *Die deutsche Möbelbranche. Struktur, Trends und Herausforderungen.* Abgerufen am 28.12.2021 von https://www.pwc.de/de/handel-und-konsumguter/die-deutsche-moebelbranche-marktueberblick-2019_neu.pdf.

Redler, J. (2014). Herausforderungen und Chancen neuer Kommunikationsinstrumente für die Corporate Brand erkennen. In F.-R. Esch, T. Tomczak, J. Kernstock, T. Langner, & J. Redler (Hrsg.), *Corporate Brand Management – Marken als Anker strategischer Führung von Unternehmen* (S. 449–480). Springer Gabler.

Rudolph, T., Klink, B., Eggenschwiler, M., & Hoang, M. (2021). *Lehren aus der Corona-Krise für das Handelsmanagement* [White paper]. Forschungszentrum für Handelsmanagement (IRM-HSG), Gottlieb Duttweiler Lehrstuhl (GDL), Universität St. Gallen. https://www.alexandria.unisg.ch/263461/1/210708_Whitepaper_Lehren_aus_der_Corona-Krise_f%C3%BCr_das_Handelsmanagement.pdf.

Rusche, C. (2021). *Die Effekte der Corona-Pandemie auf den Onlinehandel in Deutschland.* Institut der Deutschen Wirtschaft, IW-Kurzbericht (87), 1–3. Abgerufen am 09.01.2022 von https://www.iwkoeln.de/fileadmin/user_upload/Studien/Kurzberichte/PDF/2021/IW-Kurzbericht_2021-E-Commerce.pdf.

Schaper, K. M., & Preukschat, J. (2018). *Möbelhandel 2.0: Die Zukunft ist digital. Smart Digital Furniture Stores.* Capgemini Invent. Abgerufen am 15.01.2022 von https://www.capgemini.com/de-de/wp-content/uploads/sites/5/2019/03/Smart-Digital-Furniture-Stores_09-11-18.pdf.

Statistisches Bundesamt. (2021). *Onlineeinkäufe von Internetnutzern in %.* Abgerufen am 29.12.2021 von https://www.destatis.de/DE/Themen/Gesellschaft-Umwelt/Einkommen-Konsum-Lebensbedingungen/_Grafik/_Interaktiv/it-nutzung-onlineeinkaeufe.html.

Stummeyer, C. (2020). Digitalisierung im Möbelhandel. In L. Fend, & J. Hofmann (Hrsg.), *Digitalisierung in Industrie-, Handels- und Dienstleistungsunternehmen. Konzepte – Lösungen – Beispiele* (S. 305–320). Springer Gabler.

Swoboda, B., Foscht, T., & Schramm-Klein, H. (2019). *Handelsmanagement. Offline-, Online- und Omnichannel-Handel* (4. Aufl.). Vahlen.

Tueanrat, Y., Papagiannidis, S., & Alamanos, E. (2021). Going on a journey: A review of the customer journey literature. *Journal of Business Research, 125,* 336–353. https://doi.org/10.1016/j.jbusres.2020.12.028

Universität St. Gallen. (2021). *Omni-Channel-Management. HSG-Studie untersucht Kaufverhalten in der Pandemie.* Abgerufen am 09.01.2022 von https://www.unisg.ch/de/wissen/newsroom/aktuell/rssnews/forschung-lehre/2021/juni/omnichannel-management-irm-hsg-kaufverhalten-pandemie-10juni2021.

Venkatesh, V., Morris, M. G., Davis, G. B., & Davis, F. D. (2003). User acceptance of information technology: Toward a unified view. *MIS Quarterly, 27*(3), 425–478. https://doi.org/10.2307/30036540.

Venkatesh, V., Thong, J., & Xu, X. (2012). Consumer acceptance and use of information technology: Extending the unified theory of acceptance and use of technology. *MIS Quarterly, 36,* 157–178. https://doi.org/10.2307/41410412

Verhoef, P. C., Kannan, P. K., & Inman, J. (2015). From multi-channel retailing to omni-channel retailing. *Journal of Retailing, 91*(2), 174–181. https://doi.org/10.1016/j.jretai.2015.02.005.

Von See, B. (2019). *Ein Handlungsrahmen für die digitale Transformation in Wertschöpfungsnetzwerken* [Dissertation]. Technische Universität Hamburg. https://tore.tuhh.de/bitstream/11420/3831/1/Dissertation_BvonSee.pdf. Zugegriffen: 4. Febr. 2022.

Westermann, A., Wirtz, V., & Zimmermann, R. (2018). Ein theoriebasierter Ansatz zur Erlangung von Exzellenz im Omnichannel-Vertrieb. In I. Böckenholt, A. Westermann, & A. Mehn (Hrsg.), *Konzepte und Strategien für Omnichannel-Exzellenz. Innovatives Retail-Marketing mit mehrdimensionalen Vertriebs- und Kommunikationskanälen* (S. 37–70). Springer Gabler.

Wirtz, B. (2018). *Multi-channel-marketing. Grundlagen – Instrumente – Prozesse.* Gabler.

Florian Braunegger ist Vorstand der Germaco AG im Bereich Business Development. Die Germaco AG ist eine Beratungs- und Beteiligungsgesellschaft, in welcher er für die Bereiche Vertrieb und Unternehmensentwicklung verantwortlich ist. Neben dieser Tätigkeit ist Florian Braunegger als Hochschuldozent für verschiedene Hochschulen aktiv. Sein Forschungsschwerpunkt liegt im Bereich des Vertriebsmanagements. Zuvor absolvierte Florian Braunegger ein internationales betriebswirtschaftliches Studium in Köln und Dublin mit Schwerpunkt Unternehmensberatung. Danach bekleidete er über mehrere Jahre verschiedene Positionen im Bereich des Vertriebsmanagements bei internationalen Konzernen, bevor er 2020 in den Vorstand der Germaco AG wechselte.

Elena Giovante ist als Trainee bei dem Spezialchemie-Konzern LANXESS tätig. 2018 schloss sie ihr Studium „Internationale Wirtschaft und Entwicklung" an der Universität Bayreuth ab. Durch ihre Arbeit bei der BMW AG sowie in den Unternehmensberatungen PwC und KPMG baute sie ihre Kompetenzen in den Bereichen Digitale Transformation, Markenstrategie, Innovations- und Marketingmanagement aus. Anschließend absolvierte sie von 2020 bis 2022 ihr Masterstudium „General Management" an der CBS International Business School. Ihre Interessensschwerpunkte liegen u. a. in der Identifikation der Sales-Management-Excellence-DNA von Unternehmen, der Entwicklung innovativer und nachhaltiger Marketingstrategien sowie dem Kunden-orientierungsmanagement. Inspiriert durch die Potenziale und Chancen der Digitalisierung ist es ihre Vision, die digitale Transformation in Unternehmen voranzutreiben, weshalb sie schon während des Studiums Forschungsarbeiten im Bereich Omni-Channel-Management unterstützte.

Teil II
Anwendung neuer Technologien

"V-Commerce": Virtuelle Welten im Online-Shopping und wie wir mit ihnen umgehen sollten

Andreas Wagener

Inhaltsverzeichnis

5.1   Einleitung.   94
5.2   Metaverse – eine Begriffsverortung.   95
    5.2.1   Grundlagen.   95
    5.2.2   Gaming und digitale Umgebungen in 2D   96
    5.2.3   Digitale Realitäten in 3-D   97
    5.2.4   Virtuelle Güter und NFTs   98
    5.2.5   Web3   99
5.3   Geschäftsmodelle und Best Practices   100
    5.3.1   Virtuelle Verkaufsflächen.   100
    5.3.2   Die Kombination von virtueller und physischer Sphäre   101
    5.3.3   Kundenbindung und Markenbildung: eigene Welten.   103
5.4   Erfolgsfaktoren und Handlungsempfehlungen   104
5.5   Fazit: Ist die Zukunft des Shoppings virtuell?.   106
Literatur.   108

Zusammenfassung

Kaum ein Buzzword im Kontext des digitalen Marketings dürfte in jüngerer Zeit so viel Aufmerksamkeit erhalten haben wie der Terminus des „Metaverse". Das damit beschriebene Zusammenwachsen von virtueller und physischer Welt ermöglicht

A. Wagener (✉)
Hochschule Hof, Hof, Deutschland
E-Mail: awagener@hof-university.de

© Der/die Autor(en), exklusiv lizenziert an Springer Fachmedien Wiesbaden GmbH, ein
Teil von Springer Nature 2023
L. Rothe et al. (Hrsg.), *Marketing & Innovation 2023*, FOM-Edition,
https://doi.org/10.1007/978-3-658-41309-5_5

neue Geschäftsmodelle und führt zu einer Veränderung der Marktbedingungen, nicht zuletzt im E-Commerce- und Marketingumfeld: Immaterielle „Sachgüter" – digitale Kunst, Mode, Luxusgüter und Immobilien werden auch als „unique" Non Fungible Tokens (NFTs) handelbar, und die virtuellen Welten lassen sich auch für die Führung von „Offline"-Marken nutzen. Der Beitrag widmet sich den Chancen, die sich damit Unternehmen aus der analogen oder „klassischen" Online-Welt eröffnen: Welche Geschäftsmodelle sind Erfolg versprechend? Welche Herausforderungen bestehen für den virtuellen Handel und für ein nachhaltiges Branding? Und letztlich: Ist die Zukunft des Shoppings virtuell?

Schlüsselwörter

Metaverse · VR · Virtual Reality · Virtual Commerce · VCommerce · NFT

5.1 Einleitung

Corona hat uns alle gelehrt, dass auch grundsätzlich in virtuellen Umgebungen Leben möglich scheint – sei es im Homeoffice oder bei digitalen Veranstaltungen. Vermutlich ist es mehr als ein zeitlicher Zufall, dass virtuelle Shopping- und Marketingumgebungen gerade in dieser Zeit einen neuen Trend beschreiben. Nicht erst seit Mark Zuckerberg das „Metaverse" ausgerufen hat, bilden sich virtuelle Welten, in denen digitale Avatare und „Digital Humans" miteinander interagieren, in denen virtuelle, immaterielle „Sachgüter" – virtuelle Kunst, Mode, Luxusgüter und Immobilien als „unique" NFTs handelbar sind und die zunehmend auch für die Führung von „Offline"-Marken genutzt werden.

Auch wenn noch ungeklärt ist, ob es sich hierbei um einen vorübergehenden „Hype" oder um den Beginn der Entwicklung eines nachhaltigen neuen Marktsystems handelt, ist nicht von der Hand zu weisen, dass Anwendungen in diesem Kontext rapide an Bedeutung gewinnen und bereits heute Budgets zunehmend auf „virtuelle" Segmente umgeschichtet werden. Die Unternehmensberatung McKinsey geht von einem Marktvolumen von bis zu 5 Bio. USD im Jahr 2030 aus, wobei davon allein auf den Shoppingbereich bis zu 2,6 Bio. USD entfallen sollen (vgl. McKinsey, 2022a).

Der vorliegende Beitrag versucht, die marktrelevante Systematik des „Metaversums" zu erfassen und widmet sich dabei vor allem den Chancen, die sich traditionellen Unternehmen aus der analogen oder „klassischen" Online-Welt eröffnen: Welche Geschäftsmodelle bestehen – womöglich auch für kleinere Unternehmen und den Mittelstand? Welches sind die Erfolgsfaktoren – für den virtuellen Handel und für ein nachhaltiges Branding? Welche Hürden sind dabei zu überwinden? Und wie könnten Erfolg versprechende Konzepte aussehen?

Methodisch greift der Beitrag dabei auf einen ethnografisch-hermeneutischen Ansatz zurück: Dazu ist es notwendig, zunächst den Bezugsrahmen zur Erfassung der potenziellen Handlungsfelder zu beschreiben. Entsprechend nimmt der folgende

Abschnitt nach einer Einordnung der Begrifflichkeit sowie ihrer Herkunft und Entwicklung eine Abgrenzung der verschiedenen Erscheinungsdimensionen des Metaverses
vor. Hierbei wird bewusst ein weitergefasstes Verständnis zugrunde gelegt, um auch die
Bestandsaufnahme bereits praktizierter Ansätze zu ermöglichen und somit ein Theorie-
modell für den weiteren Fortgang der Diskussion zu begründen. Dieses soll dazu dienen,
die im anschließenden Kapitel beleuchteten Geschäftsmodelle und Best Practices zu ver-
orten sowie die Optionen des betriebswirtschaftlichen Handelns in diesem Kontext aufzuzeigen. Die Identifikation relevanter Use Cases erfolgte, gestützt durch entsprechende
qualitative, sekundäre Literaturrecherchen, durch die teilnehmende Betrachtung der
beschriebenen Kanäle und Szenarien und orientiert sich damit an der Vorgehensweise der ethnografischen Transformationsforschung (vgl. Thelen, 2015). Damit soll
die Grundlage einer Auseinandersetzung mit den Erfolgsfaktoren und zu begegnenden
Herausforderungen unternehmerischer Tätigkeiten im Metaverse im folgenden Teil
geschaffen werden. Um entsprechende Handlungsempfehlungen ableiten zu können,
gilt es entsprechend, die beschriebenen Interaktionsprozesse „hermeneutisch" (vgl.
„Dokumentarische Methode", Garfinkel, 1967, S. 95; Bohnsack, 1997) zu interpretieren
sowie hinsichtlich der Erfolgsbedingungen und Umsetzungshürden zu analysieren.
Diese Bestrebungen münden in konkreten operativen Empfehlungen sowie in der übergreifenden Bewertung des Metaverses als Handelskanal. Ein zusammenfassendes und
einordnendes Fazit schließt den Beitrag ab.

5.2   Metaverse – eine Begriffsverortung

5.2.1 Grundlagen

Der Begriff des „Metaverse" geht, ebenso wie die heute einschlägige Verwendung der
Bezeichnung „Avatar" für ein digitales Abbild eines Online-Teilnehmers, auf den
Schriftsteller Neal Stephenson und dessen Roman „Snow Crash" aus dem Jahre 1992
zurück. Damals eher als Dystopie angelegt, prägte Mark Zuckerberg den Begriff auf ein
neues weltumspannendes, virtuelles Netzwerk um, indem seiner Ansicht nach Facebook,
nun auf „Meta" umgetauft, als soziales Netzwerk in Verbindung mit den eigenen VR-
Brillen von Oculus Rift auch in der virtuellen Sphäre eine entsprechend große Rolle
spielen soll.

Allerdings existiert eine eindeutige, allgemein anerkannte Definition für das Metaverse derzeit nicht. Gerade auch jene Unternehmen, die in eigene virtuelle Plattformen investieren, die frühen Adoptoren, versuchen hier eine eigene Deutungshoheit
zu erlangen.[1] Eine gewisse Stilbildung erfolgte durch die theoretischen Vorarbeiten
Matthew Balls, auf den sich auch Mark Zuckerberg bezogen hatte, und die entsprechend

---

[1] Die Firma NVIDIA spricht etwa vom „Omniverse" (vgl. Nvidia, o. J.).

häufig in diesem Kontext zitiert werden. Zusammenfassend ließe sich das Metaverse demnach als eine komplett funktionsfähige Parallelwelt im digitalen „Raum" beschreiben: Diese kann nicht beliebig an- oder ausgeschaltet werden, sie ist „persistent", wie die „echte" Welt. Auch wenn man nicht aktiv oder anwesend – „online" – ist, läuft das Geschehen für alle weiter – in Echtzeit. Dieses Metaversum würde über ein eigenes Wirtschaftssystem verfügen, in dem man kaufen, verkaufen, arbeiten und investieren kann (vgl. Ball, 2020).

In diesem Verständnis spiegelt sich jedoch eine – nicht zuletzt technisch – aktuell noch nicht realisierbare Zielvision wider, die nah an der skizzierten Welt aus Stephensons Science-Fiction-Roman liegt. Gleichwohl wird auch der aktuelle Stand digitaler Entwicklungen bereits unter dem Metaverse-Begriff diskutiert. Das „immersive" Eintauchen in virtuelle Welten mit entsprechenden VR-Brillen, aber auch bereits 2-D-Erfahrungen in digitalen Multiplayer-Open-World-Spielen oder auf Plattformen wie Roblox, Decentraland und Sandbox zählen genauso zu diesem Kosmos wie der schon seit Längerem etablierte institutionelle Handel mit virtuellen Gütern. Auch wenn damit bislang kein ubiquitäres und standardübergreifendes Gesamtgebilde geschaffen wurde – wie es einer engen Metaverse-Definition entspräche, so lassen sich als gemeinsamer Nenner dieser Entwicklungen eine tiefergreifende Digitalisierung ausmachen, die zunehmende Verschmelzung von digitaler und analoger Welt. Diese erlaubt potenziell all das, was im Analogen möglich ist, auch im Digitalen. Sie ist in der Lage, Erlebnisse im digitalen Raum als zunehmend eigenständig und losgelöst von den physischen Gegebenheiten zu inszenieren. Angestrebt wird die Ebenbürtigkeit des Digitalen. Damit besteht Deckungsgleichheit mit der Endvision des enger gefassten Verständnisses vom Metaverse.

Dennoch werden in der Diskussion sehr unterschiedliche Aspekte miteinander verwoben, Technologien – wie VR oder Blockchain/NFTs – auf der einen Seite und tiefere Immersion auf der anderen. In der Tat lassen sich verschiedene Dimensionen in der Metaverse-Entwicklung als Kategorien erfassen, die auch die Handlungsfelder von Unternehmen entsprechend abstecken und die im Folgenden einzeln beschrieben werden sollen:

- Gaming und digitale Umgebungen in 2-D
- Digitale Realitäten in 3-D
- Virtuelle Güter und NFTs
- Web3

5.2.2 Gaming und digitale Umgebungen in 2D

Zweidimensionale, also am herkömmlichen Bildschirm erlebbare, in sich geschlossene Welten sind an sich nichts Neues. Schon zu Beginn des Millenniums machte die virtuelle Community SecondLife (vgl. Secondlife, o. J.) Furore, die heute oft als früher Vor-

läufer der heutigen Metaverse-Ansätze betrachtet wird und bereits damals Alltagstätig-
keiten – kommunikativer Austausch, Events, Spiele, Shopping – im digitalen Raum
ermöglichte. Dieses Konzept findet heute seine Fortsetzung etwa auf der Plattform
Decentraland (vgl. Decentraland, o. J.a), die sich ebenfalls am 2-D-Bildschirm erfahren
lässt, die aber auch ermöglicht, das Erlebnis durch den Einsatz von VR-Brillen drei-
dimensional zu erweitern (s. nachfolgend). Auch der Multiplayer-Shooter Fortnite (vgl.
Epicgames, o. J.) gilt als Entwurf eines eigenen Metaversums. Neben dem eigentlichen
Spielmodus bietet Fortnite regelmäßig Events an, wie Konzerte bzw. Life-Performances
(vgl. Fortnitetracker, o. J.). Mittels einer eigenen Währung (sog. „V-Bucks") kann
die Modifizierung der Erscheinung des eigenen Avatars bezahlt werden, womit eine
Abgrenzung zu den Identitäten anderer Spielerinnen und Spieler erfolgt. Ohnehin
werden Spiele als derzeit der Idealvorstellung eines Metaverses am nächsten kommende
bereits realisierte Anwendungen betrachtet. Die E-Gaming-Plattform Roblox ermöglicht nicht nur ihren Nutzerinnen und Nutzern, selbst eigene Spiele zu entwickeln und
mittels der virtuellen Währung Robux zu monetarisieren, sondern bietet auch Unternehmen Rahmenbedingungen, sich und ihre Marke zu präsentieren, etwa durch den
Aufbau eigener Teilwelten und die Bereitstellung einschlägiger Inhalte und Angebote
– bekannt in diesem Kontext ist vor allem der Auftritt von Nike mit „Nikeland", einer
Ansammlung verschiedener frei zugänglicher Onlinespiele mit dem Ziel der Marken-
pflege (s. nachfolgend). Doch im Prinzip schließt der Aspekt der digitalen Umgebung
als Erfassungsmerkmal für das Metaverse auch andere weitere virtuelle Plattformen
und Dienstleistungen ein, die ein entsprechend hohes Maß an Immersion aufweisen. So
können auch in sich geschlossene Bildungsangebote hier angeführt werden (vgl. University of Liverpool, o. J.). Selbst Zoom, als digital autarkes Instrument der Wissensver-
mittlung und virtuelles Eventtool, ließe sich damit dem Metaverse-Kosmos zurechnen.

5.2.3 Digitale Realitäten in 3-D

Die Adaption der Dreidimensionalität verstärkt unzweifelhaft die realitätsnahe Wahrnehmung in der digitalen Sphäre und erhöht die Immersion. Der Einsatz von VR-End-
geräten, um „echte" virtuelle Erlebnisse zu ermöglichen, ist schon seit Längerem im
Gaming-Umfeld erprobt. Verschiedenste kommerzielle Anbieter – nicht zuletzt die
von Meta vor einigen Jahren erworbene Firma Oculus Rift – stehen aktuell im Wettbewerb um diesen als vielversprechend empfundenen Zukunftsmarkt (vgl. Kraus et al.,
2022). Wie schon erwähnt, setzen auch einschlägige Metaverse-Plattformen, wie etwa
Decentraland, darauf, ihre Inhalte ebenso mit diesen Endgeräten erlebbar zu machen. Die
dreidimensionale Teilhabe ist sicherlich ein wichtiger Schritt hin zur Entwicklung eines
echten Metaverses, aber – zumindest heute – noch nicht zwingend ein konstituierendes
Merkmal. Die zuvor skizzierten zweidimensionalen Umgebungen eröffnen ebenfalls
immersives Potenzial. Aber auch der Mix aus virtueller und physischer Realität als
„Augmented Reality" (AR) kann zu einer Anreicherung medialer Erfahrungen führen.

Indem der Blick durch ein digitales Display – etwa durch eine Smartphone-Kamera – ein Bild aus der analogen Realität um ein virtuelles Element erweitert, wird gleichfalls die Verschmelzung beider Sphären herbeigeführt. Anwendungsfälle hierfür finden sich etwa bei der Verwendung virtueller Güter, wenn rein virtuell existierende Kleidungstücke oder Schmuck auf ein „reales" Foto projizierbar werden und das physische Tragen dieser Utensilien sich damit digital simulieren lässt.

5.2.4 Virtuelle Güter und NFTs

Auch hinsichtlich virtueller Güter ist der Gamesbereich als prägend zu betrachten. Schon seit geraumer Zeit können die Ausstattung von Spielfiguren, deren Erscheinungs-bild oder bestimmte virtuelle Gegenstände, die im Spiel einen Vorteil verschaffen, in vielen Spielen gegen Geld erworben werden. Das Geschäftsmodell der Games-Branche ist heutzutage immer öfter auf diesen Ansatz abgestellt – entweder als Haupteinnahme-quelle bei einer ansonsten frei nutzbaren Software (z. B. bei Fortnite) oder als Zusatzver-dienst zu einem zu entrichtenden Grundentgelt („Paidmium"-Ansatz). In einer virtuellen Umgebung, die versucht, das physische Leben nachzubilden, kommt dem Aspekt der Handelbarkeit von „virtuellen Sachgütern" und Dienstleistungen eine besondere Bedeutung zu. Die Motivation der Nutzerinnen und Nutzer dazu besteht nicht zuletzt darin, eine „Online-Identität" zu schaffen, mit der man sich gegenüber anderen abgrenzt. Aber auch für Unternehmen kann es interessant sein, Anknüpfungspunkte in den ent-stehenden virtuellen Welten zu errichten – etwa indem man „Immobilien" erwirbt, die zur Kundenkommunikation oder als Verkaufsfläche genutzt werden.[2] In diesem Kontext fällt häufig der Begriff „NFT" („non fungible token"), der allerdings nicht immer trenn-scharf verwendet wird. „Nicht-fungibel" bedeutet „nicht austauschbar" und bezieht sich auf die Problematik, dass digitale Güter, im Gegensatz zu physischen Gütern, eigentlich nicht rivalisierend im Konsum sind, weil sie sich unendlich vervielfältigen lassen und eine Übertragbarkeit nicht an den Verzicht des Gutes durch den „Abgebenden" gebunden ist. In einer virtuellen Welt, in der es „unique" virtuelle Sach- und Investitionsgüter gibt – wie etwa einen virtuellen Shop in einer Premiumlage – besteht jedoch die Not-wendigkeit, genau diesen originären Übertragungsprozess der physischen auch in der virtuellen Welt abzubilden. Nur so lässt sich gewährleisten, dass bestimmte Güter nur einmal verkauft werden. Dieses Problem ist bereits von digitalen Zahlungsmitteln wie Bitcoin bekannt und wird entsprechend durch den Rückgriff auf Distributed-Ledger-Technologie (DLT, „Blockchain") versucht zu lösen. Indem die Transaktion auf der anschließend dezentral verteilten Blockchain fixiert wird und potenziell einsehbar ist, wird sichergestellt, dass es keine „doppelte" Übertragung gibt. Ferner kann damit die Einzigartigkeit des virtuellen Gutes dokumentiert werden. Greifen die Betreiber ver-

---

[2] Vgl. Decentraland (o. J.b) – „parcels and estates".

schiedener Welten auf dasselbe DLT-Verfahren zurück, ließe sich damit auch eine Inter-
operabilität zwischen den Plattformen schaffen, das heißt digitale Güter, die in einer
virtuellen Umgebung erworben würden, könnten grundsätzlich auch in einer anderen
genutzt werden. Auf diese Weise käme man der Zielvision eines umspannenden, allgemeinen, ubiquitären Metaversums deutlich näher. Allerdings zeichnet sich eine
solche Entwicklung derzeit bestenfalls nur in Ansätzen ab, nicht zuletzt aufgrund von
Kompatibilitätsproblemen und den kollidierenden Interessen der verschiedenen Betreiber
der aktuellen virtuellen Welten.

NFTs sind Gegenstand intensiver Berichterstattung in den Medien, nicht zuletzt,
weil für digitale Kunst – z. B. Cryptopunks (vgl. Larvalabs, o. J.), Bored Aped Yacht
Club (vgl. BOYC, o. J.) – oder virtuelle Immobilien teilweise schwindelerregende
Preise bezahlt werden (vgl. NFT-Stats, o. J.; Nonfungible, o. J.). Neben ihrer Eigen-
schaft als Anlage- oder Spekulationsobjekt lassen sich NFTs aber auch im Marketing
und für digitale „convenience goods" einsetzen, etwa zur Kundenbindung und zur
„Emotionalisierung" (s. nachfolgend) (vgl. Hackl, 2021). Gleichwohl erscheint hier auch
Skepsis angebracht: In der Regel enthält ein NFT nur einen Link auf einen digitalen
Inhalt, der auf einem Server gespeichert ist, nicht das Gut selbst. Insofern werden nur
Rechte, nicht aber das eigentliche Eigentum transferiert. Ebenso ist wichtig zu verstehen,
dass diese Rechte immer nur auf ein einzelnes DLT-System beschränkt sind. Theoretisch
ließe sich ein digitales Kunstwerk auf verschiedenen Blockchains mehrfach vertreiben
(und dort jeweils als „einzigartig"). Ebenso ist Plagiarismus damit nicht aus der Welt
geschafft, denn die Urheberschaft wird beim „minten" (dem „Upload" des NFTs auf die
Blockchain) in aller Regel nicht geprüft (vgl. Ravenscraft, 2022). Und schließlich bedarf
es für den Handel mit virtuellen Gütern auch grundsätzlich nicht eines aufwendigen und
derzeit immer noch wenig nachhaltigen DLT-Systems. Alternativ könnte die Verwaltung
auch zentral durch die jeweilige Plattform erfolgen, die dann für die Rechtmäßigkeit der
Transaktionen verantwortlich wäre.

5.2.5 Web3

Im Kontext des Metaverses fällt auch immer wieder der Begriff des „Web3" (vgl. Mak,
2021). Darunter wird allgemein eine Gegenbewegung zur Zentralisierung der aktuellen
Netzorganisation, insbesondere der Bündelung der Markt- und Gestaltungsmacht bei den
großen Plattformen, erfasst. Die Diskussion um das Metaverse gibt dieser schon länger
geführten Diskussion (vgl. Wagener, 2022a) einen zusätzlichen Schub. Denn natürlich
stellt sich die Frage, nach welchen Regeln ein so tiefgreifender Neustart, wie es die
Errichtung eines übergreifenden Metaversums erfordern würde, erfolgen soll. Wäre es
dann überhaupt legitim, dass ein einzelnes, marktwirtschaftlich agierendes Unternehmen
als alleiniger Betreiber fungiert? Oder würden damit die heute bereits bestehenden
Probleme, die die Plattformen verursachen, bis hin zu dystopischen Ausprägungen
potenziert? Die Idee des Web3 setzt diesen potenziellen, negativen Entwicklungen eine

Dezentralisierung der Verfügungsrechte auf der Nutzerebene entgegen. Auch hier basiert die Umsetzung vor allem auf dem Einsatz von DLT.

Die Idee eines dezentralisierten Web3 ist aktuell noch weit von einer operativen Umsetzung entfernt – und zudem ebenfalls in ihren möglichen Auswirkungen nicht unumstritten. Auch wenn in Bezug auf die Ausgestaltung des Metaversums dieser Diskussion grundsätzlich eine wichtige Bedeutung zukommt, soll in diesem Beitrag das Thema nicht weiter vertieft werden.

5.3 Geschäftsmodelle und Best Practices

5.3.1 Virtuelle Verkaufsflächen

Wenn eine neue Welt im Virtuellen entsteht, bietet es sich aus Sicht des Handels natürlich zunächst an, hier entsprechende Absatzoptionen auf ihre Erschließung zu überprüfen. Gemäß einer als für den deutschen Markt repräsentativ deklarierten Studie von Deloitte können 55 % der Befragten sich grundsätzlich vorstellen, Güter im Metaverse zu erwerben (vgl. Deloitte, 2022).[3]

In der Tat bieten virtuelle Welten wie The Sandbox oder Decentraland den Kauf von „Immobilien" in ihrer Sphäre an, die als Verkaufsflächen genutzt werden können, wobei die Preise sich – wie in der physischen Welt – streng nach marktwirtschaftlichen Kriterien bemessen und, je nach Lage, nicht selten in die Millionen gehen.

Samsung hat seine Verkaufsfiliale in Manhattan in Decentraland nachgebaut, die mit dem Nutzer-Avatar virtuell besucht werden kann (vgl. Samsung, o. J.) und die Metaverse-Plattform CEEK hat am Beispiel H&M die Studie eines „begehbaren" Stores errichtet, in dem potenzielle Kundinnen und Kunden die Ware in Augenschein nehmen und erwerben können (vgl. Internetworld, o. J.). Auch ganze Malls sollen im virtuellen Raum entstehen, die einer Vielzahl von Geschäften an zentralisierter Stelle Platz bieten (vgl. Metamalls, o. J.). Daneben gibt es Ansätze, die losgelöst von bestehenden Plattformen existieren, sich aber auch leicht zu einem späteren Zeitpunkt auf diesen integrieren lassen, wie etwa der „virtual in-person pop-up Crib-Store" der Firma Babylist (vgl. Babylist, o. J.), die dort Kinderwagen und Babyausstattung feilbietet. Dabei steht selten nur ein Abbild eines physischen Ladengeschäfts im Mittelpunkt der Konzepte. Meist können auch virtuelle Produkte oder Ergänzungen zum bestehenden analogen Programm erworben werden. Des Weiteren dienen die Auftritte der Vermittlung weiter-

---

[3] Dabei muss es allerdings nicht gleich ein virtueller Wolkenkratzer sein: Ganz oben auf der Beliebtheitsskala stehen der Besitz von Video- und Musikaufnahmen (25 %) sowie der Erwerb virtueller Konzerttickets (21 %). Auch virtuelle Mode für Avatare (die digitale Darstellung der eigenen Person im Metaverse) ist gefragt (vgl. Deloitte, 2022).

führender marken- und produktbezogener Inhalte sowie der Durchführung von Verkaufs-
aktionen und Events.

Doch auch denjenigen, die derartige Investitionen scheuen, eröffnen sich
Perspektiven, um am Handel im Metaverse zu partizipieren. Denn ebenso die Platt-
formbetreiber selbst denken an den Aufbau von Retailstrukturen – analog der bekannten
Funktionsweise der App-Ökonomie. Meta etwa plant als Intermediär den Vertrieb
von virtuellen und physischen Produkten zu organisieren und von den Anbietern und
„Creators" entsprechende Provisionen (25 % auf der eigenen VR-Plattform Horizon)
aus den Verkäufen zu erheben (vgl. Gramsch, 2022). Relevant in diesem Kontext ist ein
Facebook-Patent aus dem Jahr 2019. Demnach beabsichtigt Meta, Angebote in virtuellen
Shops zu personalisieren – maßgeschneidert zum individuellem Nutzerprofil. Analog den
programmatischen Werbeverkaufssystemen bei klassischen Facebook-Anzeigenkönnten
Werbetreibende über ein normiertes Interface Gebote für die Ausspielung ihrer Produkte
festlegen und die anvisierten Zielgruppen anhand hinterlegbarer Merkmale zusätzlich
targetieren (vgl. Google Patents, o. J.). Damit wäre Meta in der Lage, sein bisheriges
Erfolgskonzept auch für das Shopping im Metaverse fortzuschreiben.

5.3.2   Die Kombination von virtueller und physischer Sphäre

Ein Produkt, das in beiden Sphären nutzbar wäre, würde einen weiteren Schritt in der
Realisierung der Zielvisionen eines „echten" Metaversums beschreiben. Die Möglichkeit, digitale Abbilder von analogen Produkten zu erzeugen, eröffnet neue Formen der
Angebotskombination aus physischen und virtuellen Elementen. Insbesondere im
Fashionumfeld bietet sich dies als verkaufsstrategische Vorgehensweise an. Der Mode-
konzern Zara hat 2022 eine „Metakollektion" auf den Markt gebracht, deren Teile
sowohl im „physischen" Umfeld als auch im Zepeto-Metaverse (Zepeto, o. J.) getragen
werden können (vgl. Bennett, 2022). Die Linie umfasst Textilien und Kosmetikprodukte.
Ähnliche Ansätze sind bei Balenciaga und Gucci zu verzeichnen. Balenciaga kooperierte
dabei mit Fortnite und ermöglichte die Ausstattung der Fortnite-Avatare mit Balenciaga-
Mode gegen die Bezahlung in der Plattformwährung V-Bucks. Nutzerinnen und Nutzer,
die in ihrem neu erworbenen Outfit spielten, konnten Fotos ihrer Charaktere einsenden,
die dann auf virtuellen Plakatwänden in Fortnite zu sehen waren – gewissermaßen als
Testimonial. Dabei blieb die Nutzererfahrung nicht auf das rein virtuelle beschränkt.
Auf dem „echten" Times Square bewarb Balenciaga die Aktion mit den virtuellen
Protagonisten seiner Kampagne und führte die physische Kundschaft zu seinem
„Bricks&Mortar"-Store in New York, wo das physische Abbild der Kollektion erworben
werden konnte (vgl. Yotka, 2021). Gucci hat eine limitierte Handtaschen-Kollektion
aufgelegt, die auf der Roblox-Plattform sowie in der physischen Realität zeitlich eng
begrenzt erworben werden konnte. Dabei waren die virtuellen Versionen mitunter teurer
als jene im Analogen, im Falle etwa der „Dionysus"-Tasche USD 4115 gegenüber USD
3400. Denjenigen, denen es gelang, eine der wenigen digitalen Taschen zu erwerben,

dürften sich zwar über potenziell höhere Wiederverkaufswerte freuen. Dennoch ist die Nutzung der Tasche allein auf Roblox beschränkt, es handelt sich dabei auch nicht um ein NFT: Die Eigentumsfestschreibung erfolgte nicht auf einer Blockchain, sondern lediglich zentral im Roblox-Interface (vgl. Mad over Marketing, 2021).

Auch wenn diese Aktivitäten derzeit natürlich noch stark auf das Branding großer Modemarken gerichtet sind, eröffnet die Verknüpfung von virtuellen und physischen Produkten, zweifelsohne neue Perspektiven für den Handel. Insbesondere auch kleinere Unternehmen könnten dies als kostengünstigen Ansatz für sich nutzbar machen. Dezentralisierung durch DLT und NFT wird immer auch mit Demokratisierung verbunden(vgl. Wagener, 2022b) und im Schatten der beschriebenen Entwicklungen haben auch zahlreiche kleinere Unternehmen und einzelne, unabhängige Designer sich auf diesen Märkten positioniert (vgl. Nguyen, 2022). Die Eintrittsbarrieren für den NFT-Fashion-Markt sind schließlich eher niedrig, und auch mit geringen finanziellen Mitteln ist es möglich, eine virtuelle Modekollektion zu kreieren und feilzubieten. Der Brücken-schlag in die physische Welt lässt sich daraus dann deutlich leichter vollziehen. Die junge Modemarke Vollebak verkauft Kleidung via NFTs in ihrem virtuellen Geschäft auf der Metaverse-Plattform Decentraland (vgl. Vollebak, o. J.). Gegen Aufpreis lässt sich auch eine physische Version erwerben und der digitale „Direct-to-Avatar"-Vertriebsweg wird damit bei Bedarf zu einem „Production-on-Demand"-Kanal weiterentwickelt, was die Investitionsrisiken klassischer „analoger" Prozesse minimiert. Dabei lässt sich über AR (s. zuvor) auch eine virtuelle Anprobe simulieren, und aus dem „Try-before-buy" wird zusätzlich ein „Try-before-Production".

Ferner lassen sich auf diese Weise aber auch ausschließlich virtuell existierende Produkte mit der physischen Welt verweben. Auf der E-Commerce-Plattform Spatialport (vgl. Spatialport, o. J.a) können einzigartige Luxusuhren als virtuelle Güter erworben werden, deren Hauptzweck darin besteht, ein Foto der Besitzerin oder des Besitzers über AR mit der erworbenen Uhr am Handgelenk digital „anzureichern" und dieses dann bei-spielsweise über Social Media zu verbreiten. Die Rechte an dem exklusiven Gut werden über ein NFT fixiert (vgl. Spatialport, o. J.b). Der Startpreis für jede Uhr lag bei etwa USD 300.[4]

Aber auch aus anderen Bereichen jenseits des Fashionsegments ist es möglich, Kombinationen aus virtuellen und physischen Produktangeboten zu kreieren: Das NFT-Projekt Aisthisi (o. J.) vermarktet Olivenöl in Verbindung mit digitaler Kunst. Wer ein NFT-Werk der partizipierenden Künstler erwirbt, erhält damit auch ein Anrecht auf ein physisches Gut – in diesem Fall eine Flasche Olivenöl. Diese ist mit einem Etikett des jeweiligen Kunstwerks versehen. Das NFT ist nach Erhalt der physischen Ware wieder frei handelbar. Im Prinzip kann diese Form der „Handelssymbiose" auch auf andere Produktkombinationen übertragen werden. Damit ließe sich ebenso für KMU und Einzelunternehmen eine werthaltige Strategie zur Absatzförderung verfolgen, ohne große

---

[4]0,1 ETH zum damaligen Kurs.

institutionelle Hürden. Der Konsumentennutzen ist dabei nicht auf eine einzelne Eigenschaft reduziert, sondern erschließt sich aus einer Mehrzahl von möglichen Kaufmotiven, etwa der Verknüpfung von Konsum- und Investitionsgut.

5.3.3 Kundenbindung und Markenbildung: eigene Welten

Eine weitere Handlungsoption besteht in der Nutzung des Metaverses für Kundenbindung und Markenbildung im Rahmen eigener „Sub-Welten". Wie beschrieben, erlauben viele Metaverse-Plattformen eigene Repräsentanzen. Vielleicht die bislang konsequenteste Nutzbarmachung dieses Ansatzes ist Nike auf Roblox mit seiner umfangreichen Adaption eines „markenbasierten Themenparks", dem „Nikeland", gelungen (Roblox, o. J.). Der Zugang dazu ist nach dem Roblox-Log-in kostenlos. Eine Vielzahl von Spielen ist frei nutzbar. Entsprechend der CSR-Strategie von Nike und im Einklang mit dem Markenkern soll dies junge Nutzerinnen und Nutzer dazu ermutigen, an immersiven Fitnesserlebnissen teilzuhaben. AR-Technologie wird genutzt, um das virtuelle Erlebnis in die physische Welt zu übertragen und soll dabei helfen, Zugangsbarrieren abzubauen. Dies bildet den Rahmen, um auch weitere Markenbotschaften sowie Neuigkeiten aus der Produktpalette zu transportieren und Produkt-Showrooms zu präsentieren. Die Spiel-Avatare können virtuell mit bekannten Nike-Produkten ausgestattet werden. Ferner findet Cross-Promotion mit von Nike gesponserten Sportlerinnen und Sportlern statt, die dort auftreten und auch eigene Kollektionen bewerben. 2022 „trainierte" beispielsweise NBA-Star LeBron James auf dem Nikeland-Basketballfeld Avatare, die während des Events und danach virtuelle Produkte gewinnen konnten (vgl. Sutcliffe, 2022). Umgekehrt gibt es auch in der physischen Sphäre eine Entsprechung des Nikelands in Nike's New Yorker Flagship Store. Im dortigen Kinderbereich können AR-Anwendungen genutzt werden, etwa über Snapchat-Linsen, um das virtuelle Spielerlebnis aus dem rein digitalen Nikeland in eine physische, virtuell angereicherte Umgebung zu verlagern (vgl. Snapchat, o. J.).

Laut Nike konnten bis zum ersten Quartal 2022 bereits fast 7 Mio. Besucherinnen und Besucher in Nikeland verzeichnet werden.[5] Daraus resultierte angeblich auch ein nennenswerter Beitrag zum aktuellen Umsatzwachstum. Selbst wenn der Aufwand, der für eine derartige erfolgreiche Umsetzung unzweifelhaft sehr hoch und insofern sowie angesichts der bestehenden Markenstärke von Nike nur schwer kopierbar ist, zeigt sich doch, dass das Metaverse und die Verknüpfung von virtueller und physischer Welt durchaus geeignet sein können, um ein gezieltes Branding, Kundenbindung und ein markengerechtes Absatzmarketing zu betreiben.

---

[5] So Nike CEO John Donahoe nach übereinstimmenden Medienberichten während eines Investorenmeetings (vgl. Cryptonomist, 2022; Inside, 2022).

5.4   Erfolgsfaktoren und Handlungsempfehlungen

Ohne Zweifel sind wir von der Zielvision eines „parallelen", ubiquitären Metaversums noch weit entfernt. Gleichwohl wäre es aus unternehmerischer Sicht fahrlässig, die hochdynamische Entwicklung und die damit einhergehenden Investitionen in den Markt zu ignorieren. Je nach Branche mögen die Chancen und Risiken eines Engagements womöglich sehr unterschiedlich sein. Und auch der fehlende gemeinsame terminologische Nenner erschwert die Findung der angemessenen strategischen Herangehensweise. Zu warten, bis eines Tages tatsächlich ein untrennbares Verwachsen der virtuellen und physischen Sphäre vollzogen ist, wie es in den Science-Fiction-Romanen und Filmen beschrieben wird, wäre allerdings kurzsichtig und würde die Veränderungen, die bereits heute an den Märkten vollzogen sind, ignorieren. Es ist nicht zu bestreiten, dass zumindest auf den zweidimensionalen virtuellen Plattformen bereits ein neuer Marktkosmos entstanden ist. Eine Reduzierung der Thematik auf Welten, die sich zwingend nur mit VR-Brillen besuchen lassen, würde die anvisierbare Zielgruppe nur unnötig verengen. Anders als sonst in der Digitalökonomie, etwa bei Suchmaschinen und E-Commerce-Plattformen sowie in den sozialen Medien, ist der Markt aktuell noch sehr fragmentiert, der „Kuchen" noch nicht verteilt. Statt einer zentralen Anlaufstelle für alles, was unter dem Begriff Metaverse subsumiert wird, gibt es verschiedene Anbieter auf verschiedenen Ebenen, die unterschiedliche Teilleistungen erbringen. Umso wichtiger ist es aus Unternehmenssicht, die richtige Plattform zu finden, die einerseits am besten zu den eigenen Zielen und Produkten passt, andererseits aber auch genügend Reichweite verspricht. Selbst wenn im Moment Fortnite das vielleicht am besten entwickelte System im virtuellen Raum besitzt, ist es für die meisten Unternehmen, jenseits der großen Marken, illusorisch, hier einen marktfähigen Ansatzpunkt zu finden. Auf Minecraft oder Roblox hingegen bieten sich womöglich ebenso kleineren Anbietern Chancen aufgrund ihrer dezentraleren Konzeptionen, die auch die Nutzerschaft als kreative Kraft von Beginn an miteinbezogen haben.

Auch wenn NFTs in aller Munde sind, zeigt sich doch in der Praxis, dass viele erfolgreiche Adaptionen virtueller Güter sehr gut ohne die aufwendige und derzeit noch wenig nachhaltige DLT ausgekommen sind. Daher gilt hier: Nur dort, wo es wirklich notwendig ist, wo anbieterunabhängige Wertanlagen geschaffen werden sollen, deren Rückverfolgung zu den Voreigentümerinnen und -eigentümern bzw. „Kreatorinnen" und „Kreatoren" wirklich einen „Mehrwert" versprechen, macht es Sinn, auf Blockchain und Tokens zurückzugreifen. Gleichwohl bietet gerade dieses Umfeld erhebliche Chancen für einzelne Künstlerinnen und Designer, für kleinere Unternehmen, die hier, wie gezeigt, ohne größeres Investitionsrisiko Produkte unter Marktbedingungen testen oder Wege zu gänzlich neuen Märkten beschreiten können.

Auch hinsichtlich der Kanäle zur Kommunikation über die jeweiligen Tätigkeiten gilt es abzuwägen: Roblox, Minecraft oder Fortnite und auch andere, eigenständige Open-World-Games sind über „Let's Plays" von einschlägigen Influencerinnen und

Influencern, auf Twitch oder YouTube gut kommunikativ verankert. Ebenso erreichen YouTube-Kanäle, die sich allein mit Neuigkeiten zu einzelnen Gaming-Plattformen beschäftigen, mitunter erstaunliche Reichweiten. Daneben bietet das Sponsoring von eSports in diesen Umfeldern eine Handlungsoption für eine zielgerichtete kommunikative Begleitung der Aktivitäten. Während für diesen Kontext also ein eingeführter Instrumentenkasten existiert, erscheint die Kommunikation jenseits der Gamingwelt noch als Stückwerk. Für alles, was sich dem Metaverse im engeren Sinne widmet – NFTs, Web3 und alle weiteren DLT-basierten Betätigungsfelder – hat sich Discord als „Verlautbarungskanal" sowie zur Community-Organisation etabliert (vgl. Discord, o. J.), was entsprechend Berücksichtigung in der Kommunikationsstrategie finden sollte. Wie schon beschrieben, eröffnen die virtuellen Welten, deren Zugang ja meist nur durch Registrierung und die damit verbundene ausdrückliche Zustimmung zu wie auch immer gearteten Datenschutzvereinbarungen möglich ist, umfangreiche Personalisierungsoptionen. Auch wenn man als Werbungtreibender nur auf bestehende Plattformen zurückgreift, bieten sich hier tiefgreifende Ansatzpunkte. Als Beispiel kann auch hier Fortnite mit seinen zahlreichen Markenkooperationen angeführt werden: Das Manga-Franchise Naruto ermöglicht den Nutzerinnen und Nutzern, spezifische Ausstattungsgegenstände in Fortnite zu erspielen. Für die Teilnahme an diesen zusätzlichen „Challenges" ist jedoch eine weitere Registrierung notwendig. Somit hat das Engagement der Marke nicht nur einen Brandingeffekt, sondern dient ebenso dem massenhaften Datenmining unter den Millionen Fortnite-Spielern. Das Onboarding läuft dabei einfach und friktionsfrei, per einfachem Click werden die bereits im Stammspiel hinterlegten Daten übernommen (vgl. Großmann, 2022).

Im Kontext der Kommunikation ist ferner zu beachten, dass im Metaverse womöglich andere Regeln und Verhaltenskodizes gelten könnten. Meta hat bereits Vorkehrungen getroffen, um virtueller sexueller Belästigung vorzubeugen. So sollen sich Avatare im Virtuellen nur bis auf einen festgelegten Mindestabstand nähern können (vgl. Sharma, 2022). Auch was als rechtmäßiges oder strafbares Handeln im virtuellen Metaverse zu verstehen ist, müsse (noch) verhandelt werden, wird insbesondere aus den USA gefordert (vgl. Chalmers, 2022, S. 335 ff.). Tendenziell dürfte das Metaverse damit vermutlich eher „woke" und weniger anarchische Spielwiese für das Ausleben ungezügelter Freiheiten sein. Der oft modernistische Gestus der aktuellen Diskussion kann aber auch als leistungsfähiges Vehikel für bestimmte aktuelle Themen genutzt werden: Nachhaltigkeit und ebenso soziale Anliegen, wie sie z. B. NIKE mit seinem Nikeland verfolgt, lassen sich, sofern einige Grundregeln der CSR befolgt werden, derzeit vermutlich gut und glaubhaft in diesem Kontext transportieren.

Schließlich sollte das Engagement in einem wie auch immer gearteten Metaverse entsprechend gesteuert und auf Erfolgswirksamkeit überprüft werden. Womöglich unterscheiden sich jedoch die erfolgsrelevanten Metriken von den bisher im digitalen Marketing erprobten Kennzahlen wie „Likes", „Shares" und „Conversions" (vgl. McKinsey, 2022b). Das Metaverse ermöglicht neue Formen des „Engagements", die sich auch im Monitoring und Controlling jenseits reiner Absatzzahlen widerspiegeln sollten. Dazu zählen etwa die Messung des Community Engagements im entsprechenden Discord-Stream, der „Share of Voice" der Postings in einschlägigen virtuellen wie auch traditionellen digitalen Communities sowie die Ermittlung der erfolgreichen zugrunde liegenden Content-Arten. Ebenso kann die Auswertung der öffentlich geführten Chats in den jeweiligen Welten im Rahmen eines semantischen „Conversation Minings" werthaltige verhaltensökonomische Einblicke gewähren (vgl. Greenwald, 2022). Und auch die Verbreitung virtueller Güter bietet Ansatzpunkte für die Kennzahlenerhebung und -steuerung. Deren „Marktdurchdringung" lässt sich erheben, indem der Absatz je Nutzerin oder Nutzer und die Nutzerzahlen insgesamt gegenübergestellt werden. Und in Bezug auf NFTs dürften der Verkauf über Zweitmärkte – jeweils geld- und stückbewertet – sowie die entsprechende Preisentwicklung zu wichtigen Indikatoren werden.

All dies weist darauf hin, dass Marketing und Vertrieb im Metaverse angesichts dieser neuen Anforderungen auch angepasste oder neue Strukturen und Prozesse benötigen. Für alle potenziellen Marktteilnehmenden gleichermaßen – groß wie klein – gilt daher: Halbherzige Vorstöße dürften kaum Erfolg versprechen.

5.5   Fazit: Ist die Zukunft des Shoppings virtuell?

Immer wieder werden Zweifel daran geäußert, ob dem Metaverse wirklich eine nachhaltige Entwicklung beschieden ist oder ob die aktuelle Diskussion und die daraus erzeugte Aufmerksamkeit nicht bloß ein „Hype" ohne wirkliches Fundament seien. Zunächst scheint es aus heutiger Sicht sehr unwahrscheinlich, dass tatsächlich ein ubiquitäres, die Standardschranken einzelner Plattformen überwindendes Netz entstehen könnte, das virtuelle und physische Welt immersiv vereint. Treiber hinter den Entwicklungen sind bereits am Markt etablierte Unternehmen mit autarken ökonomischen Interessen. Ein Monopolisierungssog – bei dem natürlich fraglich ist, ob dieser überhaupt wünschenswert wäre – zeichnet sich ebenso wenig ab wie eine breite Kooperation der Wettbewerberinnen und Wettbewerber. Insofern dürfte die Vision eines distribuierten Web3, welches auch die Verfügungsmacht in einem solchen Netz dezentralisieren würde, nur schwer zu realisieren sein. Vor allem aber scheint es schwer vorstellbar, dass man als Mensch aus Fleisch und Blut tatsächlich große Teile seines Alltags in der Virtualität verbringen möchte, bei allem Spaß, den das punktuell bereiten mag. Worin bestünde der Nutzenzuwachs dadurch? Wer den namensgebenden Roman Stephenson's heute, mehr als 30 Jahre nach Erscheinen, liest, dem dürfte auffallen, wie nah die dort skizzierte Version des Metaversums an den aktuellen Vorstellungen und Konzepten dazu liegt. Bereits damals beschrieb Stephenson die Verwendung virtueller Markenartikel und digitaler Mode durch individualisierte Avatare, in allen ihren Ausprägungen und Konsequenzen – übrigens nicht als erstrebenswert erscheinende Zielvision, sondern als Dystopie. Umso erstaunlicher ist es, dass das Werk als eine Art Blaupause für die Verschmelzung von physischer und virtueller Welt betrachtet wird.

Allerdings wäre es nicht das erste Mal, dass wir auf gelernte und tradierte Denk-muster als Erklärungsmodell zukünftiger Entwicklungen zurückgreifen – und damit zu falschen Schlüssen gelangen. Auch das WWW, die sozialen Medien und die Digitalisierung als solches wurden bereits in der Vergangenheit mit zahlreichen falschen Prognosen bedacht (vgl. PC Welt, 2022).[6] Warum sollte es diesmal anders sein?

Vieles deutet darauf hin, dass wir uns zur Beurteilung der Marktchancen nicht auf enge definitorische Zielkorridore oder prosaische Zukunftsbeschreibungen verlassen sollten. Der technische Fortschritt bei den Endgeräten, den VR-Brillen, lässt sich ebenso wenig linear vorausbestimmen wie die Adaptionsbereitschaft jüngerer Generationen oder auch die Auswirkungen externer Faktoren, wie den Klimawandel, geopolitische Krisen oder eine Pandemie.

Insofern erweist sich der pragmatische Blick auf das bereits Erreichte und Realisierte womöglich als die vielversprechendere Herangehensweise. Tatsache ist nun mal, dass viele Menschen, in erster Linie jüngere, vielleicht nicht ihren kompletten Alltag, aber doch einen erklecklichen Teil ihrer Zeit bereits jetzt in nicht-physischen Welten ver-bringen. „Budgets follow Eyeballs" ist ein bewährtes Diktum der Digitalwirtschaft, und in der Tat überschreiten die Investitionen in Verbindung mit einem wie auch immer gearteten Metaverse bereits jetzt jene in die „Schlüsseltechnologie" KI (vgl. McKinsey, 2022a).[7]

Dass Menschen bereit sind, für nicht-materielle Sachgüter, die in der physischen Sphäre eigentlich keinen Wert besitzen, Geld auszugeben – auch jenseits der gehypten BoredApeYachtclub- und Cryptopunk-NFTs, kann ebenfalls als Fingerzeig für eine gesellschaftliche Entwicklung außerhalb erwarteter Muster gelten. Wer tiefer in die beschriebenen Welten eintaucht, wird schnell feststellen, dass dem eigentlich viel-strapazierten Begriff der „Identität" im Virtuellen eine besondere Adaption zuteil-wird: Der Wille zur persönlichen Abgrenzung und Individualität ist hier als realisiertes Massenphänomen zu beobachten. Die virtuelle Sphäre hat sich bereits zu einer Projektionsfläche für Wünsche, Werte und Haltungen entwickelt, die über die Möglich-keiten in der analogen Realität deutlich hinausgehen – und wofür die Nutzerinnen und Nutzer auch bereits heute bereit sind, zu bezahlen. Das allein kann schon als Vorbote einer sich verändernden Lebenswirklichkeit begriffen werden. Letztlich ist das „Meta-verse" nur ein Symbol dieses Wandels.

Insofern geht die Frage danach, ob die Zukunft des Shoppings virtuell ist, ins Leere. Denn diese Zukunft hat bereits begonnen.

---

[6] Berühmt ist etwa auch die Aussage von Microsoft-Gründer Bill Gates „Das Internet ist nur ein Hype" (Spiegel, 2012).

[7] Laut McKinsey bereits 120 Mrd. USD in den ersten fünf Monaten des Jahres 2022, gegenüber 93,7 Mrd. in KI im ganzen Jahr 2021 (vgl. McKinsey, 2022a).

Literatur

Aisthisi. (o. J.). https://aisthisi.art/. Zugegriffen: 28. Juni 2022.

Babylist. (o. J.). https://showroom.babylist.com/los-angeles/#/. Zugegriffen: 28. Juni 2022.

Ball, M. (2020). *The metaverse: What it is, where to find it, and who will build it, Jan 13, 2020.* https://tinyurl.com/2p95dx8e. Zugegriffen: 28. Juni 2022.

Bennett, A. (2022). You can wear Zara's new collection inside and outside of the metaverse. In *Vogue*, 06.04.2022. https://tinyurl.com/2p8z383y. Zugegriffen: 28. Juni 2022.

Bohnsack, R. (1997). Dokumentarische Methode. In R. Hitzler & A. Honer (Hrsg.), *Sozialwissen-schaftliche Hermeneutik* (S. 191–212). VS Verlag. https://doi.org/10.1007/978-3-663-11431-4_8.

BOYC. (o. J.). https://boredapeyachtclub.com. Zugegriffen: 28. Juni 2022.

Chalmers, D. J. (2022). *Reality+ virtual reality and the problems of philosophy.* Norton.

Cryptonomist. (2022). Nike's metaverse store had nearly 7 million visitors from around the world over the span of five months. https://tinyurl.com/2p8d3ft3. Zugegriffen: 28. Juni 2022.

Decentraland. (o. J.a). https://decentraland.org/. Zugegriffen: 28. Juni 2022.

Decentraland (o. J.b). https://market.decentraland.org/. Zugegriffen: 28. Juni 2022.

Deloitte. (2022). Media consumer survey 2022. Next stop: Metaverse. https://tinyurl.com/3mwwds36. Zugegriffen: 28. Juni 2022.

Discord. (o. J.). https://discord.com/invite/x-metaverse. Zugegriffen: 28. Juni 2022.

Epicgames. (o. J.). https://www.epicgames.com/fortnite/. Zugegriffen: 28. Juni 2022.

Fortnitetracker. (o. J.). https://fortnitetracker.com/events. Zugegriffen: 28. Juni 2022.

Garfinkel, H. (1967). *Studies in ethnomethodology.* Polity.

Google Patents. (o. J.). https://patents.google.com/patent/US10192403B2/en?oq=10192403. Zugegriffen: 28. Juni 2022.

Gramsch, M. (2022). Meta testet den Verkauf virtueller Items im Metaverse Horizon Worlds. In: *Basicthinking*, 12.02.2022. https://tinyurl.com/387s6sdu. Zugegriffen: 28. Juni 2022.

Greenwald, M. (2022). Why NFTs and the metaverse can be so strategic for brands, even providing profitable new business models and revenue streams. In *Forbes*, 03.02.2022. https://tinyurl.com/4zskd9n3. Zugegriffen: 28. Juni 2022.

Großmann, J. (2022). Fortnite: Naruto-Skins und Manda-Gleiter bei The Nindo gratis abstauben. In *Ingame*. 27.06.2022. https://tinyurl.com/3kdpwfdt. Zugegriffen: 28. Juni 2022.

Hackl, C. (2021). Value creation in the metaverse: A utility framework for NFTs. In *Forbes*, 23.11.2021. https://tinyurl.com/4u72msp8. Zugegriffen: 28. Juni 2022.

Inside. (2022). Nike's metaverse store had nearly 7 million visitors from around the world over the span of five months. https://tinyurl.com/3mrb694v. Zugegriffen: 28. Juni 2022.

Internetworld. (o. J.). H&M plant Eröffnung des ersten virtuellen Stores im Metaverse. https://tinyurl.com/tj9wcam3. Zugegriffen: 28. Juni 2022.

Kraus, S., Kanbach, D. K., Krysta, P., & Tomini, N. (2022). Facebook and the creation of the Metaverse: Radical business model innovation or incremental transformation? *International Journal of Entrepreneurial Behaviour & Research, 28*(9). https://doi.org/10.1108/IJEBR-12-2021-0984.

Larvalabs. (o. J.). https://www.larvalabs.com/cryptopunks. Zugegriffen: 28. Juni 2022.

Mad over Marketing. (2021). A virtual Gucci bag in a game was sold for more than the real version. https://tinyurl.com/4d7vuj5h. Zugegriffen: 28. Juni 2022.

Mak, A. (2021). What is web3 and why are all the crypto people suddenly talking about it? In *Slate*, 09.11.2021. https://tinyurl.com/3pyvs33f. Zugegriffen: 28. Juni 2022.

McKinsey. (Hrsg.). (2022a). Marketing in the metaverse: An opportunity for innovation and experimentation. In *McKinsey Quarterly*, 24. Mai 2022. https://tinyurl.com/bddx6f3a. Zugegriffen: 28. Juni 2022.

McKinsey. (Hrsg.). (2022b). Value creation in the metaverse. The real business of the virtual world in the metaverse. McKinsey & Company 2022. https://tinyurl.com/3md2jtnk. Zugegriffen: 28. Juni 2022.

Metamalls. (o. J.). https://metamalls.io/. Zugegriffen: 28. Juni 2022.

NFT-Stats. (o. J.). https://www.nft-stats.com/collection/boredapeyachtclub. Zugegriffen: 28. Juni 2022.

Nguyen, T. (2022). What's the point of digital clothes? In *Vox*, 21.01.22. https://tinyurl.com/e9uch8ys. Zugegriffen: 28. Juni 2022.

Nonfungible. (o. J.). https://nonfungible.com/market-tracker/decentraland. Zugegriffen: 28. Juni 2022.

Nvidia. (o. J.). https://www.nvidia.com/de-de/omniverse/. Zugegriffen: 28. Juni 2022.

PC Welt. (2022). Die spektakulärsten Fehlprognosen der IT-Geschichte. https://tinyurl.com/y76ut3rb. Zugegriffen: 28. Juni 2022.

Ravenscraft, E. (2022). NFTs don't work the way you might think they do. In *Wired*. 12.03.2022. https://tinyurl.com/28wzm8us. Zugegriffen: 28. Juni 2022.

Roblox. (o. J.). https://www.roblox.com/nikeland. Zugegriffen: 28. Juni 2022.

Samsung. (o. J.). https://www.samsung.com/us/explore/metaverse-837x/. Zugegriffen: 28. Juni 2022.

Secondlife. (o. J.). https://secondlife.com/. Zugegriffen: 28. Juni 2022.

Sharma, V. (2022). Introducing a personal Boundary for horizon worlds and venues. https://tinyurl.com/463bn68m. Zugegriffen: 28. Juni 2022.

Snapchat. (o. J.). https://lens.snapchat.com/b3c6157d851c4dfaab215e6d4f6033f3. Zugegriffen: 28. Juni 2022.

Spatialport. (o. J.a). https://www.spatial-port.com/. Zugegriffen: 28. Juni 2022.

Spatialport. (o. J.b.) https://www.spatial-port.com/nftcollection. Zugegriffen: 28. Juni 2022.

Spiegel. (2012). „Das Internet ist nur ein Hype". https://tinyurl.com/yc4j64ra. Zugegriffen: 28. Juni 2022.

Sutcliffe, C. (2022). Nearly 7 million people have visited Nike's metaverse store. In *The Drum* 22.03.2022. https://tinyurl.com/4snvptfs. Zugegriffen: 28. Juni 2022.

Thelen, T. (2015). Ethnographische Methoden. In R. Kollmorgen, W. Merkel, & H. J. Wagener (Hrsg.), *Handbuch Transformationsforschung* (S. 255–264). Springer VS. https://doi.org/10.1007/978-3-658-05348-2_20.

University of Liverpool. (o. J.). https://www.liverpool.ac.uk/collaborate/facilities-and-equipment/virtual-engineering-centre/. Zugegriffen: 28. Juni 2022.

Vollebak. (o. J.). https://www.vollebak.com/. Zugegriffen: 28. Juni 2022.

Wagener, A. (2022a). Governance of things: AI & DAOs in politics – Utopia or Dystopia? In: Conference Proceedings: Anthropology, AI and the Future of Human Society, P28: Blockchain Imaginaries: Techno-utopianism, dystopias, and the future-imagining of Web 3.0., 06.06.–10.06.2022. https://nomadit.co.uk/conference/rai2022/paper/64834/paper-download.pdf. Zugegriffen: 28. Juni 2022.

Wagener, A. (2022b). „Algorithmic Regulation": ökonomische und gesellschaftliche Handlungs-optionen der Plattformregulierung. In A. Wagener & C. Stark (Hrsg.). *Die Digitalisierung des Politischen*. Springer VS.

Yotka, S. (2021). Balenciaga and fortnite team up for a digital-to-physical partnership. In *Vogue*. 20.09.21. https://tinyurl.com/tdnttnm9. Zugegriffen: 28. Juni 2022.

Zepeto (o. J.). https://zepeto.me/. Zugegriffen: 28. Juni 2022.

Prof. Dr. Andreas Wagener ist Politik- und Wirtschaftswissenschaftler sowie Professor für Digitales Marketing an der Hochschule Hof und leitet die Forschungsgruppe „Digitale Transformation in Wirtschaft und Gesellschaft (DTWG)" am iisys – Institut für Informationssysteme. Seine Arbeitsschwerpunkte liegen im Bereich der digitalen Transformation von Wirtschaft und Gesellschaft, insbesondere bei den Themen KI, Trans- und Posthumanismus sowie virtuelle Realitäten.

Die Akzeptanz von neuen Technologien im stationären Einzelhandel am Beispiel von digitalen Sprachassistenten in der DIY-Branche

6

Uwe Kehrel und Nina Wörmer

Inhaltsverzeichnis

6.1 Problemstellung und Zielsetzung 112
6.2 Digitale Sprachassistenten im stationären Einzelhandel 114
    6.2.1 Funktionsweise 114
    6.2.2 Einsatzgebiete 115
    6.2.3 Hindernisse 116
6.3 Technologieakzeptanzmodell für Sprachassistenten 117
    6.3.1 Motivation und Technologieakzeptanz 117
    6.3.2 Modifiziertes Technologieakzeptanzmodell und Herleitung der Hypothesen 118
6.4 Methodik 120
    6.4.1 Untersuchungsdesign 120
    6.4.2 Messinstrumente 121
6.5 Ergebnisse 121
6.6 Diskussion 121
    6.6.1 Einfluss der Customer-Journey-bezogenen Akzeptanztreiber 121
    6.6.2 Einfluss der technologiebezogenen Akzeptanztreiber 124
    6.6.3 Weitere Einflussfaktoren im modifizierten Akzeptanzmodell 127
    6.6.4 Gesamtbetrachtung der Einflussfaktoren auf die Akzeptanz von digitalen
        Sprachassistenten im Baumarkt 127
6.7 Fazit 129
Literatur 130

U. Kehrel (✉)
FOM Hochschule, Münster, Deutschland
E-Mail: uwe.kehrel@fom-net.de

N. Wörmer
J.W. Ostendorf, Coesfeld, Deutschland

© Der/die Autor(en), exklusiv lizenziert an Springer Fachmedien Wiesbaden GmbH, ein Teil von Springer Nature 2023
L. Rothe et al. (Hrsg.), *Marketing & Innovation 2023*, FOM-Edition,
https://doi.org/10.1007/978-3-658-41309-5_6

Zusammenfassung

Die Coronapandemie führt in Kombination mit der weiter fortschreitenden Digitalisierung zu einer Beschleunigung der Transformation im Handel und einer damit einhergehenden Bedeutungsverschiebung vom stationären zum Onlinehandel. Der stationäre Handel muss sich den damit verbundenen Herausforderungen stellen und den Einfluss von Informations- und Kommunikationstechnologien, wie beispielsweise digitalen Sprachassistenten, auf das Einkaufserlebnis identifizieren sowie diese in die eigene strategische Positionierung einbeziehen. Das Ziel des Beitrages besteht in der Analyse von Faktoren, die die Akzeptanz von digitalen Sprachassistenten im stationären Einzelhandel beeinflussen sowie in der Herleitung damit verbundener theoretischer und praktischer Implikationen. Grundlage der Untersuchung sind empirische, mittels eines Fragebogens erhobene Daten von Baumarktkundinnen und -kunden (n = 313), die deskriptiv und inferenzstatistisch durch ein PLS-Modell ausgewertet werden.

Schlüsselwörter

Digitalisierung · Sprachassistenten · Stationärer Einzelhandel · Technologieakzeptanz · Innovationsmanagement

6.1   Problemstellung und Zielsetzung

Innovationen, insbesondere auf dem Gebiet der digitalen Technologien, sind elementar für die wirtschaftliche Entwicklung eines Landes und stellen zentrale Wachstumstreiber einer Gesellschaft dar (vgl. Reinert & Reinert, 2015). Als exemplarisch gelten hierfür das exponentielle Wachstum der E-Commerce-Aktivitäten und der damit einhergehende gravierende Wandel der globalen Märkte in den letzten Jahren. Der Einzelhandel ist von dieser Entwicklung besonders betroffen. Seine Stellung erfordert sowohl auf strategischer als auch auf operativer Unternehmensebene eine evolutionäre Dynamik, um auf derartige Entwicklungen zu reagieren oder grundlegend neue Geschäftsmodelle zu schaffen (vgl. Chung & Otto, 2000).

Der intensive Wettbewerb zwischen Online- und Offlineanbietern ermöglicht und benötigt insbesondere vor dem Hintergrund neuer technologischer Möglichkeiten im stationären Handel neue Formen der Differenzierung und Ansprache der Kundengruppen (vgl. Brynjolfsson & Smith, 2000). Der stationäre Handel muss sich somit den Herausforderungen des Marktes stellen und den Einfluss von Informations- und

Kommunikationstechnologien auf das Einkaufserlebnis in die strategische Positionierung im Wirtschaftsumfeld einbeziehen (vgl. Pantano & Di Pietro, 2012). Es kann davon ausgegangen werden, dass die Grenzen zwischen Online- und Offline-Kanälen zunehmend verschwimmen, sodass für den Einzelhandel neben neuen Herausforderungen simultan zukunftsweisende Chancen und Möglichkeiten zur Intensivierung des Kundenerlebnisses und zur Optimierung des Einkaufsprozesses der Konsumentinnen und Konsumenten entstehen (vgl. Piotrowicz & Cuthbertson, 2014).

Der Handelsverband Heimwerken, Bauen und Garten e. V. (BHB) führt in einer Pressemitteilung 2019 für die Do-It-Yourself(DIY)-Branche die Notwendigkeit an, die zahlreichen Vorteile des stationären Einzelhandels, die insbesondere für die DIY-Branche hohe Relevanz aufweisen, mit den neuen digitalen Möglichkeiten zu verknüpfen. Der Verband betont in dieser Hinsicht, dass die Neudefinition der Verkaufsflächen über ein intelligentes Zusammenspiel der Kanäle die Stellschraube für die Zukunft und den wirtschaftlichen Erfolg darstellt (vgl. BHB, 2019).

Die DIY-Branche ist eine der umsatzstärksten und bedeutendsten Branchen des Gesamteinzelhandels in Deutschland. Der stationäre Handel stellt dabei mit 46,3 Mrd. € von insgesamt 51,27 Mrd. € Gesamt-Bruttoumsatz im Jahr 2020 den wichtigsten Absatzkanal für die Branche dar (vgl. Eurostat, 2021). Die Bau- und Heimwerkermarktbranche als Teil des DIY-Kernmarktes könnte jedoch ebenfalls vor der Erosion etablierter Geschäftsmodelle stehen. Im Hinblick auf den Umsatz ist für den Bereich des DIY-Kernsortiments zu erkennen, dass dieser zu 94 % im stationären Handel generiert wird. Dementgegen ist jedoch anzuführen, dass weder ein außergewöhnliches noch ein innovatives Kauferlebnis dafür ursächlich sind, sondern eher die Vielzahl unhandlicher Produkte, deren Transport über eine Spedition oder einen Lieferdienst vielen Endverbraucherinnen und -verbrauchern zu unsicher erscheint (vgl. Stüber et al., 2018).

Unter Betrachtung der Generationenstruktur der Baumarktkundschaft lässt sich die Kernzielgruppe zwischen 34 und 55 Jahren identifizieren, gefolgt von der Gruppe der über 55-Jährigen. Jüngere Kundengruppen zwischen 18 und 34 Jahren sind bisher eher selten in Baumärkten (vgl. Brüxkes et al., 2018). Aufgrund umfangreicher E-Commerce-Angebote ist zu befürchten, dass der stationäre Handel den Kontakt zu seinen Kundinnen und Kunden und insbesondere zu den potenziellen Kundinnen und Kunden verliert. Neben Hochregal-Labyrinthen und mangelnder Erreichbarkeit von Beratungspersonal hat der Baumarkt, abgesehen von der Möglichkeit der Produktbewertungen und Chatfunktionen, auf dem Gebiet technologischer Innovationen aktuell eher wenig zu bieten (vgl. Stüber et al., 2018).

Der technologische Fortschritt verändert den Service in seinen diversen Ausprägungen und bildet zunehmend die Grundlage für neue Servicestrategien und Geschäftsmodelle. Die Sprache ist mit der Einführung von Sprachassistenten ein weitverbreiteter und kommerziell nutzbarer Interaktionsmechanismus geworden (vgl. Ammari et al., 2019). Digitale Sprachassistenten verbessern kontinuierlich ihre Fähigkeiten und lernen, die Endverbraucherin bzw. den Endverbraucher im Kaufentscheidungsprozess zu beeinflussen. Neben den Auswirkungen auf etablierte Verbrauchermarken haben diese Entwicklungen einen nennenswerten Einfluss auf Einzelhändler und ihre Strukturen (vgl. Mari, 2019).

Im Rahmen des vorliegenden Beitrages soll der Einsatz von digitalen Sprachassistenten als mögliche, neue Technologie in der DIY-Branche am Anwendungsfall des Baumarktes untersucht werden. Das Untersuchungsziel besteht darin, Erkenntnisse über die Akzeptanz von digitalen Sprachassistenten im stationären Baumarkt aus Sicht der Endverbraucherinnen und -verbraucher zu gewinnen sowie Faktoren zu analysieren, die die Akzeptanz von digitalen Sprachassistenten beeinflussen.

6.2   Digitale Sprachassistenten im stationären Einzelhandel

6.2.1   Funktionsweise

Digitale Sprachassistenten basieren auf der Integration spezieller Soft- und Hardware. Die Funktionsweise von digitalen Sprachassistenten kann somit aus einer Differenzierung zwischen Computer- und Software-Intelligenz hergeleitet werden. Der Computer bildet in diesem Konzept die maschinellen Rahmenbedingungen, an die von der Software die nachgebildeten menschlichen Befehle gesendet bzw. denen sie zugewiesen werden (vgl. Chace, 2015). Diese Unterscheidung ist wesentlich, da Sprachassistenten irrtümlicherweise häufig als Synonym für Smart Speaker verwendet werden. Während der Smart Speaker als Hardware im Sinne eines mit dem Internet verbundenen und mit Mikrofonen ausgestatteten Lautsprechers definiert werden kann, ist der Sprachassistent ein Bestandteil der Smart Assistants und stellt ein komplexes Softwaresystem dar (vgl. Giese et al., 2020). Die Sprachassistenten befinden sich softwareseitig in den Rechenzentren der Anbieter. Die Smart Speaker stellen durch die Verbindung mit dem Internet im engeren Sinne lediglich den Zugang oder die Konnektivität zu den Sprachassistenten im Rechenzentrum dar (vgl. Hörner, 2019).

Conversational Interfaces bilden den Überbegriff und sind innovative Benutzerschnittstellen, die Sprache in gesprochener oder geschriebener Form zur Kommunikation zwischen Menschen und Computern nutzen. Ihre Kernfunktion ist es, schriftliche oder mündliche Eingaben der Anwenderinnen und Anwender zu analysieren und diese mittels Algorithmen (Regeln und Routinen) in entsprechende Antworten für die Nutzerin bzw. den Nutzer umzuwandeln. Ein zentraler Vorteil der Conversational Interfaces besteht darin, dass sie sich in der Regel in einer Cloud befinden und dadurch in kürzester Zeit erhebliche Datenmengen verarbeiten und zudem unmittelbar über Neuerungen und Updates verfügen können (vgl. Stanoevska-Slabeva, 2018).

Die Integration von Sprachassistenten hebt die Conversational Interfaces auf eine neue Ebene. Sprachassistenten ermöglichen es, mittels Kommunikation in natürlicher, menschlicher Sprache Informationen abzufragen, Konversationen zu führen und Assistenzdienste zu erbringen. Sie führen daher zur Spracherkennung komplexe Sprachanalysen durch. Diese werden anschließend der Semantik entsprechend interpretiert, logisch verarbeitet und als Ergebnis durch Sprachsynthese zu einer Antwort formuliert (vgl. Hörner, 2019). Sprachassistenten bieten folglich einen einfachen Zugang zu Funktionen der künstlichen Intelligenz.

6.2.2 Einsatzgebiete

Digitale Assistenzsysteme bieten ein umfangreiches Portfolio an möglichen Funktionen. Übergeordnet kann eine Unterteilung in die Bereiche Information und digitale Assistenz, Unterhaltung, Steuerung sowie Einkauf vorgenommen werden (vgl. Monitor Deloitte, 2018).

Der Bereich der Information und der digitalen Assistenz kann unter den Funktionen von Sprachassistenten als der bisher elementarste Bereich angesehen werden. Eine Studie vom Capgemini Digital Transformation Institute aus dem Jahr 2017 hat unter 2558 Konsumenten aus Amerika, dem Vereinigten Königreich, Frankreich und Deutschland ergeben, dass die Informationssuche bei digitalen Sprachassistenten den größten Anwendungsbereich (82 %) ausmacht (vgl. Buvat et al., 2018). Das Abrufen von Informationen aus Suchmaschinen, die Erinnerung an persönliche Termine, das Abrufen von Wettervorhersagen, Verkehrsnachrichten oder E-Mails lassen sich diesem Funktionsbereich zuordnen und werden als Schlüsselfunktionen in der Anwendung von Sprachassistenten identifiziert (vgl. Statistisches Bundesamt & Norstat, 2017).

Des Weiteren stellt der Bereich der Unterhaltung eine weitere zentrale Funktion digitaler Sprachassistenten dar. Insbesondere das Abspielen von Musiktiteln oder Radio sowie Videos zählt zu den am häufigsten verwendeten Möglichkeiten von Sprachassistenten. In den meisten Fällen werden die Befehle direkt an den Smart Speaker gegeben und durch Streaming aus dem Internet bezogen und abgespielt (vgl. Schaber et al., 2019). Die Studie des Capgemini Digital Transformation Institute ergab 2017 über die zuvor genannten Länder hinweg, dass ein Anteil von 67 % die digitalen Sprachassistenten zum Abspielen von Musik oder zum Streamen von Videos nutzt (vgl. Buvat et al., 2018). Eine Umfrage der Beyto von 2020 führt in diesem Zusammenhang an, dass 68 % den Streaming-Service bereits täglich aktivieren. Der Bereich der Steuerung umfasst insbesondere Komponenten des Smarthome. Mit 66 % täglicher Nutzung sind Smarthome-Anwendungen nach der Aktivierung von Streaming-Services die am meisten genutzten Funktionen (vgl. Konopka & Metzen, 2020).

Kreutzer und Vousoghi (2020) definieren Smarthome als ein von innen nach außen voll umfänglich verbundenes Wohnumfeld. Während nach außen die Vernetzung mit dem Internet impliziert, bedeutet nach innen, dass verschiedene Geräte und Prozesse innerhalb des Wohnraumes mit dem Internet verbunden werden können. Die Bequemlichkeit der Anwenderinnen und Anwender ist der wesentliche Treiber für die maximale Ausschöpfung der Anwendungsbereiche von Smarthome. Es lassen sich so diverse Geräte unabhängig vom Aufenthaltsort der Nutzerin oder des Nutzers über die Internetverbindung mobil steuern. Beispiele für Smarthome-Anwendungsbereiche sind die

Steuerung von Helligkeit in der Wohnung, Regulierung der Raumtemperatur oder die Überwachung des Kinderzimmers (vgl. Kreutzer & Vousoghi, 2020).

Dienstleistungen rund um den sprachgesteuerten digitalen Handel werden im Bereich des Einkaufens gebündelt, der durch ein vielfältiges Produktportfolio und unkomplizierte Distribution charakterisiert werden kann (vgl. Monitor Deloitte, 2018). In der Studie von Buvat et al. (2018) wird hervorgehoben, dass bereits 35 % der Nutzerinnen und Nutzer von digitalen Sprachassistenten Einkäufe über diese Systeme getätigt haben. 34 % haben mindestens einmal Essen bestellt und je 28 % haben eine Zahlung abgewickelt bzw. sich ein Taxi gebucht. Im Hinblick auf physische Produkte zeigt sich ein vorrangiges Interesse an Elektronik (52 %) und kleinen speziellen Produkten (49 %) wie Büchern oder Tierzubehör. Die Studie von Konopka und Metzen (2020) zeigt jedoch, dass die Nutzungsintensität bisher gering ausgeprägt ist. Lediglich 3 % der Befragten nutzen Sprachassistenten für Einkaufstätigkeiten täglich, 22 % nutzen es einmal im Monat oder seltener.

6.2.3   Hindernisse

Digitale Sprachassistenten, die in unterschiedlicher Weise als Substitut für den Faktor Mensch als Empfehlungsgeber und Kurator agieren sollen, werden mit einem breiten Spektrum an Herausforderungen konfrontiert (vgl. Bolz et al., 2016). So geben beispielsweise 57 % der Befragten einer Studie, die keinen digitalen Sprachassistenten nutzen, an, dass das Interagieren mit einer Maschine ein wesentliches Hindernis für den Gebrauch darstellt. 59 % der Befragten gaben außerdem an, keinen Anreiz für die Nutzung zu verspüren. Gemäß den Umfrageergebnissen kann für 54 % der Befragten, die keinen Sprachassistenten nutzen, die fehlende Visualisierung von Informationen und Entscheidungen ebenfalls als Grund für die Ablehnung herangezogen werden. Ferner führen mehr als zwei Drittel der Befragten das mangelnde Vertrauen in die Sicherheit persönlicher Daten als größtes Bedenken bei der Anwendung an. Darüber hinaus stellt die Fehleranfälligkeit im Erfassen und der anschließenden Informationsausgabe für ungefähr die Hälfte der bisherigen Nichtnutzer eine weitere wesentliche Schwierigkeit dar. Daraus resultierend lässt sich ableiten, dass das Bewusstsein für das Potenzial von digitalen Sprachassistenten in der Gesellschaft noch nicht umfassend vorhanden ist und daher zunehmende Aufklärung in Form von überzeugenden Marketingmaßnahmen erforderlich ist (vgl. Buvat et al., 2018).

In anderen Studien sehen 61 % der Befragten für Sprachassistenten bisher keine Verwendungsmöglichkeit. Im Zeitvergleich von 2017 bis 2019 ergibt sich hier ferner das Bild, dass die Datenschutzbedenken unter den Befragten um 10 % gestiegen sind und damit unter den abgefragten Parametern den zentralen Aspekt darstellen (vgl. Splendid Research, 2019). Auch gaben die Befragten in einer qualitativen Studie aus dem Jahr 2018 an, dass die Qualität der Dialoge mit gängigen Sprachassistenzsystemen bisher nicht denen eines Dialoges mit menschlichen Wesen gleichzusetzen ist und sich die digitalen Assistenten eher als eine ausführende Instanz verhalten, weniger jedoch als umfangreiche Berater in einem Einkaufsprozess (vgl. Tuzovic & Paluch, 2018). Ein weiterer negativer Faktor bei digitalen Sprachassistenten, der insbesondere in der stationären Einzelhandelslandschaft zu berücksichtigen ist, sind die Umgebungsgeräusche. Es besteht die Gefahr, dass aufgrund lauter Umgebungs- und Hintergrundgeräusche die Spracheingabe der Anwenderin oder des Anwenders nicht verstanden werden kann (vgl. Kabel, 2020).

Neben den genannten Hindernissen für den Einsatz von digitalen Sprachassistenten spielt der Aspekt der Entscheidungsmacht der Technologien eine elementare Rolle. Die Einkaufsentscheidung einer Technologie zu überlassen, bedeutet für 37 % der Nichtnutzer einen Kontroll- und damit einhergehend einen Vertrauensverlust. Die Konsumentinnen und Konsumenten sprechen von einer Imitation des Anwenders, bei der Entscheidungen ohne humanes Wissen oder situative Einflüsse getroffen werden. Die Nachvollziehbarkeit oder im engeren Sinne die entscheidungsrelevanten Parameter der digitalen Sprachassistenten sind für einen Teil der Endverbraucherinnen und -verbraucher zentral für die Nutzung, jedoch ist dies in der Ausgestaltung der Technologie bisher nicht berücksichtigt (vgl. Buvat et al., 2018).

Zuletzt kann im physischen Einzelhandel der Faktor Öffentlichkeit ein Hindernis für die Nutzung darstellen. Anwenderinnen und Anwender von digitalen Sprachassistenten geben persönliche Informationen laut in den öffentlichen Raum und es besteht die Gefahr eines Angriffs auf die Privatsphäre. So kommt eine Studie aus dem Jahr 2020 mit 2042 Probandinnen und Probanden zu dem Befund, dass 59 % der Befragten ein hohes Risiko für die Wahrung der Privatsphäre sehen. Dies stellt insbesondere für den stationären Einzelhandel eine große Herausforderung dar (vgl. Konopka & Metzen, 2020).

6.3   Technologieakzeptanzmodell für Sprachassistenten

6.3.1   Motivation und Technologieakzeptanz

Um die Motivation der Konsumentinnen und Konsumenten zur Anwendung von KI im Einzelhandel zu analysieren, können die Perspektiven Motivation, Erwartung, Instrumentalität und Valenz differenziert werden. Die Kategorie der Motivation erklärt Nutzungsabsichten hinsichtlich KI als Ergebnis von intrinsischer Motivation, das heißt resultierend aus Gewohnheiten oder Interesse für Technologie. Die Erwartungshaltung der Endverbraucherinnen und -verbraucher gegenüber KI-Systemen hängt von deren Benutzerfreundlichkeit ab. Diese umfasst die intuitive Anwendung, die einfache Gewinnung von Informationen sowie Abwicklung von (Produkt-)Anfragen und die einkaufsbezogenen Informationen. Die Kategorie der Instrumentalität steht für die Leistungsfähigkeit von KI-Tools, die das Einkaufserlebnis unterstützen. Die Kompetenz bezieht sich auf die Bereitstellung einer maßgeschneiderten Suche sowie

maßgeschneiderten Einkaufslösung, die Erfüllung wünschenswerter Erwartungen der
Verbraucherinnen und Verbraucher, die Überwachung des Verbraucherverhaltens, die
Berücksichtigung von Datenschutzbedenken, die Erfassung der Vorstellungskraft der
Verbraucherinnen und Verbraucher, die Bereitstellung einer angemessenen Antwort auf
Verbraucheranfragen und das Verständnis des Verbraucherverhaltens. Die Valenz stellt
die Qualität des gelieferten Ergebnisses dar. Sie repräsentiert die Befriedung von Bedürf-
nissen der Verbraucherinnen und Verbraucher, die Belohnung von Erfahrungen und das
Vertrauen in die Verwendung von KI-Tools (vgl. Chopra, 2019).

Es ist hervorzuheben, dass Akzeptanz nicht durch direkte Messungen oder
Beobachtungen erfasst werden kann und damit ein latentes Konstrukt darstellt. Es
existieren diverse Akzeptanzmodelle, die eine Erklärung dafür bieten, aus welchen
Elementen das Konstrukt der Akzeptanz besteht und welche Parameter zu ihrer
Beeinflussung herangezogen werden können (vgl. Jockisch, 2009). Das Technology
Acceptance Model ist ein Akzeptanzmodell, das erstmals von Davis (1986) auf Grund-
lage der Theory of Reasoned Action von Fishbein und Ajzen (1975) in der Psycho-
logieforschung entwickelt wurde und gilt als eines der populärsten Modelle der
Akzeptanzforschung (vgl. Chen et al., 2004). Das Modell beschreibt zwei wesentliche
Einflussfaktoren auf die Akzeptanz von Informationssystemen. Der wahrgenommene
Nutzen („Perceived Usefulness") sowie die wahrgenommene einfache Bedienbarkeit („Perceived Ease of Use") determinieren im Wesentlichen die Verhaltensakzeptanz
(vgl. Jockisch, 2009). Auf definitorischer Ebene stellt der wahrgenommene Nutzen
die subjektive Wahrscheinlichkeit der Nutzung eines technologischen Anwendungs-
systems zur Steigerung der Arbeitsleistung innerhalb eines organisatorischen Kontexts
dar. Die wahrgenommene einfache Bedienbarkeit impliziert die Erwartungshaltung der
potenziellen Nutzerin bzw. des Nutzers im Hinblick auf zusätzliche Anstrengungen, um
das Zielsystem in Betrieb nehmen zu können. Auf die beiden genannten zentralen Einflussfaktoren wirken wiederum externe Einflussfaktoren, die in dem Ursprungsmodell
von Davis (1986) jedoch nicht näher spezifiziert werden.

6.3.2   Modifiziertes Technologieakzeptanzmodell und Herleitung
der Hypothesen

Durch die Modifikation und Erweiterung des ursprünglichen Technology Acceptance
Model unter Berücksichtigung der spezifischen Aspekte des stationären Einzelhandels
ergibt sich das in Abb. 6.1 dargestellte Modell. Dabei werden für das angepasste Modell
die Customer Journey betreffende Akzeptanztreiber und die Technologie betreffende
Akzeptanztreiber unterschieden (vgl. Bauer et al., 2005). Durch diese Kategorisierung
soll, im Zuge der Datenauswertung untersucht werden, ob die Akzeptanz primär durch
technologische Aspekte beeinflusst wird oder durch die neuen Möglichkeiten im Einkaufsprozess, die Bedürfnisse der Endverbraucherinnen und -verbraucher zu erfüllen.

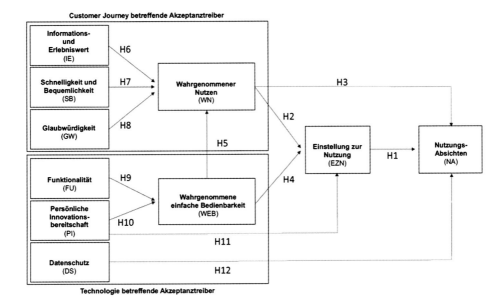

Abb. 6.1 Forschungsmodell zur Messung der Akzeptanz von digitalen Sprachassistenten im stationären Einzelhandel

Die möglichen Wirkungszusammenhänge für die Akzeptanz von digitalen Sprachassistenten im stationären Einzelhandel werden in Abb. 6.1 durch H1–H12 ausgedrückt. Die postulierten Forschungshypothesen lauten somit:

- H1: Es besteht ein Zusammenhang zwischen der Einstellung der Endverbraucherin bzw. des Endverbrauchers zur Nutzung von digitalen Sprachassistenten im Baumarkt und der Nutzungsabsicht gegenüber dieser Technologie.
- H2: Es besteht ein Zusammenhang zwischen dem von der Endverbraucherin bzw. vom Endverbraucher wahrgenommenen Nutzen digitaler Sprachassistenten im Baumarkt und der Einstellung zur Nutzung dieser Technologie.
- H3: Es besteht ein Zusammenhang zwischen dem von der Endverbraucherin bzw. vom Endverbraucher wahrgenommenen Nutzen digitaler Sprachassistenten im Baumarkt und der Nutzungsabsicht gegenüber dieser Technologie.
- H4: Es besteht ein Zusammenhang zwischen der von der Endverbraucherin bzw. vom Endverbraucher wahrgenommenen einfachen Bedienbarkeit von digitalen Sprachassistenten im Baumarkt und der Einstellung zur Nutzung dieser Technologie.
- H5: Es besteht ein Zusammenhang zwischen der von der Endverbraucherin bzw. vom Endverbraucher wahrgenommenen einfachen Bedienbarkeit von digitalen Sprachassistenten im Baumarkt und dem wahrgenommenen Nutzen.

- H6: Es besteht ein Zusammenhang zwischen dem Informations- und Erlebniswert von digitalen Sprachassistenten im Baumarkt und dem wahrgenommenen Nutzen dieser Technologie.
- H7: Es besteht ein Zusammenhang zwischen der Schnelligkeit und Bequemlichkeit von digitalen Sprachassistenten im Baumarkt und dem wahrgenommenen Nutzen dieser Technologie.
- H8: Es besteht ein Zusammenhang zwischen der Glaubwürdigkeit von digitalen Sprachassistenten im Baumarkt und dem wahrgenommenen Nutzen dieser Technologie.
- H9: Es besteht ein Zusammenhang zwischen der Funktionalität von digitalen Sprachassistenten im Baumarkt und der wahrgenommenen einfachen Bedienbarkeit dieser Technologie.
- H10: Es besteht ein Zusammenhang zwischen der persönlichen Innovationsbereitschaft und der wahrgenommenen einfachen Bedienbarkeit dieser Technologie.
- H11: Es besteht ein Zusammenhang zwischen der persönlichen Innovationsbereitschaft und der Einstellung zur Nutzung von digitalen Sprachassistenten im Baumarkt.
- H12: Es besteht ein Zusammenhang zwischen dem Datenschutz und der Nutzungsabsicht gegenüber digitalen Sprachassistenten im Baumarkt.

6.4 Methodik

6.4.1 Untersuchungsdesign

Für die Erhebung der empirischen Daten wurde im November 2021 eine Befragung durchgeführt. Hierzu wurde ein Onlinefragebogen entwickelt, der aus insgesamt 52 Fragen besteht. Der Fragebogen besteht aus zwei Teilen, wobei der erste Teil diejenigen Fragestellungen bzw. Sachverhalte enthält, die unmittelbar die theoretischen Akzeptanzdeterminanten beschreiben. Der zweite Teil des Fragebogens beinhaltet soziodemografische sowie den Forschungsgegenstand zu den Sprachassistenten betreffende Fragestellungen. Insgesamt wurden 371 Datensätze generiert, wobei 313 vollständig ausgefüllt wurden. Daraus resultiert eine Abbruchquote von 15,6 %. Ausschließlich die vollständig ausgefüllten Fragebögen werden ausgewertet, um für jede erhobene Variable die identische Anzahl an Datensätzen gewährleisten zu können.

Die Altersgruppe der 20- bis 29-Jährigen ist mit 35 % der Befragten am stärksten vertreten, gefolgt von der Altersgruppe der 50- bis 59-Jährigen mit 23 %. Die Altersgruppen der 30- bis 39-Jährigen und der 40- bis 49-Jährigen sind mit 16 % bzw. 17 % ausgeglichen stark repräsentiert. Die Altersgruppen unter 20 sowie über 60 sind im Verhältnis weniger stark vertreten. Das entspricht im Wesentlichen der allgemeinen Altersverteilung im Einzelhandel (vgl. KPMG, 2016). Im Hinblick auf das Geschlecht waren Männer mit 56 % am stärksten vertreten gegenüber der Gruppe der Frauen mit 43 %. Es zeigt sich, dass mit 75 % der überwiegende Teil der Befragten sich in einem Angestelltenverhältnis befand. Bereits 42 % der Befragten besitzen einen Smart Speaker, 58 % Befragte hingegen noch nicht. Im Hinblick auf die Nutzung von Smart Speakern ist jedoch auffallend, dass 87 % der Befragten schon einmal einen Smart Speaker genutzt haben. Hinsichtlich der Nutzungsintensität zeigt sich, dass annähernd die Hälfte der Befragten täglich bis wöchentlich einen Smart Speaker verwenden. Ein kleiner Teil mit 13 % nutzt diese monatlich und 38 % seltener.

6.4.2 Messinstrumente

Für jede Variable wurden mindestens vier Items definiert, um das zu messende Konstrukt inhaltlich angemessen und umfassend abzubilden. Die Messung der einzelnen Items erfolgt über ein fünfstufige Likert-Skala. Die Items, die zur Messung der latenten Konstrukte für den gegebenen Bezugsrahmend definiert wurden, sind Tab. 6.1 zu entnehmen.

Die Beurteilung des reflektiven Messmodells (äußeres Modell) erfolgt anhand der Gütekriterien Reliabilität und Validität. Die Ergebnisse für die einzelnen Kriterien können Abb. 6.2 entnommen werden.

6.5 Ergebnisse

Die zuvor postulierten Hypothesen des entwickelten Forschungsmodells werden mittels einer Strukturgleichungsmodellanalyse untersucht. Hierzu wird die varianzbasierte Methode Partial-Least-Squares ausgewählt (vgl. Hair et al., 2017). Auf einem Signifikanzniveau von 5 % können die Hypothesen 1 bis 7 sowie die Hypothese 9 beibehalten werden, die Hypothesen 8 sowie 10 bis 12 werden hingegen verworfen. Die Pfadkoeffizienten, p-Werte, und Bestimmtheitsmaße werden in Abb. 6.3 dargestellt.

6.6 Diskussion

6.6.1 Einfluss der Customer-Journey-bezogenen Akzeptanztreiber

Es ist festzustellen, dass der Faktor Schnelligkeit und Bequemlichkeit für die Konsumentinnen und Konsumenten im Hinblick auf die Akzeptanz von Sprachassistenten im Baumarkt den größten Einfluss auf den wahrgenommenen Nutzen aufweist. Dies entspricht der Auffassung von Jiang et al. (2013), die den Faktor Bequemlichkeit aufgrund mangelnder zeitlicher Ressourcen als einen der zentralen Treiber im Kaufprozess ansehen. Die Ergebnisse der statistischen Auswertung zeigen ebenfalls einen signifikanten positiven Zusammenhang zwischen dem Faktor Schnelligkeit und Bequemlichkeit und dem wahrgenommenen Nutzen, sodass die Hypothese 7 bestätigt werden

Tab. 6.1 Items zur Messung der Konstrukte im modifizierten Akzeptanzmodell

NA	Nutzungsabsicht
NA1	Meine generelle Bereitschaft, digitale Sprachassistenten im Baumarkt zu nutzen, ist sehr hoch
NA2	Ich würde darüber nachdenken, digitale Sprachassistenten im Baumarkt zu nutzen
NA3	Ich würde digitale Sprachassistenten im Baumarkt in Zukunft nutzen
EZN	**Einstellung zur Nutzung**
EZN1	Digitale Sprachassistenten im Baumarkt könnten mir zukünftig helfen, Produkte zu finden
EZN2	Digitale Sprachassistenten im Baumarkt könnten mir zukünftig beratend zur Seite stehen
EZN3	Ich bin positiv gegenüber der Nutzung von digitalen Sprachassistenten im Baumarkt eingestellt
WN	**Wahrgenommener Nutzen**
WN1	Digitale Sprachassistenten im Baumarkt könnten mir das Einkaufen erleichtern
WN2	Digitale Sprachassistenten im Baumarkt könnten mir ein effizientes Einkaufen (in Bezug auf optimale Beratung, Kosten und Zeit) ermöglichen
WN3	Ich fände digitale Sprachassistenten für den Einsatz im Baumarkt grundsätzlich nützlich
WEB	**Wahrgenommene einfache Bedienbarkeit**
WEB1	Ich glaube, dass digitale Sprachassistenten im Baumarkt einfach zu verwenden wären
WEB2	Ich glaube, dass es einfach wäre, sich an die Nutzung von digitalen Sprachassistenten im Baumarkt zu gewöhnen
WEB3	Ich glaube, dass es mir mit einem digitalen Sprachassistenten im Baumarkt weniger unangenehm ist, viele Fragen zu stellen
WEB4	Ich glaube, dass das Problemverständnis besser ist als bei menschlichen Mitarbeitenden
WEB5	Ich glaube, dass die Erfüllung meines individuellen Bedürfnisses durch einen digitalen Sprachassistenten im Baumarkt besser ist als durch menschliche Mitarbeitende
WEB6	Die menschliche Komponente im Beratungsgespräch ist mir beim Einkauf im Baumarkt nicht wichtig
WEB7	Für mich stellt es kein Problem dar, im Baumarkt von einem digitalen Sprachassistenten beraten oder angewiesen zu werden
IE	**Informations- und Erlebniswert**
IE1	Ich glaube, dass ein digitaler Sprachassistent ein umfangreicheres Fachwissen hat als menschliche Mitarbeitende und mich deshalb besser beraten kann
IE2	Ich glaube, dass ein digitaler Sprachassistent durch den Zugriff auf große Datenbanken mir einfacher Links zu Anwendungsvideos oder Gebrauchsanweisungen zu Produkten liefern kann als menschliche Mitarbeitende

(Fortsetzung)

Tab. 6.1 (Fortsetzung)

NA	Nutzungsabsicht
IE3	Ich glaube, dass ein digitaler Sprachassistent durch den Zugriff auf große Datenbanken auf Anwendungsfehler eingehen kann und mir damit vorbeugende Hilfestellungen bieten kann
IE4	Ich glaube, dass ein digitaler Sprachassistent mich besser auf Angebote oder Rabatte hinweisen kann als menschliche Mitarbeitende
IE5	Die Nutzung eines digitalen Sprachassistenten stellt für mich ein neues Einkaufserlebnis dar
SB	**Schnelligkeit und Bequemlichkeit**
SB1	Ich glaube, dass mithilfe eines digitalen Sprachassistenten mein Einkaufsprozess im Baumarkt schneller vollzogen werden kann
SB2	Ich glaube, dass digitale Sprachassistenten meinen Einkaufsprozess automatisieren können
SB3	Ich glaube, dass die Produktsuche mithilfe eines digitalen Sprachassistenten beschleunigt werden kann
SB4	Ich glaube, dass ich mit einem digitalen Sprachassistenten nicht mehr nach einem oder einer Mitarbeitenden suchen muss
SB5	Ein digitaler Sprachassistent stellt für mich eine bequeme Unterstützung im Baumarkt dar
SB6	Zeitgleich weitere Tätigkeiten im Einkaufsprozess zu erledigen (Sortieren des Einkaufswagens, das Kind im Blick behalten, das Handy checken etc.) ist für mich ein Vorteil von digitalen Sprachassistenten
GW	**Glaubwürdigkeit**
GW1	Ich würde einen digitalen Sprachassistenten eher als einen Berater als eine Verkäuferin oder einen Verkäufer empfinden
GW2	Ich glaube, dass ein digitaler Sprachassistent für mich eher ein neutraler/objektiver Berater ist als ein menschliche Mitarbeitende
GW3	Ein digitaler Sprachassistent im Baumarkt wäre für mich glaubwürdig
GW4	Ein digitaler Sprachassistent im Baumarkt wäre für mich unbedenklich
GW5	Ich würde digitalen Sprachassistenten im stationären Einkaufsprozess vertrauen
FU	**Funktionalität**
FU1	Die Technologie der Spracherkennung empfinde ich als intuitiv und nachvollziehbar
FU2	Ich glaube, dass digitale Sprachassistenten meine Sprache richtig verarbeiten
FU3	Ich glaube, die Technik ist ausgereift, um im Baumarkt eingesetzt zu werden
FU4	Die Aktivierung eines digitalen Sprachassistenten mittels eines Aktivierungswortes stellt für mich kein Hindernis dar
FU5	Die Interaktion mit einem digitalen Sprachassistenten stellt für mich kein Hindernis dar

(Fortsetzung)

Tab. 6.1 (Fortsetzung)

NA	Nutzungsabsicht
PI	**Persönliche Innovationsbereitschaft**
PI1	Wenn ich von neuen Technologien höre, suche ich nach Möglichkeiten, um diese auszuprobieren
PI2	Ich nutze neue Technologien erst, wenn ich durch Dritte davon überzeugt worden bin
PI3	Im Allgemeinen bin ich zögerlich, was das Ausprobieren neuer Technologien betrifft
PI4	Ich lasse mich grundsätzlich nicht auf neue Technologien ein
DS	**Datenschutz**
DS1	Ich glaube, dass digitale Sprachassistenten meine Daten sorgsam benutzen
DS2	Ich glaube, dass digitale Sprachassistenten meine Daten nicht an Dritte weitergeben
DS3	Ich bin besorgt, dass Dritte mich mit digitalen Sprachassistenten abhören könnten
DS4	Ich empfinde es als unproblematisch, meine persönlichen Daten durch die offene Spracheingabe im stationären Einzelhandel in Form von Fragestellungen und Anweisungen preiszugeben

kann. Es ist folglich von großer Bedeutung in der Ausgestaltung eines digitalen Sprachassistenten für den Baumarkt, dass dieser der Endverbraucherin bzw. dem Endverbraucher möglichst schnell und unkompliziert bei der individuellen Problemstellung und insbesondere bei der Produktsuche behilflich ist.

Einen weniger starken, jedoch statistisch signifikanten positiven Einfluss auf den wahrgenommenen Nutzen zeigt der Faktor Informations- und Erlebniswert und stellt damit eine Bestätigung der Hypothese 6 dar. Der Zugriff auf große Datenmengen hilft der Endverbraucherin bzw. dem Endverbraucher nachgelagert eine objektivere und auf ihn zugeschnittene Empfehlung zu erhalten. Dies ist durch menschliche Mitarbeitende nicht abbildbar, sodass die Konnektivität von digitalen Sprachassistenten mit Datenbanken eine wesentliche Voraussetzung für die Erfüllung dieses Faktors im Modell darstellt.

Hinsichtlich des Faktors Glaubwürdigkeit legt das Modell keinen signifikanten Einfluss auf den wahrgenommenen Nutzen nahe. Die Hypothese 8 wird damit verworfen. Die Glaubwürdigkeit eines digitalen Sprachassistenten vermittelt der Endverbraucherin bzw. dem Endverbraucher folglich keinen messbaren Nutzen. Dies entspricht den Erkenntnissen einer Studie von Altpeter (2017) zur Akzeptanz von Beacons für Location-based Advertisement.

6.6.2 Einfluss der technologiebezogenen Akzeptanztreiber

Unter Betrachtung der statistischen Ergebnisse des Faktors Funktionalität lässt sich erkennen, dass dieser einen signifikanten positiven Einfluss auf das Konstrukt der wahr-

Gütekriterien		Interne-Konsistenz-Reliabilität		Konvergenzvalidität		
Konstrukt	Item	Cronbachs Alpha	Composite-Reliabilität	Ladung	Indikator-reliabilität	AVE
DS	DS1	0,882	0,900	0,941	0,885	0,752
	DS2			0,736	0,542	
	DS4			0,910	0,828	
EZN	EZN1	0,818	0,892	0,858	0,736	0,733
	EZN2			0,819	0,671	
	EZN3			0,889	0,790	
FU	FU1	0,796	0,859	0,773	0,598	0,550
	FU2			0,755	0,570	
	FU3			0,669	0,448	
	FU4			0,688	0,473	
	FU5			0,813	0,661	
GW	GW3	0,795	0,880	0,823	0,677	0,710
	GW4			0,812	0,659	
	GW5			0,891	0,794	
IE	IE2	0,565	0,766	0,706	0,498	0,523
	IE3			0,696	0,484	
	IE5			0,765	0,585	
NA	NA1	0,861	0,915	0,891	0,794	0,783
	NA2			0,836	0,699	
	NA3			0,925	0,856	
PI	PI2	0,790	0,905	0,896	0,803	0,826
	PI3			0,922	0,850	
SB	SB1	0,789	0,864	0,836	0,699	0,616
	SB2			0,638	0,407	
	SB3			0,794	0,630	
	SB5			0,853	0,728	
WEB	WEB1	0,727	0,831	0,733	0,537	0,555
	WEB2			0,822	0,676	
	WEB3			0,585	0,342	
	WEB7			0,815	0,664	
WN	WN1	0,850	0,909	0,888	0,789	0,770
	WN2			0,835	0,697	
	WN3			0,908	0,824	

Abb. 6.2 Reflektives Messmodell – Zusammenfassung der Gütekriterien

genommenen einfachen Bedienbarkeit hat. Die Forschungshypothese 9 kann damit bei-behalten werden. Befunde von Poushneh (2018) zeigen bereits einen Zusammenhang zwischen der Funktionalität bzw. Intuitivität und der Akzeptanz der Konsumentinnen und Konsumenten gegenüber AR, sodass die empirischen Ergebnisse der vorliegenden Studie für den Anwendungsfall der digitalen Sprachassistenten damit deckungsgleich sind.

Im Modell wird deutlich, dass der Faktor der persönlichen Innovationsbereitschaft weder einen signifikanten Einfluss auf die wahrgenommene einfache Bedienbarkeit noch

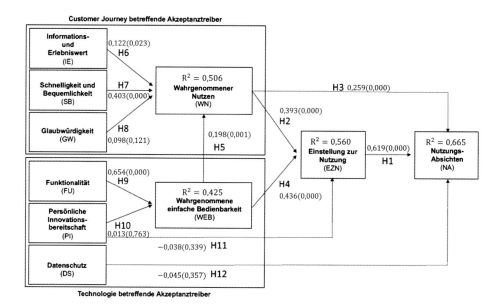

Abb. 6.3 Strukturmodell

auf die Einstellung zur Nutzung hat. Damit können die beiden Forschungshypothesen 10 und 11 verworfen werden.

Außerdem wurde in der empirischen Untersuchung der Einflussfaktor Datenschutz betrachtet. Bei der Nutzung von digitalen Sprachassistenten im stationären Einzelhandel besteht prinzipiell das Risiko, dass persönliche Daten durch die offene Spracheingabe in Form von Fragestellungen und Anweisungen preisgegeben und ohne Kenntnis der Nutzerin oder des Nutzers Daten aufgezeichnet und an Dritte weitergegeben werden könnten. Entgegen den Erwartungen, die sich aus der Theorie gebildet haben, konnte in den Umfrageergebnissen kein signifikanter negativer Einfluss des Faktors Datenschutz auf die Nutzungsabsicht identifiziert werden. Der Datenschutz wird in der Theorie als eine der wichtigsten Einflussvariablen identifiziert, sodass das Ergebnis zunächst antonym erscheint. Kokolakis (2017) beschreibt das Privacy-Paradox-Phänomen (Datenschutzparadoxon). Das Phänomen ist ein Widerspruch zwischen der Einstellung zum Datenschutz und dem tatsächlichen Verhalten zum Schutz der Privatsphäre. Die grundsätzlich positive Einstellung zum Datenschutz hat in diesem Fall keine Auswirkung auf die Nutzungsabsicht eines Einzelnen, wodurch das genannte Phänomen einen Erklärungsansatz darstellt.

6.6.3   Weitere Einflussfaktoren im modifizierten Akzeptanzmodell

Die theoretisch angenommenen Beziehungen (Forschungshypothesen) zwischen den Konstrukten im Kern des Akzeptanzmodells können anhand der Untersuchungsergebnisse vollständig belegt werden. Es wird deutlich, dass die Einstellung zur Nutzung von digitalen Sprachassistenten im Baumarkt den größten Einfluss auf die Nutzungsabsicht gegenüber dieser Technologie hat. Daraus resultiert, dass eine positive Einstellung zur Nutzung von Sprachassistenten seitens der Endverbraucherinnen und -verbraucher im Baumarkt eine zentrale Voraussetzung für die Nutzungsabsicht gegenüber digitalen Sprachassistenten darstellt. Zu dieser Erkenntnis kamen neben anderen bereits Altpeter (2017), Zhang et al. (2012).

Eine weitere Erkenntnis im Akzeptanzmodell digitaler Sprachassistenten im Baumarkt bildet der positive und signifikante Einfluss der wahrgenommenen einfachen Bedienbarkeit auf die Einstellung zur Nutzung. Da die Heterogenität der Konsumentinnen und Konsumenten im Baumarkt ausgeprägt ist, sollte die Bedienung eines digitalen Sprachassistenten für jede Kundengruppe möglich sein. Da neun von zehn Umfrageteilnehmenden bereits einen Sprachassistenten verwendet haben, ist anzunehmen, dass die Technologie geeignet ist.

Die wahrgenommene einfache Bedienbarkeit zeigt ebenfalls einen signifikanten positiven Einfluss auf den wahrgenommenen Nutzen. Die Einfachheit der Bedienung bietet der Konsumentin bzw. dem Konsumenten folglich einen zusätzlichen Nutzen. Eine mögliche Erklärung dafür könnte sein, dass die Hürde zur Nutzung aufgrund der einfachen Bedienbarkeit gering ist und die Endverbraucherin bzw. der Endverbraucher durch das Ausbleiben der Suche nach einer Marktmitarbeiterin oder einem -mitarbeiter einen Zusatznutzen erfährt. Darüber hinaus ist anzuführen, dass das Konstrukt des wahrgenommenen Nutzens im Akzeptanzmodell Teil von zwei bedeutenden Beziehungen ist. Der wahrgenommene Nutzen hat sowohl einen signifikanten positiven Einfluss auf die Einstellung zur Nutzung als auch auf die Nutzungsabsicht von digitalen Sprachassistenten im Baumarkt. Der wahrgenommene Nutzen zeigt annähernd den gleichen Einfluss auf die Einstellung zur Nutzung wie die wahrgenommene einfache Bedienbarkeit.

6.6.4   Gesamtbetrachtung der Einflussfaktoren auf die Akzeptanz von digitalen Sprachassistenten im Baumarkt

Es wurde deutlich, dass die Akzeptanz von digitalen Sprachassistenten im Baumarkt unmittelbar durch die Einstellung zur Nutzung von digitalen Sprachassistenten im Baumarkt beeinflusst wird. Eine positive Einstellung zur Nutzung ist folglich elementar, um eine höhere Nutzungsabsicht und damit eine gesteigerte Akzeptanz zu generieren. Darüber hinaus bildet der wahrgenommene Nutzen einen weiteren wichtigen Prädiktor für die Akzeptanz von digitalen Sprachassistenten im Baumarkt. Die direkte

Beziehung zwischen dem wahrgenommenen Nutzen und der Nutzungsabsicht wird durch den Einflussfaktor der Einstellung zur Nutzung mediiert. Es handelt sich um eine komplementäre Mediation, da sowohl der direkte Effekt des wahrgenommenen Nutzens als auch der indirekte Effekt über die Mediatorvariable signifikant sind und die gleichen Vorzeichen haben. Von den die Customer Journey betreffenden Akzeptanztreiber haben der Informations- und Erlebniswert sowie die Schnelligkeit und Bequemlichkeit einen indirekten Einfluss auf die Akzeptanz von digitalen Sprachassistenten im Baumarkt. Diese beiden Einflussfaktoren werden durch die Konstrukte des wahrgenommenen Nutzens und der Einstellung zur Nutzung mediiert. Daraus kann geschlossen werden, dass eine erlebbare und problemlösungsorientierte Programmierung des digitalen Sprachassistenten sich positiv auf die Akzeptanz für digitale Sprachassistenten im Baumarkt auswirkt.

Die wichtigsten Einflussfaktoren stellen jedoch die Schnelligkeit und Bequemlichkeit dar. Wird die Software folglich dahingehend programmiert, dass der Konsument durch die Nutzung schneller, einfacher und effizienter im Baumarkt durch den Kaufprozess geführt wird, hat dies einen positiven Effekt auf die Akzeptanz der digitalen Sprachassistenten. Der Einflussfaktor Glaubwürdigkeit zeigt keinen signifikanten Einfluss auf den wahrgenommenen Nutzen, demzufolge hat dieser keinen Einfluss auf die Akzeptanz von digitalen Sprachassistenten im Baumarkt.

Hinsichtlich der die Technologie betreffenden Akzeptanztreiber hat lediglich der Faktor Funktionalität über die mediierende Variable der wahrgenommenen einfachen Bedienbarkeit einen signifikanten positiven Einfluss auf die Akzeptanz von digitalen Sprachassistenten im Baumarkt. Daraus lässt sich ableiten, dass eine reibungslose Erfassung der Spracheingabe in einem Verkaufsraum und die anschließende Verarbeitung und Ausgabe einen wesentlichen Einfluss auf die Akzeptanz von digitalen Sprachassistenten im Baumarkt haben.

Der Einflussfaktor der persönlichen Innovationskraft zeigt keinen signifikanten Einfluss und hat folglich keine Auswirkungen auf die Zielvariable (Nutzungsabsicht für digitale Sprachassistenten im Baumarkt). Trotz des potenziellen Risikos im Hinblick auf den Datenschutz konnte kein signifikanter Zusammenhang mit der Nutzungsabsicht festgestellt werden. Dies impliziert, dass der Faktor Datenschutz keinen Einfluss auf die Akzeptanz von digitalen Sprachassistenten hat. Ursächlich dafür kann – wie bereits angeführt – das Privacy Paradox sein.

Es zeigt sich, dass sowohl die Customer Journey betreffende als auch die Technologie betreffende Akzeptanztreiber eine bedeutende Rolle in der Beeinflussung der Akzeptanz der Konsumentinnen und Konsumenten für digitale Sprachassistenten spielen, wenngleich der Faktor der wahrgenommenen einfachen Bedienbarkeit ausschließlich durch die Funktionalität beeinflusst wird. Es ist festzuhalten, dass die Einstellung zur Nutzung entscheidend für die Akzeptanz von digitalen Sprachassistenten im Baumarkt ist. Endverbraucherinnen und -verbraucher haben eine positive Einstellung zur Nutzung, wenn der digitale Sprachassistent für sie einen Mehrwert bietet und sich einfach bedienen lässt. Gefördert wird der wahrgenommene Nutzen durch einen hohen

Informations- und Erlebniswert sowie Schnelligkeit und Bequemlichkeit. Die einfache Bedienbarkeit eines digitalen Sprachassistenten kann durch ein hohes Maß an Funktionalität erreicht werden. In diesem Zusammenhang ist ebenfalls anzuführen, dass es über die genannten Einflussfaktoren hinaus weitere, bisher noch nicht betrachtete Faktoren im Kontext der Verwendung digitaler Sprachassistenten im stationären Einzelhandel geben kann, die Einfluss auf die Akzeptanz nehmen könnten.

6.7 Fazit

Durch die empirische Untersuchung konnten acht der insgesamt zwölf formulierten Forschungshypothesen bestätigt werden. Auf die Einflussfaktoren Glaubwürdigkeit, persönliche Innovationsbereitschaft und Datenschutz sollte in zukünftigen Untersuchungen besonderes Augenmerk gelegt werden, da diese im verwendeten Modell keinen Einfluss auf die Akzeptanz aufweisen. Da die Befragung auf einer reinen Einschätzung der Probandinnen und Probanden beruhte, war es insbesondere für die Determinante der Glaubwürdigkeit schwer möglich, diese entsprechend einschätzen zu können. Aus diesem Grund könnte dieser Faktor weiterführend in Form eines Experiments analysiert werden. Das Konstrukt der persönlichen Innovationsbereitschaft konnte nicht hinreichend beschrieben werden. Neben der Auswahl der Items für dieses Konstrukt sollten die Indikatoren weiterer latenter Variablen ebenfalls genauer betrachtet werden, um eine möglichst hohe Erklärung der Varianz für das jeweilige Konstrukt zu gewährleisten. Darüber hinaus sollte die Datenschutzkomponente, die gemäß den Ergebnissen keinen Einfluss auf die Akzeptanz zeigt, vor dem Hintergrund steigender Datenschutzbedenken überprüft werden. Für die vorliegende Untersuchung bildet das Privacy Paradox hier eine Erklärungsbasis.

Im Allgemeinen lässt sich anführen, dass es im Rahmen weitergehender Forschungsaktivitäten sinnvoll sein könnte, das aufgestellte Modell anhand einer experimentellen Untersuchung zu überprüfen, um tiefergehende Erkenntnisse über das tatsächliche Akzeptanzverhalten der Konsumentinnen und Konsumenten zu erhalten. Insbesondere dem Einzelhandel eröffnen technologische Entwicklungen, wie digitale Sprachassistenten Chancen zur Schaffung innovativer Einkaufserlebnisse sowie Einflussnahme auf den Kaufentscheidungsprozess der Endverbraucherinnen und -verbraucher. Ein tiefergehendes Verständnis für die digitalen Möglichkeiten und der daraus abgeleiteten Innovationen für das eigene Geschäftsmodell sowohl auf der operativen als auch strategischen Unternehmensebene bilden für den Einzelhandel das Fundament wirtschaftlichen Erfolgs und sind nachgelagert Wachstumstreiber der Gesellschaft.

Literatur

Altpeter, M. (2017). *Akzeptanz von Beacons für Location-based Advertising*. Springer Fachmedien.

Ammari, T., Kaye, J., Tsai, J. Y., & Bentley, F. (2019). Music, search, and IoT: How people (really) use voice assistants. *ACM Transactions on Computer-Human Interaction, 26*(3), 1–28.

Bauer, H. H., Reichardt, T., Barnes, S. J., & Marcus, M. N. (2005). Driving consumer acceptance of location-based services in mobile applications: A theoretical framework and an empirical study. *Journal of Electronic Commerce Research, 6*(3), 181–192.

BHB – Handelsverband Heimwerken, Bauen und Garten e. V. (2019). *Baumarktbranche dreht die Stellschrauben für die Zukunft*, 1–4.

Bolz, N., Bork, M., Bosshart, D., Brodde, K., Heinemann, R., Müller, J., Schuster, M., Schüller, A. M., Wippermann, P., Wolfram, G., & Zerdick, A. T. (2016). *Zukunftsstudie Handel 2036: Wie kauft Deutschland übermorgen ein?* QVC Handel LLC & Co. KG.

Brüxkes, S., Hedde, B., Risse, S., & Stüber, E. (2018). *DIY-Vertrieb der Zukunft | Markt-forschungsstudie*. RM Handelsmedien.

Brynjolfsson, E., & Smith, M. D. (2000). Frictionless commerce? A comparison of Internet and conventional retailers. *Management Science, 46*(4), 563–585.

Buvat, J., Jacobs, K., Sengupta, A., Taylor, M., & Khadikar, A. (2018). *Conversational commerce – Why consumers are embracing voice assistants in their lives*, 1–7.

Chace, C. (2015). *Surviving AI. The promise and peril of artificial intelligence* (3. Aufl.). Three Cs.

Chen, L. D., Gillenson, M. L., & Sherrell, D. L. (2004). Consumer Acceptance of virtual stores: A theoretical model and critical success factors for virtual stores. *ACM SIGMIS Database: The DATABASE for Advances in Information Systems, 35*(2), 8–31.

Chopra, K. (2019). Indian shopper motivation to use artificial intelligence: Generating Vroom's expectancy theory of motivation using grounded theory approach. *International Journal of Retail and Distribution Management, 47*(3), 331–347.

Chung, Q. B., & Otto, J. R. (2000). A framework for cyber-enhanced retailing: Integrating e-commerce retailing with brick-and-mortar retailing. *Electronic Markets, 10*(3), 185–191.

Davis, F. D. (1986). *A technology acceptance model for empirically testing new end-user information systems*. Thesis (Ph. D.). Massachusetts Institute of Technology, Sloan School of Management.

Eurostat. (2021). *Nettoumsatz im Einzelhandel in Deutschland nach Branchen in den Jahren 2017 bis 2019 (in Milliarden Euro) [Graph]*. Statista.

Fishbein, M., & Ajzen, I. (1975). *Belief, attitude, intention, and behavior: An introduction to theory and research*. Addison-Wesley.

Giese, X., Martens, C., Spaan, U., & Acar, C. (2020). *Künstliche Intelligenz im Store*. EHI Retail Institute.

Hair, J. F., Hauff, S., Hult, G. T. M., Richter, N. F., Ringle, C. M., & Sarstedt, M. (2017). *Partial Least Squares Strukturgleichungsmodellierung*. Vahlen.

Hörner, T. (2019). *Marketing mit Sprachassistenten – So setzen Sie Alexa, Google Assistant & Co strategisch erfolgreich ein*. Springer Fachmedien.

Jiang, L. (Alice), Yang, Z., & Jun, M. (2013). Measuring consumer perceptions of online shopping convenience. *Journal of Service Management, 24*(2), 191–214.

Jockisch, M. (2009). Das Technologieakzeptanzmodell – Die verhaltenswissenschaftliche Modellierung von Beziehungsstrukturen mit latenten Konstrukten am Beispiel von Benutzer-akzeptanz. In G. Bandow & H. H. Holzmüller (Hrsg.), *„Das ist gar kein Modell!" Unterschied-liche Modelle und Modellierungen in Betriebswirtschaftslehre und Ingenieurwissenschaften* (S. 233–254).

Kabel, P. (2020). *Dialog zwischen Mensch und Maschine – Conversational User Interfaces, intelligente Assistenten und Voice-Systeme* (1. Aufl.). Springer Fachmedien, 160.

Kokolakis, S. (2017). Privacy attitudes and privacy behaviour: A review of current research on the privacy paradox phenomenon. *Computers & Security, 64*, 122–134.

Konopka, C., & Metzen, M. (2020). *Aktuelle Beyto Smart Speaker Studie 2020 – Jeder vierte Deutsche hat einen Smart Speaker – und noch mehr glauben an große Zukunft der Technologie.* Beyto.

KPMG AG. (2016). *Trends im Handel 2025: Erfolgreich in Zeiten von Omni-Business.* EHI Retail Institute.

Kreutzer, R. T., & Seyed Vousoghi, D. (2020). *Voice-marketing.* Springer Fachmedien.

Mari, A. (2019). *Voice commerce: Understanding shopping-related voice assistants and their effect on brands.* IMMAA Annual Conference. Northwestern University in Qatar, Doha (Qatar).

Monitor Deloitte. (2018). *Beyond Touch – Voice Commerce 2030: Wie Voice-assisted Interfaces den Handel in Europa revolutionieren werden.*

Pantano, E., & Di Pietro, L. (2012). Understanding consumer's acceptance of technologybased innovations in retailing. *Journal of Technology Management and Innovation, 7*(4), 1–19.

Piotrowicz, W., & Cuthbertson, R. (2014). Introduction to the special issue information technology in retail: Toward omnichannel retailing. *International Journal of Electronic Commerce, 18*(4), 5–16.

Poushneh, A. (2018). Augmented reality in retail: A trade-off between user's control of access to personal information and augmentation quality. *Journal of Retailing and Consumer Services, 41*, 169–176.

Reinert, H., & Reinert, E. S. (2015). Creative destruction in economics: Nietzsche, Sombart, Schumpeter. In *Friedrich Nietzsche (1844–1900): Economy and Society* (S. 55–85). Springer US.

Schaber, F., Krieger-Lamina, J., & Peissl, W. (2019). *Digitale Sprachassistenten.* Institut für Technikfolgen Abschätzung.

SPLENDID RESEARCH GmbH. (2019). *Digitale Sprachassistenten – Eine repräsentative Umfrage unter 1.024 Deutschen zum Thema digitale Sprachassistenten.* SPLENDID RESEARCH GmbH.

Stanoevska-Slabeva, K. (2018). Conversational Interfaces – die Benutzerschnittstelle der Zukunft? *Wirtschaftsinformatik & Management, 10*(6), 26–37.

Statistisches Bundesamt, & Norstat. (2017). *Zu welchem Zweck würden Sie digitale Sprachassistenten nutzen? [Graph].* Statista.

Stüber, E., Becker, G., Thiele, J., & Conrads, S.-S. (2018). *5 Thesen zum Baumarkt der Zukunft.* IFH Köln GmbH.

Tuzovic, S., & Paluch, S. (2018). Conversational commerce – A new era for service business development? In M. Bruhn & K. Hadwich (Hrsg.), *Service business development – Strategien, innovationen, Geschäftsmodelle* (S. 81–100). Springer Fachmedien.

Zhang, Q., Xue, D., & Zhu, J. (2012). Research on location based service via technology acceptance model. *International Conference on Management of e-Commerce and e-Government, 2012*, 373–377.

Prof. Dr. Uwe Kehrel ist seit 2016 Professor für Allgemeine Betriebswirtschaftslehre, insbesondere Controlling, an der FOM Hochschule. Darüber hinaus ist er als Unternehmensberater tätig. Er engagiert sich in Praxis, Forschung und Lehre für die Vermittlung und wissenschaftliche Aufarbeitung betriebswirtschaftlicher Problemstellungen. Seine Schwerpunkte liegen dabei im Controlling sowie im Risikomanagement.

Nina Wörmer ist als Key-Account-Managerin für den Bereich International bei J.W. Ostendorf GmbH & Co. KG – a part of Hempel tätig. Nach dem Abschluss ihres Bachelorstudiums Allgemeiner Betriebswirtschaftslehre hat sie ein vertiefendes Masterstudium an der FOM Hochschule mit dem Schwerpunkt Sales Management absolviert.

Ganz vorne mit dabei oder bereits hinten dran? – Livestream-Shopping, seine Potenziale und die Situation in Deutschland

7

Eine Vorstellung, Prüfung und die Skizzierung des Status quo

Sylvia Knecht und Alexander Bungarten

> *Nichts ist mächtiger als eine Idee, deren Zeit gekommen ist.*
> *(Victor Hugo)*

Inhaltsverzeichnis

7.1   Einordnung des Livestream-Shoppings   134
      7.1.1   Was ist Livestream-Shopping?   135
      7.1.2   Die Zielgruppe   138
7.2   Die Funktionen des Livestream-Shoppings   141
      7.2.1   Technologie & Einordnung in digitale Ökosysteme   141
      7.2.2   Die Potenziale der „neuen" E-Commerce-Form   144
7.3   Fazit & Limitation   146
Literatur.   147

S. Knecht (✉)
FOM Hochschule, Köln, Deutschland
E-Mail: sylvia.knecht@fom.de

A. Bungarten
Köln, Deutschland
E-Mail: alexander-bungarten@web.de

© Der/die Autor(en), exklusiv lizenziert an Springer Fachmedien Wiesbaden GmbH, ein   133
Teil von Springer Nature 2023
L. Rothe et al. (Hrsg.), *Marketing & Innovation 2023*, FOM-Edition,
https://doi.org/10.1007/978-3-658-41309-5_7

Zusammenfassung

„Hype, Innovation, Trend" – Drei Wörter, mit denen Livestream-Shopping zum Teil als neue Bereicherung der Distributionskanäle für Unternehmen betitelt wird. Diese Untersuchung stellt den Distributionskanal sowie seine Besonderheiten vor. Was bietet die Weiterentwicklung von Social-Shopping, für wen ist es relevant und wie funktioniert das Ganze? Die Vorstellung des Ökosystems „Livestream-Shopping" unter Betrachtung der Marktteilnehmenden und technischen Besonderheiten bietet einen Überblick der Potenziale und Herausforderungen. Aus den gewonnenen Erkenntnissen wird eine Bewertung des Livestream-Shoppings hinsichtlich seiner Bedeutung für die deutsche Wirtschaft abgeleitet und ein Zukunftsausblick gegeben.

Schlüsselwörter

Livestream-Shopping · Call-to-Action-Livestream · Social   Commerce · Edutainment · Authentischer Vertriebskanal

7.1   Einordnung des Livestream-Shoppings

Die Thematik des Future Shoppings bietet unterschiedliche Untersuchungsansätze. Forschungsgegenstand kann die Beleuchtung bestehender Shoppingformate, neuer Entwicklungen des Shoppings oder grundlegender Veränderungen im Kaufverhalten sein. Die Betrachtung kann branchenspezifisch, national oder international erfolgen. In Expertinnen- oder Experteninterviews können fundierte Meinungen eingeholt und untersucht werden oder großflächig angelegte Umfragen ausgewertet und Trends sowie Entwicklungen analysiert werden.

Dieser Beitrag stellt das Thema Livestream-Shopping im Rahmen einer Literaturanalyse vor. Zunächst erfolgt eine Vorstellung und Einordnung des Livestream-Shoppings. Für ein Verständnis der Relevanz und eine bessere Einordnung in den Marketing-Mix werden anschließend die Zielgruppen und somit die Einsatzmöglichkeiten dargestellt. Folgend werden die Funktionen des Livestream-Shoppings in Form der technologischen Möglichkeiten und des Ökosystems angeführt, um davon die praktischen Potenziale für die deutsche Wirtschaft abzuleiten. Abschließend folgt ein Fazit der Untersuchung inklusive einer Limitation und einem Forschungsausblick.

Die Untersuchung beschäftigt sich mit den Forschungsfragen: „Was sind die Potenziale des Livestream-Shoppings in Deutschland?" und „Wie sieht die derzeitige Situation des Livestream-Shoppings in Deutschland, im Hinblick auf Möglichkeiten und Nutzung, aus?". Die im Rahmen der Literaturanalyse gewonnenen Erkenntnisse werden im abschließenden Abschnitt zusammengefasst und limitiert. Darin werden die Forschungsausblicke gegeben und erste Erkenntnisse angeführt, die durch qualitative und quantitative Untersuchung getestet und diskutiert werden können.

Livestream-Shopping stellt im Rahmen der Untersuchung des Future Shoppings einen relevanten Trend dar: Ein verändertes Konsumierendenverhalten, das neben dem generell steigenden digitalen Shopping unter anderem aus dem veränderten Kaufverhalten der Lockdowns resultiert, wird Veränderungen bewirken. Seit 1999 erhöht sich der Umsatz des B2C E-Commerce in Deutschland laufend, Konsumierende kaufen online! (vgl. Handelsverband Deutschland – HDE, 2022, S. 7) Neue Herausforderungen und Chancen resultieren. Die Wirtschaft sowie die Gesellschaft wandeln dabei mit. Eine Veränderung ergibt sich durch neue Distributionskanäle und veränderte Shoppinganforderungen und damit geändertes -Verhalten. Die Möglichkeiten, mehr Informationen schneller und in attraktiver Darstellungsweise zu konsumieren, verbunden mit einem bequemen Kaufabschluss, ergeben das Potenzial, das der „neue" Distributionskanal des Livestream-Shoppings mit sich bringt (vgl. Kollmann & Schmidt, 2016, S. 58).

Einer der größten Onlinehändler Deutschlands, in der Transformation hin zu einer Plattform, testet das Livestream-Shopping bereits. Auf der eigenen Online-Plattform sowie in der eigenen App werden die Streams beworben und bei den ersten Tests im Oktober 2021 wird von über 30.000 Zuschauerinnen und Zuschauern und einer durchschnittlichen Viewtime von sechs Minuten gesprochen (vgl. Eberhardt, 2021). Diese Entwicklungen des Trends stellen den Ausgangspunkt der folgenden Untersuchung dar.

7.1.1 Was ist Livestream-Shopping?

Was ist Livestream-Shopping? Und wie kann es vom klassischen Liveshopping unterschieden werden? Liveshopping im TV oder online gibt es schon recht lange. Per Liveübertragung werden Produkte oder Sonderangebote mithilfe künstlicher Verknappung angepriesen. Seit den pandemiebedingten Lockdowns 2020 wird unter Liveshopping allerdings oft Livestream-Shopping verstanden, auch wenn sich die Art des Einkaufs nicht wirklich geändert hat.

Denn auch hier werden Produkte per Live-Video online präsentiert, ausprobiert und näher erläutert. Oft übernehmen die Verkaufenden eines Geschäfts selbst die Warenpräsentation vor laufender Kamera. Kundinnen und Kunden können sich live zuschalten und z. B. per Chat mit ihnen interagieren, um Fragen zu stellen oder sich beraten zu lassen.

Der Kauf kann anschließend über ein entsprechendes Tool getätigt werden. Die Kundinnen und Kunden können sich die bestellten Produkte dann entweder nach Hause liefern lassen oder vor Ort im Laden abholen. So gelingt ein Zusammenspiel von stationärem Verkaufsort und Onlinehandel mithilfe digitaler Angebote.

Das Livestream-Shopping (folgend LSS) stammt aus China und wurde über die zu Alibaba gehörende Commerce-Plattform Taobao ins Leben gerufen. Auf dem chinesischen Markt ist das Format bereits erfolgreich, insgesamt wurden 2021 bereits 38,8 % der gesamten Onlinekäufe über LSS getätigt. Damit hat sich der Anteil mit damaligen 19 % seit 2019 verdoppelt. Laut Prognosen werden bis 2025 ca. 45 % der Einkäufe via LSS getätigt (vgl. Cramer-Flood, 2021). China ist nach Deutschland in den E-Commerce eingestiegen und hatte daher beim Einstieg bereits neueste Technologien zur Verfügung. Diese Tatsache und eine hohe gesellschaftliche Akzeptanz haben wahrscheinlich zu einem exponentiellen Wachstum des Mobile Commerce und des LSS geführt.

Die Möglichkeit, einen Livestream mit einem exklusiven Shoppingerlebnis zu verbinden, hat seitdem international Wellen geschlagen und sich etwa in den USA als erfolgreiches Format etabliert. Bereits 2019 gelang es der Influencerin Kim Kardashian auf einer chinesischen Shoppingplattform innerhalb von nur 15 min 15.000 Parfümflakons zu verkaufen. Seither haben auch die US-amerikanischen medialen Riesen wie Amazon und Instagram, Livestream-Shoppingformate aktiviert, sodass diese auch in Deutschland von einer breiten Masse genutzt werden können (vgl. Richter, 2021, S. 12).

In Deutschland starten erste Versuche von Marken und Influencerinnen und Influencer, das Format auszutesten. Die Parfümerie Douglas bietet Livestreams an, um mit den Zuschauenden etwa in den Fokusbereichen Sales, Education, Entertainment, Highlights und Trends zu kommunizieren. Der Head of Social Commerce, Data Management & Innovation, Yassin Hamdaoui, berichtet auf dem markeneigenen Marketingblog bereits im Mai 2021, dass sie die Livestreams jede Woche und in sechs verschiedenen Ländern anbieten (vgl. Douglas Marketing Solutions, 2021). Ihr Ziel sei es, Onlineshopping mit einem Entertainment-Faktor zu verbinden und dabei Zielgruppen, egal welcher Altersklassen, anzusprechen. Weiter berichtet er von fehlender Konkurrenz, vor allem aufgrund fehlender Shoppable-Funktionen auf den Social-Media-Plattformen, was in dieser Untersuchung später genauer beleuchtet wird (vgl. Choi, 2020).

Gemessen an Nutzungszahlen und Umsätzen ist der Trend in Deutschland noch nicht vergleichbar mit den Entwicklungen in China oder den USA, er dürfte zukünftig jedoch einiges an Potenzial bieten. Um diese These zu untermauern und das Thema LSS im Detail vorzustellen, soll das Format nachfolgend zunächst in den E-Commerce eingeordnet und anschließend Besonderheiten herausgearbeitet werden.

Da LSS eine Abwicklung von Geschäftsprozessen ohne physischen Kontakt darstellt, darf es ganz allgemein dem E-Commerce zugeordnet werden.

Wie anfangs ausgeführt, sind Livesendungen, bei denen Produkte vorgestellt und Konsumierende zum Kauf aufgerufen werden, durch das Format des Teleshoppings schon seit Langem bekannt. Aufgrund der Ähnlichkeiten wird das LSS auch als digitale Version des Teleshoppings bezeichnet.

Der entscheidende Unterschied vom LSS zum Teleshopping ist die zweiseitig gerichtete und aktive Kommunikation zwischen Konsumierenden und Werbenden. Diese Art der Kommunikation, welche von der reinen Push-Kommunikation abweicht und für Dialog sorgt, ist von den sozialen Medien bekannt. Damit sind die Überschneidungen des LSS mit dem Social Commerce naheliegend. Social Commerce, der ebenfalls zum E-Commerce zählt, ermöglicht den Einkauf auf sozialen Plattformen.

Die Besonderheit des Social Commerce, verglichen mit herkömmlichen E-Commerce-Angeboten, ist, dass die Social-Commerce-Nutzenden durch finanzielle Belohnungen dazu ermutigt werden, verschiedene Produkte zu bewerten und zu teilen – damit können sie Konsumierende und Werbende sein (vgl. Gao et al., 2022, S. 2798). Trotz der Ähnlichkeiten des LSS zum Teleshopping und zum Social Commerce lässt sich das Format nicht einfach einem dieser Distributionskanäle zuordnen. Eine einzigartige Komponente des LSS ist der Live-Broadcast: Konsumierende genießen einerseits den Entertainment-Faktor, wie bei den zuvor genannten Formaten, können jedoch gleichzeitig in einen Live-Austausch mit den Werbenden treten.

▶   LSS-Formate unterscheiden sich, je nachdem wie der Kaufprozess und der Livestream miteinander verknüpft sind.

Die verschiedenen Möglichkeiten, von einer direkten Kauffunktion im Livestream bis zu einem Call-to-Action im Livestream, der auf eine eigene, unabhängige Shopumgebung leitet, werden später in der Untersuchung im Zusammenhang der Technologie und des Ökosystems des LSS vorgestellt.

Vorweggenommen ist der Livestream entweder in den E-Commerce eingebunden, wie zum Beispiel eine Livestream-Funktion auf einer Verkaufsplattform oder dem Onlineshop. Oder der E-Commerce ist im Livestream eingebunden, dabei werden die Livestream-Funktionen von Social-Media-Plattformen, wie TikTok oder Instagram, um eine Commerce-Funktion erweitert. Damit ist es nicht notwendig, das Medium beim Kauf zu wechseln, Konsumierende können also den Unterhaltungsfaktor an einem internetfähigen Tool genießen und den Kaufprozess durchführen. Anders als beim Teleshopping, wo neben dem Fernseher ein Telefon oder ein Onlineshop benötigt werden.

Neben dieser Betrachtung des LSS als Distributionskanal kann es zum anderen auch als eigenständige Social-Media-Form verstanden werden. Dabei lässt sich der Begriff Edutainment, bestehend aus Education (engl. für Bildung) und Entertainment (engl. für Unterhaltung), für den Content während der LSS Broadcasts verwenden. Die Werbenden sind während des Livestreams meist auch Konsumentinnen und Konsumenten und gebrauchen das Produkt live vor der Kamera oder stellen dieses, die vertreibende Marke oder das Unternehmen vor, während das Produkt aktiv platziert wird. Dabei werden unterschiedliche unterhaltende Elemente integriert. Gleichzeitig sind die Werbenden auch für die Erklärung der Produkte oder deren Gebrauch zuständig. Konsumierende erhalten Tipps und Tricks zu den Produkten und haben parallel die Möglichkeit, live Fragen zu stellen oder sich in der Community über die Produkte oder Dienstleistungen auszutauschen. Der Unterschied zwischen klassischem Onlineshopping und LSS liegt nach mehreren Untersuchungen vor allem in der zusätzlichen Informationsbeschaffung durch LSS. Diese erhöht die Motivation, zum einen den Livestream zu verfolgen und zum anderen mehr Produktinformationen zu konsumieren, die wiederum das Kaufbedürfnis verstärken und schlussendlich die Kaufentscheidung positiv beeinflussen. Ein Verstärker der Glaubwürdigkeit, der Authentizität und des Impacts dieser Informationen kommt durch die Verwendung von Markenbotschafterinnen und Markenbotschaftern aus dem relevanten Umfeld der Zielgruppe. Diese Markenbotschafter (Content Creator, Influencerinnen und Influencer, Key Opinion Leader etc.) transportieren mit dem Kommunizieren ihrer Nachrichten ein zusätzliches Vertrauen, das auf die Marke und das Produkt oder die Dienstleistung übertragen wird. Dieses Vertrauen kommt durch die eigene Positionierung und Bekanntheit sowie Reichweite der gewählten Markenbotschafterinnen und Markenbotschafter zustande. Als besonders relevante Bestandteile des LSS werden der Entertainment-Faktor, das Live-Vergleichen von Meinungen, Bequemlichkeit, Spannung auf die Inhalte und Neuigkeiten des Livestreams (Storytelling) sowie Produktdemos und -informationen genannt (vgl. Cai et al., 2021, S. 81–83).

7.1.2   Die Zielgruppe

Es liegt nahe zu unterstellen, dass beim LSS durch die Anbindung an die sozialen Media Apps bzw. Netzwerke eher jüngere Zielgruppen im Fokus der Anbieter liegen. Denn gerade diese Alterskohorten haben den E-Commerce-Bereich über ihr Nutzungsverhalten in den Mobile Devices perfektioniert.

Damit liegt ein genereller Vorteil der Lösungen für LSS schon in der Hardware, da sich die jüngere Zielgruppe ohnehin schon fast ausschließlich über ihr Smartphone informiert und anschließend kauft. Daher verwundert es nicht, dass Unternehmen LSS von Beginn an in direkter Anbindung an Social-Networking-Aktivitäten denken und planen.

Facebook ist im Social-Network-Bereich zwar immer noch die meistgenutzte Social-Media-Anwendung weltweit. Aber Instagram wächst zurzeit deutlich schneller als alle anderen Anbieter am Markt und ist bei der Zielgruppe zwischen 25 bis 34 Jahren mit 32 % bereits die Nummer 1 der sozialen Netzwerke. Weltweit sind über 70 % der Instagram User jünger als 35 Jahre. Mit 51,6 % überwiegt der prozentuale Anteil von Männern leicht vor den der weiblichen Zielgruppe mit 48,4 % (vgl. Ahlgren, 2022).

Mit monatlich über 1,22 Mrd. Nutzenden weltweit und einem täglichen Volumen von rund 500 Mio. Nutzenden über Android und fast 10 Mio. über iOS-Systeme ist Instagram hier derzeit absoluter Favorit für die Anbieter rund um LSS.

Damit ist der Kanal auch für Unternehmen weltweit einer der attraktivsten Absatzkanäle in dieser Alterskohorte: In den USA nutzen schätzungsweise 71 % der Unternehmen Instagram, weil ca. 80 % der aktiven Konten mittlerweile einem Geschäft auf dem Kanal folgen (vgl. Ahlgren, 2022).

Dabei waren im ersten Quartal 2021 rund 22,4 % der globalen Instagram-Nutzenden männlich und gehörten der Altersgruppe der 25- bis 34-Jährigen an. Im Alter von 25 und 34 Jahren und weiblich waren rund 20,4 % der Instagram-Nutzenden weltweit (vgl. Rabe, 2022).

In Deutschland zeichnet sich ein ähnliches Bild ab: 94 % der Bevölkerung nutzen mittlerweile das Internet und alle erwachsenen Menschen unter 50 Jahren waren im Jahr 2021 online (vgl. ARD/ZDF Forschungskommission et al., 2021, S. 3), ein gigantischer Markt, wenn bedacht wird, dass rund 80 % der Nutzenden angeben, ein Produkt gekauft zu haben, nachdem es in einer App beworben wurde.

So reagieren Unternehmen in ihrer werblichen „Schlagzahl" denn auch entsprechend: 55 der beliebtesten und aktivsten Marken auf Instagram posten durchschnittlich 1.5-mal pro Tag. Die durchschnittliche Anzahl wöchentlicher Markenposts auf Instagram in 2021 betrug 6.5 und damit 2.5 mehr als noch 2020. Mediamarken posteten 8.1-mal pro Woche und Sportmarken mehr als 10 (vgl. Dixon, 2020).

Es wird erwartet, dass die Werbeeinahmen von rund 26 Mrd. Dollar im Jahr 2021 weltweit auf bis zu 40 Mrd. im Jahr 2023 ansteigen werden. Schon jetzt nutzen rund 4 Mio. Unternehmen jeden Monat Instagram-Storys. Besonders beliebt sind dabei Video-Postings, die die User mit 1,87 % im Gegensatz zu 1,11 % bei Bildbeiträgen binden (vgl. Ahlgren, 2022). Das Hineinwachsen in die Social-Network-Aktivitäten ist also für die jüngere Zielgruppe kein Thema mehr, und damit auch keines für das Geschäftsmodell LSS.

Wie aber sieht es aus, wenn die Zielkohorte für ein unternehmerisches Umfeld älter als 34 Jahre ist? Wie können Millennials erreicht werden? Und wie lässt sich die noch ältere Gruppe der sogenannten Babyboomer erfolgreich adressieren? Gerade in diesen beiden Gruppen gab es während der Pandemie deutliche Unterschiede beim Kaufverhalten. So waren die Onlineausgaben der Millennials im Zeitraum von Juni bis August 2021 um das 2,5-, 1,5- und 1,3-fache höher als die der Babyboomer, der Generation X und der Generation Z. Zudem gab diese Altersgruppe in der Befragung an, dass sie in diesem Zeitraum 53 % ihrer gesamten Einkäufe online getätigt habe (vgl. Stübane, 2021).

Dass auf den Social-Media-Kanälen nicht nur junge Zielgruppen angelockt werden, haben einige Unternehmen bereits in ihre LSS-Strategie implementiert: Bei Arnold Fashion beispielsweise ist die größte Altersgruppe der Livestream-Zuschauenden zwischen 30 und 45 Jahre alt. Dort war zu beobachten, dass sich viele Kundinnen und Kunden im mittleren Alter im Lockdown erstmals einen Social-Media-Account zugelegt haben. Gleichzeitig beobachtete man dort viele ältere Zuschauende beim Livestreaming (vgl. Zunke, 2020, S. 34).

Nach den Millennials war bei den Babyboomern seit Beginn der Pandemie die größte Verlagerung zu verzeichnen. Der Anteil ihrer Onlineausgaben an ihren Gesamtausgaben stieg von 25 auf 37 %. Gefolgt von der Generation X, die ihren Anteil an den Onlineausgaben von 39 auf 47 % erhöhte (vgl. Stübane, 2021).

Immerhin hat die Zielgruppe 50+ nicht nur das Modell des Teleshoppings von den Anfängen bis heute erlebt und zum Erfolgsmodell gemacht, sondern ist über 40 Jahre Internetnutzung auch sukzessive in die Social-Media-Nutzung hineingewachsen. Sie nutzt die Networking-Kanäle anders.

Hinzu kommt, dass die älteren Käuferzielgruppen das klassische Dialog-Shopping gewohnt sind. Wie dargestellt, ist die Kernidee des LSS, auf Interaktion mit den Kundinnen und Kunden zu setzen. Damit unterscheidet sich das Format grundsätzlich vom Angebot der Teleshopping-Sender, bei denen den Zuschauenden eine eher passive Rolle zufällt.

Zudem geht die Generation der 1955- bis 1969-Geborenen bis zum Jahr 2025 mit rund 20 Mio. Menschen in den Ruhestand. Sie haben Zeit – und Geld, was sie für die Unternehmen zu einer attraktiven Zielgruppe macht.

▶   LSS ist damit aus unternehmerischer Sicht nicht nur für fast alle Produkte, sondern auch für alle Alterskohorten ein neuer, attraktiver Vertriebskanal.

Allen Zielgruppen ist dabei auch eines gemeinsam: die Positionierung des Einkaufsverhaltens unter dem Gesichtspunkt des Weltverständnisses und der Authentizität. Echte, „authentische" Menschen empfehlen Produkte, hinter denen die Präsentierenden auch stehen. Damit könnte beim LSS an eine Weiterentwicklung des Influencer-Marketing gedacht werden.

Dieser Ansatz greift jedoch zu kurz. Denn Influencer-Marketing wird eben nicht als wirklich „authentisch" empfunden und wird vor allem von älteren Verbrauchenden als rein werbliche Maßnahme betrachtet.

Zwar steigt der social Impact der Influencerinnen und Influencer, und damit auch ihre Bedeutung insgesamt. Aber für die Unternehmen bedeutet das gleichzeitig auch, dass Kooperationen in diesem Bereich gut durchdacht und langfristig geplant werden müssen. Dabei stehen Fragen im Raum, ob die Influencerin oder der Influencer auch die Werte des Unternehmens teilt oder die gleiche unternehmerische Haltung einnimmt. Um dies zu beantworten, ist der Kontakt und damit der zeitliche Impact zum Werbenden in den Unternehmen hoch (vgl. marketing-Börse, 2022).

Zudem ist für kleinere und mittlere Brands der Weg zur Umsetzung zusätzlichen Vertriebspotenzials durch Influencerinnen und Influencer schwierig, da sie häufig keinen direkten Zugang zu diesen haben. Denn auch wenn Influencerinnen und Influencer durch ihre individuellen Persönlichkeiten bestechen, müssen hinter ihnen keine realen Personen mehr stecken. Denn der Einsatz künstlicher Intelligenz nimmt auch in diesem Bereich zu. Mittlerweile feiern virtuelle Influencerinnen und Influencer, wie beispielsweise Lil Miquela mit drei Millionen Followern oder Knox Fox mit 800.000 Followern, große Erfolge und sind begehrte Kooperationspartnerinnen und Kooperationspartner für High-End-Marken wie Prada oder internationale Organisationen wie die WHO (vgl. marketing-Börse, 2022). Wird der Ansatz auf das LSS übertragen, so wird deutlich, dass es eben in diesem neuen Bereich des Shoppingerlebnisses tatsächlich auf echte und authentische Persönlichkeiten ankommt.

Wie die Erfahrungen aus dem WoM-Marketing (Word-of-Mouth) zeigen, ist die Überlegenheit persönlicher Kommunikation von anderen Marketingmaßnahmen nicht zu toppen: Nicht nur, dass wir fachlich versierten oder erfahrenen Personen eine größere

Glaubwürdigkeit zugestehen, sondern wir nehmen die Information deutlich selektiverer wahr, was erfolgversprechender ist. Durch die laufenden Rückkoppelungen zwischen den Beteiligten ergibt sich inhaltlich zu den Produkten eine deutlich größere Flexibilität, Informationen auszutauschen. Auch sind die rechtlichen Voraussetzungen deutlich niedrigschwelliger als in anderen datenschutzrechtlich relevanten Bereichen.

Genauso wie im WoM-Marketing hilft es Herstellern und Ladenbesitzenden, ihre Produkte während einer LSS-Show zu bewerben und dem und der Kaufenden über eine integrierte Chatfunktion Fragen zu beantworten. Livestream-Shopping-Shows können außerdem aufgezeichnet werden, um das Engagement und die Verkäufe auch später noch zu steigern.

Erste Erfahrungen zeigen, dass 45-minütige LSS-Formate die Zuschauende entertainen und informieren und dann am erfolgreichsten sind, wenn die Beteiligten in der Show interagieren können, sprich: Ein Dialog zwischen Host und Zuschauenden entsteht, also einerseits direkt eingekauft werden kann, andererseits aber auch der Austausch innerhalb der Community oder live mit den Hosts vor der Kamera aktiv mitgestaltet werden kann. Dabei kann sogar das Sortiment der Plattform von der Community mitbestimmt werden, indem sie Vorschläge einreichen können. Um LSS erfolgreich bei den eigenen Unternehmenszielgruppen zu positionieren, ist es also erforderlich, zielgruppenrelevante Persönlichkeiten in das Konzept zu integrieren. Das können ebenso prominente Vertretende sein, wie moderierende Personen, die eine alterskohortengerechte Ansprache beherrschen.

▶   Unter dieser Voraussetzung und einem attraktiven Produktangebot ist LSS damit für jegliche Alterszielgruppe geeignet.

7.2   Die Funktionen des Livestream-Shoppings

Anhand der steigenden Nutzungszahlen, ständig neuer Funktionsmöglichkeiten auf unterschiedlichen Plattformen und wachsendem Umsatz, lässt sich erkennen, dass der Trend des LSS genügend innovatives Potenzial mit sich bringt. Ein Trend ist jedoch nur dann erfolgreich, wenn er sich funktional und budgetär auch für Unternehmen realisieren lässt. Ein neuer Distributionskanal wird schließlich unter anderem an seinem Kosten-Einnahmen-Verhältnis gemessen und muss sich seine Berechtigung für die Auswahl in den unternehmenseigenen Marketing-Mix zunächst durch prognostizierten Mehrwert verdienen.

7.2.1   Technologie & Einordnung in digitale Ökosysteme

Mit der Beschreibung des Themas LSS sollen nun die technischen Möglichkeiten bzw. die Abwicklung des LSS genauer beleuchtet werden. Wie können Anbietende ihre Produkte und Services bewerben?

Ein Livestream-Shopping-Event verbindet, wie zuvor beschrieben, zum einen die Vorteile des Shoppingdialogs innerhalb der Community sowie mit dem Host der Show (Influencerin und Influencer, Content Creator oder sonstige Markenbotschafterinnen und Markenbotschafter) mit der Glaubwürdigkeit, die der Host mit seinem Produktversprechen macht. Diese Elemente gilt es während des gesamten Events, also auch beim Check-out des Kaufprozesses, nicht zu unterbrechen. Eine gute User Experience ist entscheidend für einen erfolgreichen Kaufabschluss. Dazu gibt es verschiedene Wege, LSS durchzuführen. Die erste und endemischste Form des LSS ist die Einbindung des Livestreams und des Shops in eine Social-Media-Plattform. Somit bieten beispielsweise Instagram und TikTok die LSS-Formate zur Direktnutzung an. Einerseits sind die Userinnen und User die Benutzung der Social-Media-Plattformen gewöhnt und können neue Funktionen leichter erlernen. Andererseits befinden sich bereits viele Konsumierende auf den Plattformen und stellen damit eine direkte Zielgruppe dar. Relevanter Content hat damit bei der Ausspielung auf den Kanälen von Marken oder LSS-Hosts bereits eine authentische Umgebung. Die Reichweite kann plattformintern organisch erreicht werden oder bei Freischaltung der Funktionen gegebenenfalls mithilfe von Ads zugekauft werden.

Wenn Markenkanäle von den Plattformbetreibenden mit entsprechenden Funktionen ausgestattet werden, können auch kleinere Marken, bei der richtigen Einrichtung ihrer Kanäle, die Chancen des LSS realisieren. Damit wäre gegenüber den anderen Möglichkeiten, LSS zu nutzen, eine Markteintrittsbarriere genommen, indem keine Voraussetzungen wie die eines gegebenenfalls teuren Webshops erfüllt werden müssen.

Um einen Überblick über den aktuellen Stand der LSS-Funktionen zu geben, werden folgend verschiedene beliebte Social-Media-Plattformen betrachtet. Die US-amerikanischen Social-Media-Plattformen wie Instagram, Facebook und Snapchat bieten seit dem dritten Quartal 2020 LSS-Funktionen an, erlauben jedoch ausschließlich eine plattforminterne Nutzung. Eine Anbindung an eine externe Plattform oder den unternehmenseigenen Shop ist damit nicht möglich.

Facebook und Instagram erlauben verifizierten Unternehmen und Creators die Einbindungen von bis zu 30 Produkten in einen Livestream. Dabei können Zuschauende Produkte in einer Detailansicht betrachten oder direkt in der plattforminternen Shopfunktion kaufen (vgl. Meta, 2022).

YouTube bot in einer temporären Funktion an, einen Livestream mit einem YouTube-Webshop zu verbinden. Allerdings waren diese Funktionen lediglich in den USA verfügbar und wurden bisher nicht nach Deutschland ausgerollt (vgl. Google, 2022). Eine andere Variante ist es, den Livestream auf einer externen Plattform durchzuführen und die Nutzenden dann in den eigenen Shop zu leiten. Dabei entfällt die Zuführung durch die Social-Media-Kanäle, da, wie zuvor genannt, aktuell keine Möglichkeit besteht, Nutzende aus den Livestream-Formaten der Social-Media-Kanäle auf die eigene Website zu lotsen.

Dennoch ist es kein Wunder, dass bei eingeschränktem Funktionsangebot der einen (z. B. YouTube) und gleichzeitig hoher Nachfrage sowie großem Potenzial, andere

LSS holistisch anbieten. „Andere" sind dabei dedizierte LSS-Plattformen, die eine Zusammenkunft von Livestream und Shopping ermöglichen. Ein Beispiel ist die erste deutsche LSS-Plattform „Sosho". Sie wurde im Jahr 2021 gegründet und ist ein gemeinsames Produkt der Kreativagentur Noga und der Influenceragentur Buzzbird. Ziel ist es, Marken zu helfen, Content zu erstellen, diesen auszuspielen und den Kaufabschluss direkt auf der Plattform zu ermöglichen (vgl. Birkner, 2021).

Dabei gibt es eine Plattform für die Konsumierenden, auf der die Livestreams verfügbar sind und der Kauf stattfindet sowie einen Bereich für die Anbietenden, auf dem die Livestreams geplant werden und Produkte für den Shop (ein-)gepflegt werden können. Hierbei ist zu erwähnen, dass Sosho (Stand Mai 2022) Folgendes auf der Webseite veröffentlicht: „Da wir unser Konzept grundlegend überarbeiten, sind unsere Shows bis auf Weiteres ausgesetzt." Es bleibt also abzuwarten, ob das Format vergleichbar fortgeführt wird.

Alternativ zu eigens für LSS angelegte Plattformen springen auch große Online-Verkaufsplattformen wie Amazon oder About You auf den Trend auf. Wie das auf About You funktioniert, ist auf Anfrage mit dem Internethändler für Bekleidung direkt abzustimmen. Amazon bietet bisher lediglich in den USA drei verschiedene Möglichkeiten an, wie Werbende LSS nutzen können: Zum ersten können sich Marken in Amazon-Livestreams einkaufen, bei denen Amazon-Moderatorinnen und Moderatoren das Produkt direkt vorstellen und Vorführungen oder Erfahrungsberichte präsentieren. Zweitens können Marken Livestreams sponsoren, die von Amazon-Influencerinnen und -Influencern oder Content-Creators produziert werden. Drittens können Marken eigene Livestreams über eine dafür zur Verfügung stehende App produzieren (vgl. Amazon, 2022). Neben den Varianten LSS über Social Media oder über eigene Plattformen durchzuführen, wird nachfolgend eine weitere Möglichkeit vorgestellt. Diese besteht darin, den Livestream und den Kauf auf einer unternehmens- oder markeninternen Umgebung stattfinden zu lassen und damit sowohl LSS-Plattformen als auch Social-Media-Plattformen außen vor zu lassen. Sobald die Zuführung an Livestream-Zuschauenden stattgefunden hat, finden sich für die meisten gängigen Shoplösungen (Shopify, Magento, WooCommerce) entsprechende Plug-ins oder Apps, über die LSS angeboten werden kann. Bisher existieren keine Studien über Nutzungszahlen oder Umsatz der verschiedenen Lösungen. Dabei stellt die Zuführung der Zielgruppe auf die anbietereigene Umgebung sicherlich die größte Herausforderung dar.

Unternehmen sind somit in der Lage, LSS auf unterschiedliche Arten und Weisen in ihren Marketing-Mix zu integrieren. Die Auswahl muss anhand einer zuvor geführten oder vorliegenden internen Ressourcenanalyse erfolgen und sich in die Strategie einfügen. Es lassen sich bisher keine klaren Empfehlungen für eine der Varianten aussprechen und somit eine Verortung des LSS vorab definieren.

Die unterschiedlichen Vor- und Nachteile der Varianten lassen sich jedoch wie folgt festhalten: Die Einbettung der LSS-Funktionen in Social-Media-Plattformen bietet vor allem den Vorteil der bereits vorhandenen Zielgruppe, die sich mit der Plattform auskennt, sowie der vereinfachten Auswahl von Markenbotschafterinnen und Markenbotschafter, da sie sich bereits auf den Plattformen befinden und zum Teil bereits über hohes Vertrauen und Reichweite verfügen. Der Nachteil der Social-Media-Plattformen ist, dass sie sich aktuell nicht in unternehmenseigene Umgebungen einbinden lassen.

Die Verwendung eigenständiger LSS-Plattformen hat ebenfalls den Vorteil, dass eine Unterstützung bei der Zuführung der Zielgruppe stattfindet. Als Nachteil lässt sich nennen, dass aktuell noch wenig Erfahrungen mit solchen Plattformen vorliegen und Unternehmen von deren Performance und Umgebung abhängig sind.

Das Einbetten von LSS in das unternehmenseigene Online-Ökosystem ermöglicht eine erhöhte Kontrolle über den Distributionskanal, hinsichtlich des Datenschutzes, der Einbindung in die Customer Journey und in weitere Kanäle. Der Nachteil dieser Variante ist die erschwerte Zuführung der Zielgruppe zum Kanal. Das und das Management der Funktionalitäten des LSS (hoher Performanceanspruch auch bei hohen Nutzungszahlen, fluide Darstellung der Inhalte von Chat und Video, nahtlose Anbindung an den Shop etc.) kann zu hohem Aufwand und damit verbundenen hohen Kosten führen.

7.2.2   Die Potenziale der „neuen" E-Commerce-Form

Die Coronapandemie und die damit verbundenen Ladenschließungen haben Händlerinnen und Händler vor große Herausforderungen gestellt. Digitale Konzepte wie LSS sind in solchen Situationen eine gute Möglichkeit, Kundenkontakte aufrecht zu erhalten und weiterhin Umsatz zu generieren. Es zeigt sich auch, dass außerhalb von Krisenzeiten Shoppen via Livestream viele Chancen bietet.

Der Zeitfaktor ist ein wichtiger Trigger bei vielen Konsumierenden, denn wer viel beschäftigt ist, hat oft keine Kapazitäten für einen ausgedehnten Bummel in der Innenstadt. Hier bietet sich das virtuelle Einkaufserlebnis an. Darüber hinaus wird durch die Live-Übertragung auch Werbung für den stationären Shop gemacht – in Zeiten starker Online-Konkurrenz ein wichtiger Faktor, um Kundinnen und Kunden zu halten. Die Generierung einer höheren Reichweite in sozialen Netzwerken ist ein weiterer wichtiger Faktor: Livestreams auf Facebook & Co können einen positiven Einfluss auf die Follower-Zahlen des Geschäftsprofils haben. Somit können potenzielle Kundinnen und Kunden auch zukünftig über neue Beiträge und Storys erreicht und über neue Ware, Neuigkeiten und Angebote informiert werden.

Die Expertise und klassische Beratungsfunktion der Verkaufenden bleibt als wichtiges Serviceelement erhalten. Denn 83 % der Verbrauchenden benötigen Hilfe beim Kaufprozess, 37 % brechen den Kauf ab, weil ihre Fragen offenbleiben und rund 30 % der Verbrauchenden brechen den Kauf ab, weil sie keine Hilfe im Internet finden (vgl. gominga eServices GmbH, 2021).

Über LSS müssen Kundinnen und Kunden z. B. beim Kauf von Bekleidung über Onlineshopping nicht auf den fachkundigen Rat einer oder eines Mitarbeitenden in Hinblick auf Größe, Schnitt oder Farbe eines Produkts verzichten. Außerdem hat die digitale Erweiterung des lokalen Einzelhandels einen positiven Einfluss auf die Wahrnehmung eines Geschäfts. Ein professioneller Internetauftritt mit Unterstützung von Livestreams, Webseiten und sozialen Netzwerken wirkt auf Kundinnen und Kunden modern und kompetent.

Zusätzlich bietet das Livestream-Format Entertainment, Nutzende sind gespannt, welche Neuerungen die Inhalte mit sich bringen und Storytelling kann hier einen hohen Impact auf Konsumierende haben. Das Entertainment im LSS bietet zudem hohe Bequemlichkeit. Zuschauende können von überall und jederzeit Content anschauen.

Wie bei jeder neuen Marketingausrichtung und Entwicklung ist das Interesse der Unternehmen auch bei LSS daher groß, direkt von Beginn an dabei zu sein, um weiteres vertriebliches Potenzial aufzubauen. War nämlich die E-Commerce-Ausrichtung der Unternehmen mit der Möglichkeit, weltweit 24 h am Tag zu verkaufen, schon ein gewaltiger Sprung nach vorne, bietet LSS sogar noch deutlich mehr Vorteile: Denn in einem klassischen E-Commerce-Shop ist es für den oder die Verbrauchenden wie in einem Geschäft ohne Verkaufende, in dem sich die Kundeninnen und Kunden verirren, keine Hilfe finden und schließlich unverrichteter Dinge wieder gehen. Doch das ändert sich gerade über LSS, denn persönlicher Kontakt und Vertrauen sind Teil der menschlichen DNA.

Egal welches Konzept man wählt – also One-to-One oder One-to-Many – die Interaktionsform kann dabei jederzeit aktuell und passend zum Produkt angepasst werden. Bereits heute haben zahlreiche Unternehmen erste Erfahrungen gesammelt und zeigen sich mit dem internationalen Boom – gerade in der Fashion- und Beauty-Branche – zufrieden: Die Drogeriemarktkette dm hat international bereits gute Erfahrungen gesammelt und will künftig auch mehrere Ländermärkte damit bedienen. Die ersten Zahlen bestätigen die Strategie, denn Verweildauer oder Warenkorb liegen weit über Markt-Benchmarks. Vergleichswerte mit anderen europäischen Anbietern zeigen eine durchschnittliche Verweildauer von 9:38 min, bei dm im Schnitt über 25 min, das heißt bei knapp dem Dreifachen. Das Unternehmen dm selbst führt das auf die Qualität der Shows und relevante Kundeninhalte zurück (vgl. dm-drogerie markt, 2022).

Nachdem das LSS einige Jahre hauptsächlich in den Communities der B2C-Käuferzielgruppen sichtbar war, kommen die Live-Formate zunehmend in den B2B-Bereichen an. Louis Vuitton streamt beispielsweise gesamte Runway-Shows und verändert damit das Orderverhalten – andere Unternehmen ziehen nach.

Somit stellt sich die Frage: Welche Potenziale eröffnen sich für kleine und mittlere Unternehmen im Livestreaming und wie können B2B-Unternehmen die Chancen des Livestreamings nutzen? Zentrale Erfolgsbausteine sind dabei Information und Unterhaltung in Kombination.

Aber die Unternehmen können sich auch auf ihre Kernkompetenzen konzentrieren, weil durch die Präsentation von Produkten und Neuheiten über einen Livestream Vertriebsressourcen geschont werden. So entsteht Platz für Neues. Und der betriebswirtschaftliche Return on Invest ist gegeben.

Die Kundenbindung als kostenintensives Arbeitsfeld gestaltet sich durch LSS ebenfalls einfacher: Der regelmäßige Austausch mit den Kundinnen und Kunden wird zum zentralen Erfolgsfaktor. So können Unternehmen den Kundinnen und Kunden einen verbesserten Informationsfluss gestalten und intensiver in Kontakt bleiben in einer zunehmend agileren und schnelllebigen Welt.

LSS ermöglicht im B2B-Bereich auch ohne großen Aufwand durch einen professionellen Stream mit erfolgreichen Komponenten des Storytellings die Möglichkeit, Business-Partner zu begeistern und sie zu einem noch stärkeren Partner werden zu lassen. Denn eine emotionale und effektive Storyline hinter den Produkten wird auch im B2B-Bereich immer wichtiger.

Da die Hersteller über LSS jederzeit Produkte über Influencerinnen und Influencer oder sogar selbst vermarkten können, ist für die Shops jedoch ein Risiko nicht zu übersehen: Ihre Vertriebsstufe könnte komplett wegfallen. Und auch die Influencerinnen und Influencer kreieren immer öfter eine Mini-Eigenmarke. Damit kann die Brand eines Herstellers gegenüber der Influencerin und des Influencers aus dem Fokus geraten.

Das Livestreaming ist jedoch längst im B2B-Bereich angekommen. In den nächsten Jahren werden sich Live-Events als zentrales Format im Marketing und Vertrieb etablieren. Der Austausch von Wissen sowie das Teilen von Erfahrungen stehen dabei für die Unternehmen im Mittelpunkt.

Die Einsatzmöglichkeiten im Vergleich zu anderen Distributionskanälen sind dabei nahezu unbegrenzt. Zunächst müssen technologische Möglichkeiten geschaffen werden. Da die Nutzung des LSS über Social Media durch die angebundenen, teilweise bereits genutzten Shopfunktionen und die bereits affine Zielgruppe naheliegend ist, sind hier die nächsten relevanten Entwicklungen zu erwarten. Anschließend ist abzusehen, dass sich Shopsysteme und E-Commerce-Dienstleister (wie Amazon) an soziale Netzwerke anbinden können und ergänzend eigene Plattformen entwickeln. Aktuell sind die Möglichkeiten technologisch noch stark begrenzt, gemessen auch daran, dass Medienriesen wie Google mit YouTube noch keine entsprechenden Funktionen für den deutschen Markt zur Verfügung stellen. Steigende Umsatzzahlen und anhaltende Herausforderungen im regionalen Offline-Vertriebsgeschäft werden den Wandel jedoch beschleunigen.

7.3   Fazit & Limitation

Diese Untersuchung basiert auf rein deskriptiver Forschungsarbeit. Der Erfahrungsaustausch mit Branchenexpertinnen und -experten, die erste Erfahrungen sammeln konnten und somit neue Einblicke liefern können, stellt einen attraktiven Forschungsausblick dar! Neue Thesen können erstellt und anhand von Umfragewerten und Studien untersucht werden. Weitere Studien über die Nutzungszahlen werden zudem neue Einblicke gewähren, z. B. wie relevant LSS im Vergleich zu anderen Distributionskanälen ist.

Aktuell ist sowohl im Bereich der Anwendung des Trends innerhalb des unternehmenseigenen Marketing-Mix als auch in der Forschung zunächst Pionierarbeit zu leisten. Eindeutige Handlungsempfehlung für bestimmte Unternehmen sind damit nur schwer auszusprechen. Der Einsatz von LSS bietet sich bereits jetzt an, wenn eine Formaterweiterung im bestehenden Umfeld möglich ist. Wird z. B. bereits Instagram Shopping genutzt oder besteht eine bereits hohe tägliche Nutzung der unternehmenseigenen App oder anderer Plattformen, so ist eine Erweiterung um LSS-Funktionen sicherlich attraktiv und in Testformaten auch bei deutschen Unternehmen und Zielgruppen empfehlenswert.

Aktuell ist Livestream-Shopping in Deutschland eine attraktive Nische. Man darf gespannt sein, welche Bedeutung es mittel- und langfristig für Impulskäufe erlangen wird. Die Formate sind in ihren Funktionen noch beschränkt. Social-Media-Plattformen verhindern Anbindungen an jegliche Shopsysteme und testen die Funktionen ausschließlich in eigenen Umgebungen. Sicherlich werden sich die Formate weiterentwickeln, denn man registriert gerade bei jungen Konsumierenden im stationären Handel abseits von Covid-19 ein großes Bedürfnis nach Inspiration. Aber auch die älteren Zielgruppen wollen unter digitalen Vorzeichen nicht auf eine fachgerechte und kompetente Beratung verzichten, was sich durch das Format des LSS sehr gut abbilden lässt.

Neben der Entwicklung der Zielgruppen im Hinblick auf den Konsum des Formats werden sich aus der Zielgruppe und Community auch Personen als Markenbotschafterinnen und Markenbotschafter hervorheben. Deren Potenzial und die Reichweite werden LSS weiter vorantreiben.

Marken, die es jetzt schaffen, durch authentische und Mehrwert bringende Streams im Dialog mit ihren Zielgruppen zu kommunizieren, dürfen einiges von dem neuen Distributionskanal erwarten und werden die Richtung des Trends in Deutschland maßgeblich mitbestimmen.

Literatur

Ahlgren, M., Websiterating, (Mai 2022), 40 + INSTAGRAM-STATISTIKEN UND -FAKTEN FÜR 2022, Kapitel 3. Instagram-Statistik 2022: Interessante Statistiken, Demografie und Fakten der Nutzer (websiterating.com). Zugegriffen: 25. Juni 2022, um: 19:00.

Amazon. (Mai 2022). Eine neue Art, auf Amazon einzukaufen. Amazon Live – Shoppable-Werbe-Livestreams erstellen | Amazon Ads. Zugegriffen: 19. Mai 2022, um: 17:00.

ARD/ZDF-Forschungskommission, Krupp M., Dr. Bellut T. (April 2021) ARD/ZDF-Onlinestudie 2021 Grundlagenstudie im Auftrag der ARD/ZDF-Forschungskommission. https://www.ard-zdf-onlinestudie.de/files/2021/ARD_ZDF_Onlinestudie_2021_Publikationscharts_final.pdf. Zugegriffen: 25. Juni 2022, um: 20:00.

Birkner, H. (September 2021). Erste Livestream-Shopping-Plattform Sosho startet in Deutschland. https://www.wiso-net.de/document/LMZN__LMZNET+161263. Zugegriffen: 25. Juni 2022, um: 20:00.

Cai, J., Wohn, Y., Mittal, A., et al., New Jersey Institute of Technology. (Juni 2021). *Utilitarian and hedonic motivations for live streaming shopping* (S. 81–83). https://doi.org/10.1145/3210825.3210837. Zugegriffen: 18. Apr. 2022, um: 14:00.

Choi, S., Adweek. (Oktober 2020). Live commerce: Now is the time to hop on the KOL train. https://www.wiso-net.de/document/ADWM__b52c70c2427451a245aa7036465404de9c05f2cc. Zugegriffen: 10. Apr. 2022, um: 18:00.

Cramer-Flood, E., eMarketer. (August 2021). Over 45 % of China's digital shoppers will buy via livestream in 2023. https://www.emarketer.com/content/over-45-of-china-s-digital-shoppers-will-buy-via-livestream-2023. Zugegriffen: 10. Apr. 2022, um: 18:00.

Dixon, S., Rival, I. Q. (Mai 2020). *Average weekly Instagram brand posts 2021, by vertical.* https://www.statista.com/statistics/873935/daily-instagram-brand-posts-by-vertical/. Zugegriffen: 25. Juni 2022, um: 20:00.

Douglas Marketing Solutions, Interview mit Yassin Hamdoui. (Mai 2021). *DOUGLAS LIVE: Shopping-Erlebnis mit Entertainment-Faktor.* https://www.douglas-marketing-solutions.com/de/douglas-live-shopping-experience-that-delivers-the-entertainment-factor/. Zugegriffen: 30. Apr. 2022, um: 17:00.

Gao, C., Huang, C., Yu, D., et al., IEEE TRANSACTIONS ON KNOWLEDGE AND DATA ENGINEERING, VOL. 34, NO. 6 , S. 2798. (Juni 2022). *Item recommendation for word-of-mouth scenario in social e-commerce.* https://ieeexplore.ieee.org/stamp/stamp.jsp?arnumber=9171850. Zugegriffen: 18. Apr. 2022, um: 16:00.

gominga eServices GmbH. (August 2021). https://gominga.com/de/der-fehlende-servicekanal-bewertungen-fragen-auf-ebusiness-plattformen/. Zugegriffen: 22. Juni 2022, um: 19:00.

Handelsverband Deutschland – HDE e. V., S. 7. (2022). Online Monitor 2022. https://einzelhandel.de/index.php?option=com_attachments&task=download&id=10659. Zugegriffen: 25. Okt. 2022, um: 13:00.

Eberhardt, H. (November 2021). Otto testet Live-Shopping mit eigener Show. https://www.absatzwirtschaft.de/otto-testet-live-shopping-mit-eigener-show-228980/. Zugegriffen: 25. Okt. 2022, um 12:30.

Kollmann, T., Schmidt, H. (April 2016). *Deutschland 4.0, Wie die Digitale Transformation gelingt* (S. 58). Springer Fachmedien.

marketing-BÖRSE. (Januar 2022). *Das sind die Influencer Marketing Trends 2022.* https://www.marketing-boerse.de/news/details/2204-das-sind-die-influencer-marketing-trends-2022/183011#:~:text=BrandTech%20Unternehmens%20eqolot.-,Die%20Trends%20f%C3%BCr%202022%20sind%20klar%3A%20Diversity%2C%20Social%20Impact%2C,Medien%20E2%80%93%20und%20zwar%20immer%20h%C3%A4ufiger. Zugegriffen: 25. Juni 2022, um: 20:00.

Meta. (Juni 2022). Offizielle Hilfeseite Instagram, Live-Shopping auf Instagram. Live-Shopping auf Instagram | Instagram-Hilfebereich (facebook.com). Zugegriffen: 25. Juni 2022, um: 20:00.

Pressemitteilung dm-drogerie markt GmbH + Co. KG. (Februar 2022). *dm startet Live-Shopping: Ab sofort „dmLIVE" regelmäßig und exklusiv in der „Mein dm-App" erleben.* https://newsroom.dm.de/pressreleases/dm-startet-live-shopping-ab-sofort-dmlive-regelmaessig-und-exklusiv-in-der-mein-dm-app-erleben-3161939#:~:text=Expertinnen%20und%20Experten%2C%20Markenbotschafter%2C%20Hebammen,und%20erfolgreiche%20Unternehmerin%20Judith%20Williams. Zugegriffen: 19. Mai 2022, um: 17:00.

Rabe, L., HypeAuditor. (Juni 2022). *Anteil der Instagram-Nutzer nach Altersgruppen und Geschlecht weltweit 2021.* Instagram – Nutzer nach Altersgruppen und Geschlecht weltweit 2021 | Statista. Zugegriffen: 25. Juni 2022, um: 19:00.

Richter, C. (April 2021). Live-Streaming – Ein Entertainment Kanal wird zum Sales Channel (S. 12). Springer Fachmedien Wiesbaden GmbH.

Stübane, K., The Future of Customer Engagement and Experience. (März 2021). *Wie kaufen heute „Millenials" oder „Baby Boomer" ein?* Wie kaufen heute „Millenials" oder „Baby Boomer" ein? (the-future-of-commerce.com). Zugegriffem: 25. Juni 2022, um: 20:00.

Google. (Juni 2022). The youTube team, building a next generation live shopping experience. https://blog.youtube/news-and-events/building-next-generation-live-shopping-experience/. Building a Next Generation Live Shopping Experience (blog.youtube). Zugegriffen: 25. Juni 2022, um: 20:00.

Zunke, K., Absatzwirtschaft, Nr. 11, S. 34. (Oktober 2020). *Das nächste große Ding Shoppen im Livestream.* https://www.wiso-net.de/document/ASW__102030019. Zugegriffen: 25. Juni 2022, um: 20:00.

Prof. Dr. Sylvia Knecht ist Professorin für Unternehmens-kommunikation und Marketing an der FOM Hochschule am Hochschulzentrum Köln. Sie ist spezialisiert auf Social Media und Online-Marketing, E-Commerce sowie Produkt- und Kampagnen-management. Zahlreiche aktuelle Berufs- und Beratungsprojekte in der Dienstleistungsbranche, Energie, Handel und Telekommunikation ergänzen den Praxisbezug. Neben ihrer hauptberuflichen Tätigkeit ist Sylvia Knecht außerdem Fachautorin zahlreicher Artikel und Autorenbeiträge.

Alexander Bungarten ist seit 2017 hauptberuflich in einer Digitalmarketingagentur in unterschiedlichen Beraterpositionen tätig. Berufsbegleitend absolvierte er bis 2021 ein Bachelorstudium in der Fachrichtung Marketing und digitale Medien. Aktuell befindet er sich im Masterstudiengang Business Consulting & Digital Management an der FOM Hochschule.

Nutzung App-basierter Orientierungshilfen im stationären Einzelhandel

8

Antezedenten und Einfluss auf die App-Nutzung

Atilla Wohllebe und Lina Johnsen

Inhaltsverzeichnis

8.1   Einleitung...   152
8.2   Ausgewählte Erkenntnisse aus der Forschung...............................   154
8.3   Methodik...   159
      8.3.1   Untersuchungsdesign...   159
      8.3.2   Deskriptive Daten   159
8.4   Ergebnisse   161
8.5   Zusammenfassung und Diskussion   164
8.6   Diskussion und Ausblick...   165
Literatur..   165

Zusammenfassung

Die Verbreitung von Smartphone Apps und die Verfügbarkeit zahlreicher Technologien wie Bluetooth, WLAN, RFID oder VLC erlauben Einzelhändlern immer mehr digitale Erweiterungen zur Verbesserung des stationären Einkaufserlebnisses. Gerade bei großflächigen Betriebstypen mit hoher Produktanzahl, etwa Kauf- und Warenhäusern, können App-basierte Orientierungshilfen (ABOHs) wie eine In-Store-Navigation Kundinnen und Kunden helfen, Produkte schneller zu finden. Vor diesem

A. Wohllebe (✉) · L. Johnsen
Fachhochschule Wedel, Wedel, Deutschland
E-Mail: mail@atilla-wohlle.be

L. Johnsen
E-Mail: johnsen.lina@gmail.com

© Der/die Autor(en), exklusiv lizenziert an Springer Fachmedien Wiesbaden GmbH, ein Teil von Springer Nature 2023
L. Rothe et al. (Hrsg.), *Marketing & Innovation 2023*, FOM-Edition,
https://doi.org/10.1007/978-3-658-41309-5_8

Hintergrund untersucht dieses Kapitel die Fragen, inwiefern die Schwierigkeit beim Auffinden von Produkten und die In-Store-Nutzung von Apps auf die Bereitschaft wirken, eine ABOH zu nutzen und wie diese Bereitschaft die App-Nutzung beeinflusst. Ein Strukturgleichungsmodell auf Basis einer Umfrage unter 1828 Nutzerinnen und Nutzern der App eines Einzelhändlers zeigt, dass die Bereitschaft zur ABOH-Nutzung wesentlich durch Schwierigkeiten bei der Suche nach Produkten beeinflusst wird und ABOHs die App-Nutzung positiv beeinflussen können.

Schlüsselwörter

In-Store-Navigation · Stationärhandel · Smartphone App · Retail 4.0 ·
Strukturgleichungsmodell

8.1 Einleitung

Die Digitalisierung verändert den Einzelhandel bereits seit einigen Jahren massiv. Neben dem immer weiter steigenden Anteil des E-Commerce-Umsatzes am Gesamtumsatz des Einzelhandels verändert sich mit der Omnipräsenz von Smartphones – rund 86 % aller deutschen Haushalte verfügen über mindestens ein Smartphone, mehr als 80 % der Deutschen ab 14 Jahre nutzen dieses mindestens hin und wieder – auch die Art, wie Konsumentinnen und Konsumenten im Stationärhandel einkaufen (vgl. BITKOM, 2019; HDE, 2020; Statistisches Bundesamt, 2021). Weil das Smartphone beim Einkauf unter anderem zur Recherche, für Preisvergleiche und für die Suche nach Aktionen und Angeboten genutzt wird, ist der Einzelhandel gefordert, digitale Angebote zur Verbesserung des Einkaufserlebnisses zu machen (vgl. Heinemann, 2018; MMA & MindTake, 2020; Reinartz et al., 2019). Smartphones gelten dabei als wesentlicher Treiber der Digitalisierung im stationären Einzelhandel (vgl. Deckert & Wohllebe, 2021, S. 8).

Ein wichtiges Handlungsfeld für Ladenbetreiberinnen und -betreiber ergibt sich aus den Erwartungen der Kundschaft: Einerseits wünschen sich laut PwC (2018) etwa 66 % eine große Auswahl, gleichzeitig erwarten 65 % der Kundinnen und Kunden einen übersichtlichen Ladenaufbau und schnelle Wege. Aus diesem Spannungsfeld und der starken Verbreitung von Smartphones (und damit auch Apps) ergibt sich die Frage nach dem Einsatz von App-basierten Orientierungshilfen (ABOHs). Im Sinne der Ausarbeitung werden als ABOHs verschiedene Varianten einer Funktion verstanden, die innerhalb der App eines Einzelhändlers die Möglichkeit zur Navigation im Ladengeschäft bieten. Dabei sind beispielsweise die Umsetzung auf Basis einer Kartenansicht oder mithilfe von Augmented Reality (AR) zu nennen.

Immerhin 36 % aller Verbraucherinnen und Verbraucher gaben bei einer Umfrage des HDE (2018) an, sich digitale Navigationsmöglichkeiten beim Einkauf im Ladengeschäft zu wünschen. Tatsächlich ist dieser Wunsch bereits länger im Einzelhandel angekommen, sodass 69 % aller befragten Händlerinnen und Händler bei einer Umfrage des EHI Retail Institute (2017) angaben, dass eine ABOH mindestens grundsätzlich interessant sei (Abb. 8.1). Ein Großteil der Handelsexpertinnen und -experten glaubt zudem an eine mindestens vereinzelte Nutzung solcher Lösungen, 41 % glauben sogar an eine flächendeckende Nutzung (vgl. Statista Expert Survey, 2019). Es ist anzunehmen, dass ABOHs ein wesentlicher Bestandteil der (digitalisierten) Einkaufserlebnisse der Zukunft im stationären Einzelhandel sein werden.

Vor dem Hintergrund dieser Zahlen, die auf ein massives Interesse sowohl des Einzelhandels als auch der Verbraucherinnen und Verbraucher hindeuten, untersucht dieses Kapitel auf Basis einer Umfrage unter 1828 App-Nutzerinnen und -Nutzern im Einzelhandel, wie sich Schwierigkeiten bei der Produktsuche und die bisherige Intensität der App-Nutzung im Store während des stationären Einkaufs auf die Intention zur Nutzung einer möglichen ABOH-Funktion innerhalb der App eines Einzelhändlers auswirken und wie diese Variablen gemeinsam auf die künftige App-Nutzung wirken.

Zunächst werden dazu ausgewählte Erkenntnisse bereits existierender Forschung vorgestellt und Hypothesen bezüglich möglicher Wirkungszusammenhänge aufgestellt. Nach Vorstellung der angewandten Methodik erfolgt die Präsentation der Ergebnisse, die abschließend zusammengefasst und mit Blick auf ihre praktischen Implikationen diskutiert werden.

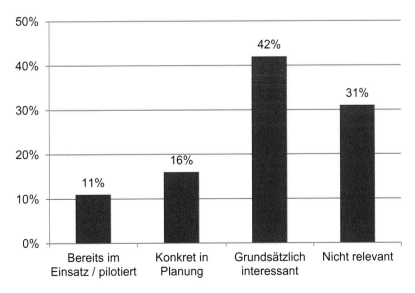

Abb. 8.1 Umfrage unter Einzelhändlern zu Plänen zum Einsatz von In-Store-Navigation in DACH. (vgl. EHI Retail Institute, 2017)

8.2   Ausgewählte Erkenntnisse aus der Forschung

Anwendungsfelder und Technologien

Die Idee, Smartphones und Apps als Orientierungshilfe zu nutzen, wird bereits seit einigen Jahren in unterschiedlichen Bereichen, etwa in Krankenhäusern (vgl. Deniz et al., 2014), in der Lagerlogistik (vgl. Karimi, 2011), in der Produktion (vgl. Carrasco et al., 2018) oder in der Luftfahrt (vgl. Radaha & Johnson, 2013) verfolgt und erforscht. Auch zur Unterstützung Seh- oder Hörbehinderter im Alltag können ABOHs genutzt werden (vgl. Nair et al., 2020; Sato et al., 2019; Yoon et al., 2019).

Während im Allgemeinen von einer „Indoor-Navigation" gesprochen wird, hat sich im Einzelhandel der Begriff der „In-Store-Navigation" etabliert, welche in diesem Kapitel umfassend als App-basierte Orientierungshilfen (ABOHs) bezeichnet werden. Dabei sind grundsätzlich verschiedene Ansätze zur Umsetzung denkbar – angefangen bei einer einfachen Übersichtskarte, die den Standort eines Produkts auf der Verkaufsfläche anzeigt, über eine Umsetzung, welche zeitgleich den Nutzerstandort in Echtzeit und die schnellste Route zum gewünschten Produkt anzeigt bis hin zu einer AR-Variante, bei der Nutzerinnen und Nutzer die Umgebung mit dem Kamerabild „abfilmen" und die Route zum Produkt live in das Kamerabild eingeblendet wird (vgl. Wohllebe & Wolter, 2021, S. 23 ff.).

Augmented Reality und Virtual Reality

Spätestens seit dem Launch der App „Pokemon Go" im Jahr 2016 ist der Begriff der Augmented Reality (AR) auch einer breiten Masse von Konsumentinnen und Konsumenten bekannt: Mit aktivierter Kamerafunktion lassen sich die kleinen Monster auf dem Handydisplay „in den Raum" projizieren. Eng verwandt mit dem AR-Begriff, bei der also das reale Umfeld eines Nutzers – etwa über eine Kamera – erfasst und mit computergenerierten Inhalten erweitert wird, ist der Begriff der Virtual Reality (VR). Im Fall von VR wird die Umgebung der Nutzerinnen und Nutzer vollständig computergeneriert.

Laut Milgram et al. (1995) ist VR als am weitesten von der Realität anzusehen, während AR im Spektrum der Mixed Realities der Realität am nächsten ist, wie Abb. 8.2 zeigt.

Im Gegensatz zur Navigation unter freiem Himmel, die über GPS funktioniert, basieren ABOHs in der Regel auf Bluetooth Beacons, WLAN und RFID und setzen zudem mitunter Augmented-Reality-Technologien ein (vgl. Barberis et al., 2014; Birla et al., 2020; Karimi, 2011). Auch mit der weniger bekannten Visible-Light-Communications-Technologie (VLC) wurden in der Vergangenheit bereits ABOHs umgesetzt, unter anderem von Philips Lightning in Zusammenarbeit mit EDEKA in Düsseldorf (vgl. Halper, 2017). Der Vergleich einer Bluetooth-Beacon- und einer VLC-basierten ABOH bei MediaMarkt konnte zeigen, dass die Ortung mit VLC die besseren Resultate lieferte (vgl. Wild, 2018).

Ausgewählte Anwendungsfälle im Einzelhandel

In den letzten Jahren sind immer mehr Anwendungsfälle für ABOHs im stationären Einzelhandel wissenschaftlich dokumentiert worden. Obwohl die Forschungstätigkeit in diesem Bereich durchaus als rege bezeichnet werden kann, ist die tatsächliche

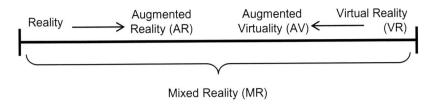

Abb. 8.2 Realitätsbegriffe im Überblick. (Quelle: Modifiziert entnommen von Wohllebe & Wolter, 2021, S. 21, basierend auf Milgram et al., 1995)

Verbreitung in der Praxis noch relativ gering (vgl. Linzbach et al., 2019; Wohllebe, 2021). Erst langsam entwickeln und nutzen immer mehr Firmen Navigationsanwendungen für Innenräume, wie Chiu et al. (2021) exemplarisch für AR-basierte Anwendungen im Lebensmitteleinzelhandel feststellen. Exemplarisch sollen im Folgenden einige Beispiele diskutiert werden.

In einem Supermarkt auf Sri Lanka wird eine ABOH umgesetzt, die nicht nur dabei hilft, Produkte infolge einer gezielten Suchanfrage zu finden, sondern auch die Möglichkeit bietet, einen ganzen Einkaufszettel zu hinterlegen, die personalisierte Produktempfehlungen aussteuern kann und das richtige Produkt im Vorbeigehen erkennt (vgl. Jayananda et al., 2018). Für ein Einkaufszentrum wird eine Bluetooth-basierte Navigation entwickelt, die es darüber hinaus den einzelnen Händlern im Einkaufszentrum erlaubt, eigene Werbeanzeigen hochzuladen und den Verbraucherinnen und Verbrauchern anzuzeigen, wenn sich diese in der Nähe des jeweiligen Shops befinden (vgl. Samuel et al., 2021). Einen ähnlichen Ansatz verfolgt eine Kombination aus Outdoor- und Indoor-Navigation für ein Outlet-Center, wobei die Navigationsanwendung für die Anwenderinnen und Anwender auch als persönlicher Shopping-Assistent fungiert, Werbung aussteuert und Produktinformationen bereitstellt. Zusätzlich kann über ein integriertes Tracking die Analyse der Bewegungsdaten erfolgen (vgl. Ashok Kumar & Murugavel, 2020).

Im Rahmen des bereits angesprochenen MediaMarkt-Beispiels weist der Autor darauf hin, dass ABOHs auch Mitarbeiterinnen und Mitarbeiter bei der Kommissionierung von Click-&-Collect-Bestellungen unterstützen können, wenn die Bestellungen aus dem Warenbestand der Verkaufsfläche kommissioniert werden. Gleichzeitig stelle die ständige Pflege der Produktstandorte eine deutliche Herausforderung dar, um die ABOH stets aktuell zu halten, welches im Rahmen des MediaMarkt-Beispiels jedoch durch einen Roboter gelöst worden sei, der durch die Gänge fahre und durch das Scannen der elektronischen Preisschilder nächtlich die aktualisierten Produktstandorte dokumentiere (vgl. Wild, 2018).

Akzeptanz und Nutzung

Bezüglich der Akzeptanz und der Nutzung von Technologien im Allgemeinen liefert das Technology Acceptance Model von Davis (1985) zwei generische, aber wesentliche Leitplanken: Die Nutzung einer Technologie hängt vor allem davon ab, dass die

Anwenderinnen und Anwender die Technologie als nützlich und ihre Bedienung als einfach empfinden. Mit Blick auf ABOHs weisen Dasler et al. (2021) darauf hin, dass ein solches System vor allem einfach zu bedienen, das heißt intuitiv und verständlich sein müsse und die Eintrittsbarrieren möglichst niedrig sein sollten.

Von einer einfachen Bedienung ist insbesondere dann auszugehen, wenn die Anwenderinnen und Anwender ein eigenes Gerät verwendeten, weil sie mit eben diesem vertraut sind und möglicherweise erforderliche persönliche Daten unmittelbar verfügbar sind. Auch muss der Zugriff auf notwendige Datenübertragungsstandards des Endgeräts, etwa auf WLAN, Bluetooth oder, im Fall von AR-basierten ABOHs, auf die Kamera möglichst einfach aktiviert oder automatisch gewährt werden können (vgl. Singer, 2016).

Eine kritische Rolle hat auch die Qualität der Daten bzw. der Informationen, die die Navigation bereithält, wie eine Studie mit 426 Probandinnen und Probanden aus China zeigt. Neben der Qualität der Anwendung selbst ist die Informationsqualität ein zentraler Einflussfaktor der Nutzerzufriedenheit und damit mittelbar einer der wichtigsten Treiber der weiteren Nutzung (vgl. Chiu et al., 2021).

Auch müssen Anwenderinnen und Anwender eine ABOH als nützlich ansehen, um sie initial überhaupt zu verwenden. Deshalb ist die Vermittlung des Mehrwerts einer solchen Anwendung wichtig (vgl. Singer, 2016). Ein Mehrwert ist dabei insbesondere dann gegeben, wenn es sich um große Ladengeschäfte mit einer großen Anzahl an Produkten handelt (vgl. Linzbach et al., 2019).

Ergänzend und durchaus im Widerspruch zum geforderten Nutzen der Technologie weisen Kim und Larsen (2020) am Beispiel von IKEA darauf hin, dass Kundinnen und Kunden, die eine ABOH nutzen, ihren Einkauf mehr genießen als solche, die keine Navigationshilfe benutzen – und zwar auch dann, wenn die Navigationshilfe eigentlich gar nicht bei der Produktsuche geholfen habe und insofern auch nicht nützlich gewesen sei. Die Freude, eine solche Anwendung zu nutzen, könne ebenfalls bereits einen wahrgenommenen Mehrwert darstellen.

Hypothesen

Zusammengefasst lässt sich die bisherige Forschung zur ABOHs in drei Strängen zusammenfassen: Erstens liegen umfangreiche Dokumentationen zur technischen Umsetzung sowohl im Einzelhandel als auch in anderen Anwendungsfeldern vor. Der Schwerpunkt liegt dabei einerseits auf der Frage der verwendeten Technologien und andererseits auf unterschiedlichen Varianten der Umsetzung mit Blick auf die Bedienung. Zweitens finden sich unterschiedliche Studien, die den konkreten Einsatz von ABOHs im Einzelhandel dokumentieren. Neben der Navigation finden sich dabei vor allem Hinweise auf das Potenzial der werblichen Nutzung, z. B. durch Produktempfehlungen und Location-based Marketing. Drittens ergibt sich schließlich die Frage nach der Akzeptanz und der Nutzung von ABOHs, wobei die Forschung hier vor allem auf die dem Technology Acceptance Model entlehnten Parameter – Mehrwert und einfache Bedienung – abstellt. Sowohl die Frage, inwiefern Kundinnen und Kunden überhaupt Schwierigkeiten beim Auffinden von Produkten haben, als auch die Frage, welche Kundinnen und Kunden dies betrifft, bleiben dabei weitestgehend unberücksichtigt, sind jedoch gleichzeitig von großem Interesse für den Einzelhandel im Zuge der Evaluation der Einführung einer ABOH. Auch die Integration der Orientierungshilfe in die bestehende App eines Einzelhandelsunternehmens steht bisher kaum im Fokus der Forschung, sodass die Frage untersucht werden soll, wie die Nutzung der App eines Einzelhändlers auf die Bereitschaft zur ABOH-Nutzung wirkt – und wie die ABOH-Nutzung wiederum zur künftigen App-Nutzung beitragen kann.

Im Folgenden werden zunächst die im Rahmen der Ausarbeitung zu untersuchenden Hypothesen aufgestellt. Mit Blick darauf, wie häufig eine Kundin oder ein Kunde ein Ladengeschäft aufsuchen, wird ein negativer Zusammenhang postuliert, da eine hohe Besuchsfrequenz mit einer besseren Kenntnis des Ladenaufbaus einhergeht und somit die Schwierigkeiten bei der Produktsuche verringert.

▶   **H1:** Eine steigende Frequenz der Ladenbesuche wirkt negativ auf die Schwierigkeiten bei der Produktsuche.

Bezüglich des Alters wird weiterhin ein negativer Zusammenhang mit der Intensität der App-Nutzung im Store des untersuchten Einzelhändlers angenommen, da ältere Menschen sowohl das Internet als auch Smartphones seltener nutzen (vgl. ARD & ZDF, 2021; VuMA, 2021a, b).

▶   **H2:** Ein steigendes Alter wirkt negativ auf die Intensität der App-Nutzung im Store.

Die Operationalisierung der Intensität der App-Nutzung im Store erfolgt einerseits über die Frage nach der Häufigkeit der App-Nutzung im Ladengeschäft, wie sie unter anderem bei Payne et al. (2012) im Kontext von Medizin-Apps zu finden ist oder im Kontext von Erhebungen zu Suchtverhalten (vgl. Aljomaa et al., 2016; Haug et al., 2015). Ferner wird nach der Nutzung der App als Einkaufsliste und zur Abfrage von Produktinformationen im Ladengeschäft gefragt, wobei beide Funktionen entsprechend als Indikatoren für die tatsächliche Verwendung im Store angesehen werden (vgl. Wohllebe, 2021; Wohllebe et al., 2022).

Für die Frequenz der Ladenbesuche wird angenommen, dass diese positiv auf die Intensität der App-Nutzung im Store wirkt, da viele Besuche auf Kundenzufriedenheit hindeuten und sich hieraus eine stärkere App-Nutzung ergibt (vgl. Rosa, 2019; Wohllebe et al., 2020).

▶   **H3:** Eine steigende Frequenz der Ladenbesuche wirkt positiv auf die Intensität der App-Nutzung im Store.

Unterstellend, dass ABOHs Abhilfe bei Schwierigkeiten bei der Produktsuche schaffen und somit einen Mehrwert für die Anwenderinnen und Anwender bieten, wird ein positiver Zusammenhang zwischen den Schwierigkeiten bei der Produktsuche und der Intention zur ABOH-Nutzung unterstellt (vgl. Linzbach et al., 2019; Singer, 2016).

▶ **H4:** Schwierigkeiten bei der Produktsuche wirken positiv auf die Intention zur ABOH-Nutzung.

Hinsichtlich der Intention zur ABOH-Nutzung sollten die Befragten bezüglich unterschiedlicher Umsetzungsvarianten einer ABOH (z. B. auf Basis von AR oder einer Übersichtskarte) nach ihrer Bereitschaft gefragt werden, inwiefern sie sich vorstellen könnten, eine solche Technologie zu nutzen. Die Operationalisierung der Intention ist dabei angelehnt an das Technology Acceptance Model und die Theory of Reasoned Action (vgl. Davis, 1985; Fishbein & Ajzen, 1975).

Da im untersuchten Fall eine ABOH auf einem eigenen Endgerät und innerhalb der bestehenden App eines Einzelhandelsunternehmens vorliegt, dürfte es sich um einen niedrigschwelligen Einstieg handeln, bei dem die Anwenderinnen und Anwender jedenfalls mit der Bedienung ihres eigenen Endgeräts vertraut sind, sodass die Intensität der App-Nutzung im Store positiv auf die Intention zur ABOH-Nutzung wirken sollte (vgl. Dasler et al., 2021; Singer, 2016).

▶ **H5:** Eine steigende Intensität der App-Nutzung im Store wirkt positiv auf die Intention zur ABOH-Nutzung.

Auch mit Blick auf die Schwierigkeiten bei der Produktsuche wird ein positiver Einfluss auf die erwartete App-Nutzung vermutet, weil die App eines Stationärhändlers das stationäre Einkaufserlebnis verbessern soll und insofern einen Mehrwert bietet, um Schwierigkeiten bei der Produktsuche entgegenzuwirken (vgl. Linzbach et al., 2019; Singer, 2016).

▶ **H6:** Schwierigkeiten bei der Produktsuche wirken positiv auf die erwartete App-Nutzung.

Der Einfluss auf die erwartete App-Nutzung wird mithilfe der Frage nach der künftig erwarteten App-Nutzung unter der Bedingung, dass eine ABOH angeboten wird, operationalisiert.

Gleiches gilt für die Intention zur ABOH-Nutzung, von der erwartet wird, dass diese ebenfalls positiv auf die erwartete App-Nutzung wirken müsste, da es sich bei der ABOH um ein App-Feature handelt.

▶ **H7:** Eine stärkere Intention zur ABOH-Nutzung wirkt positiv auf die erwartete App-Nutzung.

Die aufgestellten Hypothesen werden in Tab. 8.1 zusammengefasst.

Tab. 8.1 Zusammenfassung der zu überprüfenden Hypothesen

#	Hypothese
H1	(+) Ladenbesuche → (−) Schwierigkeiten bei Produktsuche
H2	(+) Alter → (−) Intensität der App-Nutzung im Store
H3	(+) Ladenbesuche → (+) Intensität der App-Nutzung im Store
H4	(+) Schwierigkeiten bei Produktsuche →(+) ABOH-Nutzung
H5	(+) Intensität der App-Nutzung im Store → (+) ABOH-Nutzung
H6	(+) Schwierigkeiten bei Produktsuche → (+) Erwartete App-Nutzung
H7	(+) ABOH-Nutzung → (+) Erwartete App-Nutzung

8.3 Methodik

8.3.1 Untersuchungsdesign

Zur Überprüfung der zuvor aufgestellten Hypothesen wird eine Onlineumfrage unter den Nutzerinnen und Nutzern der App eines Einzelhändlers durchgeführt. Im Rahmen der Umfrage werden neben grundlegenden soziodemografischen Daten und der Frage, wie häufig Befragte den Einzelhändler vor Ort aufsuchen, verschiedene Daten zur Nutzung der App im Stationärhandel, zu möglichen Schwierigkeiten bei der Produktsuche und zur Nutzungsbereitschaft verschiedener ABOHs erhoben. Auch wird erhoben, inwiefern die Befragten glauben, dass das Vorhandensein einer ABOH ihre App-Nutzung beeinflussen würde.

Die Umfrage wird per Push Notification an die Nutzerinnen und Nutzer der App ausgesteuert. Es gehen 1828 vollständige Beantwortungen ein, die im Folgenden zunächst deskriptiv analysiert werden. Im Anschluss erfolgt die Überprüfung der drei Faktoren – Schwierigkeiten bei der Produktsuche, Intensität der App-Nutzung im Store und Intention zur ABOH-Nutzung – mithilfe einer konfirmatorischen Faktoranalyse. Darauffolgend werden die zuvor aufgestellten Hypothesen anhand eines linearen Strukturgleichungsmodells überprüft.

8.3.2 Deskriptive Daten

Obwohl die Umfrage allen Nutzerinnen und Nutzern der App per Push-Benachrichtigung ausgesteuert wird, stammen 85 % aller Beantwortungen von Männern, was auf die spezifische soziodemografische Zusammensetzung der Zielgruppe der genutzten App zurückzuführen sein dürfte (Abb. 8.3).

Bei der Verteilung der Befragten nach Altersgruppe (Abb. 8.4) zeigen die Daten, dass der überwiegende Teil der Beantwortungen (49,23 %) von Menschen im Alter zwischen

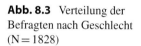

Abb. 8.3 Verteilung der
Befragten nach Geschlecht
(N = 1828)

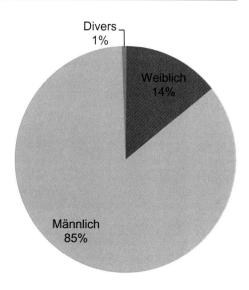

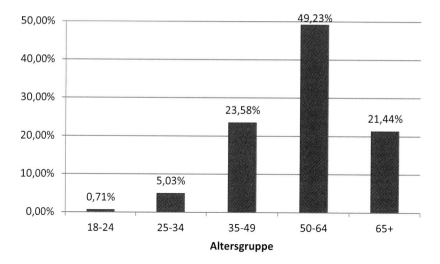

Abb. 8.4 Verteilung der Befragten nach Altersgruppe (N = 1828)

50 und 64 Jahren stammt. Mit rund 24 % bzw. rund 21 % sind auch die Gruppe der 35-
bis 49-Jährigen sowie Menschen ab 65 Jahren stark repräsentiert.

Obwohl die Daten zur Altersverteilung nur eine nachrangige und die zur Geschlechts-
verteilung keine Rolle für die spätere Analyse spielen, muss dieses soziodemografische
Profil mit Blick auf die Übertragbarkeit der Erkenntnisse auf andere Anwendungsfelder
bedacht werden.

Tab. 8.2 Einschätzung zur Nutzung unterschiedlicher Orientierungshilfen (N = 1828)

Würde ich nutzen…	Physische Karte am Ladeneingang	App-basierte Lösungen		
		Karten-Navigation	AR-basierte Navigation	Voice-gesteuerte Assistenz
(1) Sehr unwahrscheinlich	7 %	8 %	17 %	24 %
(2) Unwahrscheinlich	13 %	12 %	18 %	25 %
(3) Neutral	25 %	24 %	29 %	29 %
(4) Wahrscheinlich	35 %	34 %	25 %	17 %
(5) Sehr wahrschein-lich	21 %	21 %	10 %	6 %
Mittelwert	3,49	3,49	2,93	2,57

Hinsichtlich der Einschätzung zur Nutzung unterschiedlicher Orientierungshilfen vergleicht Tab. 8.2 verschiedene App-basierte Lösungen untereinander und stellt zusätzlich einen Vergleich zwischen App-basierten Lösungen und einer physischen Karte am Ladeneingang, etwa im Stil eines klassischen Übersichtsplans, dar. Deutlich wird dabei einerseits, dass eine physische Karte und ABOH im Stil einer Kartennavigation in den Augen der befragten Konsumentinnen und Konsumenten ähnliche Präferenzprofile aufweisen, während die AR-basierte Navigation und insbesondere eine Voice gesteuerte Assistenz deutlich weniger Anklang finden.

8.4 Ergebnisse

Bevor die in Tab. 8.1 zusammengefassten Hypothesen überprüft werden können, müssen im Rahmen der Vorstellung der Ergebnisse zunächst die drei Faktoren – Schwierigkeiten bei der Produktsuche, Intensität der App-Nutzung im Store und Intention zur ABOH-Nutzung – hinsichtlich ihrer statistischen Plausibilität überprüft werden. Alle drei Faktoren setzen sich aus jeweils drei Items aus der Umfrage zusammen, wobei die konfirmatorische Faktorenanalyse diese prüft und gegebenenfalls einzelne Items ausschließen oder einen Faktor gänzlich für statistisch nicht haltbar identifizieren könnte.

Die konfirmatorische Faktorenanalyse wird mithilfe des R-Packages „lavaan" und mit standardisierten Indikatorvariablen durchgeführt (vgl. Backhaus et al., 2018, S. 567 f.). Bevor die einzelnen Faktoren beurteilt werden, wird die Güte des Gesamtmodells anhand unter anderem von Kline (2015) und Hu und Bentler (1999) vorgeschlagener Gütemaße beurteilt. Insgesamt liegt das Modell dabei in einem guten Bereich ($X^2 = 4709,61$; $p = 0,000$; CFI $= 0,977$; TLI $= 0,966$; RMSEA $= 0,049$; $p = 0,552$; SRMR $= 0,037$).

Hinsichtlich der drei überprüften Faktoren liegen deren einzelne Gütemaße mit einem AVE von jeweils >0,500 und einem Cronbach α jeweils über 0,75 im guten bzw. akzeptablen Bereich (vgl. Bortz & Döring, 2006; Diamantopoulos & Siguaw, 2000; Fornell & Larcker, 1981; Schmitt, 1996). Alle drei Faktoren weisen zudem eine hinreichende Diskriminanzvalidität im Sinne des Fornell-Larcker-Kriteriums auf (vgl. Fornell & Larcker, 1981; Rönkkö & Cho, 2022). Alle drei Faktoren können also für das sich anschließende lineare Strukturgleichungsmodell übernommen werden. Die Ergebnisse der konfirmatorischen Faktoranalyse sind in Tab. 8.3 zusammengefasst.

Das lineare Strukturgleichungsmodell dient der Überprüfung der postulierten Hypothesen und wird ebenfalls in R mithilfe des Packages „lavaan" berechnet, wobei nach Empfehlung von Steinmetz et al. (2015, S. 66) eine Satorra-Bentler-Korrektur (1994) erfolgt und die Koeffizienten standardisiert reportet werden.

Hinsichtlich der Güte des Gesamtmodells werden erneut die von Kline (2015) und Hu und Bentler (1999) vorgeschlagenen Gütemaße herangezogen. Die Werte für $X^2 = 367,55$ (p = 0,000) und SRMR = 0,047 liegen im guten Bereich (vgl. Hu & Bentler, 1999; Sckopke, 2020). Auch die Werte für CFI = 0,941; TLI = 0,921 und RMSEA = 0,061 (p = 0,002) deuten auf eine akzeptable Modellgüte hin (vgl. Hu & Bentler, 1999).

Tab. 8.3 Ergebnisse der konfirmatorischen Faktoranalyse (N = 1828)

Faktor	Item	Faktorladung	AVE	Cronbachs α
Schwierigkeiten bei Produktsuche	„Ich kann häufig Produkte nicht finden."	0,622	0,544	0,77
	„Ich verschwende bei der Suche nach Produkten meine Zeit."	0,857		
	„Die Suche nach Produkten macht mich unzufrieden."	0,715		
Intensität der App-Nutzung im Store	„Ich nutze die App beim Einkauf vor Ort."	0,679	0,544	0,76
	„Ich nutze die App als Einkaufszettel."	0,858		
	„Ich nutze die App, um Produktinformationen einzuholen	0,659		
Intention zur ABOH-Nutzung	„Ich würde eine Karten-basierte Navigation nutzen."	0,644	0,508	0,75
	„Ich würde eine Navigation auf Basis von Augmented Reality nutzen."	0,819		
	„Ich würde eine Navigation mit Sprachassistent nutzen."	0,661		

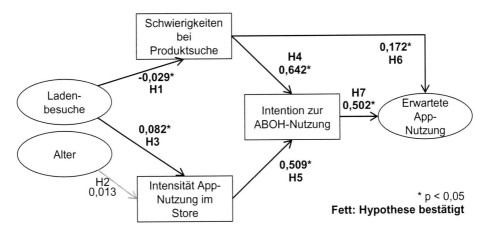

Abb. 8.5 Strukturgleichungsmodell mit standardisierten Koeffizienten

Die Ergebnisse der Berechnung des Strukturgleichungsmodells sind in Abb. 8.5 dargestellt und entsprechen in weiten Teilen den formulierten Hypothesen.

Insbesondere zeigen die Ergebnisse einen starken Einfluss der Schwierigkeiten bei der Produktsuche und der Intensität der App-Nutzung im Store auf die Intention zur ABOH-Nutzung (H4, $\beta = 0{,}642$/H5, $\beta = 0{,}509$) und wiederum einen starken Einfluss der Intention zur ABOH-Nutzung auf die erwartete App-Nutzung (H7, $\beta = 0{,}502$). Nicht bestätigt werden kann der negative Einfluss steigenden Alters auf die Intensität der App-Nutzung im Store (H2). Bezüglich der Hypothesen H1, H3 und H6 ist anzumerken, dass diese zwar mit signifikanten Zusammenhängen bestätigt werden können, die Koeffizienten (β: $-0{,}29$/$0{,}082$/$0{,}172$) jedoch als schwach ausgeprägt anzusehen sind. Die Ergebnisse der Hypothesen sind in Tab. 8.4 zusammengefasst.

Tab. 8.4 Zusammenfassung der Ergebnisse je Hypothese

#	Hypothese	Koeffizient	Ergebnis
H1	(+) Ladenbesuche → (−) Schwierigkeiten bei Produktsuche	−0,029*	Bestätigt
H2	(+) Alter → (−) In-Store-App-Nutzung	0,013	Abgelehnt
H3	(+) Ladenbesuche → (+) In-Store-App-Nutzung	0,082*	Bestätigt
H4	(+) Schwierigkeiten bei Produktsuche →(+) ABOH-Nutzung	0,642*	Bestätigt
H5	(+) In-Store-App-Nutzung → (+) ABOH-Nutzung	0,509*	Bestätigt
H6	(+) Schwierigkeiten bei Produktsuche → (+) App-Nutzung	0,172*	Bestätigt
H7	(+) ABOH-Nutzung → (+) App-Nutzung	0,502*	Bestätigt

Koeffizienten standardisiert, * $p < 0{,}05$

8.5   Zusammenfassung und Diskussion

Ziel dieses Kapitels ist es, den Einfluss der Schwierigkeiten bei der Produktsuche und die bisherige Intensität der App-Nutzung im Store während des Stationäreinkaufs auf die Intention zur Nutzung einer ABOH zu überprüfen und die gemeinsame Wirkung dieser Variablen auf die künftige App-Nutzung.

Theoretische Grundlage der Arbeit bildet die umfassende Betrachtung relevanter Literatur, auf deren Basis insgesamt neun Hypothesen abgeleitet und überprüft werden sollen. Mithilfe einer Umfrage unter den Nutzerinnen und Nutzern der App eines stationären Einzelhändlers werden die Hypothesen in ein lineares Strukturgleichungsmodell überführt und empirisch validiert. Die Ergebnisse bestätigen die Hypothesen in weiten Teilen (Tab. 8.4).

Aus praktischer Sicht bemerkenswert ist die hohe Relevanz sowohl der Schwierigkeiten bei der Produktsuche als auch der Intensität der App-Nutzung im Store als Antezedenten der Intention zur ABOH-Nutzung. Die Ergebnisse machen einerseits deutlich, dass Funktionen wie eine In-Store-Navigation nur dann auch von App-Nutzerinnen und -Nutzern adaptiert werden, wenn ein relevantes Problem – nämlich die Schwierigkeiten bei der Produktsuche – gelöst wird (H4). Im Umkehrschluss ergibt sich daraus, dass Einzelhändler vor der aufwendigen Entwicklung einer ABOH kritisch hinterfragen sollten, inwiefern das Problem – Schwierigkeiten bei der Produktsuche – in der anvisierten Zielgruppe des Händlers überhaupt existent ist. Insbesondere bei einem eher kleinen Sortiment, einer kleinen Verkaufsfläche, einem übersichtlichen Ladenaufbau, aber auch bei einem hohen Stammkundenanteil könnte die Produktsuche der Kundschaft mitunter weniger Schwierigkeiten verursachen als in der um Innovation bemühten App-Entwicklung mitunter vermutet.

Andererseits zeigen die Ergebnisse auch einen starken Zusammenhang zwischen In-Store-App-Nutzung und Intention zur ABOH-Nutzung (H5). Diese Erkenntnis ist insbesondere dann interessant, wenn man berücksichtigt, dass vor allem treue Kundschaft – die ja mutmaßlich weniger Schwierigkeiten bei der Produktsuche hat, weil sie sich in den Ladengeschäften des Händlers gut auskennt – Apps im Einzelhandel nutzt. In diesem Spannungsfeld scheint jedoch die Affinität zur Technik zu überwiegen, sodass bei der Entwicklung einer ABOH die bestehenden Nutzerinnen und Nutzer der App und ihre Bedürfnisse mit einbezogen werden können und im Zweifel den Bedürfnissen von Konsumentinnen und Konsumenten vorzuziehen sind, die die App derzeit noch nicht nutzen.

Schließlich deuten die Ergebnisse auch an, dass die ABOH-Nutzung stark positiv auf die zukünftige App-Nutzung wirkt (H7). Entsprechend kann die Einführung einer ABOH nicht nur zur Verminderung der Schwierigkeiten bei der Produktsuche beitragen und so ein relevantes Kundenproblem lösen, sondern kann auch zu einer erhöhten Nutzung der App insgesamt führen. Dieser Effekt muss bei der Evaluation der Entwicklung ein ABOH entsprechend mitberücksichtigt werden.

8.6 Diskussion und Ausblick

Während der E-Commerce scheinbar unaufhörlich zu wachsen scheint, suchen viele stationäre Handelsunternehmen noch nach Möglichkeiten, die Digitalisierung für sich zu nutzen. Eine dieser Möglichkeiten ist die Entwicklung einer eigenen ABOH, um das Einkaufserlebnis der Konsumentinnen und Konsumenten zu verbessern. Die in diesem Kapitel erhobenen und ausgewerteten Daten zeigen einerseits, dass sich ABOHs vielversprechend einsetzen lassen und weisen dabei gleichzeitig klar auf die einer ABOH zugrunde liegenden Problemstellung hin: Der Aufwand zur initialen Entwicklung und zum kontinuierlichen Betrieb bedingt nicht nur, dass die angebotene ABOH die Schwierigkeiten bei der Produktsuche im Stationärgeschäft löst, sondern auch, dass dieses Problem auch tatsächlich existent ist.

Zusammenfassend liefern die vorliegenden Ergebnisse einen wichtigen Beitrag zur bestehenden Literatur, die bisher vor allem auf die technologische Umsetzung (vgl. Barberis et al., 2014; Birla et al., 2020; Karimi, 2011) oder die Untersuchung vertrieblicher Potenziale (vgl. Jayananda et al., 2018; Samuel et al., 2021; Ashok Kumar & Murugavel, 2020) fokussiert war und die Frage nach der eigentlichen Nutzung von ABOHs nur nachrangig behandelte. Insbesondere die Feststellung der vorliegenden Untersuchung, dass die Schwierigkeiten bei der Produktsuche einen signifikanten Einfluss auf die Bereitschaft zur Nutzung von ABOHs haben, stellt dabei einen wichtigen empirischen Beleg zur von Singer (2016) sowie Linzbach et al. (2019) angestoßenen Debatte vom Mehrwert von ABOHs dar. Einschränkend muss angemerkt werden, dass der vorliegende Datensatz lediglich Nutzerinnen und Nutzer einer einzelnen App eines einzelnen Händlers im B2C-Bereich umfasst. Hieraus ergibt sich entsprechend für weitere Forschungsvorhaben der Bedarf, die Ergebnisse anhand weiterer Einzelhändler unterschiedlicher Branchen mit unterschiedlichen Sortimenten und unterschiedlich großen Ladenflächen zu überprüfen, um sukzessive ein ganzheitliches Bild zur Nutzung von ABOHs zu zeichnen. Insgesamt deuten die in diesem Fall vorliegenden Ergebnisse darauf hin, dass Apps mit Funktionen zur Navigation im Geschäft über Karte, Augmented Reality oder Voice keinen flächendeckenden Einsatz im Einzelhandel finden werden. Vielmehr sollten – und werden mittelfristig auch – viele Einzelhandelsunternehmen kritisch prüfen, ob ihre Sortiments- und Kundenstruktur sowie die Größe der Verkaufsfläche überhaupt in hinreichendem Maße zu Schwierigkeiten bei der Suche nach Produkten führen und insofern auch die mögliche Entwicklung einer ABOH rechtfertigen.

Literatur

Aljomaa, S. S., Al.Qudah, M. F., Albursan, I. S., Bakhiet, S. F., & Abduljabbar, A. S. (2016). Smartphone addiction among university students in the light of some variables. *Computers in Human Behavior, 61,* 155–164. https://doi.org/10.1016/j.chb.2016.03.041.

ARD & ZDF. (2021, November). *Internetnutzer – Anzahl nach Altersgruppen in Deutschland 2021*. Statista. https://de.statista.com/statistik/daten/studie/36151/umfrage/anzahl-der-internet-nutzer-in-deutschland-nach-altersgruppen-seit-1997/. Zugegriffen: 19. Aug. 2022.

Ashok kumar, P., & Murugavel, R. (2020). Prospects of augmented reality in physical stores's using shopping assistance app. *Procedia Computer Science, 172,* 406–411. https://doi.org/10.1016/j.procs.2020.05.074.

Backhaus, K., Erichson, B., Plinke, W., & Weiber, R. (2018). Konfirmatorische Faktorenanalyse. In K. Backhaus, B. Erichson, W. Plinke, & R. Weiber (Hrsg.), *Multivariate Analysemethoden: Eine anwendungsorientierte Einführung* (S. 567–573). Springer.

Barberis, C., Andrea, B., Giovanni, M., & Paolo, M. (2014). Experiencing indoor navigation on mobile devices. *IT Professional, 16*(1), 50–57. https://doi.org/10.1109/MITP.2013.54

Birla, S., Singh, G., Kumhar, P., Gunjalkar, K., Sarode, S., Choubey, S., & Pawar, M. (2020). Disha-indoor navigation app. *2020 2nd International Conference on Advances in Computing, Communication Control and Networking (ICACCCN)* (S. 517–522). https://doi.org/10.1109/ICACCCN51052.2020.9362984

BITKOM. (2019). *Smartphones – Anteil der Nutzer in Deutschland bis 2020*. Statista. https://de.statista.com/statistik/daten/studie/585883/umfrage/anteil-der-smartphone-nutzer-in-deutschland/. Zugegriffen: 19. Aug. 2022.

Bortz, J., & Döring, N. (2006). *Forschungsmethoden und Evaluation: Für Human- und Sozialwissenschaftler; mit 87 Tabellen* (4., überarb. Aufl., [Nachdr.]). Springer-Medizin-Verlag.

Carrasco, U., Urbina Coronado, S. D., Parto, M., & Kurfess, T. (2018). Indoor location service in support of a smart manufacturing facility. *Computers in Industry, 103,* 132–140. https://doi.org/10.1016/j.compind.2018.09.009.

Chiu, C. L., Ho, H.-C., Yu, T., Liu, Y., & Mo, Y. (2021). Exploring information technology success of augmented reality retail applications in retail food chain. *Journal of Retailing and Consumer Services, 61,* 102561. https://doi.org/10.1016/j.jretconser.2021.102561.

Dasler, P., Malik, S., & Mauriello, M. L. (2021). „Just follow the lights": A ubiquitous framework for low-cost, mixed fidelity navigation in indoor built environments. *International Journal of Human-Computer Studies, 155,* 102692. https://doi.org/10.1016/j.ijhcs.2021.102692.

Davis, F. (1985). *A technology acceptance model for empirically testing new end-user information systems – Theory and results* [PhD Thesis]. Massachusetts Inst. of Technology.

Deckert, R., & Wohllebe, A. (2021). *Digitalisierung und Einzelhandel: Taktiken und Technologien, Praxisbeispiele und Herausforderungen* (1. Aufl.). Springer Gabler.

Deniz, O., Paton, J., Salido, J., Bueno, G., & Ramanan, J. (2014). A vision-based localization algorithm for an indoor navigation app. *2014 eighth international conference on next generation mobile apps, services and technologies* (S. 7–12). https://doi.org/10.1109/NGMAST.2014.18.

Diamantopoulos, A., & Siguaw, J. A. (2000). *Introducing LISREL: A guide for the uninitiated.* SAGE.

EHI Retail Institute. (2017, March). *Einsatz von Instore-Navigation im Handel in der D-A-CH-Region 2017*. Statista. https://de.statista.com/statistik/daten/studie/748865/umfrage/einsatz-von-instore-navigation-haendler-in-deutschland/. Zugegriffen: 19. Aug. 2022.

Fishbein, M., & Ajzen, I. (1975). *Belief, attitude, intention, and behavior: An introduction to theory and research.* Addison-Wesley Pub. Co.

Fornell, C., & Larcker, D. F. (1981). Evaluating structural equation models with unobservable variables and measurement error. *Journal of Marketing Research, 18*(1), 39–50. https://doi.org/10.2307/3151312

Halper, M. (2017, March 8). *Two more indoor positioning projects sprout in European supermarkets.* LEDs Magazine. https://www.ledsmagazine.com/smart-lighting-iot/article/16700520/

two-more-indoor-positioning-projects-sprout-in-european-supermarkets. Zugegriffen: 19. Aug. 2022.

Haug, S., Castro, R. P., Kwon, M., Filler, A., Kowatsch, T., & Schaub, M. P. (2015). Smartphone use and smartphone addiction among young people in Switzerland. *Journal of Behavioral Addictions, 4*(4), 299–307. https://doi.org/10.1556/2006.4.2015.037.

HDE. (2018). *Kundenerwartung zu technischen Erneuerungen im Einzelhandel in Deutschland 2018*. Statista. https://de.statista.com/statistik/daten/studie/829480/umfrage/kundenerwartung-zu-technischen-erneuerungen-im-einzelhandel-in-deutschland/. Zugegriffen: 19. Aug. 2022.

HDE. (2020, September). *Umsatzverteilung im Einzelhandel in Deutschland nach Vertriebsformen bis 2019*. Statista. https://de.statista.com/statistik/daten/studie/220824/umfrage/umsatzanteil-der-vetriebswege-im-deutschen-handel/. Zugegriffen: 19. Aug. 2022.

Heinemann, G. (2018). *Die Neuausrichtung des App- und Smartphone-Shopping*. Springer Fachmedien.

Hu, L., & Bentler, S. M. (1999). Cutoff criteria for fit indexes in covariance structure analysis: Conventional criteria versus new alternatives. *Structural Equation Modeling: A Multidisciplinary Journal, 6*(1), 1–55. https://doi.org/10.1080/10705519909540118.

Jayananda, S. K. V., Seneviratne, D. H. D., Abeygunawardhana, P., Dodampege, L. N., & Lakshani, A. M. B. (2018). Augmented reality based smart supermarket system with indoor navigation using Beacon technology (easy shopping android mobile app). *IEEE International Conference on Information and Automation for Sustainability (ICIAfS), 2018*, 1–6. https://doi.org/10.1109/ICIAFS.2018.8913363.

Karimi, H. A. (2011). Indoor navigation. In H. A. Karimi, *Universal navigation on smartphones* (S. 59–73). Springer US. https://doi.org/10.1007/978-1-4419-7741-0_3.

Kim, J., & Larsen, R. (2020). *Seek and you shall find: A case study at IKEA about self-service technologies for in-store navigation*. http://lup.lub.lu.se/student-papers/record/9018702. Zugegriffen: 19. Aug. 2022.

Kline, R. B. (2015). *Principles and practice of structural equation modeling: Fourth edition* (4th Revised edition). Taylor & Francis Ltd.

Linzbach, P., Inman, J. J., & Nikolova, H. (2019). E-commerce in a physical store: Which retailing technologies add real value? *NIM Marketing Intelligence Review, 11*(1), 42–47. https://doi.org/10.2478/nimmir-2019-0007.

Milgram, P., Takemura, H., Utsumi, A., & Kishino, F. (1995). Augmented reality: A class of displays on the reality-virtuality continuum. *Telemanipulator and Telepresence Technologies, 2351*, 282–292. https://doi.org/10.1117/12.197321

MMA & MindTake. (2020, December). *Österreich – Smartphone-Funktionen beim Einkauf im Geschäft 2020*. Statista. https://de.statista.com/statistik/daten/studie/1052915/umfrage/interesse-an-smartphone-services-waehrend-des-einkaufs-im-geschaeft-in-oesterreich/. Zugegriffen: 19. Aug. 2022.

Nair, V., Olmschenk, G., Seiple, W. H., & Zhu, Z. (2020). ASSIST: Evaluating the usability and performance of an indoor navigation assistant for blind and visually impaired people. *Assistive Technology, 1–11*. https://doi.org/10.1080/10400435.2020.1809553

Payne, K. F. B., Wharrad, H., & Watts, K. (2012). Smartphone and medical related App use among medical students and junior doctors in the United Kingdom (UK): A regional survey. *BMC Medical Informatics and Decision Making, 12*(1), 121. https://doi.org/10.1186/1472-6947-12-121

PwC. (2018, November). *Erleichternde Faktoren beim Einkauf im Einzelhandel in Deutschland 2018*. Statista. https://de.statista.com/statistik/daten/studie/960317/umfrage/erleichternde-faktoren-beim-einkauf-im-einzelhandel-in-deutschland/. Zugegriffen: 19. Aug. 2022.

Radaha, T., & Johnson, M. (2013). Mobile indoor navigation application for airport transits. *Aviation Technology Graduate Student Publications*. https://docs.lib.purdue.edu/atgrads/20. Zugegriffen: 19. Aug. 2022.

Reinartz, W., Wiegand, N., & Imschloss, M. (2019). The impact of digital transformation on the retailing value chain. *International Journal of Research in Marketing, 36*(3), 350–366. https://doi.org/10.1016/j.ijresmar.2018.12.002

Rönkkö, M., & Cho, E. (2022). An updated guideline for assessing discriminant validity. *Organizational Research Methods, 25*(1), 6–14. https://doi.org/10.1177/1094428120968614

Rosa, J. T. F. (2019). *How does mobile apps' e-service quality impact customer loyalty? Investigating the effect of customer satisfaction within the purchase experience*. https://repositorio.ucp.pt/handle/10400.14/28998. Zugegriffen: 19. Aug. 2022.

Samuel, M., Nazeem, N., Sreevals, P., Ramachandran, R., & Careena, S. (2021). Smart indoor navigation and proximity advertising with android application using BLE technology. *Materials Today: Proceedings, 43*, 3799–3803. https://doi.org/10.1016/j.matpr.2020.10.995

Sato, D., Oh, U., Guerreiro, J., Ahmetovic, D., Naito, K., Takagi, H., Kitani, K. M., & Asakawa, C. (2019). NavCog3 in the wild: Large-scale blind indoor navigation assistant with semantic features. *ACM Transactions on Accessible Computing, 12*(3), 14:1–14:30. https://doi.org/10.1145/3340319.

Satorra, A., & Bentler, S. M. (1994). Corrections to test statistics and standard errors in covariance structure analysis. In *Latent variables analysis: Applications for developmental research* (S. 399–419). Sage.

Schmitt, N. (1996). Uses and abuses of coefficient alpha. *Psychological Assessment, 8*(4), 350–353. https://doi.org/10.1037/1040-3590.8.4.350.

Sckopke, S. (2020). *R für Psychologen*. LMU. https://tellmi.psy.lmu.de/tutorials/index.html. Zugegriffen: 19. Aug. 2022.

Singer, M. (2016). *Online goes offline im modernen Einzelhandel. Eine Untersuchung zur konsumentenseitigen Akzeptanz des Einsatzes verschiedener Funktechnologien im stationären Einzelhandel und die damit verbundene Bedeutung von Kundendaten*. Hochschule Hof. https://opus4.kobv.de/opus4-hof/frontdoor/index/index/docId/73. Zugegriffen: 19. Aug. 2022.

Statista Expert Survey. (2019, November). *Umfrage zum Einsatz technischer Innovationen im Einzelhandel in Deutschland 2019*. Statista. https://de.statista.com/statistik/daten/studie/1068937/umfrage/einsatz-technischer-innovationen-im-einzelhandel-in-deutschland/. Zugegriffen: 19. Aug. 2022.

Statistisches Bundesamt. (2021, September). *Smartphones – Ausstattungsgrad privater Haushalte bis 2021*. Statista. https://de.statista.com/statistik/daten/studie/1271586/umfrage/anteil-der-haushalte-in-deutschland-mit-einem-smartphone/. Zugegriffen: 19. Aug. 2022.

Steinmetz, H., Matiaske, W., Berlemann, M., Fantapié Altobelli, C., & Seidel, W. (2015). *Lineare Strukturgleichungsmodelle: Eine Einführung mit R* (2., verbesserte Aufl.). Hampp.

VuMA. (2021a, November). *Smartphone-Nutzer – Altersverteilung in Deutschland 2021*. Statista. https://de.statista.com/statistik/daten/studie/255605/umfrage/altersverteilung-der-smartphone-nutzer-in-deutschland/. Zugegriffen: 19. Aug. 2022.

VuMA. (2021b, November). *Smartphones – Penetrationsrate in Deutschland nach Altersgruppe 2021*. Statista. https://de.statista.com/statistik/daten/studie/459963/umfrage/anteil-der-smartphone-nutzer-in-deutschland-nach-altersgruppe/. Zugegriffen: 19. Aug. 2022.

Wild, M. (2018). Seamless Shopping – komplett digital, über alle Kanäle hinweg – Ein Fallbeispiel. In M. Knoppe & M. Wild (Hrsg.), *Digitalisierung im Handel* (S. 29–39). Springer. https://doi.org/10.1007/978-3-662-55257-5_2.

Wohllebe, A. (2021). Mobile apps in stationary retail: Assessing the theoretical and practical relevance of features and developing a typology – Insights into the German market.

Proceedings of the 15th International Conference on Economics and Business 2021 (S. 208–222). http://csik.sapientia.ro/data/Challenges%20in%20the%20carpathian%20basin%20e-book.pdf. Zugegriffen: 19. Aug. 2022.

Wohllebe, A., & Wolter, N. (2021). *Smartphone Apps im Einzelhandel: Einsatzmöglichkeiten, Praxisbeispiele & Herausforderungen* (1. Aufl.). Springer Fachmedien.

Wohllebe, A., Ross, F., & Podruzsik, S. (2020). Influence of the net promoter score of retailers on the willingness of consumers to install their mobile app. *International Journal of Interactive Mobile Technologies (IJIM), 14*(19), 124–139. https://doi.org/10.3991/ijim.v14i19.17027

Wohllebe, A., Hübner, D.-S., Kämpf, D., & Podruzsik, S. (2022). Classification of mobile app users in multi-channel retail – An exploratory analysis. *International Journal of Recent Contributions from Engineering, Science & IT (IJES), 10*(1). https://doi.org/10.3991/ijes.v10i1.28071.

Yoon, C., Louie, R., Ryan, J., Vu, M., Bang, H., Derksen, W., & Ruvolo, S. (2019). Leveraging augmented reality to create apps for people with visual disabilities: A case study in indoor navigation. *The 21st International ACM SIGACCESS Conference on Computers and Accessibility* (S. 210–221). https://doi.org/10.1145/3308561.3353788.

Prof. Dr. Atilla Wohllebe ist Professor für E-Commerce & Digitale Geschäftsmodelle an der Fachhochschule Wedel. Er forscht und lehrt unter anderem zur Digitalisierung des Einzelhandels. Zuvor verantwortete er als Senior App Marketing Manager bei der hagebau connect die strategische Positionierung und die Vermarktung der hagebau App als Cross-Channel-Instrument. Er ist parallel als freier Berater für digitales CRM und E-Commerce tätig. Als Autor hat er mehrere Bücher, Buchkapitel und wissenschaftliche Aufsätze veröffentlicht. Er ist Teil des Vorstands der Digital Analytics Association Germany (DAA) sowie Mitglied der Deutschen Gesellschaft für Online-Forschung (DGOF) und der International Association of Online Engineering (IAOE). Er hat einen B. A. in Business Administration und einen M. Sc. in E-Commerce. Seine Dissertation schrieb er zur Einstellung von Konsumentinnen und Konsumenten zu Smartphone-Apps im Einzelhandel.

Lina Johnsen arbeitet im Product Management im E-Commerce. Während ihres dualen Studiums bei der hagebau connect hat sie als Product Managerin im App-Team die konzeptionelle Weiterentwicklung der hagebau App vorangetrieben und zuvor umfangreiche Erfahrungen unter anderem im Online-Marketing, im App-Marketing sowie im CRM gesammelt. Lina Johnsen hat ihr Studium an der Fachhochschule Wedel mit einem Bachelor of Science in E-Commerce abgeschlossen. Im Rahmen ihrer Bachelor Thesis hat sie die Design-Thinking-Methode zur Konzeption einer App-basierten In-Store-Navigation angewendet.

Teil III

Kundenanforderungen an den stationären Handel

Customer Expectations and Their Fulfilment in the German Food Retail Market Before and During the COVID-19 Pandemic

9

A Longitudinal Study with the Means-End Theory of Complex Cognitive Structures

Hendrik Godbersen⊙, Tim Szabo und Susana Ruiz Fernández

Contents

9.1 Introduction 174
9.2 Theoretical Background: Performance Categories and Elements of German Food
      Retailers 175
      9.2.1 Performance Categories of German Food Retailers 175
      9.2.2 Performance Elements of German Food Retailers. 176
9.3 Model of Assessing Food Retailers and Research Questions 180
9.4 Method. 181
      9.4.1 Sample 181
      9.4.2 Measurement with the Means-End Theory of Complex Cognitive Structures . . . 182
9.5 Results 184
      9.5.1 The Customer Expectations 184
      9.5.2 The Fulfilment of Customer Expectations. 187
      9.5.3 The Need and Potential for Optimising Food Retailers. 189
9.6 Discussion 192
References. 194

H. Godbersen (✉) · S. R. Fernández
FOM Hochschule, Stuttgart, Germany
E-Mail: hendrik.godbersen@fom.de

S. R. Fernández
E-Mail: susana.ruiz_fernandez@fom.de

T. Szabo
GEBIT Solutions GmbH, Stuttgart, Germany

© Der/die Autor(en), exklusiv lizenziert an Springer Fachmedien Wiesbaden GmbH, ein
Teil von Springer Nature 2023
L. Rothe et al. (Hrsg.), *Marketing & Innovation 2023*, FOM-Edition,
https://doi.org/10.1007/978-3-658-41309-5_9

Abstract

The German food retail market is highly saturated and concentrated. Furthermore, the COVID-19 pandemic led to some changes in eating and grocery shopping behaviours. In such conditions, food retailers need to understand the customers' expectations and how best to fulfil them as well as respective changes during the COVID-19 pandemic. To this end, we examined the aforementioned aspects in two studies, which represent the German population by gender and age, in 2019 and 2022. The results reveal that the customers' evaluation of several performance elements of food retailers have significantly but not substantially changed during the COVID-19 pandemic. These performance elements should be analysed in more detail and monitored closely. Essentially, food retailers are advised to primarily focus on securing the quality of their core business, such as their location appeal and product range, whilst improving the quality of "secondary" performance categories, like services and communication, to provide their customers with added value.

Keywords

Food retail · Food retail market · Food retail and COVID-19 · Customer expectations · Means-End Theory of Complex Cognitive Structures

9.1   Introduction

The food retail market is an important economic factor, as private households in Germany spent Euro 235.12bn on food, drinks and tobacco in 2018 (cf. Handelsverband Deutschland e. V., 2019a, p. 11). In economically developed countries, food retail markets are saturated, especially in Germany, which has the second highest number of stores per capita within the European Union (cf. Lademann, 2013). Furthermore, the German market shows a highly concentrated structure as only five food retailers, Aldi, Edeka, Metro, Rewe and the Schwarz group, have a market share of 85 % (cf. Bundeskartellamt, 2014, p. 9 f.). Against this backdrop, existing food retailers and new market entrants face the challenge of differentiating from the competition, satisfying customers and increasing customer loyalty. This implies that food retailers need to understand their customers' expectations and know to what extent they fulfil these expectations to successfully operate in the food retail market and fulfil the societally essential role of distributing products to satisfy basic needs. On this basis, food retailers can and should deduce approaches for optimising their performance.

These expectations towards food retailers and their fulfilment may have changed during the COVID-19 pandemic, as several studies from different countries show that the eating and food purchasing behaviour of some parts of the respective populations changed during the pandemic (e.g. Herle et al., 2021; Ogundijo et al., 2021; Poelman et al., 2021). Several changes could be observed in food purchasing behaviour, e.g. an increase in online shopping (e.g. Ellison et al., 2021), a reduction in visits to grocery stores (e.g. Ferreira Rodrigues et al., 2021) as well as a stronger focus on domestic products and products for a healthier diet (e.g. Hassen et al., 2021). However, to the best of our knowledge, so far there is no detailed study comprehensively examining the perception and evaluation of food retailers. Against this backdrop, the research objectives of this publication are not only to comprehensively analyse the customer expectations and their fulfilment as well as to show options for improvement in the (German) food retail market on a detailed level but also to examine if and what changes occurred with regard to the aforementioned aspects during the COVID-19 pandemic.

To this end, the categories and elements of food retailers' performances are developed from relevant literature, taking the customers' perspective. This literature review will be the basis for a model of assessing food retailers, which leads to detailed research questions. Then, after the method used for the empirical research is described, the customer expectations of the German population, their fulfilment and the options for improving food retailers are presented. Finally, the results will be discussed.

9.2 Theoretical Background: Performance Categories and Elements of German Food Retailers

As explained in the introduction, a detailed knowledge of (German) customer expectations towards food retailers is important from an overall economic perspective and from the point of view of food retailers that aim to succeed in a saturated market. Therefore, performance categories and more particular elements of food retailers' performances are developed from a literature review in this section.

9.2.1 Performance Categories of German Food Retailers

On a more abstract level, food retailers can act towards their customers within several performance categories, which can be seen as their marketing mix. The concept of the marketing mix can be traced back to McCarthy (1961, p. 126) who distinguished between product, price, place and promotion policies. This generic approach to (operational) marketing was advanced and adapted for the retail industry. Amongst others, Walters und White (1987) see the following elements as constituting the retail marketing mix: product characteristics, price considerations, customer service, store location, facilities, customer communication, institutional profile/image and store ambience. More recently, McGoldrick (2002) defines product selection, retail brands, services, pricing, retail location, selling environment, and advertising and promotion as elements of the retail marketing mix. Similar classifications can be found in Ahlert et al. (2018), Fassnacht (2002), Schröder (2005), amongst others. The aforementioned authors define the retail marketing mix mainly from the retailers' perspective. If the marketing mix elements are adapted to the customers' perspective, the following performance categories of retailers result:

- Product range
- Service
- Pricing
- Location appeal
- Communication (outside the store)

These performance categories serve as the basis for developing and structuring more concrete performance elements, which can be seen as the particular aspects that customers assess when evaluating a food retailer.

9.2.2   Performance Elements of German Food Retailers

The **product range**, which represents all of the offered products at the same time, is at the core of the food retailers' business (cf. Ahlert et al., 2018, p. 217 f.). Empirical research suggests that the assortment has an important impact on customers' retail store choice (cf. Briesch et al., 2009; Pan & Zinkhan, 2006). On average, German food retailers offer 22 commodity groups and 280 product categories (cf. Handelsverband Deutschland, 2018, p. 29). The number of articles that is offered by a food retailer in Germany varies from 1860 in discounters to 20,550 in large consumer markets (cf. Handelsverband Deutschland, 2018, p. 29). A product range can be characterised by its width and depth (cf. Schröder, 2012, p. 84). The total of product categories offered that complement each other makes up the width of the product range, whilst the depth of the product range describes the substitutive choices a consumer has within a product category (cf. Zielke, 2012). From a customer's perspective, it is not only important to be able to choose from a broad variety of product categories and products but also to buy products with a good quality. Several studies underline the importance of a good product quality for customer satisfaction, which is linked to the economic success of companies (e.g. Anderson & Sullivan, 1993; Fornell et al., 1996). In a meta-analysis, Pan and Zinkhan (2006) found that the correlation of product quality and retail choice is amongst the highest compared to other antecedents of the customers' retail decisions. Furthermore, Anderson et al. (1994) were able to establish a link from product quality to customer satisfaction and to profitability. In recent years, an ethically and socially responsible consumer behaviour gained prominence in the media and the public discourse. This becomes obvious when casting a critical eye at the growth rates of organic and fair trade products (cf. Handelsverband Deutschland, 2019a, p. 27). This implies that socially and ethically responsible products are relevant for food retailers; the customer benefit can be indirectly increased because, in the customers' perception, they support a higher societal goal that is outside their actual consumption.

In this context, several studies empirically reveal the relevance of ethically and socially responsible products for shopping decisions (e.g. Megicks et al., 2008; Williams et al., 2010). Against this background, four elements are mainly important for food retailers within the performance category of the product range:

- Width of the product range
- Depth of the product range
- Product quality
- Socially responsible products

The product range as a central element of a food retailer's performance was introduced in the previous paragraph. Retailers, however, offer their customers not only tangible products but also **services;** in fact, retailers are considered a part of the service industry. In the retail sector, services aim to support the customers in the form of a direct inter-action and increase the customers' utilities as added values (cf. Meyer & Bartsch, 2012). With regard to consumers' retail choices, the perceived service quality is one of the most relevant factors (cf. Pan & Zinkahn, 2006). Furthermore, Homburg et al. (2002) were able to show, in an empirical study, a correlation between service orientation and the per-formance of retailers in the market, whilst Wiles (2007) found a link between offered customer services and retailers' shareholder value. A key element of services within the retail industry is personnel, which are normally understood as part of the distribution process and, therefore, have a direct influence on the customers during the purchase within a shop (cf. Ahlert et al., 2018, p. 245). The relevance of the service quality and especially the interpersonal services for the evaluation of retailers and related customer intentions has been empirically confirmed in several studies (e.g. Baker et al., 2002; Sirohi et al., 1998; Zeithaml et al., 1996). Even though personnel are considered to be important for retailers, recent decades showed a trend to a "depersonalisation" of the retail industry as self-service components increased, meaning that the customers took over roles and tasks that were traditionally fulfilled by personnel (Ahlert et al., 2018, p. 246). Amongst other self-services, food retailers (may) offer deposit machines or self-checkouts. In every industry, it may happen that not all customers are satisfied with what they bought, either because of reasons within the customer or because of faulty products. This is especially important in food retailing, which has the third highest complaint ratio, compared with other industries (cf. Schröder, 2012, p. 276). Therefore, the complaint and replacement policy belongs to a food retailer's services. Traditionally, the dis-tribution policy of food retailers only referred to the physical shop. Modern techno-logical options, however, led to alternative distribution channels for retailers in general and food retailers in particular (cf. Schramm-Klein, 2012a). A study, exploring the buying behaviour of Millennials, which make up 26 % of the German population, reveals that 47 % of the participants have ordered groceries online and that 31 % consider buying food online more frequently (cf. Roland Berger, 2018, p. 12). These findings are consistent with a report of the German retail association that estimates the growth rates of the online food retail market at 17.5 % in 2017 and 13.5 % in 2018 (cf. Handelsverband Deutschland, 2019b, p. 9). In conclusion, the following performance elements can be summarised under the category service:

- Personnel
- Self-service
- Complaint and replacement
- Order and delivery services

Pricing is another central element of retail marketing. The price is of relevance to the customers because it directly and negatively influences the net value perceived by customers (cf. Meffert et al., 2015, p. 441). Consumers normally do not decide for a shop because of a detailed knowledge of the prices of all the offered products but because of the subjectively perceived overall price level of a shop (cf. Rudolph & Wagner, 2003). Pan and Zinkhan (2006) found that low prices have a moderate effect on the retail choice of customers. Simon and Fassnacht (2016, p. 7), on the other hand, argue that the price is one of the main success factors regarding sales and market share, as the price elasticity is significantly higher than the advertising elasticity or the personal selling elasticity. In recent years, discounts gained popularity within the German retail industry as the related legal regulations were suspended in 2001 (cf. Simon & Fassnacht, 2016, p. 543). However, the impact of sales promotions on sustainable sales and profit, which is not disputed in general, is lower than widely expected according to van Heerde et al. (2003). Furthermore, sales promotions are often not profitable for companies as shown by Ailawadi et al. (2007). Related to discounts, but a different measure, are customer loyalty cards and bonus point programmes, which are widely used by retail customers (cf. Glusac, 2009). Customers can experience several benefits from using loyalty cards, such as price discounts, a higher efficiency in services, rewards and receiving better information from the retailer (cf. Koncar et al., 2019). However, the effects of the use of loyalty cards on performance outcomes for a retailer, like share of purchase or share of visits to a retailer, depend on other circumstances, like the portfolio of loyalty cards that a customer holds, including those of competitors (cf. Mägi, 2003). Payment options also are part of the pricing policy of retailers. The decrease of cash payments in the stationary retail sector from 63.6 % of all payment types in 2005 to 48.3 % in 2018 and the increase of non-cash payment from 36.4 % to 51.7 % (cf. Handelsverband Deutschland, 2019a, p. 33) indicate that other options, such as debit and credit cards or mobile phone apps, are of increasing importance to consumers. On account of the aforementioned aspects four performance elements are hypothetically important for the category of pricing:

- Price level
- Discounts
- Customer loyalty cards
- Payment options

The location of a retailer is the geographical place where the production factors are combined (cf. Schröder, 2012, p. 57). The location of a store is of central relevance to a retail company because it is the physical point where the contact to the customer is made (cf. Schramm-Klein, 2012b). The choice of a location also sets the framework for the in-store presentation of the product range (cf. Ahlert et al., 2018, p. 305) and is, therefore, closely linked to the overall **location appeal** to customers. Part of the location appeal in the context of a convenient shopping experience is that the shop can be easily reached, and the customers find adequate parking facilities (cf. Morschett, 2002, p. 254 f.; Pan & Zinkhan, 2006; Swoboda, 1999). As shown above, the location of a food retailer sets the framework for the shop design, which consists of the presentation of the product range in the wider sense (cf. Homburg, 2017, p. 1039 ff.). Baker et al. (2002) regard the shop design, which they understand as the combination of design elements that are consciously perceived by the customers, such as colouring, and sub-consciously perceived elements, such as temperature or smell, as one aspect through which retailers can distinguish themselves from competitors. The influence of shop design and therewith the shopping atmosphere on customers evaluations of retail stores has been empirically confirmed (e.g. Baker et al., 2002; Pan & Zinkhan, 2006). Finally, opening hours are an element with which food retailers have been able to distinguish themselves from competitors ever since the legal restrictions were eased (cf. Swoboda, 1999). Customers might understand opening hours that are perceived as being more convenient for them as a reduction in transaction costs in the form of time (cf. Schröder, 2012, p. 256 f.). It can be assumed that convenient opening hours moderately correlate with the perception and decisions of customers regarding retail stores (cf. Pan & Zinkahn, 2006). Against the background of this paragraph, four elements influence the performance category location appeal:

- Accessibility
- Parking facilities
- Shop design
- Opening hours

Business transactions can hardly be realised without any form of **communication.** Regarding food retailers, three actors can be identified, the company, the personnel and the customers. This leads to three forms of communication, internal communication between the company and the employees, external communication between the company and the customers and an interactive communication between the employees and the customers (cf. Bruhn, 2016). Internal communication is not of relevance for this paper as it focuses on the customers. Furthermore, the interaction between personnel and the customers can be disregarded in this paragraph, as the personnel were discussed in the context of services of food retailers. This leaves the external communication between the company and its current and potential customers. There are virtually countless communication instruments and classification models of these, i.a. direct versus indirect, one-sided versus two-sided or internal vs. external communication (e.g. Schmieder, 2010, p. 53). Here, we follow a systemisation that is oriented towards the function of the communication instruments according to Bruhn (2009):

- Product information
- Company information
- Dialogue

9.3   Model of Assessing Food Retailers and Research Questions

The performance categories and elements of food retailers developed in the previous section can be integrated in a hierarchical model that represents the customers' assessment of food retailers. The model, which is represented in Fig. 9.1, consists of three levels. On top of the model is the overall evaluation of a food retailer that depends on the evaluation of the performance categories on the second level. The evaluation of the performance categories is, in turn, determined by the evaluation of the performance elements on the bottom level.

The results of several studies indicate that the consumption of groceries and the shopping behaviour changed during the COVID-19 pandemic, as shown in the introduction. Thus, it is plausible that the customers' expectations towards food retailers and their fulfilment changed over the course of the COVID-19 pandemic.

Against this backdrop, the objectives of this research paper are to determine the expectations of customers towards food retailers and their fulfilment before the outbreak of the COVID-19 pandemic and how these perceptions have changed during the pandemic. On this basis, options for food retailers to improve their performance towards their customers should be derived. These research objectives lead to seven research questions:

- Q1.1: Which expectations do customers have towards the performance categories of food retailers before and two years after the outbreak of the COVID-19 pandemic?
- Q1.2: Which expectations do customers have towards the performance elements of food retailers before and two years after the outbreak of the COVID-19 pandemic?
- Q2.1: To what extent do food retailers fulfil the overall expectations of customers before and two years after the outbreak of the COVID-19 pandemic?
- Q2.2: To what extent do food retailers fulfil the expectations of customers towards the performance categories before and two years after the outbreak of the COVID-19 pandemic?
- Q2.3: To what extent do food retailers fulfil the expectations of customers towards the performance elements before and two years after the outbreak of the COVID-19 pandemic?

- Q.3.1: Which options for optimising food retailers' performance categories can be deduced from the customer expectations and their fulfilment?
- Q.3.2: Which options for optimising food retailers' performance elements can be deduced from the customer expectations and their fulfilment?

9.4   Method

The following two subsections describe the sample and the measurement with the Means-End Theory of Complex Cognitive Structures.

9.4.1   Sample

A longitudinal design was used to examine the expectations of customers and their perceived fulfilment regarding food retailers. The first study was conducted before the outbreak of the COVID-19 pandemic in March and April 2019. The data collection of the second study took place in March and April 2022. In both studies, a standardised online questionnaire was used. Students of FOM University of Applied Sciences at the study centre Stuttgart collected the data by following a quota of age and gender, which is oriented on Mikrozensus 2011 (cf. Statistisches Bundesamt, n. d.), the official data of Germany's population. Eventually, 1202 fully answered questionnaires were the result for Study 1 and 1108 fully answered questionnaires for Study 2. Figure 9.2 shows the

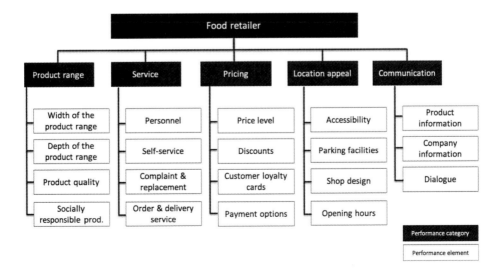

Fig. 9.1 Model of assessing food retailers

age and gender distribution of the sample in comparison with the distribution according to Mikrozensus.

The distribution of age and gender of both samples largely matches the structure of these characteristics within the German population, indicating a high degree of representativity. However, it is important to highlight that the data was collected in Stuttgart and surrounding areas so that the sample does not represent the German population on a geographical dimension.

The participants of the first study shop in a food retailer 7.93 times per month (SD = 4.66) and spend on average Euro 53.66 per visit (SD = Euro 62.86). In the second study the participants visit food retailers 7.29 times per month (SD = 4.68) and spend on average Euro 65.72 per visit (SD = Euro 60.38). Of the participants of Study 1, 20.88 % buy most often from Lidl (Study 2: 16.97 %), 20.47 % from Edeka (Study 2: 25.45 %), 18.05 % from Rewe (Study 2: 17.15 %), 14.64 % from Aldi (Study 2: 16.43 %), 12.73 % from Kaufland (Study 2: 13.27 %), 4.33 % from Netto (Study 2: 4.33 %), 3.74 % from Penny (Study 2: 3.61 %), and 5.16 % from other food retailers (Study 2: 2.80 %).

9.4.2 Measurement with the Means-End Theory of Complex Cognitive Structures

The core content of the questionnaire is derived from the model presented above. The methodological basis is the Means-End Theory of Complex Cognitive Structures (cf. Godbersen, 2016; Godbersen, 2019; Godbersen & Barluschke, 2020; Godbersen et al., 2020; Godbersen & Kaupp, 2019), which is explained in the following paragraphs.

The subjective relevance is used to operationalise the customer expectations towards the performance categories and elements of food retailers. The fulfilment of these expectations is measured through the subjectively perceived quality of the performance elements of the mostly frequented food retailer of each participant. Both, perceived relevance and quality, are measured on continuous rating scales from 0 "not important" ("nicht wichtig") to 100 "very important" ("sehr wichtig") and 0 "not good" ("nicht gut") to 100 "very good" ("sehr gut"). It should be noted that the subjective relevance refers to the next higher level of the model; this means that participants should state how they perceive the relevance of a performance element for its performance category and how they perceive the relevance of a performance category for the food retailer as a whole.

The analysis of the data starts with the normed values, which are represented by the following equation:

$$nV_{ij} = \frac{V_{ij}}{\sum_{i=1}^{n} V_{ij}}$$

nV_{ij} Normed Value of performance element i for performance category j

V_{ij} Subjective value (relevance) of performance element i for performance category j

Study 1							
Age	**Mikrozensus**		**Sample**				
	Abs.	%	Male	Female	Diverse	Total (abs.)	Total (%)
18 to 29	11,392,991	19.12%	136	154	0	290	24.13%
30 to 39	9,494,804	15.93%	98	105	0	203	16.89%
40 to 49	13,350,868	22.40%	116	123	0	239	19.88%
50 to 64	16,328,559	27.40%	149	158	0	307	25.54%
65 to 74	9,034,590	15.16%	76	87	0	163	13.56%
Sum	59,601,812	100.00%	575	627	0	1,202	100.00%

Study 2							
Age	**Mikrozensus**		**Sample**				
	Abs.	%	Male	Female	Diverse	Total (abs.)	Total (%)
18 to 29	11,392,991	19.12%	105	115	0	220	19.86%
30 to 39	9,494,804	15.93%	104	105	0	209	18.86%
40 to 49	13,350,868	22.40%	95	105	0	200	18.05%
50 to 64	16,328,559	27.40%	141	158	1	300	27.08%
65 to 74	9,034,590	15.16%	89	90	0	179	16.16%
Sum	59,601,812	100.00%	534	573	1	1,108	100.00%

Fig. 9.2 Distribution of Age and Gender (n for Study 1 = 1202; n for Study 2 = 1108) and Age Distribution in the German Population According to Mikrozensus 2011 *Source:* Statistisches Bundesamt n. d.

The sum of the normed values of the performance elements of a performance category is 1 (or 100 %). Thus, the single normed values can be interpreted as the impact a performance element has on the customers' preferences towards the respective performance category, similar to the coefficients of a regression analysis. The procedure, conducted on the level of the performance elements, is the same for determining the influence of the performance categories on the entire food retailer.

The total normed values are determined to evaluate the impact of a performance element on the food retailer as a whole; in other words, the total normed values represent the influence of variables on the lowest level of the model on the variable on the highest level. Total normed values result from multiplying the normed values of the performance categories with the normed values of the performance elements:

$$tnV_i = nV_j * nV_{ij}$$

tnV_i Total normed value of performance element I (for food retailers as a whole)
nV_j Normed value of performance category j
nV_{ij} Normed value of performance element i

The quality of the performance categories, as an indicator for the fulfilment of customer expectations, is calculated through the multiplication of the normed values and the subjective quality of the performance elements:

$$cQ_j = \sum_{i=1}^{n} \frac{V_{ij}}{\sum_{i=1}^{n} V_{ij}} * Q_i$$

cQ_j Calculated quality of performance category j
V_{ij} Subjective value (relevance) of performance element i for performance category j
Q_i Subjective quality of performance element i

This calculation matches the process to determine the overall quality of a food retailer based on the normed values and quality of the performance categories.

The results of the afore-described analysis are summarised in a two-dimensional matrix to determine the need and potential for optimising food retailers. The principal structure of the matrix and the norm strategies that should result from it are represented in Fig. 9.3. As described above, the normed values (and total normed values) represent the influence an element of the model has on the evaluation of a food retailer. Therefore, the normed values (and total normed values) are directly linked to the potential for optimising a food retailer, meaning the effect an improvement has on the customers. The need for optimising performance categories and elements derives from their quality. If the quality of a performance category or element is high, it is hardly possible to improve much; whereas a low quality indicates a large need for improvement.

The analysis of potential differences between Study 1 (customer expectations and their fulfilment before the outbreak of the COVID-19 pandemic) and Study 2 (customer expectations and their fulfilment two years after the outbreak of the COVID-19 pandemic) was conducted by t-tests.

9.5   Results

The results of the empirical analysis are presented in this section. To this end, the customer expectations towards food retailers and their fulfilment are described. Then, these two constructs are brought together to deduce options to optimise food retailers.

9.5.1   The Customer Expectations

The customers' expectations towards food retailers result from their subjective value (relevance) of the performance categories and elements, as described in the previous section. The empirical values (relevance) as well as the normed values for the next level of the model and the total normed value for a food retailer as a whole are represented in Fig. 9.4.

The analyses for both studies reveal similar results on a structural level and regarding the relative relevance of the performance categories and elements to each other. This is also reflected by the fact that only a few significant differences between Study 1 and Study 2 emerged.

Location appeal and product range feature the highest value for customers of food retailers. Combined, these two performance categories can explain slightly more than 50 % of the customers' expectations or preferences (normed values). These performance categories are followed by pricing, which represents approximately 22 % of the customer expectations or preferences. The service of food retailers is of lower relevance to customers as it only contributes to the expectations or preferences with roughly 16 %. The communication of food retailers outside the shops is of lowest relevance to the customers, contributing to their expectations or preferences with approximately 10 % only. Significant but rather small differences between Study 1 and Study 2 can only be found for the empirical value of the product range and the normed value of the retailers' external communication.

Within the performance category location appeal, the accessibility, parking facilities and opening hours are of higher relevance to the customers than the shop design (normed values). All these elements, however, have an influence on the customers' expectations and preferences towards a food retailer as a whole that is above average (total normed

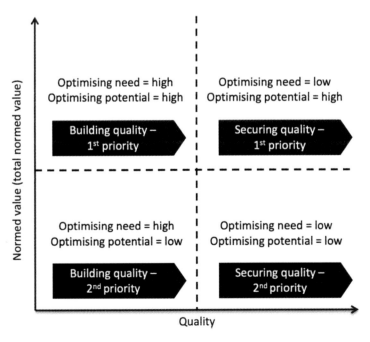

Fig. 9.3 Norm strategies in relation to quality and normed values within the framework of the means-end theory of complex cognitive structures. *Source:* (Godbersen, 2019)

values). The empirical value and normed value of the retailers' accessibility decreased significantly but only slightly whilst the normed value of the parking facilities increased significantly but slightly during the course of the COVID-19 pandemic.

Firstly, regarding a good product range of a food retailer, customers expect that the quality of the offered products is of good standard. Secondly, they prefer a wide product range. The depth of the product range and the offer of socially responsible products is of lower importance to the customers within the performance category product range (normed and total normed value); these performance elements, however, contribute approximately 5 % each to the overall expectations or preferences towards a food retailer (total normed value). Minor, but significant, changes from Study 1 to Study 2 can only be found for the empirical values of the width of the product range and the product quality, which both decreased in value. Also, the total normed value of the width of the product range decreased significantly but slightly from Study 1 to Study 2.

With regard to the pricing policy of food retailers, the price level is the most important performance element to customers, followed by discounts. Together, these

Performance category or element	Related performance category	Empirical value		Normed value		Total normed value	
		Study 1	Study 2	Study 1	Study 2	Study 1	Study 2
Product range		79.849	77.123	0.252	0.247	0.252	0.247
Service		55.196	53.740	0.164	0.161	0.164	0.161
Pricing		69.523	69.383	0.215	0.217	0.215	0.217
Location appeal		84.527	82.889	0.268	0.268	0.268	0.268
Communication		35.336	36.605	**0.101**	**0.108**	**0.101**	**0.108**
Width of the product range		75.676	73.436	0.269	0.263	**0.068**	**0.065**
Depth of the product range	Product range	56.521	56.834	0.192	0.199	0.048	0.049
Product quality		88.325	86.226	0.323	0.322	0.081	0.078
Socially responsible products		62.391	61.292	0.215	0.215	0.055	0.054
Personnel		58.764	57.105	0.394	0.383	0.066	0.063
Self-service	Service	28.255	28.514	0.167	0.169	0.026	0.026
Complaint & replacement		49.911	48.743	0.302	0.296	0.050	0.048
Order & delivery services		24.686	26.883	**0.135**	**0.153**	**0.022**	**0.024**
Price level		77.662	76.781	0.360	0.350	0.076	0.076
Discounts	Pricing	65.122	65.774	0.277	0.279	0.062	0.063
Customer loyalty cards		34.822	36.463	0.133	0.141	0.029	0.031
Payment options		53.807	53.538	0.230	0.230	0.047	0.047
Accessibility		**86.000**	**83.016**	**0.286**	**0.278**	0.077	0.075
Parking facilities	Location appeal	79.275	80.016	**0.256**	**0.263**	0.069	0.071
Shop design		65.105	64.210	0.209	0.210	0.055	0.055
Opening hours		76.213	75.121	0.248	0.249	0.067	0.067
Product information		40.738	40.473	0.389	0.383	0.041	0.042
Company information	Communication	35.518	36.162	0.339	0.348	**0.034**	**0.037**
Dialogue		26.071	27.839	**0.249**	**0.269**	0.025	0.028

Fig. 9.4 Empirical values (Scale: 0 "Not Important" to 100 "Very Important"), normed values and total normed values (values: 0.0 to 1.0) of performance categories and elements of food retailers (significant differences with p < 0.05 in bold; n for study 1 = 1202; n for study 2 = 1108)

elements contribute approximately 63 % to the expectation or preferences towards the pricing (normed values) and approximately 14 % towards the expectations or preferences towards a retailer as a whole (total normed values). The payment options have a lower relevance and customer loyalty cards do not substantially influence the customer preferences towards pricing and an overall retailer (normed values and total normed values). No significant changes from Study 1 to Study 2 can be detected.

Within the performance category of service, the food retailers' personnel and the handling of complaints and replacements are more important to customers than self-service (check-outs) and order and delivery services. The former two elements have above or around average total normed values whilst the latter two elements show the two lowest total normed values of all the performance elements. The normed and total normed values for the order and delivery services significantly increased from Study 1 to Study 2, even though they remain on a comparably low level.

All elements of a food retailer's communication outside the shop are of relatively low relevance to the customers (total normed values). Within this group of performance elements, product information is of the highest importance and a dialogue between a food retailer and its customers of the lowest (normed values). During the COVID-19 pandemic, the total normed values for the company information and dialogue increased significantly. The same applies to the normed value of the performance element dialogue.

9.5.2   The Fulfilment of Customer Expectations

The quality of the performance elements, performance categories and a food retailer can be seen as an indicator for the fulfilment of customer expectations, as described above. The calculated qualities for the retailers as a whole and the performance categories are represented in Fig. 9.5. The overall quality of food retailers is 70.74 in Study 1 and 70.70 in Study 2 on the scale from 0 ("not good") to 100 ("very good"). On the one hand, this means that food retailers fulfil more than two thirds of the customer expectations. On the other hand, this value also indicates that food retailers have room for improvement of approximately 30 % when taking the complete fulfilment of customer expectations as the benchmark. The qualities of the location appeal and product range are above the respective level of the overall retailer. The quality of pricing is roughly on the same level as the total value for the retailer as a whole, whilst service and communication are below that level. The quality values of the performance categories show a similar structure to the corresponding values of the relevance, described in the previous subsection. This indicates that the supply has influenced the expectations of the demand side. During the COVID-19 pandemic the quality of the retailers' performance categories did not change in the customers' perception with the exception of the retailers' communication outside the shop, which increased significantly but only slightly.

The subjective qualities of the performance elements, which are represented in Fig. 9.6, are consistent with the qualities of the performance categories. The performance elements of location appeal and product range mostly have higher values than the performance elements of pricing, service, and communication. An exception is the price level with a quality value of 72.52 in Study 1 and 70.66 in Study 2. The qualities of the other performance elements of pricing are on a lower level, with a maximum value of around 60. Most of the other performance elements of service and communication have values around or below the middle of the scale of 50, indicating that they are of low quality and mostly do not fulfil the expectations of the customers. Several rather small differences between Study 1 and Study 2 can be observed. On the one hand, the following performance elements significantly increased in the subjectively perceived quality over the course of the COVID-19 pandemic: self-service, order and delivery services, discounts, customer loyalty cards, parking facilities and dialogue. On the other hand, the following performance elements significantly decreased in the subjectively perceived quality during the course of the COVID-19 pandemic: width of the product range, product quality, price level, accessibility and opening hours.

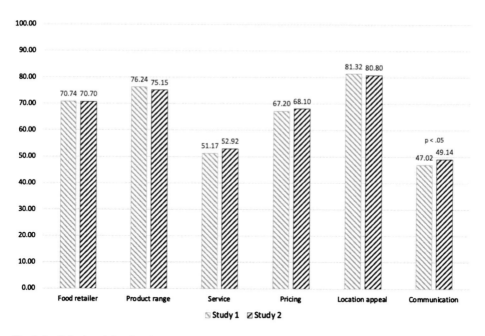

Fig. 9.5 Calculated Quality for the Food Retailers as a Whole and their Performance Categories on a Scale from 0 "Not Good" to 100 "Very Good" (n for Study 1 = 1202; n for Study 2 = 1108)

9.5.3   The Need and Potential for Optimising Food Retailers

The potential for optimising depends on the (total) normed values of the performance categories and elements and their need for optimising on their quality, as described above. Following this approach, the performance categories are represented in Fig. 9.7. The quadrants of the matrix are divided by the arithmetic mean of the normed values (0.2) and the calculated quality (64.59) of Study 1.

The location appeal and the product range have the highest potential for building customer preferences and, therefore, have the highest potential for optimising. The need for optimising is relatively low as the customers perceive the quality of these performance categories on a higher level, compared with the other categories. Therefore, the first priority for food retailers should be to secure the existing quality. However, there is still room for improvement because the location appeal and product range of food retailers do not completely fulfil the customer expectations. To achieve this goal, the location appeal has room for improvement of approximately 19 % and the product range approximately 25 %.

The same strategy is advised with regard to the pricing of food products. The potential of building customer preferences through improving pricing is not as high as with the two aforementioned performance categories, even though the normed value of pricing is above the average of the normed values of all performance categories. From the customers' point of view, the quality of pricing is above average, too. The need for improvement, however, is higher compared with the location appeal and product range and amounts to roughly 32 %.

Optimising services and communication outside the shop bears the lowest potential for building customer preferences. The normed values of these performance categories are below average. The same accounts for the quality, which is around the middle of the scale for each. Thus, food retailers are advised to build quality for these performance categories and, probably, fundamentally rethink the current approaches to services and communication. This strategy, however, is of a lower priority because of the low value to customers. Because services contribute with approximately 16 % to the preferences, compared with approximately 10 % of communication, food retailers should give services a higher priority when it comes to building quality.

The potential and need for optimising the performance elements can be derived from Fig. 9.8, which like Fig. 9.7 shows the total normed values and the quality. The arithmetic means for the total normed values of Study 1 is 0.053 and for the subjective quality of Study 1 59.01, which represent the borders of the quadrants.

According to Fig. 9.8, food retailers should secure the quality of the following performance elements with higher priority (ordered by performance categories):

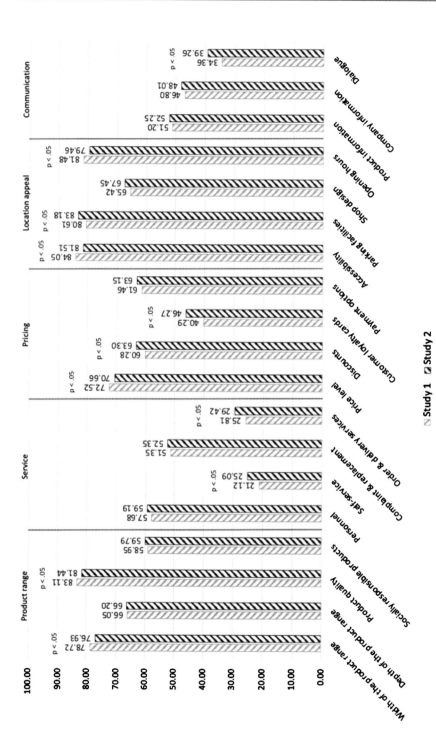

Fig. 9.6 Subjective Quality of Performance Elements on a Scale from 0 "Not Good" to 100 "Very Good" (n for Study 1 = 1202; n for Study 2 = 1108)

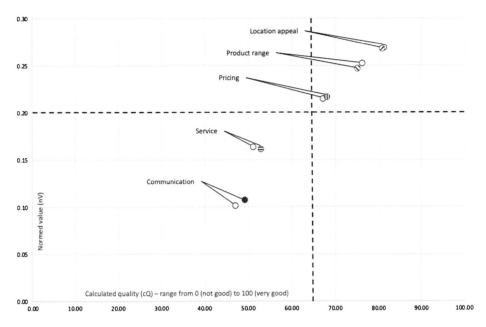

Fig. 9.7 Calculated Quality and Normed Values of the Performance Categories (n for Study 1 = 1202; n for Study 2 = 1108); Empty Markers for Study 1 and Filled Markers for Study 2

- Width of the product range (product range)
- Product quality (product range)
- Socially responsible products (product range)
- Personnel (service)
- Price level (pricing)
- Discounts (pricing)
- Accessibility (location appeal)
- Parking facilities (location appeal)
- Shop design (location appeal)
- Opening hours (location appeal)

The quality of the following performance elements should be secured by food retailers at a lower priority level (ordered by performance categories):

- Depth of the product range (product range)
- Payment options (pricing)

Food retailers should build quality for the following performance elements with a lower priority (ordered by performance categories):

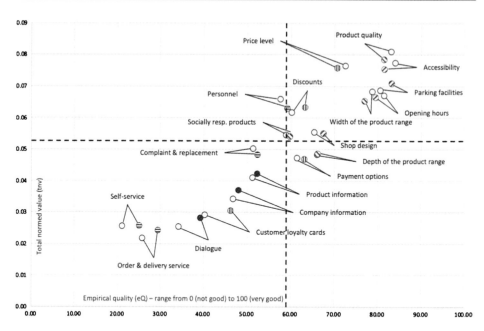

Fig. 9.8 Subjective Quality and Total Normed Values of the Performance Elements (n for Study 1 = 1202; n for Study 2 = 1108); Empty Markers for Study 1 and Filled Markers for Study 2

- Self-service (service)
- Complaint and replacement (service)
- Order and delivery services (service)
- Customer loyalty cards (pricing)
- Company information (communication)
- Product information (communication)
- Dialogue (communication)

The norm strategies for the performance categories and performance elements and therewith the fundamental options for food retailers to improve their market performance did not change during the course of the COVID-19 pandemic with the exception of the service element personnel whose quality should now be secured with first priority.

9.6   Discussion

The analysis revealed that the structure and level of the customers' expectations towards food retailers in Germany did not substantially change during the COVID-19 pandemic, which speaks for stable needs and wants on the demand side. Similarly, the fulfilment of the customer expectations showed no substantial changes and the norm strategies for improving the food retailers' market performance remained largely the same compared to pre-COVID times. However, some significant but minor changes in the perceived quality of performance categories und elements of the food retailers could be detected during the COVID-19 pandemic, which will be considered when summarising the main recommendations for food retailers in the following paragraphs.

The results showed that the "basics" of food retailing are central to customers with regard to both, relevance or expectations and quality or fulfilment of expectations. First and foremost, the accessibility to the shop, the parking facilities, the shop design and the opening hours, the quality of the products, the width of the product range and the offer of socially responsible products, the price level and discounts, and the personnel in contact with the customers are important to run a successful food retail shop. The aforementioned performance elements are of highest relevance to customers, and food retailers should form their core business around these elements. Contrary to this, customers regard the depth of the product range, the communication of food retailers outside the shop (including product information, company information and dialogue), services with the exception of the personnel, payment options and customer loyalty cards as being less important. Therefore, these performance elements only have the potential to serve as an added value.

Most of the performance elements that can be considered to form the core of a food retailer's business are perceived on a high-quality level by the customers and the norm strategy of securing their quality with the first priority was derived. On the one hand, however, some of these core elements for a food retailer showed a significant decrease in quality over the period of the COVID-19 pandemic. Even though this decrease was not on a substantial scale, food retailers should carefully monitor the following elements in the future: width of the product range, product quality, price level, accessibility of the shop and opening hours. On the other hand, the perceived quality of discounts and parking facilities, as core elements of food retailers, increased. Thus, food retailers are advised to analyse their operations during the COVID-19 pandemic in this regard to identify and strengthen possible, successful approaches.

Customers perceive the performance elements that can provide them with an added value (depth of the product range, self-service, complaint and replacement, order and delivery, customer loyalty cards, payment options, product information, company information and dialogue) as being of relatively low quality and relevance. At first glance, one might think that these performance elements can be neglected because of their low relevance to customers. The analysis of the data, however, showed that the structure of customer expectations (relevance of performance categories and elements) is similar to the structure of the fulfilment of expectations (perceived quality of performance categories and elements). This indicates that the supply has formed the demand with its expectations. Therefore, it is likely that food retailers can "educate" their customers to accept and appreciate a modified or new business model. This means that food retailers have a long-run opportunity to create an added value for customers through these performance elements. In this context, food retailers should analyse their operations during the COVID-19 pandemic with regard to self-service, order and delivery services, customer loyalty cards and dialogue with the customer, as the perceived quality of theses performance elements significantly increased from Study 1 to Study 2. On this basis, approaches for creating added values in the post-COVID era might be derived.

This study revealed the customer expectations and their fulfilment in the German food retail market before and two years after the outbreak of the COVID-19 pandemic. It might be fruitful to apply the same research in two years' time to examine potential trends in the food retail market. Furthermore, it might be interesting to evaluate the same for other countries; amongst other aspects, a look into digital services might be insightful, as online shopping or self-checkouts are more common in other developed countries like the United Kingdom. However, an analysis of other countries is not the only interesting research perspective. The Means-End Theory of Complex Cognitive Structures can also be applied to other retail sectors or unrelated industries. Finally, the approaches to improve the performance of food retailers, which are developed in this paper, should be evaluated in detail; especially qualitative research could generate insights on how specific optimisations can be realised.

References

Ahlert, D., Kenning, P., & Brock, C. (2018). *Handelsmarketing – Grundlagen der marktorientierten Führung von Handelsbetrieben* (2nd edn.). Springer Gabler.

Ailawadi, K. L., Harlam, B. A., Jacques César, J., & Trounce, D. (2007). Practice prize report—Quantifying and improving promotion effectiveness at CVS. *Marketing Science, 26*(4), 566–575.

Anderson, E. W., Fornell, C., & Lehmann, D. R. (1994). Customer satisfaction, market share and profitability: Findings from Sweden. *Journal of Marketing, 58*(3), 53–66.

Anderson, E. W., & Sullivan, M. W. (1993). The antecedents and consequences of customer satisfaction for firms. *Marketing Science, 12*(2), 125–143.

Baker, J., Parasuraman, A., Grewal, D., & Voss, G. B. (2002). The influence of multiple store environment cues on perceived merchandise value and patronage intentions. *Journal of Marketing, 66*(2), 120–141.

Briesch, R. A., Chintagunta, P., & Fox, E. J. (2009). How does assortment affect grocery store choice? *Journal of Marketing Research, 46*(2), 176–189.

Bruhn, M. (2009). Das kommunikationspolitische Instrumentarium. In M. Bruhn, F.-R. Esch, & T. Langner (eds.), *Handbuch Kommunikation. Grundlagen – Innovative Ansätze – Praktische Umsetzungen* (pp. 23–43). GWV Fachverlage GmbH.

Bruhn, M. (2016). Instrumente der Marketingkommunikation: Ein Überblick. In M. Bruhn, F.-R. Esch, & T. Langner (eds.), *Handbuch Instrumente der Kommunikation. Grundlagen – Innovative Ansätze – Praktische Umsetzungen* (2nd edn.) (pp. 59–75). Springer Gabler.

Bundeskartellamt. (2014). *Sektoruntersuchung Lebensmitteleinzelhandel. Darstellung und Analyse der Strukturen du des Beschaffungsverhaltens auf den Märkten des Lebensmitteleinzelhandels in Deutschland.* Bericht gemäß Par. 32e GWB.

Ellison, B., McFadden, B., Rickard, B. L., & Wilson, N. L. W. (2021). Examining food purchase behavior and food values during the COVID-19 pandemic. *Applied Economic Perspectives and Policy, 43*(1), 58–72.

Fassnacht, M. (2002). *Eine dienstleistungsorientierte Perspektive des Handelsmarketing.* Deutscher Universitäts-Verlag.

Ferreira Rodrigues, J., Túlio Cunha dos Santos Filho, M., Aparecida de Oliveira, L.E., Brandemburg Siman, I., de Fátima Barcelos, A., de Paiva Anciens Ramos, G.L., Almeida Esmerino, E., Gomes da Cruz, A., & Arriel, R.A. (2021). Effect of the COVID-19 pandemic on food habits and perceptions: A study with Brazilians. *Trends in Food Science & Technology, 116*, 992–1001.

Fornell, C., Johnson, M. D., Anderson, J. C., Cha, J., & Bryant, E. B. (1996). The American customer satisfaction index: Nature, purpose and findings. *Journal of Marketing, 60*(4), 7–18.

Glusac, N. (2009). Bonusprogramme – ein wirkungsvolles Kundenbindungsinstrument? In H. H. Hinterhuber & K. Matzler (eds.), *Kundenorientierte Unternehmensführung* (pp. 557–568). Gabler.

Godbersen, H. (2016). *Die Means-End Theory of Complex Cognitive Structures – Entwicklung eines Modells zur Repräsentation von verhaltensrelevanten und komplexen Kognitionsstrukturen für die Wirtschafts- und Sozialwissenschaften.* In B. Krol (ed.), *ifes Schriftenreihe* (Vol. 12). MA Verlag.

Godbersen, H. (2019). Hörererwartungen, Programmqualität und Optimierungspotenzial von musikbasierten Formatradios – Eine empirische Analyse mit der Means-End Theory of Complex Cognitive Structures. *transfer – Zeitschrift für Kommunikation und Markenmanagement, 65*(3), 12–21.

Godbersen, H., & Barluschke, D. (2020). *Aktives Schadenmanagement bei Automobilflotten aus Kundensicht – Kundenerwartungen, deren Erfüllung und Optimierungsansätze für Dienstleister und Versicherungen.* In J. Naskrent, M. Stumpf, & J. Westphal (eds.), *KCMS Schriftenreihe* (Vol. 5). MA Verlag.

Godbersen, H., Hofmann, L. A., & Ruiz-Fernández, S. (2020). How people evaluate anti-corona measures for their social spheres: Attitude, subjective norm, and perceived behavioral control. *Frontiers in Psychology, 11*, 567405. https://doi.org/10.3389/fpsyg.2020.567405

Godbersen, H., & Kaupp, F. (2019). Optimierungsansätze für stationäre Apotheken vor dem Hintergrund der Kundenerwartungen und deren Erfüllung – Eine empirische Analyse mit der Means-End Theory of Complex Cognitive Structures. *Gesundheitsökonomie & Qualitätsmanagement, 24*(5), 12–21.

Handelsverband Deutschland e. V. (2018). *Handelsreport Lebensmittel – Fakten zum Lebensmitteleinzelhandel.*

Handelsverband Deutschland e.V. (2019a). *Zahlenspiegel 2019a.* https://einzelhandel.de/index.php?option=com_attachments&task=download&id=10614. Zugegriffen: 31. Jan. 2023.

Handelsverband Deutschland e. V. (2019b). *Online Monitor 2019b.* https://einzelhandel.de/index.php?option=com_attachments&task=download&id=10625. Zugegriffen: 31. Jan. 2023.

Hassen, T. B., El Bilali, H., Allahyari, M. S., & Charbel, L. (2021). Food shopping, preparation and consumption practices in times of COVID-19: Case of Lebanon. *Journal of Agribusiness in Developing and Emerging Economies, 12*(2), 281–303. https://doi.org/10.1108/JADEE-01-2021-0022

Herle, M., Smith, A. D., Bu, F., Steptoe, A., & Fancourt, D. (2021). Trajectories of eating behavior during COVID-19 lockdown: Longitudinal analyses of 22,374 adults. *Clinical Nutrition ESPEN, 42*, 158–165.

Homburg, C. (2017). *Marketingmanagement – Strategie – Instrumente – Umsetzung – Unternehmensführung* (6th edn.). Gabler.

Homburg, C., Hoyer, W. D., & Fassnacht, M. (2002). Service orientation of a retailer's business strategy: Dimensions, antecedents, and performance outcomes. *Journal of Marketing, 66*(4), 86–101.

Koncar, J., Maric, R., & Vukmirovic, G. (2019). Analysis of key indicators that affect the expected benefit of customers when using loyalty cards. *Journal of Business Economics and Management, 20*(5), 821–840.

Lademann, R. P. (2013). Wettbewerbsökonomische Grundlagen des Betriebsformenwettbewerbs im Lebensmitteleinzelhandel. In H.-C. Riekhof (Hrsg.), *Retail Business* (pp. 3–30). Gabler.

Mägi, A. W. (2003). Share of wallet in retailing: The effects of customer satisfaction, loyalty cards and shopper characteristics. *Journal of Retailing, 79*, 97–106.

McCarthy, J. E. (1961). *Basic marketing. A managerial approach.* Irwin.

McGoldrick, P. J. (2002). *Retails marketing.* McGraw-Hill.

Meffert, H., Burmann, C., & Kirchgeorg, M. (2015). *Marketing Grundlagen marktorientierter Unternehmensführung Konzepte – Instrumente – Praxisbeispiele* (12th edn.). Gabler.

Megicks, P., Memery, J., & Williams, J. (2008). Influences on ethical and socially responsible shopping: Evidence from the UK grocery sector. *Journal of Marketing Management, 24*(5–6), 637–659.

Meyer, A., & Bartsch, S. (2012). Servicepolitik im Handel. In J. Zentes, B. Swoboda, D. Morschett, & H. Schramm-Klein (Hrsg.), *Handbuch Handel* (2nd edn., pp. 719–731). Springer Gabler.

Morschett, D. (2002). *Retail Branding und Integriertes Handelsmarketing.* Deutscher Universitäts-Verlag.

Ogundijo, D. A., Tas, A. A., & Onarinde, B. A. (2021). Exploring the impact of COVID-19 pandemic on eating and purchasing behaviours of people living in England. *Nutrients, 13*(5). https://doi.org/10.3390/nu13051499.

Pan, Y., & Zinkhan, G. M. (2006). Determinants of retail patronage: A meta-analytical perspective. *Journal of Retailing, 82*(3), 229–243.

Poelman, M. P., Gillebaart, M., Schlinkert, C., Dijkstra, S. C., Derksen, E., Mensink, F., Hermans, R. C. J., Aardening, P., de Ridder, D., & de Vet, E. (2021). Eating behavior and food purchases during the COVID-19 lockdown: A cross-sectional study among adults in the Netherlands. *Appetite, 157*, 105002. https://doi.org/10.1016/j.appet.2020.105002

Roland Berger. (2018). *Millennials im Supermarkt. Trends und Umbrüche im deutschen Lebensmittel-Einzelhandel.*

Rudolph, T., & Wagner, T. (2003). Preisimage-Politik im Handel. In H. Diller & A. Herrmann (eds.), *Handbuch Preispolitik* (pp. 177–198). Gabler.

Schmieder, U.-M. (2010). *Integrierte Multichannel-Kommunikation im Einzelhandel.* Gabler.

Schramm-Klein, H. (2012a). Multi Channel Retailing – Erscheinungsformen und Erfolgsfaktoren. In J. Zentes, B. Swoboda, D. Morschett, & H. Schramm-Klein (eds.), *Handbuch Handel* (2nd edn., pp. 419–437). Springer Gabler.

Schramm-Klein, H. (2012b). Standortpolitik im Handel. In J. Zentes, B. Swoboda, D. Morschett, & H. Schramm-Klein (eds.), *Handbuch Handel* (2nd edn., pp. 487–506). Springer Gabler.

Schröder, H. (2005). *Multichannel Retailing. Marketing in Mehrkanalsystemen des Einzelhandels.* Springer.

Schröder, H. (2012). *Handelsmarketing – Strategien und Instrumente für den stationären Einzelhandel und für Online-Shops* (2nd edn., pp. 2012). Gabler.

Simon, H., & Fassnacht, M. (2016). *Preismanagement. Strategie – Analyse – Entscheidung – Umsetzung* (4th edn.). Springer.

Sirohi, N., McLaughlin, E. W., & Wittink, D. R. (1998). A Model of consumer perceptions and store loyalty intentions for a supermarket. *Journal of Retailing, 74*(2), 223–245.

Statistisches Bundesamt. (n. d.). *Zensus 2011*. https://www.zensus2011.de/DE/Home/home_node. html;jsessionid=9ECD3119A30D55ADC2B1758F983B69BF.2_cid389. Zugegriffen: 14. Febr. 2023.

Swoboda, B. (1999). Ausprägungen und Determinanten der zunehmenden Convenienceorientierung von Konsumenten. *Marketing-ZFP, 21*(2), 95–104.

Van Heerde, H. J., Gupta, S., & Wittink, D. R. (2003). Is 75% of the sales promotion bump due to brand switching? No, only 33% is. *Journal of Marketing Research, 40*(4), 481–491.

Walters, D., & White, D. (1987). *Retail marketing management*. Macmillan.

Wiles, M. A. (2007). The effect of customer service on retailers' shareholder wealth: The role of availability and reputation cues. *Journal of Retailing, 83*(1), 19–31.

Williams, J., Memery, J., Megicks, P., & Morrison, M. (2010). Ethics and social responsibility in Australian grocery shopping. *Journal of Retail & Distribution Management., 38*(4), 297–316. https://doi.org/10.1108/09590551011032108

Zeithaml, V. A., Berry, L. L., & Parasuraman, A. (1996). The behavioral consequences of service quality. *Journal of Marketing, 60*(2), 31–46.

Zielke, S. (2012). Sortimentspolitik. In J. Zentes, B. Swoboda, D. Morschett, & H. Schramm-Klein (Hrsg.), *Handbuch Handel* (2nd edn., pp. 507–526). Springer Gabler.

Prof. Dr. Hendrik Godbersen is Professor for Business Administration at FOM University of Applied Sciences with experience in business and research projects on strategy and market research. His research primarily focuses on marketing and psychology.

Tim Szabo graduated from FOM University of Applied Sciences with a master's degree in IT Management in 2019. He works as a senior software consultant for global retailers at GEBIT Solutions GmbH in Stuttgart. His work primarily focuses on future developments in the retail sector and implementations of innovative IT systems necessary for market transformation processes.

Prof. Dr. Susana Ruiz Fernández is Professor for Business Psychology at FOM University of Applied Sciences. Her research primarily focuses on the interaction of emotion and cognition as well as on human capabilities of information processing.

Beraten erlaubt, Berühren verboten – experimentelle Untersuchung des veränderten Konsumierendenverhaltens durch die Coronapandemie

10

Mandy Nuszbaum und Kristina Kampfer

Inhaltsverzeichnis

10.1   Einleitung 200
10.2   Theoretischer Hintergrund 201
     10.2.1   Stellenwert persönlicher Beratung für das Konsumentenverhalten 201
     10.2.2   Bedürfnis nach zwischenmenschlicher Nähe und Berührung 202
     10.2.3   Konsumentenverhalten in Krisenzeiten und Angst vor COVID-19 203
     10.2.4   Verändertes Konsumentenverhalten durch die Coronapandemie 204
     10.2.5   Fragestellung und Hypothesen und Studienüberblick 205
10.3   Studie 1 206
     10.3.1   Methode 206
     10.3.2   Ergebnisse 208
     10.3.3   Diskussion 210
10.4   Studie 2 210
     10.4.1   Methode 210
10.5   Allgemeine Diskussion/übergreifende Diskussion 215
Literatur 216

M. Nuszbaum (✉)
FOM Hochschule, Münster, Deutschland
E-Mail: mandy.nuszbaum@fom.de

K. Kampfer
FH Kufstein Tirol International Business School GmbH, Kufstein, Österreich
E-Mail: kristina.kampfer@fh-kufstein.ac.at

© Der/die Autor(en), exklusiv lizenziert an Springer Fachmedien Wiesbaden GmbH, ein Teil von Springer Nature 2023
L. Rothe et al. (Hrsg.), *Marketing & Innovation 2023*, FOM-Edition,
https://doi.org/10.1007/978-3-658-41309-5_10

Zusammenfassung

Die Coronapandemie hat unsere Lebensweise und damit auch das Konsumentenverhalten nachhaltig verändert. So versuchen Konsumierende soziale und physische Kontakte einzuschränken, obwohl viele Studien deren positive Wirkung auf das Konsumentenverhalten bestätigen. Die vorliegende Studie untersucht, ob sich persönliche Interaktion und Berührungen nach wie vor positiv auf das Konsumentenverhalten auswirken. Zusätzlich werden das Bedürfnis nach zwischenmenschlicher Berührung und die COVID-19-Angst als Moderatoren berücksichtigt. Die Ergebnisse zweier Experimente zeigen, dass die persönliche Interaktion zu signifikant positiven Effekten im Konsumentenverhalten gegenüber keiner oder einer Interaktion mit einer zufälligen Berührung führt. Dieser Effekt wird durch das persönliche Bedürfnis nach zwischenmenschlicher Berührung moderiert. Personen mit einem höheren Bedürfnis bewerten Situationen mit zufälliger Berührung positiver als Personen mit einem geringeren Bedürfnis nach zwischenmenschlicher Berührung. Die Erklärungsvariable COVID-19-Angst ergab keinen Effekt.

Schlüsselwörter

Persönliche Beratung · Berührung · Need for Interpersonal Touch · Konsumentenverhalten · COVID-19-Angst · Coronapandemie

10.1 Einleitung

Unbeschwert durch Geschäfte schlendern, ein kurzer Zwischenstopp in einem Café, das war vor COVID-19 eine beliebte Freizeitaktivität. Nur wenige Menschen haben sich Gedanken darüber gemacht, ob man sich im Geschäft beraten lässt und einen netten Plausch mit dem Personal führt oder wie nah einem das Verkaufs- oder Restaurantpersonal kommen darf. Mit der Coronapandemie haben sich die Einstellung, die Kaufabsicht und das Kaufverhalten der Konsumierenden dramatisch verändert (vgl. Vázquez-Martínez et al., 2021). Alles begann mit Maskentragen und Abstandsregeln, und zwar nicht nur Abstand zur Kundschaft, sondern auch zum Verkaufs- und Restaurantpersonal. Nur noch das Nötigste einkaufen (vgl. Ahorsu et al., 2020) und nach Möglichkeit Café- und Restaurantbesuche vermeiden, um sich nicht mit dem anfangs noch unbekannten, aber gefährlich bis lebensbedrohlich eingestuften Virus zu infizieren. Soll man sich überhaupt noch beraten lassen und mit dem Personal interagieren? Was mache ich, wenn mir das Verkaufspersonal oder die Bedienung im Restaurant zu nah kommt, wenn sie mir ein Produkt bzw. das Getränk überreichen möchte, das er oder sie angefasst hat. Und was, wenn das Verkaufspersonal oder die Bedienung mich zufällig oder versehentlich berührt? Diese Fragen wurden zeitweise in den Hintergrund gedrängt, da es abhängig von dem Ausbruchgeschehen und der jeweiligen Regierung des Landes zu sogenannten Lockdowns oder Teil-Lockdowns kam (vgl. Kraemer et al., 2020), während derer der Besuch in den meisten Geschäften des stationären Handels sowie im Restaurant ausgesetzt wurden. In dieser Zeit wurden Shoppingaktivitäten in das Internet verlagert (vgl. Sayyida et al., 2021), wo die persönliche Beratung und der zwischenmenschliche Kontakt sehr eingeschränkt bis nicht möglich sind (vgl. Zheng & Bensbaa, 2021). Seither hat das Onlineshopping stark zugelegt, wie verschiedene Quellen berichten (z. B. Ahorsu et al., 2020; Ang et al., 2000). Mittlerweile sind die Geschäfte wieder geöffnet, der Restaurantbesuch ist wieder uneingeschränkt möglich und sogar das Maskentragen ist nur noch in sehr wenigen Bereichen Pflicht (vgl. ISFG, 2022). Zum eigenen Schutz wird dies dennoch weiterempfohlen, ebenso wie das Abstand halten (vgl. BMG, 2022; BzGA, 2022). Es stellt sich die Frage, wie sich das Konsumentenverhalten durch die Coronapandemie generell und insbesondere im stationären Handel sowie im Kontext des Restaurantbesuchs hat. Hierbei ist für die Autorinnen von besonderem Interesse, ob persönliche Interaktionen und zwischenmenschlicher Kontakt zwischen Kundschaft und Verkaufspersonal oder Gast und Bedienungspersonal noch den gleichen Stellenwert haben und gleichermaßen erwünscht sind wie zuvor.

10.2 Theoretischer Hintergrund

10.2.1 Stellenwert persönlicher Beratung für das Konsumentenverhalten

Das Konsumentenverhalten wird durch eine Vielzahl von Faktoren beeinflusst (vgl. Baker et al., 2002). Dazu zählen beispielsweise Umweltfaktoren wie die Produktgestaltung oder das Verkaufsgespräch, Faktoren aufseiten der Konsumierenden wie Zeit, Involvement oder Persönlichkeitsmerkmale sowie Prozesse der Informationsverarbeitung und des Erlebens wie Gedanken und Gefühle (vgl. Holbrook & Hirschman, 1982; für einen Überblick siehe: Baker et al., 2002; Blackwell et al., 2001).

In Handelsumgebungen spielen zusätzlich physische Aspekte wie die Einrichtung oder die Anordnung der Gänge, aber auch soziale Aspekte wie die Besucherdichte und der Kontakt zu anderen Menschen eine wichtige Rolle (vgl. Otterbring, 2022). Die besondere Bedeutung zwischenmenschlicher Interaktionen für das Konsumentenverhalten im Handel wird von zahlreichen Autorinnen und Autoren betont (für einen Überblick siehe Argo & Dahl, 2020). Verschiedene Studien konnten zeigen, dass durch die Anwesenheit von Verkaufspersonal die Zufriedenheit der Kundschaft gesteigert werden kann (z. B. Baker et al., 2002; Kim & Kim, 2012; Söderlund, 2016). Dabei führt laut Argo et al. (2005) sowie Söderlund (2016) schon die bloße Anwesenheit *(mere presence)* von Verkaufspersonal dazu, dass Konsumierende einen Einkauf als angenehmer und zufriedenstellender empfinden. Zahlreiche Verkaufstrainings im Handel zielen daher auf nahen personlichen Kontakt zu den Konsumierenden ab, um das Einkaufsverhalten zu optimieren und positive Verkaufseffekte zu erzielen (vgl. Smith & Seymour, 2014). So hat beispielsweise die Anwesenheit anderer Konsumierender einen Einfluss auf die eigenen Gefühle und das Einkaufsverhalten (vgl. Argo et al., 2005). Weitere Studien konnten unter anderem verdeutlichen, dass auch die Reaktionen im Sinne einer Interaktion zwischen Verkaufspersonal und Kundschaft bedeutsam für die Kundenzufriedenheit sind (vgl. Bitner, 1990; Bitner et al., 1990). Dabei nehmen Zufriedenheit sowie Einstellung und Kaufabsicht gegenüber dem Händler mit höherer Interaktion deutlich zu (vgl. Hu & Jasper, 2006). Kim und Kim (2012) fassen im Rahmen eines Reviews die Bedeutung menschlicher Anwesenheit und Interaktionen im Einzelhandelskontext zusammen. Sie betonen, dass die sozialen Beziehungen mit dem Wandel vom reinen Produktfokus zum erlebniszentrierten Konsum (vgl. auch Kim et al., 2007) verstärkt in den Fokus rücken und Unternehmen ihre Managementaktivitäten hierauf ausrichten sollten.

10.2.2 Bedürfnis nach zwischenmenschlicher Nähe und Berührung

Wie viel zwischenmenschliche Nähe ist im Kaufakt erlaubt? Die berühmte „Midas-Touch"-Studie von Crusco und Wetzel (1984) sowie zahlreiche weitere Studien (z. B. Guéguen & Jacob, 2005, 2006; Hornik, 1992) legen eine sehr hohe Bedeutung zwischenmenschlicher Nähe und Berührungen nahe. Forschungsbefunde zeigen, dass Personen mehrheitlich positiv auf Berührungen anderer reagieren (vgl. Gallace & Spence, 2010). Berührungen zwischen Mutter und Kind sind eine der frühesten Form der sozialen Interaktion, die daher in der Regel als ein Hinweis auf Interesse an der Person oder Zuneigung gewertet werden (vgl. Rose, 1990). Selbst minimale Berührungen am Arm, die als neutralste Form zwischenmenschlicher Berührung angesehen werden (vgl. Masson & Op de Beeck, 2018), werden ganz grundlegend mit emotionaler und physischer Nähe in Verbindung gebracht (vgl. Mashek & Aron, 2008). Darüber hinaus verdeutlichen die Forschungsarbeiten von Nuszbaum et al. (2014) sowie von Webb und Peck (2015), dass das Bedürfnis nach zwischenmenschlicher Berührung durch die Persönlichkeit determiniert wird und das Konsumentenverhalten signifikant beeinflussen kann. Während Nuszbaum et al. (2014) das zwischenmenschliche Bedürfnis nach Berührung (*Need for Interpersonal Touch*, NFIPT) als eindimensionales Konstrukt auffassen, unterscheiden Webb und Peck (2015) in ihrem *Comfort with Touch* (CIT)-Konstruktes zwischen einer empfangenden und einer initiierenden Komponente. Beide Forschergruppen teilen die Ansicht, dass das Bedürfnis angeboren ist und sich in der frühen Kindheit weiter manifestiert und in der Folge maßgeblich das Verhalten beeinflussen kann. Forschungsbefunde beziehen sich beispielsweise auf die Nutzung zwischenmenschlicher Berührungen als Entscheidungsgrundlage bei der Produktbeurteilung (vgl. Nuszbaum et al., 2014), wobei das Produkturteil in ihren Studien nicht im direkten Zusammenhang mit der beiläufigen Berührung der Probandinnen und Probanden stand. Es wird vermutet, dass beiläufige Berührungen (z. B. am Arm oder an der Schulter) positive Affekte hervorrufen, die auf das Produkturteil fehlattribuiert werden.

Personen mit hohem NFIPT sind dabei unzufriedener mit Entscheidungssituationen, wenn diese Informationen nicht vorliegen. Darüber hinaus fällen sie ein signifikant negativeres Produkturteil. Luangrath et al. (2020) legten in einer Reihe von Studien bewusst den Fokus auf die initiierte Berührung in der Interaktion mit der Kundschaft und konnten zeigen, dass das Verkaufspersonal vermutet, dass sich die Kundschaft unwohl fühlt, wenn sie durch das Verkaufspersonal berührt wird. Interessanterweise widersprach das der Wahrnehmung der Kundschaft, die die Berührung sehr positiv und nicht manipulativ auffasste und die Interaktion nicht als unbehaglich empfand. Sollte das Personal dahingehend trainiert werden, dass sie die Kundschaft in der Interaktion berührt? Die Befunde sprechen dagegen, denn Luangrath et al. (2020) konnten für eine Studie im Restaurantsetting zeigen, dass instruierte zwischenmenschliche Berührungen von der Kundschaft signifikant negativer bewertet, was sich unter anderem in geringeren Trinkgeldzahlungen äußerte. Dies zeigte sich allerdings nicht, wenn die Berührung willentlich von der Bedienung ausgeführt wurde.

Da seit der Coronapandemie vermehrt auf Abstand geachtet wird und Berührungen vermieden werden, stellt sich die Frage, ob zwischenmenschliche Nähe und Berührungen noch den gleichen Stellenwert haben und sich weiterhin positiv auf das Konsumentenverhalten auswirken. Nachfolgend soll daher das Konsumentenverhalten in Krisenzeiten und Zeiten der Coronapandemie noch näher in Augenschein genommen werden, um die Forschungshypothesen spezifizieren zu können.

10.2.3 Konsumentenverhalten in Krisenzeiten und Angst vor COVID-19

Neben persönlichen Vorlieben, Gewohnheiten und Persönlichkeitsmerkmalen wird das Konsumentenverhalten stark vom jeweiligen Kontext beeinflusst. Dabei lässt sich der Kontext in vier unterschiedliche Bereiche einteilen. Der erste Bereich bezieht sich auf den sozialen Kontext und umfasst wichtige Lebensereignisse wie Heirat, Kinderkriegen und Umzug. Der zweite Bereich beinhaltet den technologischen Kontext, der im Rahmen der Digitalisierung weitreichende Innovationen mit sich bringt, die das Konsumentenverhalten verändern. Der dritte Bereich bezieht sich auf Regeln und Vorschriften zur Änderung des Verhaltens in Bezug auf gemeinsam genutzte Räume (z. B. Rauchverbot), den Konsum ungesunder Produkte (z. B. Zuckersteuer) oder die Unterstützung gesellschaftlich fördernder Produkte (z. B. Elektroautos). Der vierte und am wenigsten vorhersehbare Kontextbereich bezieht sich auf Krisen wie Naturkatastrophen, Kriege und globale Pandemien wie die Coronapandemie, welche einen unmittelbaren Einfluss auf Produktion, Lieferketten und Konsumentenverhalten haben (vgl. Sheth, 2020).

Die Forschung zeigt, dass Veränderungen im Krisenkontext dazu führen, dass Konsumierende zu einem rationaleren Konsumentenverhalten neigen (vgl. Ang et al., 2000; Theodoridou et al., 2019). So tendieren sie dazu, Einkäufe auf das Nötigste zu beschränken und eher geplante und überlegte Einkäufe zu tätigen und mehrere Alternativen vor einem Kauf abzuwägen und zu vergleichen. Dabei zeigen sie auch einen höheren Informationsbedarf und gleichzeitig eine stärkere Präferenz für Schaufenster-Shopping (vgl. Ang et al., 2000). Dieses Verhalten würde Grund zur Annahme geben, dass besonders in Krisenzeiten ein erhöhter Beratungsbedarf besteht, um fundiertere und rationalere Entscheidungen zu treffen.

10.2.4 Verändertes Konsumentenverhalten durch die Coronapandemie

Zum besseren Verständnis des veränderten Konsumentenverhaltens durch die Coronapandemie dient die Unterteilung in drei unterschiedliche Phasen: Reaktion, Bewältigung und langfristige Anpassung. Am Anfang steht die Reaktion zur Verteidigung der wahrgenommenen Bedrohung und zum Rückgewinn der verlorenen Freiheit (z. B. Hamsterkäufe). Anschließend folgt die Bewältigung durch neues Verhalten (z. B. Do-it-yourself-Projekte). Zuletzt passen sich Konsumierende im Lauf der Zeit an, indem sie resilienter werden und besser mit der Situation umgehen können (vgl. Kirk & Rifkin, 2020).

Zum „neuen Normal" gehören neben einem Anstieg des Onlineshoppings und dem zunehmenden Einsatz von Digital Signage, Augmented und Virtual Reality auch die Sehnsucht nach Offline-Erfahrungen und persönlichen Einkaufserlebnissen (vgl. Kirk & Rifkin, 2020). Zahlreiche Prognosen deuten darauf hin, dass die Coronapandemie zu gesellschaftlichen Veränderungen führt, die das Potenzial haben, das Future Shopping im Handel grundlegend zu verändern und das Einkaufserlebnis nachhaltig zu verbessern (vgl. Reeves et al., 2020).

Grundlegend schätzen Konsumierende das Vor-Ort-Einkaufserlebnis und möchten im Handel Produkte in die Hand nehmen und persönlich erleben. Es bleibt jedoch zu klären, ob zwischenmenschlicher Kontakt oder gar Berührungen weiterhin erwünscht sind. Erste Studien lassen vermuten, dass sich durch die Coronapandemie die Bedeutsamkeit von Nähe und Berührung in Verkaufs- oder Servicesituationen verändert haben könnte und Konsumierende negativ beeinflusst. Otterbring et al. (2021) zeigen, dass der nahe Kontakt zu einer Verkaufsperson die Loyalität, die Kaufabsicht und das tatsächliche Kaufverhalten negativ beeinflussen. Zwischenmenschlicher Kontakt kann also auch eine unvorteilhafte Bedeutung haben, indem er für psychologisches Unwohlsein oder sogar Angst sorgt (vgl. Esmark et al., 2020). Demnach gilt es zu erforschen, ob sich das Konsumentenverhalten durch die Coronapandemie derart verändert hat, dass naher zwischenmenschlicher Kontakt mit Berührungen zukünftig auf das Privatleben reduziert wird und Einkaufserlebnisse aus alternativen Beratungsformen bestehen müssen.

10.2.5 Fragestellung und Hypothesen und Studienüberblick

Den zahlreichen Studienbefunden, die in Abschn. 10.2 vorgestellt wurden, liegt ein in verschiedenen Bereichen verändertes Konsumentenverhalten zugrunde. Die vorliegende Untersuchung widmet sich der Frage, ob sich Unternehmen auch künftig stärker auf kontaktlose Interaktions- und Beratungsformen einstellen und diese stärker fokussieren sollten, oder ob persönliche Interaktion und zwischenmenschliche Berührungen weiterhin einen hohen Stellenwert im Kontakt mit der Kundschaft einnehmen. Hierzu wurden zwei Studien konzipiert, wobei der Fokus einmal auf den Einzelhandel und einmal auf die Gastronomie gelegt wurde. An diesen Orten sind persönliche Beratungsgespräche und zwischenmenschliche Nähe häufig zu beobachten, wobei es auch Möglichkeiten gibt, diese zu vermeiden. Da die Forschung zu zwischenmenschlichen Berührungen nahelegt, dass es persönliche Präferenzen im persönlichen Kontakt, insbesondere im Hinblick auf zwischenmenschliche Berührungen gibt (z. B. Luangrath et al., 2020; Nuszbaum et al., 2014; Webb & Peck, 2015), sollen diese in der vorliegenden Arbeit mitberücksichtigt werden. Im Rahmen der beiden Studien wurde untersucht, ob signifikante Unterschiede zwischen verschiedenen Interaktionsformen (keine/neutrale Interaktion vs. persönliche Interaktion vs. persönliche Interaktion mit zwischenmenschlicher Berührung) beim Kontakt des Personals mit der Kundschaft bestehen. Es wurde angenommen, dass die Abstands- und Verhaltensregeln, die durch die Coronapandemie initiiert wurden und teilweise immer noch im Alltag bestehen (vgl. ISFG, 2022), zu einer negativeren Einstellung sowie Kauf- bzw. Weiterempfehlungsabsicht führen, wenn das Personal zu engen Kontakt zur Kundschaft sucht, selbst wenn es sich dabei um eine flüchtige Berührung handelt. Situationen mit einer persönlichen Interaktion und zwischenmenschlichen Berührung sollten zu signifikant schlechteren Ergebnissen führen als Situationen mit persönlicher Interaktion ohne zwischenmenschliche Berührung. Es wurde davon ausgegangen, dass dieser Effekt durch das Persönlichkeitsmerkmal NFIPT (vgl. Nuszbaum et al., 2014) moderiert wird. Für Personen mit einem höheren NFIPT wurde erwartet, dass sie Interaktionen mit einer zwischenmenschlichen Berührung positiver bewerten, da sie haptische Informationen zur Entscheidungsfindung heranziehen (vgl. Nuszbaum et al., 2014; vgl. auch Webb & Peck, 2015). Einstellung und Kaufabsicht sollten für Personen mit höherem NFIPT in der Bedingung persönliche Beratung mit zwischenmenschlicher Berührung folglich positiver bzw. höher ausfallen als für Personen mit geringerem NFIPT. In Studie 2 wurde darüber hinaus noch die Angst vor COVID-19 als Moderator mit in das Studiendesign integriert. Für Personen mit einer höheren Angst vor COVID-19 sollten Situationen mit einer zwischenmenschlichen Interaktion mit Berührung in signifikant negativeren Bewertungen der Einstellung und Weiterempfehlungsabsicht resultieren als für Personen mit einer geringeren COVID-19-Angst.

10.3   Studie 1

10.3.1 Methode

10.3.1.1 Stichprobe

An Studie 1 nahmen 354 Versuchspersonen teil (Alter: $M = 26,01$, $SD = 4,94$; Geschlecht weiblich: 73,58 %). Die Stichprobe war eine Gelegenheitsstichprobe. Die Versuchspersonen wurden über verschiedene Rekrutierungskanäle angesprochen. Einerseits über eine Rekrutierungsplattform der FOM Hochschule für Oekonomie & Management, über die Studierende der Wirtschaftspsychologie Versuchspersonenstunden für ihr Studium erwerben können und andererseits über einen Verteiler der FH Kufstein Tirol. Der Großteil der Studienteilnehmenden stammte aus Deutschland (98,30 %).

10.3.1.2 Design

Bei der Studie handelte es sich um ein 3×2-faktorielles between-subject-Experimentaldesign. Die erste unabhängige Variable (UV) war die *Beratungsform* (keine Interaktion vs. persönliche Interaktion vs. persönliche Interaktion mit zwischenmenschlicher Berührung). Die zweite UV war der Moderator *NFIPT* (geringeres vs. höheres NFIPT). Als abhängige Variablen (AV) wurden die *Einstellung* zum Elektronikgeschäft sowie die *Kaufabsicht* erhoben.

10.3.1.3 Erhebungsmaterial und Prozedur

Die Operationalisierung der UV-Beratungsform erfolgte mittels dreier unterschiedlicher Vignetten. Den Versuchspersonen wurden Situationsbeschreibungen vorgelegt, mit der sie sich in eine fiktive Einkaufssituation hineinversetzen sollten. Sie sollten sich vorstellen, dass sie ein Smartphone erwerben wollen und hierfür ein Elektronikgeschäft aufsuchen. Die Kaufsituation könnte dabei auch gänzlich ohne Interaktion ablaufen. Die Vignetten wurden grundsätzlich gleich aufgebaut (Ceteris-Paribus-Regel) und unterschieden sich nur hinsichtlich der Beratungsform (s. Tab. 10.1).

Die Operationalisierung der UV NFIPT erfolgte mittels der deutschsprachigen *NFIPT*-Skala von Nuszbaum et al. (2014). Hierbei handelt es sich um eine eindimensionale siebenstufige Ratingskala (1 = *stimmt überhaupt* nicht; 7 = *stimmt vollkommen*), die aus 20 Items besteht. Ein Beispielitem lautet *„Ich habe kein Problem damit, wenn mich jemand leicht am Arm berührt, um meine Aufmerksamkeit zu gewinnen"*. Die Reliabilität wurde von Nuszbaum et al. (2014) mit $\alpha = 0,78$ angegeben. In der vorliegenden Studie wurde für die interne Konsistenz $\alpha = 0,89$ ermittelt, was ein guter Wert ist.

Die AVs Einstellung und Kaufabsicht wurden mit einer validierten deutschen Version der *Purchase Intention Scale* von Spears und Singh (2004) erhoben. Diese stammt von Knoll (2015). Hierbei handelt es sich um ein siebenstufiges semantisches Differenzial, wobei Knoll (2015) die Items auf einer sechsstufigen Skala erhoben hat. Die Einstellung und Kaufabsicht wurden jeweils mittels fünf Gegensatzpaaren operationalisiert (Einstellung: z. B. *unsympathisch – sympathisch;* Kaufabsicht: z. B. *kaufe wahrscheinlich*

Tab. 10.1 Vignetten zur Operationalisierung der UV-Beratungsform in Studie 1

Keine Interaktion	Persönliche Interaktion	Persönliche Interaktion mit zwischenmenschlicher Berührung
Stellen Sie sich vor, Sie wollen sich ein neues Smartphone kaufen und gehen dafür in ein Elektronikgeschäft	Stellen Sie sich vor, Sie wollen sich ein neues Smartphone kaufen und gehen dafür in ein Elektronikgeschäft	Stellen Sie sich vor, Sie wollen sich ein neues Smartphone kaufen und gehen dafür in ein Elektronikgeschäft
Beim Betreten des Geschäftes orientieren Sie sich an den Wegweisern in die Smartphone-Abteilung Auf der Suche nach unterschiedlichen Smartphone-Modellen lesen Sie sich die Produktbeschreibungen durch Während Sie ein Modell näher betrachten, werden Sie auf ein weiteres Modell aufmerksam Insgesamt verläuft Ihre Suche zufriedenstellend	Beim Betreten des Geschäftes werden Sie vom Verkaufspersonal freundlich begrüßt und man zeigt Ihnen den Weg in die Smartphone-Abteilung Auf der Suche nach unterschiedlichen Smartphone-Modellen werden Sie von dem Verkaufspersonal höflich gefragt, ob Sie Hilfe benötigen. Sie stimmen zu und es entsteht ein Gespräch Während Sie ein Modell gezeigt bekommen und es näher betrachten, werden Sie durch das Verkaufspersonal auf ein weiteres Modell aufmerksam gemacht Insgesamt verlaufen Ihre Suche und das Verkaufsgespräch zufriedenstellend	Beim Betreten des Geschäftes werden Sie vom Verkaufspersonal freundlich begrüßt und man zeigt Ihnen den Weg in die Smartphone-Abteilung Auf der Suche nach unterschiedlichen Smartphone-Modellen werden Sie von dem Verkaufspersonal höflich gefragt, ob Sie Hilfe benötigen. Sie stimmen zu und es entsteht ein Gespräch Während Sie ein Modell gezeigt bekommen und es näher betrachten, berührt Sie das Verkaufspersonal beiläufig am Arm, um Sie auf ein weiteres Modell aufmerksam zu machen Insgesamt verlaufen Ihre Suche und das Verkaufsgespräch zufriedenstellend

nicht – kaufe wahrscheinlich). In beiden Fällen wurde sich auf das Elektronikgeschäft bezogen, das heißt die Einstellung zu diesem und die Absicht, in dem Elektronikgeschäft einen Kauf zu tätigen. Die Reliabilität liegt zwischen $\alpha = 0{,}93$ und $0{,}94$, was als sehr gut einzustufen ist.

Weiterhin wurden soziodemografische Angaben (unter anderem Alter, Geschlecht, Herkunftsland) sowie Einkaufspräferenzen und Veränderungen dieser (online vs. stationär) als mögliche weitere Erklärungsvariablen erfasst.

Die Versuchspersonen wurden über die Freiwilligkeit der Teilnahme sowie die anonyme Datenerhebung aufgeklärt und mussten diesen Aspekten vor Studienbeginn zustimmen. Darüber hinaus wurde die Teilnahme ab 18 Jahren gestattet. Die Zuweisung zu den drei Experimentalbedingungen erfolgte randomisiert. Der Studienaufbau wurde insgesamt gleich gehalten, lediglich die Vignette zur Manipulation der Beratungsform unterschied sich zwischen den drei Bedingungen. Zunächst wurde die Vignette dargeboten. Anschließend erfolgte die Messung der Einstellung zum Elektronikgeschäft sowie zur Kaufabsicht. Es folgte die Erfassung weiterer möglicher Erklärungsvariablen zu den Einkaufspräferenzen sowie zur Soziodemografie.

10.3.2 Ergebnisse

Die Daten wurden im Rahmen einer zweifaktoriellen univariaten Varianzanalyse ausgewertet mit Beratungsform und NFIPT als unabhängige Variablen und der Einstellung als abhängige Variable. Die Ergebnisse in Abb. 10.1 zeigen einen signifikanten Unterschied zwischen den drei unterschiedlichen Gruppen der Beratungsform (keine Interaktion vs. persönliche Interaktion vs. persönliche Interaktion mit zwischenmenschlicher Berührung), F (2, 352) $= 15{,}86$, $p < 0{,}001$, $\eta^2 = 0{,}08$. Persönliche Interaktion im Vergleich zu keiner Interaktion führt zu einer deutlich besseren Einstellung ($M_{Interaktion} = 5{,}75$, $SD_{Interaktion} = 1{,}01$, $M_{keine\ Interaktion} = 4{,}98$, $SD_{keine\ Interaktion} = 1{,}03$, $p < 0{,}001$). Persönliche Interaktion mit zwischenmenschlicher Berührung hingegen führt zu einer signifikant schlechteren Einstellung als persönliche Interaktion ohne Berührung ($M_{Interaktion\ mit\ Berührung} = 5{,}22$, $SD_{Interaktion\ mit\ Berührung} = 1{,}18$, $M_{Interaktion} = 5{,}75$, $SD_{Interaktion} = 1{,}01$, $p < 0{,}001$). Der Unterschied zwischen keiner Interaktion und Interaktion mit zwischenmenschlicher Berührung ist nicht signifikant.

Zur Analyse des Einflusses der individuellen Präferenz für zwischenmenschlicher Berührung (NFIPT) wurde ein Median-Split durchgeführt ($Md_{NFIPT} = 4{,}58$). Die Varianzanalyse zeigt einen signifikanten Interaktionseffekt zwischen der Beratungsform und NFIPT, F (5, 346) $= 10{,}38$, $p < 0{,}001$, $\eta^2 = 0{,}13$. Somit hat NFIPT einen moderierenden Effekt. Für Menschen mit höherem im Vergleich zu geringerem NFIPT

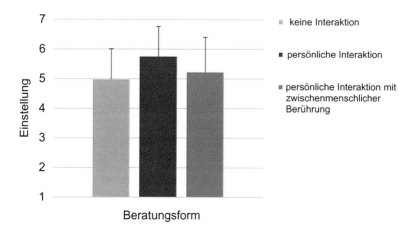

Abb. 10.1 Mittelwerte Einstellung in Abhängigkeit von Beratungsform (Fehlerbalken zeigen Standardabweichung)

ergibt sich, wie erwartet, eine signifikant positivere Einstellung für die Situations-
beschreibung mit persönlicher Interaktion und zwischenmenschlicher Berührung,
$M_{NFIPThoch} = 5{,}64$, $SD_{NFIPThoch} = 0{,}96$, $M_{NFIPTgering} = 4{,}81$, $SD_{NFIPTgering} = 1{,}26$, F (1, 116)
$= 16{,}08$, $p < 0{,}001$, $\eta^2 = 0{,}12$. Bei den beiden anderen Beratungsformen (keine Interaktion und persönliche Interaktion ohne Berührung) bestehen keine Unterschiede
zwischen Menschen mit unterschiedlichem NFIPT.

Zur Analyse möglicher Effekte der Beratungsform in Abhängigkeit des NFIPT auf
die Kaufabsicht wurde ebenfalls eine zweifaktorielle univariaten Varianzanalyse mit
Kaufabsicht als abhängiger Variable durchgeführt. Abb. 10.2 zeigt einen deutlichen
Unterschied zwischen den unterschiedlichen Beratungsformen, F (2, 351) $= 10{,}50$, p
$< 0{,}001$, $\eta^2 = 0{,}06$. Persönliche Interaktion im Vergleich zu keiner Interaktion führt zu
einer höheren Kaufabsicht, $M_{Interaktion} = 5{,}34$, $SD_{Interaktion} = 1{,}04$, $M_{keine\ Interaktion} = 4{,}68$,
$SD_{keine\ Interaktion} = 1{,}11$, $p < 0{,}001$. Persönliche Interaktion mit zwischenmenschlicher
Berührung hingegen führt zu einer signifikant geringeren Kaufabsicht als persönliche
Interaktion ohne Berührung, $M_{Interaktion\ mit\ Berührung} = 4{,}90$, $SD_{Interaktion\ mit\ Berührung} = 1{,}22$,
$M_{Interaktion} = 5{,}34$, $SD_{Interaktion} = 1{,}04$, $p < 0{,}01$. Der Unterschied zwischen keiner Inter-
aktion und Interaktion mit zwischenmenschlicher Berührung hat keine signifikante Aus-
wirkung auf die Kaufabsicht.

Die moderierende Wirkung von NFIPT hat auch in Bezug auf die Kaufabsicht
einen signifikanten Effekt, F (5, 346) $= 7{,}70$, $p < 0{,}01$, $\eta^2 = 0{,}10$. Teilnehmende mit
hohem vs. geringerem NFIPT haben bei einer Interaktion mit zwischenmenschlicher
Berührung eine signifikant höhere Kaufabsicht, $M_{NFIPThoch} = 5{,}28$, $SD_{NFIPThoch} = 0{,}99$,
$M_{NFIPTgering} = 4{,}52$, $SD_{NFIPTgering} = 1{,}32$, $p < 0{,}001$. Bei den anderen Beratungsformen
zeigen sich auch hier keine Unterschiede zwischen Menschen mit unterschiedlichem
NFIPT.

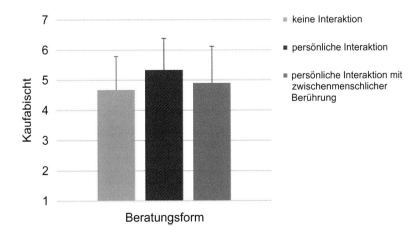

Abb. 10.2 Mittelwerte Kaufabsicht in Abhängigkeit von Beratungsform (Fehlerbalken zeigen
Standardabweichung)

10.3.3 Diskussion

Die Ergebnisse der ersten Studie legen nahe, dass die Beratungsform einen signifikanten Einfluss auf das Konsumentenverhalten hat. Dabei werden sowohl die Einstellung als auch die Kaufabsicht durch eine persönliche Interaktion positiv beeinflusst. Entgegen bisherigen Studien werden zwischenmenschliche Berührungen in Einkaufssituationen jedoch nicht mehr als positiv empfunden. Selbst eine flüchtige Berührung wie im Setting dieser Studie führt zu signifikant schlechteren Ergebnissen als eine Situation mit Interaktion ohne Berührung. Konsumierende im Post-COVID-19-Kontext wünschen sich augenscheinlich Austausch und Beratung, jedoch schätzen sie die Distanz und das Einhalten von gelernten Abstands- und Verhaltensregeln. Das Persönlichkeitsmerkmal NFIPT moderiert diesen Effekt. Personen mit höherem vs. geringerem NFIPT bewerten Verkaufsinteraktionen mit einer zwischenmenschlichen Berührung positiver in Bezug auf Einstellung und Kaufabsicht. Dies bestätigt die bisherige Forschung, die zeigt, dass sie haptische Informationen mehr schätzen und intensiver zur Entscheidungsfindung heranziehen (vgl. Webb & Peck, 2015). In Studie 1 standen die persönliche Interaktion und die persönliche Interaktion mit zwischenmenschlicher Berührung im Vordergrund. Da Argo et al. (2005), Söderlund (2016) betonen, dass positive Effekte bereits durch die bloße Anwesenheit des Personals erzielt werden können, soll in der zweiten Studie die neutrale Interaktion *(mere presence)* einer persönlichen Interaktion gegenübergestellt werden.

Zur Validierung der Ergebnisse in einem anderen Setting wurde in Studie 2 ein Kontext des Restaurantbesuchs gewählt. Da Berührungen traditionell gerade im Servicebereich einen großen Einfluss auf das Konsumentenverhalten haben, gilt es zu analysieren, ob und wie sich das Post-COVID-Verhalten entwickelt hat. Um mögliche Effekte durch Sorgen und Angst vor COVID-19 zu berücksichtigen, wurde ein zusätzlicher Moderator integriert.

10.4   Studie 2

10.4.1 Methode

10.4.1.1 Stichprobe
535 Versuchspersonen haben an Studie 2 teilgenommen (Alter: $M = 26,05$, $SD = 4,79$; Geschlecht weiblich: 70,52 %). Es handelte sich ebenfalls um eine Gelegenheitsstichprobe. Die Rekrutierung der Versuchspersonen erfolgte analog zu Studie 1. 99,28 % der Versuchspersonen kamen aus Deutschland.

10.4.1.2 Design
Das Studiendesign orientierte sich grundlegend an Studie 1. Als zusätzlicher Moderator wurde die *COVID-19-Angst* (höhere vs. geringere COVID-19-Angst) ergänzt. Es

handelte sich somit um ein $3 \times 2 \times 2$-faktorielles between-subject Design. Als AVs wurden die *Einstellung* sowie die *Weiterempfehlungsabsicht* erfasst.

10.4.1.3 Erhebungsmaterial und Prozedur

Die Operationalisierung der Interaktionsform wurde an Experiment 1 angelehnt. Da es sich jedoch um einen Kontext des Restaurantbesuchs handelte, wurden die Vignetten adaptiert (s. Tab. 10.2). Abweichend zu Studie 1 wurde das Restaurant mit einem fiktiven Namen versehen, um die Szenarien realitätsnäher und glaubwürdiger zu gestalten. Zusätzlich wurden aus einer frei verfügbaren Datenbank (www.pexels.com) Bildszenen ausgewählt, die eine Bedienung und einen Kunden beim Bezahlen mit einem Kartenlesegerät zeigen. Diese wurden jeweils unter die Vignette platziert. Es handelte sich immer um die gleichen Personen in den Bildszenen, um mögliche Effekte durch Personenunterschiede und das Setting zu kontrollieren.

Die Operationalisierung der UV NFIPT war identisch zu Experiment 1. Der weitere Moderator COVID-19-Angst wurde mit der *Fear COVID-19 Scale* (FCV-19 S) in der deutschen Übersetzung von Fatfouta und Rogoza (2021) genutzt. Die Skala umfasst 7 Items (z. B. *„Ich habe große Angst vor dem Coronavirus"*), die auf einer fünfstufigen Likert-Skala *(1 = trifft überhaupt nicht zu, 2 = trifft nicht zu, 3 = weder noch, 4 = trifft zu, 5 = trifft voll und ganz zu)* erfasst wurden. Cronbachs Alpha wird von Ahorsu et al. (2020) mit $\alpha = 0{,}82$ angegeben. Für die deutsche Übersetzung berichteten Fatfouta und Rogoza (2021) einen α-Wert von 0,81. In der vorliegenden Studie wurde ein Cronbachs Alpha-Wert von 0,83 ermittelt.

Die Einstellung zum Café „Sol" wurde, wie in Studie 1, mittels semantischen Differenzials (vgl. Spears & Singh, 2004; dt. Version Knoll, 2015) erhoben. Die Weiterempfehlungsabsicht wurde als Single-Item auf einer siebenstufigen Ratingskala *(1 = überhaupt nicht wahrscheinlich, 7 = sehr wahrscheinlich)* gemessen *(Würden Sie das beschriebene Café „Sol" weiterempfehlen?)*.

Der Studienablauf in Studie 2 glich dem von Studie 1 mit dem Unterschied, dass zusammen mit den Vignetten noch die jeweiligen Bilder dargeboten wurden und statt der Kaufabsicht die Weiterempfehlungsabsicht erhoben wurde. Zusätzlich wurde vor Abfrage der soziodemografischen Angaben noch die COVID-19-Angst erfasst.

10.4.1.4 Ergebnisse

Analog zu Studie 1 wurde eine zweifaktorielle Varianzanalyse zur Datenauswertung durchgeführt mit der Interaktionsform und NFIPT als unabhängige Variablen und der Einstellung als abhängige Variable. Die Ergebnisse in Abb. 10.3 zeigen, dass die Interaktionsform (neutrale Interaktion vs. persönliche Interaktion vs. persönliche Interaktion mit zwischenmenschlicher Berührung) auch hier einen signifikanten Einfluss auf die Einstellung hat, $F\ (2,\ 559) = 8{,}11$, $p < 0{,}001$, $\eta^2 = 0{,}05$. Persönliche Interaktion im Vergleich zur neutralen Interaktion verbessert die Einstellung signifikant, $M_{\text{Interaktion}} = 6{,}22$, $SD_{\text{Interaktion}} = 0{,}77$, $M_{\text{neutrale Interaktion}} = 5{,}97$, $SD_{\text{neutrale Interaktion}} = 0{,}88$, $p < 0{,}05$. Eine persönliche Interaktion mit zwischenmenschlicher Berührung hingegen

Tab. 10.2 Vignetten zur Operationalisierung der UV-Interaktionsform in Studie 2

Neutrale Interaktion	Persönliche Interaktion	Persönliche Interaktion mit zwischenmenschlicher Berührung
Stellen Sie sich vor, Sie sind im Café „Sol" und wollen gerne bezahlen	Stellen Sie sich vor, Sie sind im Café „Sol" und wollen gerne bezahlen	Stellen Sie sich vor, Sie sind im Café „Sol" und wollen gerne bezahlen
Die Bedienung signalisiert Ihnen, dass sie gleich zur Abrechnung an Ihren Tisch kommt, was sie auch umgehend macht Nach der Bezahlung trinken Sie Ihr Getränk noch in Ruhe aus und verlassen anschließend das Café „Sol" Insgesamt sind Sie mit Ihrem Besuch im Café „Sol" sehr zufrieden	Die Bedienung lächelt Sie freundlich an und signalisiert Ihnen, dass sie gleich zur Abrechnung an Ihren Tisch kommt, was sie auch umgehend macht Nach der Bezahlung trinken Sie Ihr Getränk noch in Ruhe aus und verlassen anschließend das Café „Sol" Insgesamt sind Sie mit Ihrem Besuch im Café „Sol" sehr zufrieden	Die Bedienung lächelt Sie freundlich an und signalisiert Ihnen, dass sie gleich zur Abrechnung an Ihren Tisch kommt, was sie auch umgehend macht Als die Bedienung zur Abrechnung an Ihrem Tisch steht und Ihnen das Kartelesegerät hinhält, kommt es zu einer flüchtigen Berührung Nach der Bezahlung trinken Sie Ihr Getränk noch in Ruhe aus und verlassen anschließend das Café „Sol" Insgesamt sind Sie mit Ihrem Besuch im Café „Sol" sehr zufrieden
Foto von Viktoria Slowikowska von Pexels (Slowiskowka, 2020a)	Foto von Viktoria Slowikowska von Pexels (Slowiskowka, 2020b)	Foto von Viktoria Slowikowska von Pexels (Slowiskowka, 2020c)

führt zu einer signifikant schlechteren Einstellung als eine persönliche Interaktion ohne Berührung, $M_{Interaktion\ mit\ Berührung} = 5,88$, $SD_{Interaktion\ mit\ Berührung} = 0,84$, $M_{Interaktion} = 6,22$, $SD_{Interaktion} = 0,77$, $p < 0,001$. Der Unterschied zwischen neutraler Interaktion und Interaktion mit zwischenmenschlicher Berührung ist nicht signifikant.

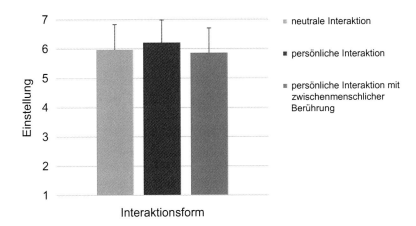

Abb. 10.3 Mittelwerte Einstellung in Abhängigkeit von Interaktionsform (Fehlerbalken zeigen Standardabweichung)

Zur Moderationsanalyse wurde NFIPT mittels Median-Split in geringer vs. höher eingeteilt, $Md_{NFIPT} = 4{,}6$. Die Ergebnisse der Varianzanalyse zeigen einen signifikanten Interaktionseffekt zwischen der Interaktionsform und NFIPT, $F\,(5,\,556) = 6{,}11$, $p <$ 0,001, $\eta^2 = 0{,}05$. Menschen mit höherem im Vergleich zu geringerem NFIPT empfinden persönliche Interaktion mit zwischenmenschlicher Berührung als signifikant positiver bezüglich ihrer Einstellung, $M_{NFIPThoch} = 6{,}04$, $SD_{NFIPThoch} = 0{,}78$, $M_{NFIPTgering} = 5{,}68$, $SD_{NFIPTgering} = 0{,}87$, $p < 0{,}05$. In den anderen Formen der Interaktion zeigen sich keine Unterschiede in Abhängigkeit von NFIPT.

Die COVID-19-Angst resultiert in keinem signifikanten Einfluss auf die Einstellung ($p > 0{,}05$).

Der Einfluss der Interaktionsform in Abhängigkeit des NFIPT auf die Weiter-empfehlungsabsicht wurde ebenfalls mithilfe einer zweifaktoriellen univariaten Varianz-analyse mit Weiterempfehlungsabsicht als abhängige Variable durchgeführt. Abb. 10.4 verdeutlicht, dass die Interaktionsform auch hier einen signifikanten Einfluss hat, F $(2,\,559) = 6{,}50$, $p = 0{,}002$, $\eta^2 = 0{,}02$. Persönliche Interaktion im Vergleich zu neutraler Interaktion führt hier nicht zu einer signifikant höheren Weiterempfehlungsabsicht, $M_{Interaktion} = 6{,}10$, $SD_{Interaktion} = 0{,}91$, $M_{neutrale\ Interaktion} = 5{,}93$, $SD_{neutrale\ Interaktion} = 1{,}01$, $p > 0{,}05$. Persönliche Interaktion mit zwischenmenschlicher Berührung führt jedoch zu einer signifikant geringeren Weiterempfehlungsabsicht als persönliche Interaktion ohne Berührung, $M_{Interaktion\ mit\ Berührung} = 5{,}73$, $SD_{Interaktion\ mit\ Berührung} = 1{,}01$, $M_{Interaktion}$ $= 6{,}10$, $SD_{Interaktion} = 0{,}91$, $p < 0{,}05$. Die neutrale Interaktion im Vergleich zur Inter-aktion mit zwischenmenschlicher Berührung unterscheidet sich nicht signifikant in Bezug auf die Weiterempfehlungsabsicht.

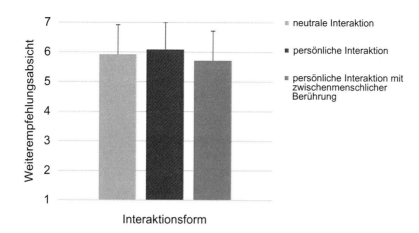

Abb. 10.4 Mittelwerte Weiterempfehlungsabsicht in Abhängigkeit von Interaktionsform (Fehlerbalken zeigen Standardabweichung)

Die moderierende Wirkung von NFIPT zeigt sich auch in Bezug auf die Weiterempfehlungsabsicht, F (5, 556) = 3,81, $p = 0{,}002$, $\eta^2 = 0{,}03$. Teilnehmende mit höherem vs. geringerem NFIPT haben bei einer Interaktion mit zwischenmenschlicher Berührung eine marginal signifikant höhere Kaufabsicht, $M_{NFIPThoch} = 5{,}86$, $SD_{NFIPThoch} = 0{,}98$, $M_{NFIPTgering} = 4{,}58$, $SD_{NFIPTgering} = 1{,}03$, $p = 0{,}059$. In den anderen Interaktionsformen zeigt NFIPT entsprechend der aufgestellten Hypothese keine moderierende Wirkung. Im Hinblick auf die Angst vor COVID-19 zeigen die Ergebnisse keinen signifikanten Moderationseffekt ($p > 0{,}05$).

10.4.1.5 Diskussion

Studie 2 validiert die Ergebnisse der ersten Studie und zeigt, dass auch in alternativen Settings die Interaktionsform das Konsumentenverhalten beeinflusst. Eine persönliche Interaktion wirkt sich positiv auf die Einstellung aus. Gleichzeitig hat die zwischenmenschliche Berührung im Vergleich zu Interaktion ohne Berührung in einem Kontext des Restaurantbesuchs einen negativen Effekt sowohl auf die Einstellung als auch die Weiterempfehlungsabsicht. Demnach entstehen sowohl auf Einstellungs- als auch auf Verhaltensebene relevante Unterschiede basierend auf dem Interaktionskontext. Dies zeigt deutlich, dass auch im traditionell berührungsaffinen Servicebereich ein Wandel stattgefunden hat. Konsumierende schätzen die persönliche Interaktion, bleiben jedoch physisch gern auf Distanz. Das neu gelernte Abstandhalten setzt sich also in unterschiedlichen Einkaufs- und Konsumsettings durch und ist dabei nicht abhängig von der individuellen Angst vor COVID-19.

NFIPT moderiert dabei die Effekte dahingehend, dass Menschen mit höherem im Vergleich zu geringerem NFIPT zwischenmenschliche Berührung als positiv wahrnehmen in Bezug auf ihre Einstellung und Weiterempfehlungsabsicht.

10.5   Allgemeine Diskussion/übergreifende Diskussion

Die Ergebnisse zeigen, dass die Coronapandemie das Konsumentenverhalten nachhaltig verändert hat. Alte Vorlieben und Verhaltensmuster haben ausgedient. Das Future Shopping in einer Post-COVID-Welt wird von einer neu gelernten zwischenmenschlichen Distanz geprägt sein.

Entgegen dem Trend zum eher unpersönlichen Onlineshopping bestätigen die Daten, dass Konsumierende die persönliche Interaktion im Handel schätzen. In Anbetracht steigender Umsätze im Onlinehandel zulasten des stationären Handels und dem damit einhergehenden Ladensterben in vielen Innenstädten ist dies ein positives Signal für den Einzelhandel, das es zu nutzen gilt (vgl. Eger et al., 2021).

Dabei hat die persönliche Interaktion nicht nur positive Effekte auf der Einstellungs-, sondern auch auf der Verhaltensebene. Die Ergebnisse der zwei Experimente zeigen, dass sich eine persönliche Interaktion mit dem Verkaufs- oder Restaurantpersonal positiv auf die Einstellung und die Kaufabsicht auswirkt. Jedoch gilt es im Rahmen persönlicher Interaktionen Abstand zu halten. Persönlicher Kontakt mit zwischenmenschlicher Berührung führt zu schlechterer Einstellung und geringerer Kauf- bzw. Weiterempfehlungsabsicht.

Damit ist diese Studie die erste, die zeigt, dass die bisherige Forschung in Bezug auf zwischenmenschlicher Nähe nicht mehr anwendbar ist. Die Coronapandemie hat dazu geführt, dass naher persönlicher Kontakt nicht länger zu positiven Verkaufseffekten führt. Dieser Effekt ist universal für alle Teilnehmenden zu beobachten und ist nicht etwa abhängig von der persönlichen Angst vor COVID-19.

Es gilt daher, das Einkaufserlebnis neu zu gestalten. Statt zwischenmenschlicher Nähe muss der Fokus vermehrt auf der persönlichen Interaktion liegen, um das Einkaufserlebnis zu verbessern und die Zukunft des Handels positiv zu beeinflussen. Denn wie Studie 2 verdeutlicht, genügt auch der bloße Kontakt (neutrale Interaktion), anders als von Argo et al. (2005), Söderlund (2016) postuliert, nicht. Für Konsumierende gilt: Kontakt ja – Berührung nein. Der Handel muss also umdenken und sich schnellstmöglich auf die neuen Bedingungen einstellen. Dazu gehört es zum einen, Konsumierenden genügend persönlichen Raum zu bieten, sodass sie sich sicher fühlen und es nicht zu versehentlichen Berührungen kommt (vgl. Otterbring, 2022). Zum anderen werden das Verkaufs- sowie das Servicepersonal lernen müssen, Abstand zu halten und Berührungen zu vermeiden. Dafür gilt es das nötige Bewusstsein zu entwickeln und entsprechende Kommunikations- und Schulungsmaßnahmen einzuleiten.

Computer-vermittelte Berührungen stecken aktuell noch in den Kinderschuhen, aber Forschungsbefunde, die die psychologische Wirkung näher betrachten, verdeutlichen unter anderem, dass haptisches Feedback die Wahrnehmung von sozialer Interaktion steigert (vgl. Hadi & Valenzuela, 2020). Künftig könnte das phygitale (physisch + digital) Omni-Channel-Erlebnis deutlich an Bedeutung gewinnen, das Online- und Offline-Elemente miteinander verbindet und die persönliche Interaktion durch Digital

Signage, Augmented Reality etc. anreichert (vgl. Kirk & Rifkin, 2020). Der neue Mehrwert könnte also durch Digitalisierung statt durch Berührung entstehen, indem Konsumierende z. B. personalisierte (Detail-)Informationen oder Größenempfehlungen in Echtzeit erhalten, virtuelle Anproben durchführen und so in neue Erlebniswelten eintauchen können. Künftige Forschung wird zeigen, ob digitale Elemente das neue Berühren sind.

Die vorliegende Forschung konnte zeigen, dass sich der Stellenwert persönlicher Berührung verändert hat. Jedoch gilt es, diese Ergebnisse sowohl in unterschiedlichen Kontexten, in denen sich Konsumierende und Verkaufende begegnen, als auch mit höheren Fallzahlen zu validieren. Darüber hinaus wäre eine Validierung in anderen Ländern und vor unterschiedlichen kulturellen Hintergründen zielführend, um regionale Gemeinsamkeiten bzw. Unterschiede im neuen Verhalten zu erforschen. Denn Länder und Kulturen variieren in der zwischenmenschlichen Interaktion – von kontaktarm bis kontaktintensiv (vgl. Remland et al., 1995). Darüber hinaus könnte die emotionale Empfindung und damit unbewusste Prozesse noch stärker in den Fokus gerückt werden, um die Hintergründe des veränderten Konsumentenverhaltens noch besser zu verstehen. Wie die vorliegende Studie zeigte, sind die geringeren Bewertungen offenbar nicht mit einer Angst vor COVID-19 zu erklären, weshalb zu klären ist, wodurch das Verhalten hervorgerufen wird. Zusätzlich wird es wichtig sein, die hier gewonnenen Erkenntnisse durch weitere Studien zu einem späteren Zeitpunkt zu vertiefen, wenn feststeht, dass die Pandemie tatsächlich beendet und somit die Phase der langfristigen Anpassung erreicht ist (vgl. Kirk & Rifkin, 2020).

Literatur

Ahorsu, D. K., Lin, C. Y., Imani, V., Saffari, M., Griffiths, M. D., & Pakpour, A. H. (2020). The fear of COVID-19 scale: Development and initial validation. *International Journal of Mental Health and Addiction, 20*(3), 1537–1545.

Ang, S. H., Leong, S. M., & Kotler, P. (2000). The Asian apocalypse: Crisis marketing for consumers and businesses. *Long Range Planning, 33*(1), 97–119.

Argo, J. J., & Dahl, D. W. (2020). Social influence in the retail context: A contemporary review of the literature. *Journal of Retailing, 96*(1), 25–39.

Argo, J. J., Dahl, D. W., & Manchanda, R. V. (2005). The influence of a mere social presence in a retail context. *Journal of Consumer Research, 32*(2), 207–212.

Baker, J., Parasuraman, A., Grewal, D., & Voss, G. B. (2002). The influence of multiple store environment cues on perceived merchandise value and patronage intentions. *Journal of marketing, 66*(2), 120–141.

Bitner, M. J. (1990). Evaluating service encounters: The effects of physical surroundings and employee responses. *Journal of Marketing, 54*(2), 69–82.

Bitner, M. J., Booms, B. H., & Tetreault, M. S. (1990). The service encounter: Diagnosing favorable and unfavorable incidents. *Journal of Marketing, 54*(1), 71–84.

Blackwell, R. D., Miniard, P. W., & Engel, J. F. (2001). *Consumer behaviour* (9. Aufl.). South-Western.

Bundesministerium für Gesundheit (BMG). (2022). *Schutz und Prävention.* https://www. zusammengegencorona.de/faqs/covid-19/schutz-und-praevention/.

Bundesministerium für gesundheitliche Aufklärung (BZgA). (2022, 11. April). *Alltag in Zeiten von Corona: Schutz durch AHA+L+A.* https://www.infektionsschutz.de/coronavirus/alltag-in-zeiten-von-corona/.

Crusco, A. H., & Wetzel, C. G. (1984). The Midas touch: The effects of interpersonal touch on restaurant tipping. *Personality and Social Psychology Bulletin, 10*(4), 512–517.

Eger, L., Komárková, L., Egerová, D., & Mičík, M. (2021). The effect of COVID-19 on consumer shopping behaviour: Generational cohort perspective. *Journal of Retailing and Consumer Services, 61,* 102542.

Esmark Jones, C. L., Stevens, J. L., Noble, S. M., & Breazeale, M. J. (2020). Panic attack: How illegitimate invasions of privacy cause consumer anxiety and dissatisfaction. *Journal of Public Policy & Marketing, 39*(3), 334–352.

Fatfouta, R., & Rogoza, R. (2021). Psychometric properties and factor structure of the German version of the fear of COVID-19 scale. *OMEGA-Journal of Death and Dying, 00302228211062360.*

Gallace, A., & Spence, C. (2010). The science of interpersonal touch: An overview. *Neuroscience & Biobehavioral Reviews, 34*(2), 246–259.

Guéguen, N., & Jacob, C. (2005). The effect of touch on tipping: An evaluation in a French bar. *International Journal of Hospitality Management, 24*(2), 295–299.

Guéguen, N., & Jacob, C. (2006). The effect of tactile stimulation on the purchasing behaviour of consumers: An experimental study in a natural setting. *International Journal of Management, 23*(1), 24–33.

Hadi, R., & Valenzuela, A. (2020). Good vibrations: Consumer responses to technology-mediated haptic feedback. *Journal of Consumer Research, 47*(2), 256–271.

Holbrook, M. B., & Hirschman, E. C. (1982). The experiential aspects of consumption: Consumer fantasies, feelings, and fun. *Journal of Consumer Research, 9*(2), 132–140.

Hornik, J. (1992). Tactile stimulation and consumer response. *Journal of Consumer Research, 19*(3), 449–458.

Hu, H., & Jasper, C. R. (2006). Social cues in the store environment and their impact on store image. *International Journal of Retail & Distribution Management, 34*(1), 25–48.

Infektionsschutzgesetz (ISFG). (2022, 18. März). *Das Gesetz zur Änderung des Infektionsschutzgesetzes im Bundesgesetzblatt.* http://www.bgbl.de/xaver/bgbl/start.xav?startbk=Bundesanzeiger_BGBl&jumpTo=bgbl122s0466.pdf.

Kim, J. E., & Kim, J. (2012). Human factors in retail environments: A review. *International Journal of Retail & Distribution Management, 40*(11), 818–841.

Kim, Y., Sullivan, P., & Forney, J. C. (2007). *Experiential retailing: Concepts and strategies that sell.* Fairchild.

Kirk, C. P., & Rifkin, L. S. (2020). I'll trade you diamonds for toilet paper: Consumer reacting, coping and adapting behaviors in the COVID-19 pandemic. *Journal of Business Research, 117,* 124–131.

Knoll, J. (2015). *Persuasion in sozialen Medien: Der Einfluss nutzergenerierter Inhalte auf die Rezeption und Wirkung von Onlinewerbung.* Springer.

Kraemer, M. U. G., Yang, C. H., Gutierrez, B., Wu, C. H., Klein, B., Pigott, D. M., & Scarpino, S. V. (2020). The effect of human mobility and control measures on the COVID-19 epidemic in China. *Science, 368*(6490), 493–497.

Luangrath, A. W., Peck, J., & Gustafsson, A. (2020). Should I touch the customer? Rethinking interpersonal touch effects from the perspective of the touch initiator. *Journal of Consumer Research, 47*(4), 588–607.

Mashek, D., & Aron, A. (2008). *Handbook of Closeness and Intimacy.* Erlbaum.

Masson, H. L., & Op de Beeck, H. (2018). Socio-affective touch expression database. *PLoS ONE, 13*(1), e0190921.

Nuszbaum, M., Voss, A., & Klauer, K. C. (2014). Assessing individual differences in the need for interpersonal touch and need for touch. *Social Psychology, 45*(1), 31–40.

Otterbring, T. (2022). Physical proximity as pleasure or pain? A critical review of employee-customer proximity in sales and services settings. *Journal of Financial Services Marketing, 28,* 209–221.

Otterbring, T., Wu, F., & Kristensson, P. (2021). Too close for comfort? The impact of salesperson-customer proximity on consumers' purchase behavior. *Psychology & Marketing, 38*(9), 1576–1590.

Reeves, M., Carlsson-Szlezak, P., Whitaker, K., & Abraham, M. (2020, 3. April). *Sensing and shaping the post-covid era.* https://www.bcg.com/publications/2020/8-ways-companies-can-shape-reality-post-covid-19.

Remland, M. S., Jones, T. S., & Brinkman, H. (1995). Interpersonal distance, body orientation, and touch: Effects of culture, gender, and age. *The Journal of Social Psychology, 135*(3), 281–297.

Rose, S. A. (1990). Perception and cognition in preterm infants: The sense of touch. In K. E. Barnard & T. B. Brazelton (Hrsg.), *Touch: The foundation of experience* (S. 299–324). International Universities Press, Inc.

Sayyida, S., Hartini, S., Gunawan, S., & Husin, S. N. (2021). The impact of the COVID-19 pandemic on retail consumer behavior. *Aptisi Transactions on Management (ATM), 5*(1), 79–88.

Sheth, J. (2020). Impact of Covid-19 on consumer behavior: Will the old habits return or die? *Journal of Business Research, 117,* 280–283.

Slowiskowka, V. (2020a, 6. September). Frau im weißen Trägershirt und in den blauen Jeansshorts, die schwarzes Smartphone halten. https://www.pexels.com/de-de/foto/frau-im-weissen-tragershirt-und-in-den-blauen-jeansshorts-die-schwarzes-smartphone-halten-5332476/?utm_content=attributionCopyText&utm_medium=referral&utm_source=pexels.

Slowiskowka, V. (2020b, 6. September). Frau im weißen Trägershirt mit Macbook. https://www.pexels.com/de-de/foto/frau-im-weissen-tragershirt-mit-macbook-5332484/?utm_content=attributionCopyText&utm_medium=referral&utm_source=pexels.

Slowiskowka, V. (2020c, 6. September). Frau im weißen Trägershirt mit Macbook. https://www.pexels.com/de-de/foto/frau-im-weissen-tragershirt-mit-macbook-5332484/?utm_content=attributionCopyText&utm_medium=referral&utm_source=pexels_source=pexels.

Smith, S., & Seymour, B. D. (2014). *Bulletproof salesman: A lively guide to enhance your sales techniques.* Productive Publications.

Söderlund, M. (2016). Employee mere presence and its impact on customer satisfaction. *Psychology & Marketing, 33*(6), 449–464.

Spears, N., & Singh, S. N. (2004). Measuring attitude toward the brand and purchase intentions. *Journal of Current Issues & Research in Advertising, 26*(2), 53–66.

Theodoridou, G., Tsakiridou, E., Kalogeras, N., & Mattas, K. (2019). The impact of the economic crisis on Greek consumer behaviour towards food consumption. *International Journal on Food System Dynamics, 10*(3), 298–314.

Vázquez-Martínez, U. J., Morales-Mediano, J., & Leal-Rodríguez, A. L. (2021). The impact of the COVID-19 crisis on consumer purchasing motivation and behavior. *European Re-search on Management and Business Economics, 27*(3), 100166.

Webb, A., & Peck, J. (2015). Individual differences in interpersonal touch: On the development, validation, and use of the 'Comfort with Interpersonal Touch' (CIT) scale. *Journal of Consumer Psychology, 25*(1), 60–77.

Zheng, L., & Bensbaa, F. (2021). Need for touch and online consumer decision making: The moderating role of emotional states. *International Journal of Retail & Distribution Management, 50*(1), 55–75.

Prof. Dr. Mandy Nuszbaum hat eine Professur in Wirtschaftspsychologie an der FOM Hochschule und ist Dekanin des Fachbereichs. Ihr fachlicher Schwerpunkt liegt im Bereich Grundlagen und Methoden sowie der Markt- und Werbepsychologie. Sie studierte an der Universität Erfurt Psychologie und promovierte im Anschluss an der Albert-Ludwigs-Universität Freiburg im Fachbereich Sozialpsychologie und Methodenlehre zum Thema motivierte Wahrnehmung und motiviertes Denken mittels Eye-Tracking. Nach ihrer Promotion war sie zuletzt als Senior Manager Insight & Consulting im Bereich Brand and Customer Experiences bei der GfK SE Nürnberg, Deutschlands größtem Marktforschungsinstitut, beschäftigt. Parallel war sie freiberuflich im Fachbereich Wirtschaftspsychologie an der EURO FH aktiv. Neben ihrer Professur ist sie als freiberufliche Beraterin für psychologische Marktforschung und Konsumentenpsychologie tätig. 2017 hat sie die Leitung des Fachbereichs Konsumentenpsychologie am iwp Institut für Wirtschaftspsychologie der FOM Hochschule übernommen. Derzeit forscht sie zu Themen wie multisensorisches Marketing im digitalen Zeitalter, implizite Verfahren im Bereich Konsumentenpsychologie und zur Bedeutung haptischer Sinneserfahrungen im Kontext der Konsumentenpsychologie.

Prof. Dr. Kristina Kampfer hat eine Professur für Marketing Management an der FH Kufstein Tirol und ist stellvertretende Studiengangsleiterin des Studiengangs Unternehmensführung. Darüber hinaus leitet sie die MBAs der International Business School der FH Kufstein Tirol. Sie absolvierte ein duales Bachelorstudium an der TH Ingolstadt und war anschließend als Vertriebs- und Projektmanagerin bei der Siemens AG tätig. Ihr Masterstudium führte sie an die Universität Mannheim, wo sie Marketing und Management studierte. Aufgrund ihrer Faszination für komplexe Fragestellungen und Zusammenhänge im strategischen Marketing begann sie im Anschluss ihre Promotion an der Otto-Friedrich-Universität Bamberg. In ihrer Dissertation beleuchtete sie die Schnittstelle zwischen Marketing und Konsumentenpsychologie und ging der Frage nach, wie multisensorisches Marketing und haptische Sinneserfahrungen das Konsumentenverhalten beeinflussen können. Im Anschluss war sie als Markenberaterin bei der strategischen Markenberatung Kantar tätig, wo sie zahlreiche internationale Kundinnen und Kunden aus unterschiedlichen Branchen betreute und eigene Markenberatungsprodukte entwickelte und einführte. In ihrer Forschung konzentriert sie sich auf Themen wie multisensorisches Marketing im digitalen und analogen Kontext, Konsumentenpsychologie und strategisches Markenmanagement.

Qualitative Untersuchung der Bedürfnisse von Generation Z und Golden Agern in Bezug auf das stationäre Einkaufen

11

Tobias Keil⬤ und Dorothea Kissel

Inhaltsverzeichnis

11.1 Einführung und Problemstellung.. 222
11.2 Theoretischer und empirischer Hintergrund 224
    11.2.1 Motive und Konsum.. 224
    11.2.2 Generationen und Konsummotive 226
    11.2.3 Implikationen.. 227
11.3 Methode und Durchführung.. 228
11.4 Auswertung und Ergebnisse... 230
    11.4.1 Deskriptive Ergebnislegung.. 230
    11.4.2 Diskussion 234
11.5 Limitationen und Fazit.. 238
Literatur.. 239

T. Keil (✉)
Technische Hochschule | University of Applied Sciences, Aschaffenburg, Deutschland
E-Mail: Tobias.Keil@th-ab.de

D. Kissel
FOM Hochschule, Frankfurt a. M., Deutschland
E-Mail: Dorothea.Kissel@fom.de

Zusammenfassung

Während der Pandemiejahre 2020 und 2021 sind die Umsätze der Onlinehändler signifikant gestiegen. Ob Konsumierende als Folge der Pandemie auch zukünftig mehr digital einkaufen werden, lässt sich auf Grundlage der aktuellen Studienlage jedoch nicht eindeutig beantworten. Der folgende Beitrag legt die Ergebnisse einer Exploration von Konsummotiven dar. Die mit der Generation Z und Golden Agern durchgeführten Einzel- und Duo-Interviews zeigen, dass Onlineshopping weitestgehend nur eine Ersatz- und Ergänzungsfunktion hat, die das vorhandene und ausgeprägte Bedürfnis nach stationären Shoppingerlebnissen nicht befriedigt. Auf Basis der gewonnenen Erkenntnisse lassen sich die uneinheitliche Studienlage besser einordnen und Handelsempfehlungen ableiten, um Konsumierende nachhaltig für den stationären Einkauf zu begeistern.

Schlüsselwörter

Konsum · Motive · Einkaufen · Shoppen · Corona · Generation Z · Golden Ager

11.1 Einführung und Problemstellung

Zahlreichen Studien zufolge haben Konsumierende während der Coronakrise in den Jahren 2020 und 2021 aufgrund von Eindämmungsmaßnahmen wie Lockdowns, Abstandsregeln oder unsicheren Hygienesituationen große Teile ihrer Einkäufe online getätigt. Viele Konsumierende scheinen dadurch den digitalen Einkauf noch mehr schätzen gelernt zu haben. Sie planen auch zukünftig mehr Produkte online zu kaufen als vor der Pandemie (vgl. Dynata, 2022; KPMG, 2021, 2022; IWD, 2021; Bitkom, 2021). Andere Studien kommen zu dem Ergebnis, dass sich bei Konsumierenden aufgrund von Lockdowns und coronabedingten Einschränkungen nicht nur ein ausgeprägtes Bedürfnis nach stationären Shoppingerlebnissen entwickelt, sondern auch das Bewusstsein für die zunehmend schwieriger werdende ökonomische Situation vieler Einzelhändler als auch der ökologischen Implikationen eines weiter steigenden Onlinehandels sensibilisiert hat (vgl. BVWD, 2021; Deloitte, 2020; Gerckens et al., 2021; Rainsberger, 2020). Die Berichte des Handels, dass die Konsumierendenzahlen nach Beendigung eines Lockdowns zunächst deutlich ansteigen, um dann wieder abzuflachen (vgl. HDE, 2021a), werden von einigen Autorinnen und Autoren als Strohfeuer interpretiert. Die Auswirkungen der Coronakrise seien als non-reversible strukturelle Veränderungen zu begreifen, die das Kaufverhalten nachhaltig zugunsten des E-Commerce verschieben (vgl. Rusche, 2021). Andere Autorinnen und Autoren betonen hingegen die Chancen für den Handel, da der Mehrwert des stationären Einkaufs vielen Konsumierenden während der Einschränkungen der Pandemie-Jahre erst bewusst geworden sei (vgl. HDE, 2021b; Snap, 2021; Eberhardt, 2021; Kläsgen, 2021; Seitz, 2020).

Um zu einem besseren Verständnis der uneinheitlichen Studienlage beizutragen, wurden im Rahmen einer qualitativen Motivforschung die Bedürfnisse von Konsumentinnen und Konsumenten in Bezug auf das stationäre Einkaufen exploriert. In der Konsumentenpsychologie werden übergeordnet funktionale und hedonistische Kaufmotive differenziert (vgl. Solomon et al., 2006). Im ersten Fall steht die Leichtigkeit des Produktkaufs, im zweiten Fall das Kauferlebnis im Vordergrund. Dass der digitale Einkauf gegenüber dem stationären Vorteile bietet, ist offensichtlich. Einkaufen im Internet gilt als weniger aufwendig und unabhängig durchführbar. Anfahrt und Suche nach geeigneten Produkten in verschiedenen Geschäften sowie Öffnungszeiten stellen keine Hürden da, Preisvergleiche zwischen unterschiedlichen Anbietern sind schnell durchführbar. Andererseits lassen sich die gewünschten Produkte weder anfassen noch anprobieren und auch nicht direkt mitnehmen, da der Kauf meist alleine vor dem Computer oder Smartphone stattfindet. In anderen Worten: Online- und Offline-Käufe befriedigen unterschiedliche Bedürfnisse von Konsumierenden. In den Pandemiejahren 2020 und 2021 *erlebten* viel Konsumierende die Unterschiede zwischen funktionaler und hedonistischer Konsumbefriedigung vergleichsweise prägnant, da die Möglichkeiten für stationäre Einkaufserlebnisse nur eingeschränkt oder gar nicht verfügbar oder mit Angst vor und Sorgen über eine Ansteckung verbunden waren (vgl. Untaru & Han, 2021). Aus wissenschaftlicher Perspektive stellt sich vor diesem Hintergrund die Frage, ob sich die Bedürfnisstrukturen der Konsumierenden aufgrund der erlebten Einschränkungen seit Beginn der Pandemie nachhaltig verändert und neue Gewohnheiten stabil etabliert haben und den Trend zum Onlinekonsum weiter verfestigen und beschleunigen.

Da Angaben von Konsumierenden zum beabsichtigten, zukünftigen Kaufverhalten vielfältigen Einflussfaktoren unterliegen, sind sie meist nur eingeschränkt belastbar. Eine qualitative Erforschung der Motivlagen von Konsumierenden leistet deshalb einen wichtigen Beitrag zum besseren Verständnis, warum Konsumierende in den Post-Pandemie-Jahren ab 2022 verstärkt dem Onlinekonsum zusprechen oder ihre stationären Einkaufsgewohnheiten, zumindest in dem Ausmaß, wie sie es vor der Coronapandemie praktiziert haben, wieder aufnehmen werden. Auch für den stationären Einzelhandel ist die eingehende Auseinandersetzung mit den Bedürfnissen der Konsumierenden relevant und wichtig. Soll die Coronakrise als Chance begriffen werden, um sich nachhaltig vom Onlinehandel zu differenzieren und das weitere Abwandern von relevanten Zielgruppen in die digitalen Einkaufswelten zu stoppen, ist eine genaue Kenntnis der handlungsleitenden Motive von Konsumentinnen und Konsumenten notwendig. Für die Beantwortung der übergeordneten Forschungsfragen konzentriert sich die vorliegende Studie deshalb auf die Generation Z und Babyboomer, die nicht mehr im Arbeitsleben stehen. Erstere weisen als *Digital Natives* eine hohe Affinität zu Onlinekäufen auf und sind als Zielgruppe mit zukünftig weiter steigender Kaufkraft und hoher Erlebnisorientierung für den stationären Handel von besonderem Interesse (vgl. Kleinjohann & Reinecke, 2020). Babyboomer, die nicht mehr im Arbeitsleben stehen, verfügen bereits über eine überdurchschnittliche Kaufkraft und viel frei verfügbare Zeit (vgl. Helm et al., 2012). Während der pandemiebedingten Einschränkungen könnten sie ihre *digitale Scheu* überwunden haben und sich stärker dem Onlinekonsum zuwenden.

11.2 Theoretischer und empirischer Hintergrund

Das Verstehen von Konsumierenden sowie die Analyse, Prognose als auch Beeinflussung ihres Kaufverhaltens ist in Zeiten steigenden Wettbewerbsdrucks Kern und Voraussetzung aller Marketingaktivitäten. Der Konsumentenpsychologie, die das Erleben und Verhalten von Einzelnen oder Gruppen von Kaufenden untersucht, fällt dabei eine wichtige Rolle zu. Neben *kognitiven Informationsverarbeitungsprozessen,* die beispielsweise das Gedächtnis betreffen, werden insbesondere die intrapsychischen Konstrukte *Aktivierung, Emotion* und *Motivation* herangezogen, um Kaufentscheidungen und Kaufverhalten zu beschreiben und zu verstehen. Motivation ist ein zielgerichtetes Annäherungs- oder Vermeidungsverhalten, das durch die Erwartung einer Bedürfnisbefriedigung oder Belohnung ausgelöst wird (vgl. Becker-Carus & Wendt, 2017). Ein zentrales Anliegen der Erforschung motivationaler Prozesse und Strukturen ist die Beantwortung der Frage, warum manche Konsumierende unter bestimmten Bedingungen bereit sind, ein bestimmtes Kaufverhalten auszuführen, während andere unter identischen Bedingungen dazu nicht bereit sind (vgl. Foscht & Swoboda, 2011). Dass die Motivforschung in Werbung und Marketing eine wichtige Rolle spielt, ist somit nicht überraschend. Wenn die Motive von Konsumentinnen und Konsumenten bekannt sind, lassen sich Kommunikationsmaßnahmen und Produkte auf die Bedürfnisse der Konsumierenden maßschneidern, um das gewünschte Kaufverhalten zu fördern.

11.2.1 Motive und Konsum

Motiviertes Verhalten integriert grundlegende Antriebskräfte emotionaler Erregung und kognitive Handlungsprogramme zur Zielerreichung. Allgemein anerkannt ist, dass motiviertes Verhalten dann entsteht, wenn die entsprechenden Motive, also spezifische Verhaltens- und Bewertungsdispositionen, aktualisiert werden (vgl. Puca & Langens, 2008). Dauer, Richtung und Intensität motivierten Verhaltens werden dabei maßgeblich durch das Zusammenspiel von Motiven und Anreizen reguliert *(Affektantizipation).* Je stärker die Anreize sind bzw. das durch die präsentierten Anreize entstandene Defiziterlebnis, desto ausgeprägter ist das motivierte Verhalten, um den wahrgenommenen Mangelzustand zu überwinden. Käuferverhalten lässt sich somit als die Befriedigung mehr oder weniger bewusst wahrgenommener Bedürfnisse durch Einkaufsaktivitäten verstehen (vgl. Kroeber-Riel & Gröppel-Klein, 2019). Die Mehrheit der Autorinnen und Autoren unterscheidet übergeordnet nützlichkeitsorientierte *(funktionale)* und erlebnisorientierte *(hedonistische)* Einkaufsmotive (vgl. Babin et al., 1994; Solomon et al., 2006; Childers et al., 2001; Wagner & Rudolph, 2010). Darüberhinausgehende

Klassifikationen, die Kaufmotive weiter ausdifferenzieren, kommen zu vergleichbaren Ergebnissen. Neben Prestige (soziale Anerkennung, Autonomie, Luxus), Sparsamkeit (Rationalität, Preisorientierung), Variationen von Erlebnisorientierung (Eskapismus, Stimulation, Abenteuerlust, Risikobereitschaft), Qualitätsorientierung (Unsicherheitsvermeidung), Optimierungsstreben, Kontaktorientierung (Bedürfnis nach sozialer Interaktion) und Pragmatismus (Einfachheit, Erreichbarkeit, Zeitersparnis) gehören Genuss und Sicherheit zu den klassischen Kaufmotiven (vgl. Oeser et al., 2019; Kroeber-Riel & Gröppel-Klein, 2019; Trommsdorff & Teichert, 2011; Mooradian & Olver, 1996; Tauber, 1972).

Aktualisierte Motive haben nicht nur Einfluss auf die Produkt- und Markenwahl von Konsumentinnen und Konsumenten, sondern auch auf das allgemeine Kaufinteresse, die Erkundungsbereitschaft, die Verweildauer im Ladengeschäft oder Webshop als auch Wahl des Einkaufskanals (vgl. Agrawal & Gupta, 2022; Chate & Bharamanaikar, 2021; Koch et al., 2020; Oeser et al., 2019; Sanguanpiyapan & Jasper, 2010; Rudolph et al., 2009; Morschett, 2002; Wolfinbarger & Gilly, 2000; Gröppel-Klein et al., 1998). Onlinekäufe sprechen tendenziell nutzenorientierte Motive an, da sich ohne Einschränkungen von Öffnungszeiten, vergleichsweise schnell, einfach und ohne großen Aufwand, zwar nicht abschließend einkaufen, aber bestellen lässt. Geordnete Waren werden heute zeitnah geliefert. Vorher lassen sich noch in kürzester Zeit umfangreiche Preisvergleiche anstellen und spezifische oder seltene Produkte *mit wenigen Klicks* finden (vgl. Maier & Kirchgeorg, 2016). Online-Einkäufe bedienen das Bedürfnis nach Autonomie und versprechen viele Optimierungsmöglichkeiten, die aber nicht zwangsläufig das Wohlbefinden steigern (vgl. Schwartz et al., 2002). Und auch wenn Onlinehändler inzwischen aufwendige digitale Einkaufserlebnisse inszenieren, lassen sich hedonistische Bedürfnisse nur begrenzt befriedigen (vgl. Heinemann, 2017). In digitalen Einkaufswelten lassen sich Produkte nicht erleben: Kleidungsstücke können von Kundinnen und Kunden nicht angefasst oder anprobiert, die Lautstärke einer Küchenmaschine nicht eingeschätzt, der Geruch eines Parfüms nicht gerochen werden. Wenn die bestellten Waren nicht gefallen, lassen sie sich zwar meist problemlos zurücksenden, dennoch entfällt die in einen sozialen Kontext eingebettete Kauferfahrung, die *multisensorische Erlebnisdimensionen* eröffnet (vgl. Fringes, 2021). Dazu gehören beispielsweise die vielfältigen Reize und Eindrücke, die mit dem Aufsuchen und dem Aufenthalt in einem Ladengeschäft, einem ikonischen Flagship-Store oder einer in der historischen Altstadt gelegenen Boutique, dem Wahrnehmen einer großen Produktauswahl, anderen Einkaufenden und der Interaktion mit dem Personal verbunden sind. Geschmälert werden können stationäre Einkaufserlebnisse durch zu viele Menschen in der Fußgängerzone, lange Schlangen in den Läden an der Kasse, Staus und Parkplatzsuche bei der Anfahrt, das Tragen von schweren Einkaufstaschen im ÖPNV, unfreundlichem und nicht hilfreichem Fachpersonal oder der Frustration, das gesuchte Produkt trotz aller Mühen nicht gefunden zu haben (vgl. Heinemann, 2017). Seit Ausbruch der Coronapandemie lässt sich diese Aufzählung um das Tragen von Masken, das Einhalten von Abstandsregeln und die Sorgen vor einer Ansteckung erweitern. Bereits vor 2020 hatte das Bedürfnis nach Sicherheit Einfluss auf die Wahl zwischen Online- und Offline-Einkauf (vgl. Groß, 2016; Tontini, 2016). Angehörige aller Altersstufen haben demnach mehr Sorgen um die Sicherheit ihrer Onlinekäufe und preisgegebenen persönlichen Daten als um ihre physische Sicherheit beim stationären Einkaufen (vgl. Dhanapal et al., 2015; Parment, 2013; San-Martín et al., 2013).

11.2.2 Generationen und Konsummotive

Motivstrukturen werden durch gesellschaftliche Ereignisse und Entwicklungen geprägt. Das Verständnis von Generationenerlebnissen kann helfen, die unterschiedlichen Motivstrukturen zwischen verschiedenen Alterskohorten zu erklären. Dabei handelt es sich um für eine Generation spezifische soziopolitische, historische oder wirtschaftliche Erfahrungen wie technologische Innovationen, Kriege, Wirtschaftskrisen oder gesellschaftliche Veränderungen. Derart kollektiv wirkende Erfahrungen beeinflussen sowohl individuelle Wertestrukturen als auch Einstellungen und haben nachhaltige Auswirkungen auf das Konsum-, Kommunikations- und Medienverhalten (vgl. Parment, 2012; Lantos, 2011).

Angehörige der Generation Z, also zwischen 1995 und 2010 Geborene, sind mit dem Smartphone und auf den Plattformen sozialer Medien aufgewachsen. Durch Meinungsführende sind sie vergleichsweise leicht beeinflussbar, durch klassische Werbung aber kaum erreichbar. Sie werden auch als *Jetzt*-Generation bezeichnet, gelten als materialistisch und erwarten schnelle und einfache Prozesse (vgl. Kleinjohann & Reinecke, 2020). Die zwischen 1946 und 1964 geborenen Babyboomer wurden hingegen durch Wirtschaftswachstum und sich schnell verbessernde Lebensumstände, aufgrund der Massenproduktion von Gütern wie Autos und Kühlschränken, geprägt. Ihnen wird ein charakteristisches Konkurrenzverhalten und die Einstellung *leben, um zu arbeiten* zugeschrieben (vgl. Zemke et al., 2018). Während die Generation Z gerade ins Berufsleben eintritt, verlassen die Babyboomer das Arbeitsleben und beginnen ihren Ruhestand. Da Angehörige der Generation Z ähnliche berufliche, familiäre und soziale Entwicklungszyklen durchlaufen, sind ihre Motivstrukturen vergleichsweise homogen. Bei Angehörigen der Babyboomer zeigen sich hingegen aufgrund der höheren Freiheitsgerade in ihrer Lebensgestaltung, aber auch dem höchst individuellen Prozess des Alterns interindividuell heterogenere Motivstrukturen (vgl. Oeser et al., 2019). Der Eintritt in das Rentenalter gilt in diesem Zusammenhang als einschneidende Veränderung (vgl. Trobisch, 2007). Babyboomer, die nicht mehr im Arbeitsleben stehen, werden im Weiteren deshalb differenziert und als Golden Ager bezeichnet (vgl. Mandl et al., 2013). Aufgrund ihres Ruhestands verfügen sie über viel Zeit, eine überdurchschnittliche Kaufkraft und genießen und gestalten ihr Leben äußerst aktiv (vgl. Helm et al., 2012).

Die Generation Z verfügt über eine stetig wachsende Kaufkraft und materieller Besitz ist ihr wichtig. Als Konsumentenzielgruppe erfährt sie eine stetig zunehmende Aufmerksamkeit. Während Golden Agern beim Einkauf der soziale Kontakt und die Interaktion mit anderen Menschen wichtig ist, legt die Generation Z Wert auf eine anregende Einkaufsatmosphäre, Autonomie und Einfachheit (vgl. Roblek et al., 2019; Herring & Thompson, 2012). Entsprechend lassen sich die Motive der Golden Ager und der Generation Z durch Online- und Offline-Kaufkanäle unterschiedlich gut ansprechen (vgl. Riederle & Schweitzer, 2021; Dharmesti et al., 2019). Händler sind bestrebt, die jeweiligen Nachteile durch unterschiedliche Maßnahmen zu reduzieren. So werden im Rahmen digitaler Transaktionen für Ältere durch Chatbots soziale Interaktionen simuliert, während mittels *Smart Technology* das stationäre Einkaufen für Jüngere erlebnisreicher, persönlicher und einzigartiger gestaltet wird (vgl. Feigl, 2019; Kolbrück, 2018; Scholz, 2018; Herhausen et al., 2015; Kallweit et al., 2014). Dazu kommen neue Verkaufskonzepte wie *Click & Collect* oder *Showrooming* (vgl. Heinemann, 2017; Scholz, 2017). Weiterhin artikuliert auch die Generation Z ihre Sorge über einen zu extensiven Gebrauch digitaler Technologien im Handel (vgl. Rafaeli et al., 2017), der einerseits zwischenmenschliche Interaktionen und Beziehungen langfristig negativ beeinflussen und andererseits zu einem nicht unerheblichen Verlust an Arbeitsplätzen führen könnte.

11.2.3 Implikationen

Vor dem dargestellten Hintergrund lässt sich das weitere Forschungsvorgehen konkretisieren. Übergeordnet stellt sich die Frage, inwiefern Konsumierende aufgrund ihrer pandemiebedingten Erfahrungen ihre Kaufmotive durch andere Kanäle befriedigen und planen dies auch zukünftig zu tun. Konsumentinnen und Konsumenten könnten die Erfahrungen gemacht haben, dass sich hedonistisch-assoziierte Motive auch durch digitale Einkäufe befriedigen lassen. Es ist auch möglich, dass sich die Relevanz der Bedürfnisse verändert hat und die Befriedigung funktionaler Motive in den Vordergrund gerückt ist. In beiden Fällen stellt sich die Frage nach den Faktoren, die diese Entwicklungen begünstigt haben. Digitale und stationäre Einkaufserlebnisse können aus Sicht der Konsumierenden austauschbar geworden sein, weil sich bestellte Produkte problemlos zurückschicken lassen. Das kann implizieren, dass der Wunsch nach Kontakt und Interaktion nur noch eine untergeordnete Rolle in der Bedürfnisbefriedigung spielt. Sollte sich während der Pandemiebeschränkungen ein Bedürfnis nach stationären Shoppingerlebnissen aufgebaut haben, ist zu explorieren, welche spezifischen Motive sich in dem Shopping-Bedürfnis konstituieren und inwiefern der Handel die entsprechenden Rahmenbedingungen dafür liefern kann. Spielen für Konsumierende multisensorische Stimulationen und Qualitätsaspekte wie das Anfassen von Produkten eine wichtige Rolle oder ist es eher ein Interaktions- und Kontaktmotiv, das sich in einem Wunsch nach Beratung ausdrückt? Durch die Einschränkung des weiteren Forschungsvorgehens auf Golden Ager und Generation Z lässt sich weiterhin untersuchen, in welchem Zusammenhang die Prägung durch unterschiedliche Generationenerlebnisse und eine eher niedrige bzw. hohe digitale Affinität zu den aktuellen stationären Konsumbedürfnissen steht. Golden Ager könnten digital affiner geworden sein, während sich die Generation Z nach den pandemiebedingten Einschränkungen mehr Interaktion beim Einkaufen wünscht.

11.3   Methode und Durchführung

Aufbauend auf Untersuchung und Rekonstruktion des individuellen Kauferlebens während der coronabedingten Einschränkungen in den Jahren 2020 und 2021, steht die Exploration aktueller Bedürfnisstrukturen im Hinblick auf das stationäre Einkaufen im Mittelpunkt der vorliegenden Studie. Zur Beantwortung der formulierten Forschungsfragen wird ein qualitativer Forschungsansatz mit einem *sinnverstehenden, interpretativen Paradigma* als zugrunder liegender Denk- und Forschungshaltung herangezogen. Dabei werden die zu untersuchenden Phänomene durch Rekonstruktion ihres psychischen, sozialen und kulturellen Kontexts von innen heraus erforscht und nachvollzogen (vgl. Flick, 1999). Ziel ist eine möglichst vollständige Beschreibung des Untersuchungsgegenstandes aus Perspektive der Befragten, um weiterführende Erkenntnisse zu gewinnen und neue Perspektiven aufzuzeigen (vgl. Döring & Bortz, 2016).

Um Unterschiede und Gemeinsamkeiten in den Motivstrukturen zwischen beiden Generationen herauszuarbeiten, werden sowohl Einzel- als auch Duo-Interviews mit den Angehörigen von Generation Z und Golden Agers durchgeführt. Während Tiefeninterviews eine ganzheitliche Exploration des subjektiven Erlebens und das Aufdecken unbewusster Motive erlauben, lassen sich im Rahmen von Duos lebendige Diskussionen initiieren, um die in den Einzelinterviews gefundenen Erkenntnisse im Mixed-Setting mit zwei Generationen und zwei Geschlechtern zu validieren und trennscharf herauszuarbeiten. Insgesamt werden im vorliegenden Forschungsvorhaben jeweils zehn Einzelinterviews á 75 min mit Probandinnen und Probanden der Generationen Z sowie Probandinnen und Probanden der Golden Agers und zehn Duo-Interviews á 90 min mit jeweils einer Vertreterin oder einem Vertreter der beiden Kohorten durchgeführt. Die Teilnehmenden kommen aus dem gesamten Bundesgebiet und werden im Topdown-Verfahren einer bewussten Stichprobenziehung rekrutiert. Aus organisatorischen Gründen werden die Interviews und Duos sowohl digital als auch in Präsenz durchgeführt.

Die Vertreter der Generation Z leben überwiegend alleine, mit Partnerin oder Partner oder in WGs. Die Mehrheit der Golden Agers lebt ebenfalls mit Partner oder Partnerin zusammen. Alle Teilnehmenden geben pro Monat mindestens 300 € für persönliche Einkäufe aus. Dazu zählen keine fixen oder wiederkehrenden Zahlungen für Miete, Mobilität, Kommunikation, Medien, Fernsehen, Versicherungen oder Sparverträge. Die Teilnehmenden weisen hohe, mittlere oder niedrige Affinitäten für digitale und stationäre Einkaufsformen auf. Bei den Teilnehmenden der Generation Z handelt es sich mehrheitlich um Dual-Studierende im Alter von 20 bis 26 Jahren, die neben ihrem Studium meist in Teil- oder Vollzeit arbeiten. Die befragten Golden Agers sind zwischen 65 und

75 Jahren alt und nicht mehr arbeitstätig. Der Anteil der Probandinnen war in der Stichprobe leicht höher als jener der Probanden.

Der für die nonstandardisierten Interviews konzipierte Leitfaden dient lediglich der Orientierung in der Explorationsführung und unterliegt den Prinzipien der *Offenheit, Flexibilität* und *Ganzheitlichkeit* (vgl. Schreier, 2013). Das im Leitfaden skizzierte Untersuchungsspektrum lässt sich in drei übergeordnete Themenbereiche differenzieren: Einkaufserleben sowie konkretes Einkaufsverhalten vor, während und nach den Pandemiejahren 2020 und 2021. Schwerpunkt sind die Exploration von Erfahrungen während der pandemiebedingten Einschränkungen und denen sich aus der Kontrastierung mit den vor Corona gemachten Kauferfahrungen und Gewohnheiten ergebenden Bedürfnisse und Wünsche in Bezug auf zukünftiges stationäres Einkaufen.

Im Rahmen der vorliegenden Studie wird ein induktives Forschungsvorgehen forciert. Die zuvor dargelegten theoretischen und empirischen Hintergründe werden im Leitfaden in Form von Explorationsskizzen aufgegriffen. Beispielsweise werden Defiziterfahrungen und Bedürfnisrelevanz hinsichtlich der Begriffe *Einkaufen, Shoppen* und *Onlineshoppen* sowie in Bezug auf Fachberatung, den Einsatz von *Smart Technology* am Point of Sale (POS), den Aspekt physischer und digitaler Sicherheit beim Einkaufen, die Erreichbarkeit und Anfahrt des stationären Einzelhandels, Nachhaltigkeit und Umweltschutz beim Einkaufen, das allgemeine Erleben und die Sauberkeit der Innenstadt sowie die regionale Wirtschaft als Arbeitgeber untersucht. Erzeugen die Themenkomplexe bei den Teilnehmenden Resonanz und werden inhaltlich aufgegriffen, erfolgt eine weiterführende und ganzheitliche Untersuchung und Erörterung des Gegenstands, die durch spezifische Explorationstechniken der Motivforschung unterstützt wird. Beispielsweise wird die Exploration der Begriffe *Einkaufen, Shopping* und *Onlineshopping* durch eine Picture-Picking-Übung eingeleitet. Aus einem Pool von 20 Bildern, die Personen unterschiedlichen Alters und unterschiedlichen Geschlechts alleine oder zusammen mit anderen beim Einkaufen, mit oder ohne Maske, im Supermarkt, im Einzel- oder Fachhandel, der Innenstadt oder beim Onlineshoppen zeigen, suchen die Teilnehmenden ein oder mehrere Bilder heraus, die sie spontan ansprechen und an besonders positive oder negative Einkaufserlebnisse erinnern. Durch einen Themeneinstieg über für die teilnehmende Person bedeutsame Bilder, lassen sich relevante Assoziationen und Erinnerungen aktivieren, die die Exploration emotionaler und motivationaler Inhalte ermöglicht, während gleichzeitig die Wahrscheinlichkeit kognitiver Verzerrungen und Rationalisierungen minimiert wird. Weiterhin werden je nach Gesprächsverlauf an unterschiedlichen Stellen im Interview Satzergänzungsübungen durchgeführt, um die spontanen Assoziationen der Teilnehmenden für eine vertiefende Exploration aufzugreifen oder mit zuvor getätigten Aussagen zu kontrastieren. Beispiele für zu ergänzende Sätze sind „Die Innenstadt ist..." oder „Eine Innenstadt ohne Fußgängerzone ist...". Darüber hinaus wurden Laddering- und projektive Verfahren eingesetzt.

11.4   Auswertung und Ergebnisse

Zunächst werden die zentralen Erkenntnisse aus den zuvor angeführten und in den Tiefeninterviews explorierten Themenkomplexe deskriptiv dargestellt. Anschließend erfolgen Zusammenfassung und Diskussion der Ergebnisse sowie eine kritische Einordnung.

11.4.1 Deskriptive Ergebnislegung

Einkaufen

Alle Befragten, insbesondere die jüngeren Teilnehmerinnen, differenzieren deutlich zwischen *Einkaufen* und *Shoppen*. Einkaufen wird spontan mit Lebensmitteleinkauf assoziiert, dem Kauf „alltäglicher", aber „notwendiger Verbrauchsgüter". Einkaufen ist „Gewohnheit", „langweilig" und ein „Muss". Für eher ältere Teilnehmerinnen bedeutet einkaufen meist auch „zu überlegen, wie sich sparen lässt". Für alle Befragten ist es auch die Auseinandersetzung mit einer „großen Auswahl", „Vielfalt", „Frische" und „Qualität". Ist ausreichend „Zeit und Muße" vorhanden, wird Einkaufen nicht nur als „angenehme Routine", sondern auch als „Genuss" erlebt. Insbesondere Befragte, die alleine wohnen oder alleinstehend sind, freuen sich aufs Kochen und Essen. Männliche Vertreter der Golden Ager verbinden mit dem Begriff einkaufen eher Bau-, Garten- und Technikmärkte oder den gemeinsamen Einkauf mit der Ehefrau in der Innenstadt. Im Supermarkt kaufen männliche Golden Ager eher nicht ein. Ihre Bestellungen im Internet bezeichnen sie hingegen als Einkauf.

Shoppen

Der Begriff Shoppen wird mit Innenstadt, Fußgängerzone, dem Kauf von Kleidung und Luxusartikeln im stationären Einzelhandel assoziiert. Für die Generation Z ist shoppen „Freiheit", „Erlebnis", „Konsum-Rausch" und „Spaß". Auch für ältere Teilnehmerinnen ist shoppen „Therapie", „es sich gut gehen lassen", „freundliche Begegnungen" und „sehen, was es Neues gibt". Allgemein wird der Begriff mit „Vielfalt an Produkten und Eindrücken", „auswählen", „anfassen und anprobieren" sowie „sich inspirieren lassen", „finden" und „nicht mit leeren Händen nach Hause kommen" in Verbindung gebracht. Wie beim Einkaufen zeichnet sich Shoppen dadurch aus, dass ein Produkt direkt bezahlt wird und in den eigenen Besitz übergeht. Shoppingerlebnisse entfalten ihre Magie, wenn Zeit und Muße zum Genießen gegeben sind. Teilnehmende, die zentraler wohnen, gehen auch „mal schnell in die Stadt", um gezielt ein paar Dinge zu besorgen. Dann kann shoppen auch in Stress und Hektik umschlagen. Die Vielfalt wird dann als Überfluss und Parfums und Gerüche im Schuhladen als Reizüberflutung erlebt. Ähnliches erleben jüngere Teilnehmerinnen aus ländlichen Regionen, die *Shopping-Trips* mit Freundinnen planen, die oft als erschöpfendes „Marathon-Shoppen" oder „sportliche Disziplin"

mit Erfolgsdruck erlebt werden. Wird nichts Passendes gefunden, wird zur eigenen
Belohnung irgendetwas gekauft, auch wenn die Wahrscheinlichkeit hoch ist, dass das
Kleidungsstück nie getragen wird. Für die meisten Befragten ist der Begriff Shoppen
vorwiegend mit bereichernden Sinneserlebnissen statt mit *Fast-Fashion-Konsum*
assoziiert. Der Grund für Shopping ist das Teilen von Erlebnissen mit Freunden oder
Familie. Die gemeinsam verbrachte Zeit wird zelebriert und als Belohnung empfunden.
Shoppen wird zum Einkaufsbummel, der dem persönlichen Genuss dient. Einkäufe, das
Trinken von Wein, Sekt oder Espresso, das Essen an einem Marktstand, mit sozialen
Interaktionen, denn „irgendwen trifft man immer", und dem Erleben des „Gewusels"
und der „angenehmen Atmosphäre" in der historischen Altstadt kumulieren in einem
Erlebnis. Je älter die Teilnehmenden, desto wichtiger wird Qualität als Merkmal an sich,
das sich eben nur erfahren und erfühlen lässt. Golden Ager nutzen dafür gerne die Vor-
mittage unter der Woche, wenn die Innenstädte und Läden noch nicht so voll sind.

Online shopping

Onlineshopping (OLS) ist für die meisten ein zielgerichteter Einkauf oder die konkrete
Suche nach einem bestimmten Produkt. Nur junge Frauen verbinden damit auch das
stundenlange „online Stöbern" und eine „Verlockung nach Feierabend auf dem Sofa".
Die Mehrheit der Befragten sieht zahlreiche Vorteile beim OLS: Eine breite Auswahl
und hohe Verfügbarkeit sowie das gezielte Suchen und Finden von Produkten, die man
in Läden nicht mehr bekommt. Ohne Öffnungszeiten und Warteschlangen kann bequem
von der Couch eingekauft und bestellte Kleidung zu Hause mit anderen Kleidungsstücken, Schuhen und Schmuck bei besserem Licht kombiniert und anprobiert werden.
Als nachteilig wird von fast allen anerkannt, dass OLS nur alleine funktioniert. Ein paar
junge Probandinnen kompensieren dies, indem sie sich über ihre Einkäufe per Bilder und
Links austauschen oder *Paketpartys* veranstalten. Nichtsdestotrotz ist OLS „emotions-
loser" und „monotoner", weil „das Gemeinsame" fehlt. Die pragmatischen Vorteile des
OLS wiegen ein stationäres Shoppingerlebnis nicht auf, denn „es geht dabei ja nicht
nur um das Produkt". Nachteile sind auch, dass die Ware oder Größenangaben öfters
nicht den Vorstellungen entsprechen, auch wenn mehrere Jüngere berichten, während
der Coronapandemie diesbezüglich „dazugelernt" zu haben. Elektronikprodukte und
Fahrräder werden eher nicht online gekauft, weil Reparatur- und Wartungsservices
in stationären Läden nur in Anspruch genommen werden können, wenn das Produkt
auch dort gekauft wurde. Auch Lebensmittel werden von den Teilnehmenden nicht
online gekauft. OLS ist für einige Befragte unterschiedlichen Alters ein Synonym für
„mangelndes Qualitätsbewusstsein" und „Faulheit". Befragte, die ländlicher wohnen,
kaufen insgesamt mehr online.

Corona-Shopping

Die Coronapandemie hat bei praktisch allen Befragten, insbesondere bei den Jüngeren,
signifikante Auswirkungen auf das Kauferleben und Verhalten gehabt. Nahezu alle Teilnehmenden haben während der Pandemie deutlich mehr bis sehr viel mehr digital ein-

gekauft. Zwei Teilnehmende berichten, dass ihre Partner inzwischen nur noch online einkaufen. Insbesondere unter jüngeren Frauen hat sich das OLS seit Pandemiebeginn als „Langeweile-Killer", „zum Frustabbau" oder „als Ersatz fürs Einkaufen gehen" etabliert. Von ihnen wird OLS als Erlebnis wahrgenommen und die Waren erreichen sie „sauber und frisch verpackt", es gibt kein Anstehen an Umkleidekabinen oder Kassen und eine große Auswahl. Viele Jüngere und die meisten Älteren haben das zunehmende OLS während der Pandemie eher notgedrungen akzeptiert. Sie freuen sich darauf, wieder mehr offline einkaufen, „unter Menschen" und „im Laden sein" zu können. Einige haben Käufe sogar explizit aufgeschoben, um sie nach Corona im Laden tätigen zu können. Die meisten Befragten berichten aber auch, dass sie vor der Coronapandemie öfter spontan in die Stadt gegangen sind. Jetzt wird eher erst einmal online recherchiert. Die Möglichkeit, während Corona mit Termin einkaufen zu gehen, haben insbesondere jüngere Teilnehmende positiv erlebt. Die Läden waren leerer und die Atmosphäre dadurch angenehmer. Vor Läden in Schlangen zu warten, persönliche Daten anzugeben oder Impfzertifikate überprüfen zu lassen, wurde hingegen als echte Hürde und Verlust der Spontaneität wahrgenommen. Der Einkauf im Supermarkt wurde während der Lockdowns von vielen als „Highlight des Tages" erlebt. Die Jüngeren sind in vielen Fällen jeden Tag einkaufen gegangen, um „mal unter Menschen zu kommen".

Innenstadt und Fußgängerzone

Alle Befragte bemängeln die Austauschbarkeit der Innenstädte. Sie vermissen „inhabergeführte Läden", „kleine Boutiquen" und „Ladengeschäfte mit individuellem Ambiente". Stattdessen finden sie „die immer gleichen Ladenketten", „Ramsch- und Billig-" sowie „Döner- und Handyläden". Vielen stellt sich die Frage, was sie „da" noch sollen. Alle betonen Wichtigkeit und Relevanz attraktiver und abwechslungsreicher Innenstädte. Die Befürchtungen, dass immer weniger Menschen in die Fußgängerzone gehen und diese zukünftig weiter „seelisch verarmen", ist unter vielen Befragten verbreitet. Einhellig werden sich „lebendige", „offene" Fußgängerzonen und Innenstädte mit Bepflanzung und Grünflächen, Brunnen und Sitzgelegenheiten, Märkten, Festen, Kunsthandwerk und kulturellen Veranstaltungen, die zum Verweilen einladen, regionale Läden, ansprechende Architektur und Cafés gewünscht. Beide Generationen berichten, dass sie, um „Ambiente" und eine „schöne Atmosphäre" zu erleben, beispielsweise nach Holland, Österreich oder in kleinere Städte in Deutschland zum Einkaufen zu fahren, da die Atmosphäre dort entspannter und die Beratung freundlicher sei.

Beratung durch fachkundiges Personal

Die Mehrheit der Befragten bemängelt, dass es schon seit vielen Jahren kaum noch gut ausgebildetes Fach- und Beratungspersonal mehr gibt. Die Mitarbeitenden identifizieren sich weder mit den Produkten oder Marken, die sie verkaufen, noch ihrem Arbeitgeber. Sie können meist nicht mehr Auskunft geben, als sich ohne großen Aufwand im Internet recherchieren lässt. Viele Befragte wollen diese Form der Beratungsleistung nicht und sind nicht bereit, dafür mehr zu bezahlen. Die große Mehrheit der Teilnehmenden wünscht sich jedoch Personal, das fachkundig und professionell berät. Dies würde eine echte Zusatzleistung und eine Aufwertung der Kauferfahrung darstellen, für welche die meisten bereit sind, einen höheren Preis zu zahlen. Das Personal sollte nicht nur freundlich, sympathisch, vertrauensvoll und hilfsbereit, sondern auch aufmerksam, aber unaufdringlich sein. Mehrere Befragte aus beiden Generationen berichten, dass sie Geschäfte, in denen sie gute Beratung erlebt haben, immer wieder aufsuchen, sogar wenn sie gar nichts kaufen wollen, „um die heimische Atmosphäre zu genießen".

Unterstützung der lokalen Wirtschaft und Arbeitsplätze
Vor dem Hintergrund der eher schlechten Beratungserfahrungen in den Geschäften ist die Bereitschaft zur Unterstützung der lokalen Wirtschaft und Sicherung lokaler Arbeitsplätze bei der Mehrheit der Jüngeren und einigen wenigen Älteren nicht sehr ausgeprägt. Mehrere Jüngere haben „noch nicht darüber nachgedacht" oder finden das Personal „so schlecht, dass es nicht unterstützenswert ist". Andere Jüngere sagen, dass sie die Wirtschaft unterstützen würden, „wenn es noch schlimmer wird", ohne konkretisieren zu können, was sie damit meinen. Eine junge Befragte ist der Meinung, dass „Berufe immer wieder verschwinden" und „das Personal auch im Versand arbeiten" kann. Die Mehrheit der Älteren gibt hingegen an, dass sie darauf achten, stationär und regional zu kaufen, um die Arbeitsplätze vor Ort und die lokale Wirtschaft zu unterstützen. Wenn bewusst lokal gekauft wird, um Arbeitsplätze zu schützen, denken die meisten an kleine, inhabergeführte Läden.

Umweltbewusster Konsum
Sowohl Ältere als auch Jüngere geben an, dass ihnen beim Einkaufen ein umweltverträgliches und nachhaltiges Verhalten wichtig ist. In der Folge führt dies allerdings zu sehr unterschiedlichen Konsequenzen. Einige jüngere Probanden, die Umweltschutz wichtig finden, geben zu, dass sie oft zu bequem sind, um sich „richtig" zu verhalten und meinen damit, auf digitale Einkäufe zu verzichten. Junge Frauen und ältere Teilnehmende, die überdurchschnittlich viel online kaufen und dem stationären Einkauf vergleichsweise kritisch gegenüberstehen, bezweifeln, dass das Liefern von Paketen umweltschädlicher ist, als mit dem eigenen Auto in die Stadt zu fahren. Insbesondere männliche Interviewteilnehmer rechtfertigen ihren Onlinekonsum damit, dass sie praktisch keine Retouren haben und nur bestellen, was sie auch behalten. Für die Mehrheit der Älteren ist der Online-Einkauf aber insbesondere aus Umweltschutzgründen abzulehnen und sie würden eine Steuer auf Verpackungen und höhere Gebühren für Retouren begrüßen. Auch die meisten Jüngeren fänden das akzeptabel und glauben, dass sie dann den stationären Handel stärker frequentieren würden. Der ÖPNV scheidet für die meisten als Transportmittel, um in die Innenstadt zu kommen, jedoch aus. Auch das Fahrrad scheidet für viele aufgrund schlecht ausgebauter Fahrradwege aus. Die meisten Befragten bemängeln zu wenige und zu teure Parkplätze.

Preise, Sicherheit und Technologien

Die Implementation von *Smart Technology* am POS zur Verbesserung oder Personalisierung der Kauferfahrung hat für die meisten keine übergeordnete Relevanz. Jüngere berichten jedoch positiv davon, dass sie bei einem Ladenbesuch ohne großen Aufwand Rabatte einlösen, Punkte sammeln oder sich Ersatzkleidungsstücke in die Kabine bringen lassen konnten. Darüber hinaus wird von den Jüngeren Technologie begrüßt, die hilft, das Angebot zu strukturieren, Produkte leichter auffindbar zu machen und Prozesse zu vereinfachen, sodass beispielsweise nicht mehr an Kassen angestanden werden muss. Damit verbunden sind eine bessere Planung und Kontrolle von Shopping-Touren. Jüngere Probandinnen berichten, dass sie aufgrund von Rabatten, die sie über Apps erhalten, vermehrt die Wettbewerber ihrer eigentlichen Lieblingsmarken aufsuchen. Fast alle Befragten betrachten das potenzielle Risiko der Datensicherheit oder des Datendiebstahls beim Onlinekauf als gering. Überwiegend Ältere und einige wenige Jüngere präferieren in Transaktionen Bargeld und Anonymität. Die meisten argumentieren, dass auch beim Bezahlen mit der Kreditkarte im Laden entsprechende Probleme auftreten können. Schwerer als die digitale Sicherheit wiegt für einige Befragte die körperliche Unversehrtheit beim Besuch von Innenstadt und Fußgängerzone. Von einer gefühlt geringeren Sicherheit berichten sowohl ältere als auch jüngere Probandinnen, die Kleinkriminalität, lautstarke Streitigkeiten, Drogenkonsum und aggressive Bettelbanden erlebt haben.

11.4.2 Diskussion

Die eingangs gestellte Frage, ob die Pandemieerlebnisse die Bedürfnisstrukturen der Befragten nachhaltig zum digitalen Einkauf hin verändert haben, lässt sich auf Grundlage der vorliegenden Ergebnisse recht eindeutig beantworten. Aufgrund der Erlebnisse in den Jahren 2020 und 2021 ist das Bedürfnis nach stationärem Einkaufen und Shopping größer als vor der Pandemie. Alle Befragten sind sich einig, dass OLS kein adäquater Ersatz für Shoppingerlebnisse oder Einkaufen im stationären Handel ist oder sein kann. Für viele ist OLS einfach etwas, an dass sie sich gewöhnt haben und das für sie *funktioniert*. Bedeutung und Wert von Einkaufserlebnissen und den damit verbundenen menschlichen Interaktionen, die zuvor als selbstverständlich angesehen und derer man teilweise vielleicht sogar überdrüssig war, sind vielen erst durch die Pandemie, teilweise schmerzlich, bewusst geworden.

Fast alle Befragten wollen laut eigener Aussage wieder zu ihren Vor-Corona-Kaufgewohnheiten zurückkehren. Keine der älteren Befragten planen mehr online einzukaufen als vor der Pandemie. Die meisten der befragten Golden Ager sind froh, auf digitale Einkäufe weitestgehend verzichten zu können. Nur ein kleiner Teil hat positive Erfahrungen mit der gezielten Suche nach bestimmten Produkten sowie den Sparmöglichkeiten im Internet gemacht und will zukünftig bei Bedarf darauf zurückgreifen. Ein weiterer kleiner Teil der älteren, männlichen Befragten hat bereits vor der Pandemie einen nicht unerheblichen Teil seiner Käufe digital erledigt, dies während der Pandemie weder gesteigert noch verringert und zukünftig auch nicht vor. Bei der Generation Z sind es die jüngsten unter den weiblichen Befragten, die angeben, in Zukunft weniger im stationären Handel kaufen zu wollen, während die männlichen Probanden der Generation Z überwiegend die Meinung vertreten, dass sich ihre Offline-Einkäufe wieder auf Vor-Pandemie-Niveau einpendeln werden. Insgesamt freuen sich alle Befragten über die Möglichkeiten, wieder shoppen gehen zu können.

Lassen sich diese Ergebnisse dahingehend interpretieren, dass der stationäre Handel aufgrund von Corona nicht so viele Konsumierende an die digitalen Kanäle verlieren wird wie befürchtet? Auch diese Frage lässt sich vor dem Hintergrund der vorliegenden Ergebnisse gut beantworten. Das Bedürfnis nach stationärem Einkaufen und Shopping mag bei beiden Generationen zwar sehr ausgeprägt sein. Eine Bedürfnisbefriedigung ist aber nur möglich, wenn die entsprechenden Voraussetzungen durch den stationären Handel gegeben bzw. die für die Konsumierenden zu überwindenden Hürden möglichst niedrig sind (Affektantizipation). Angesichts der in den Explorationen geäußerten Kritik über zu wenig Parkplätze, gering geschultes Personal sowie Sicherheitsbedenken in den Innenstädten, scheint dies nicht ausreichend der Fall zu sein. Die Gründe, die die jüngeren Probandinnen für ihre aktuelle Online-Präferenz anführen, legen den Eindruck nahe, dass es sich beim digitalen Einkaufen nicht um die aus ihrer Sicht beste, sondern nur um die praktischste der verfügbaren Bedürfnisbefriedigungen handelt.

Die vorliegenden Ergebnisse zeigen, dass der stationäre Handel es insbesondere in den großen Städten der Republik nicht geschafft hat, die Bedürfnisse der Konsumierenden in den Mittelpunkt seiner Aktivitäten zu stellen. Und das bereits zu einem Zeitpunkt vor der Pandemie. Die Coronakrise hat den Befragten verdeutlicht, dass vieles einfacher zu haben und vieles nicht notwendig ist. Der *Shopping-Aufwand* in Form von monetären und emotionalen Kosten rechtfertigt für viele kaum noch das tatsächliche *Shoppingerlebnis,* obwohl das Bedürfnis danach sehr groß ist. Auch wenn nicht alle benannten Herausforderungen des stationären Handels direkt behoben werden können, so bestehen doch zumindest laut der Interviewten viele Möglichkeiten, das Kauferlebnis für die Konsumierenden nicht nur zu verbessern, sondern auch deutlich vom OLS abzuheben. Die meisten Befragten erwarten in diesem Zusammenhang nicht, dass der stationäre Einkauf das Gleiche leistet wie der digitale, sondern etwas genuin anderes.

Die explorierten Themenkomplexe *Einkaufen, Onlineshopping* und *Shopping* lassen sich vor dem Hintergrund der Motivbefriedigung zwischen den Polen nutzen- und erlebnisorientierte Bedürfnisbefriedigung anordnen (Abb. 11.1). Während beim Einkauf überwiegend funktionale Kaufmotive befriedigt werden, sind es beim Shopping hedonistische. OLS nimmt eine Mittelstellung zwischen Einkaufen und Shoppen ein. Es dient nahezu ausschließlich der Befriedigung nutzenorientierter Bedürfnisse. OLS macht Pflichtkäufe leichter und bequemer. Nur ein kleiner Anteil der Befragten beider Altersgruppen berichtet, in den letzten beiden Jahren über längere Zeiträume, mehr oder weniger ohne Ziel, in Einkaufsplattformen und Webshops gesurft zu haben. Jüngere Probandinnen berichten, ihre Online-Einkäufe mit *Paketpartys* zu zelebrieren,

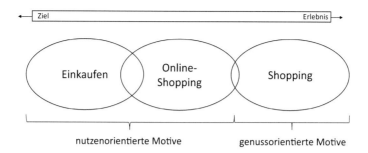

Abb. 11.1 Motivbefriedigung durch Einkaufen, Onlineshoppen und Shoppen

die nur durch die lästigen Rücksendungen und den aufwendigen Weg zur Post getrübt werden. Diese Beispiele zeigen, dass OLS in manchen Zielgruppen anschlussfähig für eine hedonistisch-assoziierte Motivbefriedigung wird. Es muss allerdings auch kritisch hinterfragt werden, ob es sich beim Paketparty-Konsum nicht vielmehr um ein Bedürfnis nach impulsivem sorglosem Konsum (vgl. Jack & Powers, 2013) und nicht um eine hedonistisch assoziierte Motivbefriedigung handelt.

Das wesentliche, differenzierende Erlebnismerkmal zwischen Einkaufen, OLS und Shoppen ist der erlebte Freiheitsgrad bzw. die erlebte Notwendigkeit des Kaufs. Wie manche Befragte sagen: „Shopping ist die Freiheit Dinge zu kaufen, die ich nicht benötige." Werden die Produkte hingegen benötigt, vielleicht sogar regelmäßig, steigt die Wahrscheinlichkeit, dass der Kauf als Pflicht, Gewohnheit oder Aufwand wahrgenommen wird. Anbieter, die den erlebten Aufwand signifikant reduzieren, werden für die Befragten attraktiv. Beispielsweise müssen Parkplätze vorhanden oder das Geschäft fußläufig erreichbar, die Bedienung freundlich, die Ware frisch, der Webshop übersichtlich, die Produkte verfügbar und schnell lieferbar, der Anbieter vertrauenswürdig und die Preise wettbewerbsfähig sein. Die Voraussetzungen, die für die Befriedigung erlebnisorientierter Motive erfüllt sein müssen, gestalten sich hingegen komplexer und entziehen sich, zumindest teilweise, den Gestaltungsmöglichkeiten des stationären Handels. Beispielsweise eine gute Anbindung per Pkw, ÖPNV oder Rad, verfügbare und nicht zu teure Parkmöglichkeiten, eine freundliche und grüne Innenstadt sowie eine saubere Fußgängerzone mit unterschiedlichen und vielfältigen Anbietern sowie ein ausreichendes Maß an erlebter Sicherheit. In den Antworten der Befragten offenbart sich zu diesem Themenkomplex ein fundamentales Bedürfnis nach einem lebenswerten und lebensfreundlichen Stadtmittelpunkt, indem Menschen zusammenkommen und der zum Verweilen, Wohlfühlen und Menschsein einlädt. In den deutschen Großstädten ist dies für die Interviewten aber nicht oder nur begrenzt zu finden. Da es beim Shoppingerlebnis aber nicht nur um den Kauf von Produkten geht, spielen diese Aspekte eine zentrale Rolle für die Befriedigung genussassoziierter Motive.

Konsumierenden-Lust verwandelt sich in Shopping-Frust, wenn bestimmte Produkte oder Größen im Geschäft nicht vorrätig sind. *Showrooming-* und *Click-&-Collect*-Konzepte, die von den jüngeren Befragten als attraktiv wahrgenommen und in viele Fällen bereits genutzt werden, können hier hilfreiche ergänzende oder alternative Angebote sein. Wie die Älteren haben die meisten Jüngeren zwar Verständnis dafür, wenn nicht alle Produktvarianten verfügbar sind, dem Shoppingerlebnis der Generation Z zuträglich ist es trotzdem nicht. Übermäßig vernachlässigt, zumindest auf Basis der vorliegenden Ergebnisse, wurde vom Handel die Fachberatung. Für die meisten Befragten stellt die persönliche Ansprache im Ladengeschäft einen der wichtigsten Aspekte eines positiven Kauferlebnisses dar und differenziert den Einkauf im stationären Handel wesentlich vom OLS. Für eine qualitativ hochwertige Fachberatung besteht eine ausgeprägte Bezahlbereitschaft bei beiden Generationen. Eng damit verknüpft, und unbezahlbar, ist der authentische soziale Kontakt, das Erfahren von Aufmerksamkeit, Respekt, Bestätigung und Selbstaufwertung, die ein Kauferlebnis komplettieren. Sowohl für die Golden Ager als auch die Generation Z ist Shopping die Begegnung zwischen Menschen (vgl. Ohnemüller, 2021).

Auch der Moment der Kaufhandlung, wenn das Produkt in den eigenen Besitz über-wechselt, ist *erlebnisrelevant*. Mehrere, sowohl ältere als auch jüngere, Probandinnen erzählen, wenn sie von ihren Lieblings- oder idealen Shoppingerlebnissen berichten, wie sie mit Stolz und Freude das Produkt bezahlt und sich wie „eine Prinzessin" gefühlt haben, wenn sie mit der Einkaufstüte durch die Fußgängerzone gegangen sind. Auch männliche Probanden berichten, dass das „Finden" und „Entdecken" von bestimmten Produkten, besondere, freudige Momente sind. Zuerst sagen die meisten Jüngeren zwar, dass auch das digitale Finden und Warten auf bestellte Ware mit Vorfreude verbunden und nicht schlechter als der direkte Kauf ist. Bei tiefergehender Exploration zeigt sich aber, dass sowohl das Finden als auch das Bestellen im Internet und das Warten auf die Lieferung eine generische und austauschbare Erfahrung ist, während der Erlebniskontext beim stationären Einkaufen das erworbene Produkt einen Erinnerungswert verleiht und dadurch zu etwas Besonderem macht. In anderen Worten: Die Einfachheit des digitalen Einkaufs mindert den symbolischen Wert des Produktes für die kaufende Person. Im stationären Handel erworbene Produkte erzählen eine Geschichte, digital gekaufte nicht.

Vor dem Hintergrund der vorliegenden Ergebnisse hat die Implementation von *Smart Technology* in Ladengeschäften eine niedrige Priorität. Während es für die Älteren über-haupt nicht relevant ist, spielt es für die Jüngeren nur eine sekundäre Rolle. Digitale Techniken implizieren eher die Gefahr einer *Standardisierung des Kauferlebnisses,* anstatt dessen Einzigartigkeit. Ein Innovationseffekt kann schnell verpuffen, wenn er keinen nachhaltigen Mehrwert bietet. Wenn die Welt digitaler und anonymer wird, gewinnt das reale und persönliche Einkaufserlebnis hingegen zunehmend an Wert (vgl. Merckle, 2020).

11.5   Limitationen und Fazit

Explorative Studien, wie die vorliegende, unterliegen trotz Einhaltung qualitativer Gütekriterien (vgl. Mayring, 2016) diversen Einschränkungen. Sie stellen nur einen Aus-
schnitt der Realität dar und sollten nicht überinterpretiert werden. Die gewonnenen
Erkenntnisse lassen sich weder auf alle Konsumierende noch auf die Generation Z oder
die Golden Ager verallgemeinern. Bei den Teilnehmenden der Generation Z handelt es
sich ausschließlich um Studierende, bei der Mehrheit um Dual-Studierende. Letztere
arbeiten neben ihrem Studium in Teil- oder Vollzeit und verfügen wahrscheinlich über
eine größere Kaufkraft, aber auch weniger freie Zeit als Vollzeitstudierende. Belast-
bare Unterschiede im Erleben und der Motivlage lassen sich zwischen den beiden
Studierendengruppen aufgrund der begrenzten Stichprobengröße nicht herausarbeiten.
Die Grundgesamtheit der Generation Z wird jedoch nur eingeschränkt repräsentiert und
Angehörige der Generation Z, die nicht studiert haben und bereits seit mehreren Jahren
im Berufsleben stehen oder bei Ausbruch der Pandemie noch die Schule besuchten,
können andere Erfahrungen gemacht haben. Die zuvor diskutierte Heterogenität der
Golden Ager spiegelt sich hingegen umfänglicher in der vorliegenden Stichprobe wider.

Während die bundesweite Herkunft der Teilnehmenden positiv hervorzuheben
ist, kann die unterschiedliche Durchführung der Interviews in virtueller Form und in
Präsenz eine Einschränkung der Vergleichbarkeit darstellen. Im unmittelbaren direkten
und persönlichen Kontakt kann eine vertraulichere und offenere Gesprächsatmosphäre
geschaffen werden als im virtuellen Format. Dies trifft insbesondere auf die Duo-Inter-
views zu, in denen zwei Personen, die sich nicht kannten und aus unterschiedlichen
Generationen stammten, virtuell aufeinandertrafen. Der Erkenntnisgewinn aus diesen
Erhebungen war begrenzt. Zurückführen lässt sich das auch auf mitunter geringere
Unterschiede in den Konsumbedürfnissen zwischen den Generationen als innerhalb
der Generationen. Für zukünftige Studien könnte es demnach zielführender sein, eher
Online-Affinität und Geschlecht denn Generationenzugehörigkeit als differenzierendes
Rekrutierungskriterium heranzuziehen.

Insgesamt lässt sich konstatieren, dass die gewonnenen Erkenntnisse nicht nur bereits
vorliegende Ergebnisse bekräftigen, sondern darüber hinaus einen wichtigen Beitrag zum
besseren Verständnis der Bedürfnisse von Konsumentinnen und Konsumenten in Bezug
auf das stationäre Einkaufen nach den Jahren der pandemiebedingten Einschränkungen
leisten. Die übergeordnete Klassifikation in funktionale und hedonistische Einkaufsmotive (vgl. Babin et al., 1994; Solomon et al., 2006; Childers et al., 2001) wird durch
die vorliegenden Ergebnisse weitestgehend bestätigt. In einer weiterführenden Studie
sollte gezielt exploriert werden, ob diese Differenzierung für einzelne Zielgruppen
nicht um impulsiv sorglose Konsummotive erweitert werden muss (vgl. Jack & Powers,
2013). Auch die Zuordnung der Motivbefriedigung zu digitalem oder stationärem Einkauf wird größtenteils belegt. Letzterer wird mit der Befriedigung von Bedürfnissen wie
Stimulation, Alltagsflucht, Genuss, Qualität und sozialem Kontakt assoziiert. Ersterer

hingegen mit Sparsamkeit, Preisorientierung sowie unterschiedlichen Facetten von Pragmatismus. Dass sich die Motivlage der Konsumierenden pandemiebedingt verändert hat, kann nicht geschlussfolgert werden. Konsumentinnen und Konsumenten sind sich vielmehr ihrer Bedürfnisse und Wahlmöglichkeiten bewusster geworden. Auf den Onlinekauf wird aus substitutiven und funktionalen Gründen zurückgegriffen, da die Rahmenbedingungen im stationären Einzelhandel bereichernde multisensorische Erlebnisse nur begrenzt ermöglichen. Der stationäre Handel kann einige dieser Rahmenbedingungen nachhaltig beeinflussen. Möglichkeiten zur Differenzierung und Abhebung von digitalen Kanälen sind für das stationäre Ladengeschäft vorhanden. Sie müssen aber auch wahrgenommen werden.

Literatur

Agrawal, D. K., & Gupta, S. (2022). A new theoretical framework of shopping motives and channel preference behaviour in the digital era. *International Journal of Consumer Studies, 39*(12), 1–19.

Babin, B. J., Darden, W. R., & Griffin, M. (1994). Work and/or fun: Measuring hedonic and utilitarian shopping value. *Journal of Consumer Research, 20*(4), 644–656.

Becker-Carus, C., & Wendt, M. (2017). *Allgemeine Psychologie. Eine Einführung.* Springer.

Bitkom. (2021). *E-Commerce Trends 2021 (18.11.2021).* https://www.bitkom.org/Presse/Presseinformation/E-Commerce-Trends-2021. Zugegriffen: 26. Juni 2022.

BVWD. (2021). *Online-Vertrauens-Kompass. Trendstudie 2021: Konsum und Kaufkraft* (Welle 6, Juli 2021). https://www.bvdw.org/veroeffentlichungen/studien-marktzahlen/detail/artikel/trendstudie-2021-konsum-und-kaufkraft/. Zugegriffen: 23. Sept. 2022.

Chate, R. A. A., & Bharamanaikar, S. R. (2021). Store atmospherics, shopping motives, and buyer behavior – An indian consumer perspective. In A. Chakrabarti, R. Poovaiah, P. Bokil, V. Kant (Hrsg.), *Design for tomorrow – Vol. 2. Smart innovation, systems and technologies* (S. 609–622). Springer Singapore.

Childers, T. L., Carr, C., Peck, J., & Carson, S. (2001). Hedonic and utilitarian motivations for online retail shopping behavior. *Journal of Retailing, 77*(4), 511–535.

Deloitte. (2020). *Tracking the global state of the consumer. Zentrale Ergebnisse für Deutschland,* (Dezember 2020). https://www2.deloitte.com/de/de/pages/consumer-business/articles/studie-einfluss-von-covid19-auf-das-konsumverhalten.html. Zugegriffen: 23. Sept. 2022.

Dhanapal, S., Vashu, D., & Subramaniam, T. (2015). Perceptions on the challenges of online purchasing: A study from "baby boomers", generation "X" and generation "Y" point of views. *Contaduría y Administracion, 60*(1), 107–132.

Dharmesti, M., Dharmesti, T. R. S., Kuhne, S., & Thaichon, P. (2019). Understanding online shopping behaviours and purchase intentions amongst millennials. *Young Consumers, 22*(1), 152–167.

Döring, N., & Bortz, J. (2016). Datenerhebung. In N. Döring & J. Bortz (Hrsg.), *Forschungsmethoden und Evaluation in den Sozial- und Humanwissenschaften* (S. 321–578). Springer.

Dynata. (2022). *Global consumer trends. The new experience economy.* https://www.dynata.com/resources/dynata-global-trends-report/. Zugegriffen: 26. Juni 2022.

Eberhardt, H. (2021). „Connected shopping“: Wie die GenZ nach Corona einkaufen will (06.07.2021). *absatzwirtschaft*. https://www.absatzwirtschaft.de/connected-shopping-wie-die-genz-nach-corona-einkaufen-will-228118/. Zugegriffen: 23. Sept. 2022.

Feigl, M. (2019). Digitalisierung am PoS: Welche Anwendungen funktionieren wirklich (22.01.2019)? *Internet World*. https://www.internetworld.de/technik/digitalisierung/digitalisierung-am-pos-anwendungen-funktionieren-wirklich-1665089.html. Zugegriffen: 26. Juni 2022.

Flick, U. (1999). *Qualitative Forschung*. Rowohlt.

Foscht, T., & Swoboda, B. (2011). *Käuferverhalten. Grundlagen – Perspektiven – Anwendungen*. Gabler.

Fringes, A., et al. (2021). Multisensorik im stationären Einzelhandel – Grundlagen und Praxis in der kundenzentrierten Filialgestaltung. In G. Mau (Hrsg.), *Multisensorik im stationären Handel: Grundlagen und Praxis der kundenzentrierten Filialgestaltung* (S. 3–22). Springer Gabler.

Gerckens, C., Läubli, D., Wachinger, T., & Zgraggen, E. (2021). Die Krise und die neuen Konsumenten, in: *Akzente 1'21*, 10–19. McKinsey & Company. https://www.mckinsey.de/branchen/konsumguter-handel/akzente/akzente-1-2021. Zugegriffen: 23. Juni 2022.

Gröppel-Klein, A., Thelen, E., & Antretter, C. (1998). Der Einfluß von Einkaufsmotiven auf die Einkaufsstättenbeurteilung – Eine empirische Untersuchung am Beispiel des Möbeleinzelhandels. In V. Trommsdorff (Hrsg.), *Handelsforschung 1998/99* (S. 77–99). Gabler.

Groß, M. (2016). Impediments to mobile shopping continued usage intention: A trust-risk-relationship. *Journal of Retailing and Consumer Services, 33*(6), 109–119.

HDE. (2021a). *Konsumbarometer, Mai 2021*. https://einzelhandel.de/index.php?option=com_attachments&task=download&id=10421. Zugegriffen: 23. Sept. 2022.

HDE. (2021b). *Konsummonitor Corona 2021*. https://einzelhandel.de/index.php?option=com_attachments&task=download&id=10593. Zugegriffen: 23. Sept. 2022

Heinemann, G. (2017). *Die Neuerfindung des stationären Einzelhandels. Kundenzentralität und ultimative Usability für Stadt und Handel der Zukunft*. Springer Gabler.

Helm, R., Scheunert, U., & Landschulze, S. (2012). Was wissen wir zum (Konsumenten-) Verhalten von Senioren? *Die Betriebswirtschaft, 72*(5), 427–446.

Herhausen, D., Binder, J., Schögel, M., & Herrmann, A. (2015). Integrating bricks with clicks: Retailer-level and channel-level outcomes of online–offline channel integration. *Journal of Retailing, 91*(2), 309–325.

Herring, J., & Thompson, L. (2012). *Learn the art of logic and persuasion*. FT Press.

IWD. (2021). *Pandemie verstärkt Trend zum Online-Shopping* (23.12.2021). https://www.iwd.de/artikel/pandemie-verstaerkt-trend-zum-online-shopping-531079/. Zugegriffen: 26. Juni 2022.

Jack, E. P., & Powers, T. L. (2013). Shopping behaviour and satisfaction outcomes. *Journal of Marketing Management, 29*(13–14), 1609–1630.

Kallweit, K., Spreer, P., & Toporowski, W. (2014). Why do customers use self-service information technologies in retail? The mediating effect of perceived service quality. *Journal of retailing and consumer services, 21*(3), 268–276.

Kläsgen, M. (2021). Nach Corona: Die Nase kauft mit (20.7.2021). *Süddeutsche Zeitung*. https://www.sueddeutsche.de/wirtschaft/einzelhandel-shoppen-online-handel-1.5327639. Zugegriffen: 23. Sept. 2022.

Kleinjohann, M., & Reinecke, V. (2020). *Marketingkommunikation mit der Generation Z*. Springer.

KPMG. (2021). *Online-Shopping* (10.12.2021). https://hub.kpmg.de/online-shopping-studie-dezember-2021?utm_campaign=RETAIL%20-%20Studie%20-%20Online-Shopping%20Studie%20Dezember%202021u&utm_source=AEM. Zugegriffen: 26. Juni 2022.

KPMG. (2022). *Consumer Barometer* (22.01.2022). https://hub.kpmg.de/consumer-barometer-1-2022. Zugegriffen: 26. Juni 2022.

Koch, J., Frommeyer, B., & Schewe, G. (2020). Online shopping motives during the COVID-19 pandemic-lessons from the crisis. *Sustainability.* https://doi.org/10.3390/su122410247

Kolbrück, O. (2018). So sieht der Erlebniseinkauf in den Läden der Zukunft aus (1.11.2018). *e-tailment.*   https://etailment.de/news/stories/Erlebniseinkauf-laden-Zukunft-21753. Zugegriffen: 23. Sept. 2022.

Kroeber-Riel, W., & Gröppel-Klein, A. (2019). *Konsumentenverhalten.* Vahlen.

Lantos, G. P. (2011). *Consumer behavior in action: Real-life applications for marketing managers.* Shape.

Maier, E., & Kirchgeorg, M. (2016). Wie reagiert der Offline- auf den Online-Handel? Die Verbreitung von Reaktionsstrategien im deutschen Handel. *HHL Leipzig Graduate School of Management.*   https://www.hhl.de/fileadmin/texte/publikationen/studien/JP_Retail/Maier_Kirchgeorg_2016_Wie_reagiert_der_Offline-_auf_den_Online-Handel.pdf. Zugegriffen: 23. Sept. 2022.

Mandl, B., Millonig, A., & Friedl, V. (2013). *The variety of the golden agers: Identifying profiles of older people for mobility research.* Proceedings of the Transportation Research Board, 92nd Annual Meeting, TRB 2013, Washington, D.C., 13–17 Jan. 2013.

Mayring, P. (2016). *Einführung in die qualitative Sozialforschung.* Beltz.

Merckle, W. (2020). *Erfolgreich im stationären Einzelhandel. Wege zur konsequenten Profilierung im digitalen Zeitalter.* Springer Gabler.

Mooradian, T. A., & Olver, J. M. (1996). Shopping motives and the five factor model: An integration and preliminary study. *Psychological Reports, 78*(2), 579–592.

Morschett, D. (2002). *Retail branding und integriertes handelsmarketing.* Springer.

Oeser, G., Aygün, T., Balan, C., Paffrath, R., & Schuckel, M. (2019). Segmenting elder German grocery shoppers based on shopping motivations. *International Journal of Retail & Distribution Management, 47*(5), 129–156.

Ohnemüller, B. M., et al. (2021). Verkaufen kommt von Verstehen: Handel ist immer die Begegnung von Menschen. In G. Mau (Hrsg.), *Multisensorik im stationären Handel: Grundlagen und Praxis der kundenzentrierten Filialgestaltung* (S. 155–162). Springer Gabler.

Parment, A. (2012). *Generation Y in consumer and labour markets.* Routledge.

Parment, A. (2013). Generation Y vs. baby boomers: Shopping behavior, buyer involvement and implications for retailing. *Journal of Retailing and Consumer Services, 20*(2), 189–199.

Puca, R. M., & Langens, T. A. (2008). Motivation. In J. Müsseler (Hrsg.), *Allgemeine Psychologie* (S. 224–269). Spektrum.

Rafaeli, A., Altman, D., Gremler, D. D., Huang, M. H., Grewal, D., Iyer, B., Parasuraman, A., & de Ruyter, K. (2017). The future of frontline research invited commentaries. *Journal of Service Research, 20*(1), 76–90.

Rainsberger, L. (2020). Wie die Pandemie das Kaufverhalten nachhaltig verändert (23.11.2020). *Springer Professional.* https://www.springerprofessional.de/corona-krise/vertriebsstrategie/wie-die-pandemie-kundenbeduerfnisse-und-kaufverhalten-nachhaltig/18606742. Zugegriffen: 23. Sept. 2022

Riederle, P., & Schweizer, M., et al. (2021). Der stationäre Handel aus Sicht der Digital Natives. In G. Mau (Hrsg.), *Multisensorik im stationären Handel: Grundlagen und Praxis der kundenzentrierten Filialgestaltung* (S. 163–174). Springer Gabler.

Roblek, V., Mesko, M., Dimovski, V., & Peterlin, J. (2019). Smart technologies as social innovation and complex social issues of the Z generation. *Kybernetes, 48*(1), 91–107.

Rudolph, T., Wagner, T., & Sohl, T. (2009). Kundensegmentierung im Handel – Kaufmotive erkennen und nutzen. *Marketing Review St. Gallen, 26*(4), 34–39.

Rusche, C. (2021). *Die Effekte der Corona-Pandemie auf den Online-Handel in Deutschland. IW-Kurzbericht 87/2021* (25.11.2021). https://www.iwkoeln.de/fileadmin/user_upload/Studien/Kurzberichte/PDF/2021/IW-Kurzbericht_2021-E-Commerce.pdf. Zugegriffen: 26. Juni 2022.

Sanguanpiyapan, T., & Jasper, C. (2010). Consumer insights into luxury goods: Why they shop where they do in a jewelry shopping setting. *Journal of Retailing and Consumer Services, 17*(2), 152–160.

San-Martín, S., Lopez-Catalan, B., & Ramon-Jeronimo, M. A. (2013). Mobile shoppers: Types, drivers, and impediments. *Journal of Organizational Computing and Electronic Commerce, 23*(4), 350–371.

Scholz, H. (2017). Showrooming Studie: Lange Wartezeiten im Geschäft fördern Online-Kauf (30.05.2017). *Zukunft des Einkaufens.* https://zukunftdeseinkaufens.de/so-laesst-sich-showroomingam-besten-verhindern/. Zugegriffen: 26. Juni 2022.

Scholz, H. (2018). Digital Connection: Kundenerlebnis durch digitale Lösungen steigern (03.09.2018). *Zukunft des Einkaufens.* https://zukunftdeseinkaufens.de/digitalconnection-interview/. Zugegriffen: 26. Juni 2022.

Schreier, M. (2013). Qualitative Erhebungsmethoden. In W. Hussy, M. Schreier, & G. Echterhoff (Hrsg.), *Forschungsmethoden in Psychologie und Sozialwissenschaften* (S. 222–244). Springer.

Schwartz, B., Ward, A., Monterosso, J., Lyubomirsky, S., White, K., & Lehman, D. (2002). Maximizing versus satisficing: Happiness is a matter of choice. *Journal of Personality and Social Psychology., 83*(5), 1178–1197.

Seitz, J. (2020). Konsum nach Corona: Die Macht des Miteinanders. *Zukunftsinstitut.* https://www.zukunftsinstitut.de/artikel/konsum-nach-corona-die-macht-des-miteinander/. Zugegriffen: 23. Sept. 2022

Snap. (2021). *Future of shopping. Global report.* https://assets.ctfassets.net/inb32lme5009/qgbcw9CEHEqT6Q9iKBChz/db4138fd22e37c87fb873a3eb65486ca/Snap_-_Final_Global_Report.pdf. Zugegriffen: 23. Sept. 2022.

Solomon, M., Hogg, M., K., Askegaard, S., & Bamossy, G. (2006). *Consumer behaviour. A European perspective.* Harlow.

Tauber, E. M. (1972). Why do people shop? *Journal of Marketing, 36*(4), 46–49.

Tontini, G. (2016). Identifying opportunities for improvement in online shopping sites. *Journal of Retailing and Consumer Services, 31*(2), 228–238.

Trobisch, J. (2007). Seniorenmarketing im Tourismus. Handlungsempfehlungen für ein integratives Marketingkonzept für den Städtetourismus im Freistaat Sachsen. https://docplayer.org/44733453-Seniorenmarketing-im-tourismus.html. Zugegriffen: 23. Sept. 2022

Trommsdorff, V., & Teichert, T. (2011). *Konsumentenverhalten.* Kohlhammer.

Untaru, E.-N., & Han, H. (2021). Protective measures against COVID-19 and the business strategies of the retail enterprises: Differences in gender, age, education, and income among shoppers. *Journal of Retailing and Consumer Services.* https://doi.org/10.1016/j.jretconser.2021

Wagner, T., & Rudolph, T. (2010). Towards a hierarchical theory of shopping motivation. *Journal of Retailing and Consumer Services, 17*(5), 415–429.

Wolfinbarger, M., & Gilly, M. (2000). *Consumer motivations for online shopping.* AMCIS 2000 proceedings 112. http://aisel.aisnet.org/amcis2000/112. Zugegriffen: 26. Juni 2022.

Zemke, R., Raines, C. & Filipczak, B. (2018). *Generations at work. Managing the clash of boomers, Gen Xers, and Gen Yers in the workplace.* Amacom.

Prof. Dr. Tobias Keil (MBA) ist Professor für Wirtschaftspsychologie an der Technischen Hochschule Aschaffenburg. Nach seinen Abschlüssen als Diplompsychologe an der Humboldt Universität zu Berlin und Master of Business Administration an der University of Hawaii promovierte er an der Universität Hohenheim in den Kommunikationswissenschaften. Seit 20 Jahren ist er auf unterschiedlichen Positionen in der internationalen Marketingberatung und Marktforschung tätig.

Prof. Dr. Dorothea Kissel ist Professorin für Wirtschaftspsychologie an der FOM Hochschule in Frankfurt a. M. Dem Abschluss als Diplompsychologin an der Goethe-Universität in Frankfurt a. M. folgten wissenschaftliche Drittmittelprojekte an der EBS Universität für Wirtschaft und Recht in Wiesbaden und Oestrich-Winkel sowie der Universität Kassel und die Promotion an der Goethe-Universität im Bereich Entrepreneurship. Seit mehr als zehn Jahren ist sie Geschäftsführerin des eignungsdiagnostischen Institutes entrecon (Entrepreneurship, Research & Consulting).

Förderung der Customer Experience im stationären Bekleidungseinzelhandel trotz Hygieneauflagen

12

Eine theoretische und empirische Bewertung von Maßnahmen

Julia Naskrent und Simon Dormann

Wider das Ladensterben.

Inhaltsverzeichnis

12.1 Einführung 246
12.2 Analyserahmen 247
      12.2.1 Begriffsdefinition Customer Experience 248
      12.2.2 Customer Journey 248
      12.2.3 Erlebnisdimensionen 250
12.3 Vorstellung und Bewertung von Maßnahmen zur Schaffung positiver Kunden-
     erfahrungen im Bekleidungseinzelhandel während der Coronapandemie. 251
      12.3.1 Phase „Wahrnehmung": Verstärkter Onlineauftritt 251
      12.3.2 Phase „Erwägung des Kaufs": Onlineberatung per Videotelefonie. 253
      12.3.3 Phase „Kauf": Online-Verkaufspartys 255
      12.3.4 Phase „Nach dem Kauf": Verlängertes Rückgaberecht 256
      12.3.5 Phase „Loyalität": E-Mail-Marketing 258
      12.3.6 Zwischenfazit. 259
12.4 Empirische Studie zur Kundenbeurteilung der während der Coronapandemie
     ergriffenen Maßnahmen des Bekleidungseinzelhandels 261
      12.4.1 Methodik und Studiendesign 261

J. Naskrent (✉)
FOM Hochschule, Siegen, Deutschland
E-Mail: julia.naskrent@fom.de

S. Dormann
Wilnsdorf, Deutschland
E-Mail: simon.dormann@outlook.com

© Der/die Autor(en), exklusiv lizenziert an Springer Fachmedien Wiesbaden GmbH, ein
Teil von Springer Nature 2023
L. Rothe et al. (Hrsg.), *Marketing & Innovation 2023,* FOM-Edition,
https://doi.org/10.1007/978-3-658-41309-5_12

12.4.2   Auswertung und Ergebnisse.   263
12.5   Handlungsempfehlungen und Fazit   270
Literatur.   274

Zusammenfassung

Der große Vorteil des stationären Einzelhandels – der direkte Kundenkontakt – war durch die Hygieneregelungen im Zuge der Bekämpfung des Coronavirus deutlich eingeschränkt und damit reduziert worden. Sämtliche Produktkategorien, das heißt selbst beratungsintensive Branchen wie Braut- und Bademoden oder Unterwäsche, waren durch die im Zuge der Pandemie gestiegene E-Commerce-Affinität der Konsumentinnen und Konsumenten bedroht. In Anbetracht weiterer potenzieller Einschränkungen des Handels aufgrund anderer pandemischer Bedrohungen, stellt sich die Frage, wie Bekleidungseinzelhändler ihre Überlegenheit bezüglich der Vermittlung einzigartiger Kundenerfahrungen in Zeiten der Kontaktbeschränkung stärken können. Der Wissensbedarf besteht somit darin zu erfahren, welche Maßnahmen zur Vermittlung eines positiven Kundenerlebnisses in Zeiten von Pandemien möglich sind und inwieweit diese zu positiven Kauferfahrungen beitragen. Mit einer quantitativen Untersuchung und der anschließenden Ableitung von Verbesserungspotenzialen für die im Sinne von Kundenerlebnissen ergriffenen Maßnahmen im Zuge der COVID-19-Pandem bearbeitet dieser Beitrag diese Problemstellung.

Schlüsselwörter

Maßnahmen · Corona · Bekleidungseinzelhandel · Modeläden · Customer Experience · Einkaufserlebnisse · Positive Kundenerfahrungen · Customer Journey

12.1   Einführung

Vorübergehende Engpässe im Supermarkt und die in den Jahren 2020 bis 2022 geltende pandemische Maßgabe, soziale Kontakte zu reduzieren und zu Hause zu bleiben, haben dazu geführt, dass viele stationäre Einzelhändler vor nie zuvor dagewesenen Herausforderungen standen. Insbesondere für den Bekleidungseinzelhandel, welcher sonst von intensivem Kundenkontakt in entsprechenden Beratungssituationen geprägt ist, bestand die Gefahr, dass viele Kundinnen und Kunden in den Onlinehandel abwandern oder ganz auf den Kauf von Bekleidungsartikel verzichten (vgl. Bahr, 2020). Der Grund hierfür ist allem voran das mangelhafte Einkaufserlebnis aufgrund der strengen Hygienemaßnahmen in den Einzelhandelsgeschäften. Desinfektions- und Maskenpflicht, eine Begrenzung der Personenzahl im Geschäft, die Pflicht zur Verwendung eines Einkaufswagens sowie die Anordnung, mindestens 1,5 m zu anderen Personen Abstand zu halten, sorgten dafür, dass sich die Verweildauer der Kundinnen und Kunden auf ein Minimum reduzierten (vgl. apa, 2021).

Diese Maßnahmen wirkten sich in großem Maße auf die Zufriedenheit der Einkaufenden aus und beeinträchtigten das Kauferlebnis in vielerlei Hinsicht.

In der Literatur werden als Lösung des seit Jahren bekannten Problems des Ladensterbens, welches durch die aufgeführten pandemischen Entwicklungen sich besonders gravierend ausgebreitet hat, Maßnahmen für die Verbesserung der Customer Experience vorgeschlagen (siehe hierzu: Toth, 2019). Aufgrund der Dynamik der Coronaauflagen und anderen unplanbaren Entwicklungen, steht die Praxis aber vor der Herausforderung, einzuschätzen, welche Maßnahmen in diesen neuen Zeiten sinnvoll und zielführend sind und welche nicht.

Die Bekleidungsgeschäfte stehen daher vor der Fragestellung, welche Maßnahmen trotz Hygieneauflagen ein optimales Kundenerlebnis schaffen und somit die Kundinnen und Kunden begeistern. Denn nur so kann eine erfolgversprechende Kundenbindung und damit eine dauerhafte Existenz sichergestellt werden (vgl. Toth, 2019, S. 67 ff.). Der Wissensbedarf der Einzelhandelsgeschäfte besteht somit darin zu erfahren, welche Maßnahmen zur Vermittlung eines positiven Kundenerlebnisses in Zeiten von Pandemie möglich sind und inwieweit diese Maßnahmen zur Befriedigung der Kundinnen- und Kundenbedürfnisse bezüglich positiver Kauferfahrungen beitragen.

Das Ziel dieses Beitrags besteht folglich in der quantitativen Untersuchung und der anschließenden Ableitung von Verbesserungspotenzialen für die vom stationären Bekleidungseinzelhandel zur Zeit der Coronapandemie ergriffenen Maßnahmen im Sinne von Kundenerlebnissen. Um dies zu realisieren, wird das Oberziel in mehrere Teilziele aufgegliedert. Zunächst soll eine theoretische Analyse hinsichtlich der Maßnahmen erfolgen. Dies wird realisiert, indem fünf Maßnahmen vorgestellt und bewertet werden. Die Auswahl der Maßnahmen orientiert sich an dem Verlauf der Customer Journey. Es wird für jeden Punkt dieser Journey eine Maßnahme vorgestellt. Diese Maßnahmen werden mithilfe der sechs gängigen Erlebnisdimensionen bewertet und Hypothesen hinsichtlich der Wirksamkeit dieser Maßnahmen aufgestellt. Das nächste Teilziel beinhaltet die praktische Validierung anhand einer quantitativen Befragung. Dafür wird zunächst das Studiendesign sowie das Erhebungsverfahren erklärt. Im Rahmen der Ergebnisvorstellung sollen die aufgestellten Hypothesen falsifiziert werden.

Die Auswertung der Befragung wird zeigen, dass fast alle Hypothesen als vorläufig bestätigt angesehen werden können. Um einen Ausblick zu geben, werden im Anschluss verschiedene Handlungsempfehlungen dargelegt. Diese basieren auf den Ergebnissen der theoretischen Analyse und der praktischen Validierung.

12.2 Analyserahmen

In diesem Abschnitt werden die Grundlagen für die Evaluation von Maßnahmen bezüglich ihres Erlebnischarakters gelegt. Dafür folgt zunächst eine Begriffserklärung von Customer Experience sowie deren Bedeutung. Danach wird die Customer Journey dargestellt und die einzelnen Phasen vorgestellt. In der sich anschließenden Analyse erfolgt die Evaluation einer Maßnahme aus je einer Customer-Journey-Phase. Die Evaluation erfolgt mittels sogenannter „Erlebnisdimensionen", welche am Ende dieses Abschnitts erläutert werden.

12.2.1 Begriffsdefinition Customer Experience

Angesichts des veränderten Konsumverhaltens der Bevölkerung sowie der sich wandelnden Markt- und Wettbewerbsstruktur gewann das Thema Customer Experience in den letzten Jahren zunehmend an Bedeutung. Die Erwartungen der Kundinnen und Kunden haben sich wesentlich verändert. Eigenschaften wie Zuverlässigkeit, Funktions- fähigkeit oder auch Anwenderfreundlichkeit sind keine Alleinstellungsmerkmale mehr, sondern gelten inzwischen als Standardvoraussetzung, um als Anbieter überhaupt am Markt wahrgenommen und akzeptiert zu werden (vgl. Goldhausen, 2018, S. 44). Schlussfolgernd erkennen immer mehr Unternehmen die Wichtigkeit der emotionalen Aspekte der Entscheidungsfindung der Kundinnen und Kunden und wollen die Customer Experience systematisch steuern (vgl. Lemon & Verhoef, 2016, S. 69 ff.). Der Begriff „Customer Experience" wird als ein gewisses „Kundenerlebnis" oder auch eine „Kundenerfahrung" definiert (vgl. Bruhn & Hadwich, 2012, S. 9). Die Customer Experience beschreibt somit die Summe aller Erfahrungen, die eine Kundin bzw. ein Kunde, über alle Kontaktpunkte hinweg, mit einem Unternehmen sammelt (vgl. Tiffert, 2019, S. 6). Solche Kontaktpunkte werden häufig auch als Customer Touchpoints bezeichnet. Sie beziehen sich sowohl auf den eigentlichen Kaufprozess an sich, aber auch auf die gesamte Kommunikation drumherum (vgl. Käsehage & Lauterhahn, 2015).

In diesem Zusammenhang verkörpert das Customer Experience Management (CEM) einen Ansatz zur Verbesserung der Kundenbindung. Die Absicht des CEM ist es, die Erlebnisse der Kundin bzw. des Kunden planmäßig zu analysieren und zu gestalten, um dadurch ihre bzw. seine Erwartungen zu übertreffen und sie bzw. ihn langfristig an das Unternehmen zu binden (vgl. Holland & Ramanathan, 2016, S. 84).

12.2.2 Customer Journey

Aufbauend auf den in Abschn. 12.2.1 genannten Begriffen „Touchpoint" und „Kontakt- punkte" bildet eine Customer Journey (oft auch User Journey oder Consumer Journey bezeichnet) nun die „Reise" einer Konsumentin oder eines Konsumenten entlang dieser sogenannten Touchpoints ab. Diese Reise beginnt mit der Informationssuche und beinhaltet alle sowohl absichtlich als auch unbeabsichtigt angetroffenen Kontakt- punkte mit einem Produkt, einer Dienstleistung, einem Unternehmen oder einer Marke (vgl. Keller, 2019, S. 37). Die finale Zielhandlung ist in der Regel ein Kauf, eine News- letter-Eintragung oder eine Anfrage (vgl. Mangold, 2014, S. 34). Demzufolge stellt eine Customer Journey alle messbaren Kontaktpunkte einer Kundin bzw. des Kunden entlang des Kaufentscheidungsprozesses dar. Dabei werden sämtliche Marketingkanäle einbezogen, mit denen die Kundin bzw. der Kunde im Rahmen des Kaufprozesses in Berührung kommt (vgl. BVDW, 2012, S. 7). Die Touchpoints können daher sowohl analog (z. B. in Form von Plakaten) als auch digital (z. B. auf sozialen Medien) angetroffen werden. Die Customer Journey kann sich je nach Branche und Produktkategorie über einige Stunden, Tage oder auch Monate ziehen (vgl. Mangold, 2014, S. 34). Die Customer Journey umfasst dabei klassischerweise folgende Phasen (vgl. Wiesenmüller, 2020; Zöller, 2019):

▶ **Phasen der Customer Journey**
Phase 1: Awareness (Wahrnehmung)
In der ersten Phase, der Aufmerksamkeitsphase, erkennt die Kundin bzw. der Kunde ein gewisses Problem bzw. ein Bedürfnis, das er befriedigen möchte. Solch ein Bedürfnis kann beispielsweise durch eine zuvor angesehene Werbekampagne oder auch durch eine erhaltende Weiterempfehlung entstanden sein. Der Kundin bzw. dem Kunden sollte folglich in dieser Phase dargelegt werden, inwiefern das Angebot zur Lösung ihres bzw. seines Problems beitragen kann.

Phase 2: Consideration (Erwägung des Kaufs)
In der Consideration-Phase beginnt die Konsumentin bzw. der Konsument mit einer gezielten Informationssuche, um anhand dieser Informationen später eine konkrete Entscheidung treffen zu können. Dabei stellt sich die Kundin bzw. der Kunde häufig folgende Fragen: Wie teuer ist das gewünschte Produkt/die gewünschte Dienstleistung? Wie gut ist die Qualität? Des Weiteren findet in dieser Phase ein Vergleich zwischen den unterschiedlichen Anbietern statt. An diesem Punkt ist die Kundin bzw. der Kunde besonders empfänglich für spezifische produktbezogene Werbung, für Preisangebote und für vertrauensbildende Maßnahmen.

Phase 3: Buy (Kauf)
Die dritte Phase wird dadurch definiert, dass jetzt eine endgültige Kaufentscheidung getroffen wird. Sie beinhaltet die Abwicklung des Kaufvertrages, die Zahlungsbedingungen sowie den Bezahlvorgang. Dabei sollte in hohem Maße darauf geachtet werden, dass die Kaufabwicklung für die Kundin bzw. den Kunden so leicht und verständlich wie möglich durchgeführt werden kann. Sollten bei der Abwicklung Probleme oder Unverständlichkeiten auftreten, besteht das Risiko, dass sich der Interessent kurz vor Transaktion doch gegen einen Kauf entscheidet.

Phase 4: After-Sales (Nach dem Kauf)
In der After-Sales-Phase dreht sich alles um die Produktqualität und den Service. Dabei geht es beispielsweise um die Pünktlichkeit der Warenlieferung und die Übereinstimmung von Produkt und Angebot. Doch auch Merkmale wie die Verpackung oder die Kosten für Retouren spielen eine große Rolle.

Phase 5: Loyalität (Kundenbindung)

Die Customer Journey ist mit Ende der Transaktion noch lange nicht abgeschlossen. In der letzten Phase tätigt die Kundin bzw. der Kunde bestenfalls Weiterempfehlungen oder teilt seine Begeisterung auf sozialen Medien oder im privaten Freundes- und Bekanntenkreis. Zudem haben Unternehmen gute Chancen mit Cross-Selling-Angeboten, denn zufriedene Kundinnen und Kunden sind nicht selten auch an weiteren Produkten des Unternehmens interessiert.

12.2.3 Erlebnisdimensionen

Wie Abschn. 12.1 anführte, ist zwar der Mehrheit der stationären Einzelhändler die Wichtigkeit von positiven Kundenerlebnissen durchaus bewusst, jedoch fehlt es ihnen – gerade aufgrund der Dynamik der Coronasituation – an den erforderlichen Maßnahmen zur Förderung dieser (vgl. Kreutzer, 2018, S. 99). In diesem Abschnitt sollen daher wesentliche Erfolgsfaktoren für ein Customer-Experience-Management abgebildet werden. Um ein erfolgreiches CEM aufzubauen, sollten die Einzelhändler folgende sechs Erlebnisdimensionen beachten (siehe Tab. 12.1; vgl. Bruhn & Hadwich, 2012, S. 12 ff.; Holland & Ramanathan, 2016, S. 89; Kreutzer, 2018, S. 98; Tiffert, 2019, S. 10):

Bei all diesen Erlebnisdimensionen ist es von hoher Bedeutung, dass die stationären Händler jederzeit versuchen, die Wünsche und Bedürfnisse ihrer Zielgruppe herauszufinden und anhand dieser die Erlebnisse passend auszurichten. Für den Handel ist es zwingend erforderlich, alle relevanten Kontaktpunkte mit den Kundinnen und Kunden zu identifizieren und an diese die geforderten Informationen und Services bereitzustellen.

Tab. 12.1 Übersicht über Erlebnisdimensionen

Sensorische Erlebnisse	Aufnahme von Umweltanreizen durch die Ansprache der fünf Sinne (Hören, Riechen, Sehen, Fühlen und Schmecken)
Emotionale bzw. affektive Erlebnisse	Ansprache der Gefühls- und Stimmungsebene der Kundin bzw. des Kunden und Vermittlung eines angenehmen Gefühls
Kognitive Erlebnisse	Entstehen durch eine Informationsaufnahme, -verarbeitung und -speicherung und haben die Absicht, dass sich die Konsumentin bzw. der Konsument umfassend mit der Botschaft bzw. direkt mit dem Unternehmen auseinandersetzt und dabei gedankliche Vorgänge angeregt werden
Verhaltensbezogene Erlebnisse	Beinhalten die Entstehung von physischen Reizen wie z. B. Nutzungsarten und Interaktionsmöglichkeiten
Lifestyle-Erlebnisse	Bieten Argumente zur Bekräftigung der Werte und Meinungen der Kundin bzw. des Kunden
Soziale Erlebnisse	Werden hervorgerufen durch die Schaffung von Gemeinschaftlichkeit und Zugehörigkeit der Konsumentin bzw. des Konsumenten zu einem bestimmten Unternehmen/einer bestimmten Marke

Mit dem Wissen über die Customer Journey, die verschiedenen Erlebnisdimensionen sowie die Bedürfnisse der Kundinnen und Kunden können die Geschäftsinhaber damit starten, bewusst positive Kundenerfahrungen zu schaffen (vgl. Philipp & Krauss, 2019).

Im nächsten Abschnitt erfolgt eine theoretische Analyse der Wirksamkeit der im Zuge der Coronapandemie entlang der Customer Journey ergriffenen Maßnahmen des stationären Bekleidungshandels. Es werden fünf Maßnahmen vorgestellt und unter Zuhilfenahme der sechs Erlebnisdimensionen hinsichtlich der vermittelten Customer Experience evaluiert.

12.3 Vorstellung und Bewertung von Maßnahmen zur Schaffung positiver Kundenerfahrungen im Bekleidungseinzelhandel während der Coronapandemie

12.3.1 Phase „Wahrnehmung": Verstärkter Onlineauftritt

Im Zuge der Coronapandemie sahen sich viele Bekleidungseinzelhändler gezwungen, neue Wege einzuschlagen und wagten den Schritt in die Online-Vermarktung ihrer Kollektionen. Hierzu bauten sie beispielsweise eigene Onlineshops auf oder wurden verstärkt in sozialen Netzwerken aktiv (vgl. Gode, 2021). Manch eine Boutique-Inhaberin machte sich die Mühe und fotografierte jedes Kleidungsstück in ihrer Kollektion, um es anschließend in Facebook, Instagram oder Snapchat einzustellen (vgl. Schamber, 2022).

Unterstützt wurden die Einzelhändler zum Teil auch von regionalen Initiativen. So versuchten einige Städte mittels Onlineportalen den Händlern vor Ort eine Option zu bieten, ohne großen technischen Aufwand Waren online zu verkaufen. Unter dem Projekt „onlineCity Wuppertal" bot beispielsweise die Stadt Wuppertal dem überregionalen Onlinehandel die Stirn und schuf für lokale Einzelhändler eine Plattform für einen gemeinsamen Internetauftritt (vgl. dpa, 2015; Wuppertal, 2019). Hinsichtlich ihres Erlebnischarakters lassen sich die Onlineaktivitäten folgendermaßen bewerten:

Übersicht
- **Sensorische Erlebnisse**
  Verstärkte Onlineauftritte vermitteln keinerlei sensorische Erlebnisse, da die Maßnahme keine nennenswerten Umweltanreize für die Konsumenten bietet, welche diese stimulieren könnte.
- **Emotionale bzw. affektive Erlebnisse**
  Durch die Verstärkung des Onlineauftritts werden leichte emotionale Erlebnisse geschaffen, da der Händler z. B. über ein starkes Social-Media-Profil die Kundin bzw. den Kunden direkt ansprechen und mit seinen Inhalten und Angeboten eine emotionale Beziehung aufbauen kann. Auch gesponserte Werbung kann

individuell an die Konsumentin bzw. den Konsumenten angepasst werden und somit eine Beziehung zu den Leistungen und Produkten herstellen.

- **Kognitive Erlebnisse**
  Durch die Maßnahme werden leichte kognitive Erlebnisse erzeugt, da die Kundin bzw. der Kunde sich über die Internetseite/den Webshop oder angepasste Werbung Informationen einholen sowie vergleichen kann. Die Ausprägung dieser Dimension ist jedoch abhängig von der Professionalität des Onlineauftritts.
- **Verhaltensbezogene Erlebnisse**
  Diese Dimension wird durch die Maßnahme nicht tangiert, da durch diese keine konkreten Interaktionsmöglichkeiten oder physischen Erlebnisse vermittelt werden.
- **Lifestyle-Dimension**
  Die Lifestyle-Dimension wird von der Maßnahme leicht berührt, da es in dieser darum geht, Argumente zur Bestätigung von Werten und Meinungen zu erzielen. Dies kann durch einen starken Onlineauftritt erreicht werden.
- **Soziale Erlebnisse**
  Durch die Verstärkung der Onlinepräsenz werden leichte soziale Erlebnisse erzeugt. Durch die Social-Media-Kanäle kann eine Art Zugehörigkeit zu der Marke bei den Konsumentinnen und Konsumenten erzielt werden, da diese das Gefühl bekommen, der Marke nahe zu sein und dazuzugehören.

Dadurch, dass zwei Dimensionen durch den verstärkten Onlineauftritt überhaupt nicht tangiert werden und drei Dimensionen nur leicht berührt werden, lassen sich die Ergebnisse der Bewertung und die daraus resultierende Hypothese H1 zusammengefasst, wie in Tab. 12.1 gezeigt, darstellen (Tab. 12.2).

Tab. 12.2 Hypothese 1

Maßnahme	Bezeichnung	Erlebnisdimensionen	Bewertung	Hypothese
1	Verstärkter Onlineauftritt	Sensorische Erlebnisse	o	H1 – Der von Kundinnen und Kunden wahr-genommene Erlebnischarakter von verstärkten Onlineauftritten ist insgesamt durch-schnittlich
		Emotionale Erlebnisse	+	
		Kognitive Erlebnisse	+	
		Verhaltensbezogene Erlebnisse	o	
		Lifestyle-Dimension	+	
		Soziale Erlebnisse	+	

Legende: o = kein Effekt + leicht betroffen ++ stark betroffen

12.3.2 Phase „Erwägung des Kaufs": Onlineberatung per Videotelefonie

Während die vorherige Maßnahme des verstärkten Onlineauftritts darauf abzielt, einen Erstkontakt herzustellen, verfolgt die zweite Maßnahme das Ziel, Konsumentinnen und Konsumenten in der Phase der Erwägung des Kaufs zu unterstützen. Dies war insbesondere in Hochzeiten der Coronapandemie eine Herausforderung für Bekleidungseinzelhändler, da sie aufgrund der strengen Hygienevorschriften eine optimale Beratung nicht bieten können. Eine Onlineberatung per Videotelefonie stellte ein Versuch der Lösung dieses Problems dar. Diese läuft wie folgt ab: Nach vorheriger Buchung bekommen interessierte Kundinnen und Kunden die individuelle Möglichkeit, von überall per Videotelefonie mit einer Verkäuferin bzw. einem Verkäufer im Laden verbunden zu werden. Diese bzw. dieser kann per Kameraübertragung individuell auf die Wünsche der Kundinnen und Kunden eingehen und ihnen eine auf sie zugeschnittene Beratung liefern. Die Verkäuferin bzw. der Verkäufer kann dabei sowohl einen Überblick über das Sortiment geben als auch einzelne Kleidungsstücke präsentieren, um so den Schnitt und die Form der Ware zu verdeutlichen. Die Kundin bzw. der Kunde kann sich daraufhin gleich per Videotelefonie für das gewünschte Kleidungsstück entscheiden oder aber später per Telefon oder Internet mit dem Händler abermals in Kontakt treten. Das gekaufte Produkt kann abschließend entweder im Laden abgeholt oder per Lieferdienst an die Kundin bzw. den Kunden zugestellt werden (vgl. Kolf et al., 2021).

Hinsichtlich ihres Erlebnischarakters lassen sich die Videoberatungen folgendermaßen bewerten:

> **Übersicht**
> - **Sensorische Erlebnisse**
>   Durch videobasierte Beratungen werden leichte sensorische Erlebnisse erzeugt, da die Verkäuferin bzw. der Verkäufer die Kundin bzw. den Kunden zumindest per Kamera durch den gesamten Laden führen sowie mit ihm interagieren kann, was die beiden Sinne Sehen und Hören aktiviert.
> - **Emotionale bzw. affektive Erlebnisse**
>   Eine solche Art der Beratung vermittelt leichte emotionale Erlebnisse, da sich der persönliche Kontakt und die professionelle Beratung positiv auf die Kundin bzw. den Kunden auswirken. Die Kundin bzw. der Kunde hat somit das Gefühl, im Mittelpunkt zu stehen und fühlt sich angesprochen.
> - **Kognitive Erlebnisse**
>   Diese Dimension ist durch diese Art der Beratung sehr stark gefördert. Durch die individuelle Beratung nimmt die Kundin bzw. der Kunde mehr Informationen

auf als beim reinen Onlineshopping. Die Tatsache, dass sie bzw. er in dem Moment die volle Aufmerksamkeit der Verkäuferin bzw. des Verkäufers erhält und somit auf die persönlichen Wünsche und Bedürfnisse eingegangen sowie dementsprechend die Beratung ausgerichtet werden kann, führt zu einer erhöhten kognitiven Leistung (Wahrnehmung und Speicherung der präsentierten Informationen).

- **Verhaltensbezogene Erlebnisse**
  Die verhaltensbezogenen Erlebnisse werden durch die videobasierte Maßnahme in vollem Maße angesprochen, da die per Kamera übermittelten Bilder einen physischen Nutzen schafft und die individuelle Beratung Interaktionsmöglichkeiten bietet.
- **Lifestyle-Dimension**
  Diese Dimension wird durch diese Form der Beratung leicht tangiert, da den Kundinnen und Kunden Argumente geliefert werden, welche bei ihnen zur Bestätigung ihrer Meinungen und Werte dienen.
- **Soziale Erlebnisse**
  Diese Form der Beratung spricht ebenfalls die Dimension der sozialen Erlebnisse leicht an. Zwar gibt es keine Interaktion zwischen Kundinnen und Kunden, jedoch können sie immerhin jeder für sich mit der Verkäuferin bzw. dem Verkäufer interagieren und dies intensiviert letztendlich die Beziehung mit der Retail Brand.

Dadurch, dass alle Erlebnisdimensionen durch die dargestellte Maßnahme tangiert werden, drei davon leicht und zwei davon komplett, lassen sich die Ergebnisse der Bewertung und die daraus resultierende Hypothese H2 zusammengefasst, wie in Tab. 12.3 gezeigt, darstellen.

Tab. 12.3 Hypothese 2

Maßnahme	Bezeichnung	Erlebnisdimensionen	Bewertung	Hypothese
2	Onlineberatung per Videotelefonie	Sensorische Erlebnisse	+	Der von Kundinnen und Kunden wahrgenommene Erlebnischarakter von Onlineberatungen per Videotelefonie ist insgesamt überdurchschnittlich
		Emotionale Erlebnisse	+	
		Kognitive Erlebnisse	++	
		Verhaltensbezogene Erlebnisse	++	
		Lifestyle-Dimension	+	
		Soziale Erlebnisse	+	

Legende: o = kein Effekt + leicht betroffen ++ stark betroffen

12.3.3 Phase „Kauf": Online-Verkaufspartys

Online-Verkaufspartys werden per Livestream im Internet frei zugänglich für alle Interessierten veröffentlicht. Sie sind quasi ein Shopping-TV im Internet. Eine Verkäuferin bzw. ein Verkäufer tritt dabei als Moderatorin oder Moderator auf und präsentiert in Form eines Livestreams eine exklusive Auswahl an Waren. Währenddessen sitzen meistens weitere Mitarbeitende hinter der Kamera und antworten auf Kundenfragen und -wünsche und nehmen Bestellungen entgegen (vgl. Bayern2, 2021; Kolf et al., 2021). Die beliebtesten Medien für Online-Verkaufspartys sind dabei Social-Media-Portale wie z. B. Facebook, Instagram oder YouTube (vgl. Bayern2, 2021; fraeuleinmodeundwohnen, 2022).

Die Kundinnen und Kunden können sich ortsunabhängig dazu schalten und die initiierte Erfahrung in dem von ihnen präferierten Umfeld erleben. Außerdem wird das Shoppen durch diese Maßnahme zu einem neuartigen sozialen Event (vgl. Naskrent, 2021).

Hinsichtlich ihres Erlebnischarakters lassen sich die Online-Verkaufspartys folgendermaßen bewerten:

> **Übersicht**
> - **Sensorische Erlebnisse**
>   Online-Verkaufspartys vermitteln sensorische Erlebnisse, denn ähnlich wie videobasierte Beratungen können die teilnehmenden Kundinnen und Kunden während des Livestreams die verschiedenen Kleidungsstücke sehen, während sie die Beschreibungen der Moderatorin bzw. des Moderators hören. Somit werden zwei der insgesamt fünf Sinne angesprochen.
> - **Emotionale bzw. affektive Erlebnisse**
>   Die emotionale Dimension wird ebenfalls leicht durch Online-Verkaufspartys tangiert. Durch den persönlichen Kontakt und die direkte Interaktionsmöglichkeit mit Verkaufsmitarbeitenden hinter der Kamera werden positive Gefühle erzeugt. Die Verkaufsmitarbeitenden können analog zur videobasierten Beratung ebenfalls explizit auf jeden einzelnen Kundenwunsch eingehen und Fragen beantworten, weswegen die Kundin bzw. der Kunde Wertschätzung empfindet.
> - **Kognitive Erlebnisse**
>   Online-Verkaufspartys vermitteln auch kognitive Erlebnisse, da durch den Livestream die Waren präsentiert werden. Durch die persönliche Note, welche durch den Livestream und die Verkaufsmitarbeitenden im Hintergrund entsteht, kann die Kundin bzw. der Kunde die Informationen besser aufnehmen und verarbeiten, als wenn sie bzw. er z. B. nur einen Informationstext zu der Ware auf einer Website lesen würde.

- **Verhaltensbezogene Erlebnisse**
  Durch Online-Verkaufspartys werden starke verhaltensbezogene Erlebnisse erzeugt. Diese entstehen durch die unterhaltsame Vermittlung eines physischen Nutzens durch ein medial vermitteltes Erlebnis mit Eventcharakter sowie den erläuterten Interaktionsmöglichkeiten.
- **Lifestyle-Dimension**
  Diese Dimension wird durch Online-Verkaufspartys nicht tangiert, da der Fokus dabei eher auf dem gemeinsamen Shoppen und dem Vorstellen von Kleidungsstücken sowie der Interaktion liegt und nur bedingt die Wertvorstellungen der Kundinnen und Kunden anspricht.
- **Soziale Erlebnisse**
  Online-Verkaufspartys sind starke soziale Erlebnisse. Dies geschieht dadurch, dass dem Livestream jeder beitreten kann und mit anderen Interessenten sowie dem Verkaufspersonal kommunizieren kann. Außerdem kann unter Berücksichtigung der geltenden Kontaktbeschränkungen der Livestream gemeinsam mit Freundinnen und Freunden angeschaut werden. Dies fördert das Gefühl von Gemeinschaft und Zugehörigkeit.

Tab. 12.4 listet die analysierten Wirkungen überblicksartig auf und formuliert H3.

12.3.4 Phase „Nach dem Kauf": Verlängertes Rückgaberecht

Die Sorge der Bevölkerung, eine aufgrund der im Zuge der Coronapandemie eingeschränkten Beratungs- und Ausprobiermöglichkeiten falsche Kaufentscheidung zu treffen und im Nachhinein, aufgrund von weiteren Schließungen oder Isolationsvorschriften, die Ware nicht mehr fristgerecht umtauschen zu können, hat sich negativ auf die Kaufbereitschaft ausgewirkt (vgl. Forke, 2020; Jentzsch, 2020).

Tab. 12.4 Hypothese 3

Maßnahme	Bezeichnung	Erlebnisdimensionen	Bewertung	Hypothese
3	Online-Verkaufspartys	Sensorische Erlebnisse	+	Der von Kundinnen und Kunden wahrgenommene Erlebnischarakter von Online-Verkaufspartys ist insgesamt überdurchschnittlich
		Emotionale Erlebnisse	+	
		Kognitive Erlebnisse	+	
		Verhaltensbezogene Erlebnisse	++	
		Lifestyle-Dimension	o	
		Soziale Erlebnisse	++	

Legende: o = kein Effekt + leicht betroffen + + stark betroffen

Gesetzlich sind Händler, die ihre Ware online verkaufen, dazu verpflichtet, ein 14-tägiges Widerrufsrecht einzuräumen. Sprich, die Kundin bzw. der Kunde hat zwei Wochen lang das Recht, die erworbene Ware ohne Angabe von Gründen zurückzugeben (vgl. Forke, 2020; Jentzsch, 2020). Auch im stationären Einzelhandel räumen viele Händler der Kundschaft freiwillig ein 14-tägiges Umtausch- oder Rückgaberecht gegen Vorlage des Kassenbons ein, auch wenn sie nicht dazu verpflichtet sind (vgl. Forke, 2020).

Im Zuge der Coronapandemie haben viele Händler online sowie stationär diese Regelungen im Sinne der Kundinnen und Kunden nochmals erweitert. Die Kaufhauskette TK Maxx erhöhte die Rückgabefrist auf 28 Tage und C&A auf 45 Tage (vgl. Forke, 2020).

Hinsichtlich ihres Erlebnischarakters lassen sich diese verlängerten Rückgabefristen folgendermaßen bewerten:

- **Sensorische Erlebnisse**
  Durch ein verlängertes Rückgaberecht werden keine sensorischen Erlebnisse bei der Kundschaft geschaffen, da diese Maßnahme keinen der fünf Sinne anspricht.
- **Emotionale bzw. affektive Erlebnisse**
  Diese Dimension wird durch verlängerte Rückgabefristen leicht tangiert. Das freiwillige und großzügige Entgegenkommen der Händler löst bei den Kundinnen und Kunden positive Gefühle aus und nimmt ihnen die negativen Emotionen wie z. B. die Angst davor, dass die Ware nicht rechtzeitig zurückgegeben werden kann.
- **Kognitive Erlebnisse**
  Die Verlängerung des Rückgaberechts hat keinen direkten Einfluss auf die kognitiven Erlebnisse, da durch diese Maßnahme keine Informationen übertragen werden, die daraufhin verarbeitet und gespeichert werden können.
- **Verhaltensbezogene Erlebnisse**
  Durch verlängerte Rückgabefristen werden schwache verhaltensbezogene Erlebnisse geschaffen. Da durch die Pandemie in vielen Geschäften die Umkleidekabinen geschlossen werden mussten, ist die Kundin bzw. der Kunde dank dieser Maßnahme nun in der Lage, die Ware in Ruhe zu Hause anzuprobieren und die Kaufentscheidung zurückzuziehen, ohne Angst haben zu müssen, dass der Händler die Rückgabe nicht akzeptiert.
- **Lifestyle-Dimension**
  Diese Dimension wird nicht tangiert, da eine Verlängerung des Rückgabe- und Umtauschrechts keine Argumente liefert, um Werte und Meinungen der Kundinnen und Kunden zu bestätigen.
- **Soziale Erlebnisse**
  Verlängerte Rückgabefristen vermitteln keinerlei soziale Erlebnisse, da keine Erhöhung der Interaktion zwischen Kundinnen bzw. Kunden und Händler oder anderen Kundinnen und Kunden entsteht.

Tab. 12.5 Hypothese 4

Maßnahme	Bezeichnung	Erlebnisdimensionen	Bewertung	Hypothese
4	Verlängertes Rückgaberecht	Sensorische Erlebnisse	o	Der von Kundinnen und Kunden wahrgenommene Erlebnischarakter von verlängerten Rückgabefristen ist insgesamt unterdurchschnittlich
		Emotionale Erlebnisse	+	
		Kognitive Erlebnisse	o	
		Verhaltensbezogene Erlebnisse	+	
		Lifestyle-Dimension	o	
		Soziale Erlebnisse	o	

Legende: o = kein Effekt + leicht betroffen ++ stark betroffen

Tab. 12.5 listet die analysierten Wirkungen überblicksartig auf und formuliert H4.

12.3.5 Phase „Loyalität": E-Mail-Marketing

Auch die letzte Phase der Customer Journey – die Loyalitätsphase – ist für stationäre Bekleidungshändler aufgrund der durch die Coronapandemie eingeschränkten Kontaktmöglichkeit mit dem Kundenkreis problematisch (vgl. AGNITAS, 2020). Um dieser Herausforderung gerecht zu werden, haben zahlreiche Geschäfte das sogenannte E-Mail-Marketing verstärkt. Infolgedessen ließ sich ein Anstieg des E-Mail-Verkehrs beobachten und auch viele inaktive Nutzerinnen und Nutzer wurden kontaktiert (vgl. Interactive One GmbH, 2020; artegic AG, 2021). Ebenfalls änderte sich die Art und Weise der E-Mails. So gaben viele Einzelhändler in ihren Newslettern allgemeine Informationen über die aktuelle Coronasituation und die Hygienevorschriften sowie über Öffnungszeiten, Erreichbarkeit und Lieferzeiten (vgl. artegic AG, 2021).

Hinsichtlich ihres Erlebnischarakters lässt sich E-Mail-Marketing folgendermaßen bewerten:

> **Übersicht**
> - **Sensorische Erlebnisse**
>   Durch das Versenden einer E-Mail werden keine sensorischen Erlebnisse erzeugt, da der optische Reiz zu gering ist.
> - **Emotionale bzw. affektive Erlebnisse**
>   Diese Dimension wird leicht durch das E-Mail-Marketing tangiert, da mit einem sorgfältig gestalteten Newsletter positive Gefühle bei den Kundinnen und Kunden ausgelöst werden können. Durch einen empathischen und persönlichen Schreibstil kann dies verstärkt werden.

- **Kognitive Erlebnisse**
  Durch einen informativen Newsletter werden leichte kognitive Erlebnisse erzeugt, da wichtige Botschaften vermittelt werden können und die Kundin bzw. der Kunde diese durch eine kreative Newsletter-Gestaltung gut aufnehmen und verarbeiten kann.
- **Verhaltensbezogene Erlebnisse**
  Diese Dimension wird durch die Maßnahme nicht berührt. Durch einen Newsletter werden keine Interaktionsmöglichkeiten oder physischen Erlebnisse vermittelt.
- **Lifestyle-Dimension**
  Diese Dimension wird ebenfalls nicht von E-Mail-Marketing tangiert, da durch einen Newsletter nur schlecht ein Bezug zu den Werten der Kundinnen und Kunden hergestellt werden kann.
- **Soziale Erlebnisse**
  Auch wenn ein Newsletter ein einseitiges Kommunikationsinstrument ist, erzeugt dies leichte soziale Erlebnisse. E-Mail-Marketing vermittelt der Kundin bzw. dem Kunden das Gefühl, dass sie bzw. er dem Unternehmen wichtig ist. In jedem Fall stellt es eine Form der Interaktion dar.

Tab. 12.6 listet die analysierten Wirkungen überblicksartig auf und formuliert H5.

12.3.6 Zwischenfazit

Die Bewertung der Maßnahmen unter Zuhilfenahme der sechs Erlebnisdimensionen zeigt deutliche Differenzen zwischen den einzelnen Maßnahmen. In Tab. 12.7 sind alle Bewertungen der Maßnahmen nochmals zusammengefasst dargestellt. In der letzten

Tab. 12.6 Hypothese 5

Maßnahme	Bezeichnung	Erlebnisdimensionen	Bewertung	Hypothese
5	E-Mail-Marketing	Sensorische Erlebnisse	o	Der von Kundinnen und Kunden wahrgenommene Erlebnischarakter von E-Mail-Marketing ist insgesamt unterdurchschnittlich
		Emotionale Erlebnisse	+	
		Kognitive Erlebnisse	+	
		Verhaltensbezogene Erlebnisse	o	
		Lifestyle-Dimension	o	
		Soziale Erlebnisse	+	

Legende: o = kein Effekt + leicht betroffen ++ stark betroffen

Tab. 12.7 Übersicht der Erkenntnisse der theoretischen Analyse

Maß-nahme	Bezeichnung	Erlebnisdimensionen	Bewertung	Hypothese	Ranking
1	Verstärkter Onlineauftritt	Sensorische Erlebnisse	o	H1 – Der von Kundinnen und Kunden wahr-genommene Erlebnischarakter von verstärkten Onlineauftritten ist insgesamt durch-schnittlich	3
		Emotionale Erlebnisse	+		
		Kognitive Erlebnisse	+		
		Verhaltensbez. Erlebnisse	o		
		Lifestyle-Dimension	+		
		Soziale Erlebnisse	+		
2	Online-beratung per Videotele-fonie	Sensorische Erlebnisse	+	H2 – Der von Kundinnen und Kunden wahr-genommene Erleb-nischarakter von Onlineberatungen per Videotelefonie ist insgesamt über-durchschnittlich	1
		Emotionale Erlebnisse	+		
		Kognitive Erlebnisse	++		
		Verhaltensbez. Erlebnisse	++		
		Lifestyle-Dimension	+		
		Soziale Erlebnisse	+		
3	Online-Ver-kaufspartys	Sensorische Erlebnisse	+	Der von Kundinnen und Kunden wahr-genommene Erleb-nischarakter von Online-Verkaufs-partys ist insgesamt überdurchschnitt-lich	2
		Emotionale Erlebnisse	+		
		Kognitive Erlebnisse	+		
		Verhaltensbez. Erlebnisse	++		
		Lifestyle-Dimension	o		
		Soziale Erlebnisse	++		
4	Verlängertes Rückgabe-recht	Sensorische Erlebnisse	o	Der von Kundinnen und Kunden wahrgenommene Erlebnischarakter von verlängerten Rückgabefristen ist insgesamt unter-durchschnittlich	5
		Emotionale Erlebnisse	+		
		Kognitive Erlebnisse	o		
		Verhaltensbez. Erlebnisse	+		
		Lifestyle-Dimension	o		
		Soziale Erlebnisse	o		
5	E-Mail-Marketing	Sensorische Erlebnisse	o	Der von Kundinnen und Kunden wahr-genommene Erleb-nischarakter von E-Mail-Marketing ist insgesamt unter-durchschnittlich	4
		Emotionale Erlebnisse	+		
		Kognitive Erlebnisse	+		
		Verhaltensbez. Erlebnisse	o		
		Lifestyle-Dimension	o		
		Soziale Erlebnisse	+		

Legende: o = kein Effekt + leicht betroffen ++ stark betroffen

Spalte der Tabelle ist – basierend auf den Bewertungen – ein Ranking der Wirksamkeit der Maßnahmen vorgenommen worden. Deutlich zu sehen ist, dass je digitaler und kanalübergreifender die Maßnahmen für die Kundinnen und Kunden sind, desto höher ist ihr Rang.

12.4 Empirische Studie zur Kundenbeurteilung der während der Coronapandemie ergriffenen Maßnahmen des Bekleidungseinzelhandels

Auf Basis der in Abschn. 12.3 aufgestellten Hypothesen schloss sich eine quantitative Untersuchung an, um eine Bewertung der vom stationären Bekleidungshandel ergriffenen Maßnahmen durch Kundinnen und Kunden vorzunehmen, mit dem finalen Zweck, Handlungsempfehlung aussprechen zu können. Nachfolgend werden die Methodik, das Studiendesign und die Ergebnisse der Datenerhebung erläutert.

12.4.1 Methodik und Studiendesign

Die Überprüfung der zuvor aufgestellten Hypothesen erfolgte mittels einer quantitativen Datenerhebung mithilfe einer Onlinebefragung. Diese Methode war in Pandemiezeiten die praktikabelste Methode, da sie weder von Raum noch Zeit abhängig ist (vgl. Bruhn, 2019, S. 104). Sie bietet außerdem den Vorteil, dass ein breites Spektrum an Teilnehmenden realisiert werden kann, ohne mit diesen in direkten Kontakt zu treten, was aufgrund der COVID-19-Präventions- und Hygienemaßnahmen zum Zeitpunkt der Feldphase eingeschränkt war (vgl. Brosius et al., 2012, S. 116).

Für die Konzeption des Fragebogens wurden zunächst die unterschiedlichen Erlebnisdimensionen operationalisiert (vgl. Tab. 12.8 für eine übersichtliche Darstellung). Das Ziel der Operationalisierung besteht darin, die latenten und theoretischen Erlebnisdimensionen messbar zu machen (vgl. Stockburger-Sauer & Eisend, 2009, S. 332). Dafür wurden auf Grundlage von wissenschaftlichen Arbeiten Items zusammengestellt.

Die Befragung beginnt mit einem kurzen einleitenden Text, in welchem ein grober Überblick über das Thema sowie eine kurze Danksagung erfolgen. Für eine bessere Übersicht wurde eine Fortschrittsanzeige eingefügt und der Fragebogen thematisch in acht Abschnitte unterteilt. Der erste Abschnitt ist der einleitende Text. Die nächsten fünf Abschnitte thematisieren jeweils eine der in Abschn. 12.3 dargestellten Maßnahmen. In jedem dieser Abschnitte wurden dieselben Fragen gestellt, um die Einstellung gegenüber den Maßnahmen zu ermitteln. Zentral sind hierbei jeweils zwölf Aussagen zu dem empfundenen Erlebnischarakter der Maßnahmen. Die Endpunkte der gleichbleibenden Antwortskala wurden unipolar formuliert, sodass das untere Ende für totale Ablehnung steht und das obere für vollkommene Zustimmung. Damit die Aufmerksamkeit der

Tab. 12.8 Operationalisierungstabelle

Begriff Konstrukt	Dimension	Item	Quelle	Fragen-platzierung im Fragebogen	Hypothese	Antwortskala
Customer Experience	Sensorisch	… hat in mir positive Sinneseindrücke erzeugt	Ober-Heilig (2015, S. 155)	Nr. 2, 5, 8, 11, 14	H1 – H5	5er Likert-Skala
		… hat meine Sinne nicht angesprochen. (r)				
	Emotional	…hat bei mir positive Gefühle und Stimmungen hervorgerufen	Ober-Heilig (2015, S. 155)	Nr. 2, 5, 8, 11, 14	H1 – H5	5er Likert-Skala
		… war für mich emotional behaftet				
	Kognitiv	… hat meine Neugier geweckt	Ober-Heilig (2015, S. 155)	Nr. 2, 5, 8, 11, 14	H1 – H5	5er Likert-Skala
		… hat mich zum Nachdenken angeregt				
	Verhaltens-bezogen	… hat mich selbst aktiv werden lassen	Ober-Heilig (2015, S. 155)	Nr. 2, 5, 8, 11, 14	H1 – H5	5er Likert-Skala
		… spornt mich an	Eigene Darstellung			
	Lifestyle	… spiegelt gut meine Interessen und passt zu meinen sonstigen Aktivitäten	Eigene Darstellung			5er Likert-Skala
		… passt gut zu meinem Lebensstil	Eigene Darstellung			
	Sozial	… hat mich zu vielfältigen Interaktionen angeregt	Ober-Heilig (2015, S. 155)	Nr. 2, 5, 8, 11, 14	H1 – H5	5er Likert-Skala
		… nutze ich gerne, weil viele es nutzen und ich das Gefühl habe dazu zugehören	Eigene Darstellung			
Alter		Bitte geben Sie Ihr Alter an!	Eigene Darstellung	Nr. 17		Freie Eingabe
Geschlecht		Bitte geben Sie Ihr Geschlecht an!	Eigene Darstellung	Nr. 18		Männlich, Weiblich, Divers

Teilnehmerinnen und Teilnehmer in diesen Abschnitten nicht nachlässt und um die Validität zu fördern, wurden die zwölf Aussagen in jedem Abschnitt randomisiert und eine Aussage revers formuliert (vgl. Salzberger & Holzmüller, 2009, S. 312; Kuß et al., 2018, S. 110). Der letzte Abschnitt der Befragung beinhaltet zwei personenbezogene Daten über das Geschlecht und das Alter der Teilnehmerin bzw. des Teilnehmers.

Vor dem Start der Umfrage wurde ein Pretest mit insgesamt fünf Personen (drei Frauen, zwei Männer) durchgeführt. Diese wurden heterogen ausgewählt (Alter, Geschlecht, Wohnort), um möglichst viele Blickwinkel abzudecken. Neben marginalen Verbesserungshinweisen ermittelte der Pretest zudem die durchschnittliche Ausfülldauer, welche bei ca. acht Minuten lag und so im Begrüßungstext zu Beginn des Fragebogens zusätzlich zur Zusicherung der Anonymität angegeben werden konnte.

Für die Onlinebefragung wurde die Plattform soSciSurvey.de genutzt. Um genügend Teilnehmerinnen und Teilnehmer für die Befragung zu erreichen, wurde der Link zu dieser in Facebook-Gruppen, in WhatsApp-Gruppen und in Onlineforen veröffentlicht. Der Befragungszeitraum lag genau bei sieben Tagen. Im Bearbeitungszeitraum wurde der Link für die Umfrage 291-mal angeklickt und die Umfrage wurde 127-mal beantwortet. Jedoch wurden davon 23 Fragebogen nicht vollständig ausgefüllt, weshalb für die anschließende Auswertung lediglich 104 Datensätze genutzt wurden. Das Verhältnis der Geschlechter lag bei 60 % weiblichen zu 40 % männlichen Teilnehmenden.

Da der Fragebogen sogenannte Filterfragen enthielt, haben nicht alle 104 Teilnehmerinnen und Teilnehmer jede Maßnahme bewertet. Die Filterfrage war darauf ausgerichtet, dass lediglich die Teilnehmenden, denen die zu bewertende Maßnahme bekannt war, diese evaluieren. Die erste Maßnahme – die Verstärkung des Onlineauftritts – weist die höchste Bekanntheit (und folglich Stichprobengröße) auf, während die Maßnahmen „Online-Verkaufspartys" und „verlängertes Rückgaberecht" weniger bekannt waren und deswegen von den wenigsten Personen bewertet wurden.

12.4.2 Auswertung und Ergebnisse

Bevor auf jede einzelne Maßnahme detailliert eingegangen wird, gibt Tab. 12.9 zunächst einen Überblick über alle Erlebnisdimensionen für jede Maßnahme. Dafür wurde das arithmetische Mittel über die Antwortskala von 1 bis 5 gebildet, indem die

Tab. 12.9 Arithmetisches Mittel aller Erlebnisdimensionen pro Maßnahmen

Maßnahme	Arithmetisches Mittel
Verstärkter Onlineauftritt	3,11
Onlineberatung per Videotelefonie	3,33
Online-Verkaufspartys	3,66
Verlängertes Rückgaberecht	2,87
E-Mail-Marketing	2,82

jeweiligen Bewertungen der sechs Erlebnisdimensionen addiert wurden und dieser Wert anschließend durch die Anzahl der Antworten geteilt wurde (vgl. Fahrmeir et al., 2016, S. 49). Es zeigt sich, dass „Online-Verkaufspartys" bei denjenigen Befragungsteilnehmenden, welche die Maßnahme kennen, insgesamt den höchsten Erlebniswert haben.

Nachfolgend wird auf jede einzelne Maßnahme im Detail eingegangen. Dafür werden für alle sechs Erlebnisdimensionen die Mittelwerte gebildet und anschließend die Signifikanzen der einzelnen Dimensionen sowie die Signifikanz der gesamten Maßnahme mit einem t-Test gegen die Nullhypothese getestet. Da die Bewertungen der Erlebnisdimensionen auf einer fünfstufigen Likert-Skala durchgeführt wurden, können die Antworten von 1 bis 5 variieren. Aus diesem Grund wird die Nullhypothese auf einen Wert von 3 festgesetzt (bis auf H1, da dies Sonderfall ist, wie der nächste Absatz aufzeigen wird) (vgl. Krzywinski & Altman, 2013, S. 1041). Es wird angenommen, dass der Wert 3 den Punkt darstellt, an dem die Befragungsteilnehmenden indifferent gegenüber dem zu bewertenden Item stehen. Sprich, sie stimmen der Aussage weder zu, was einen Wert >3 bedeuten würden, noch lehnen sie die Aussage ab, was durch einen Wert <3 dargestellt würde

Abb. 12.1 stellt die arithmetischen Mittel aller Erlebnisdimensionen von Maßnahme 1 dar.

Es fällt auf, dass eine Verstärkung des Onlineauftritts offenbar doch – anders als in Abschn. 12.3 vermutet – auch leichte sensorischen Erlebnisse vermittelt. Während die emotionale Dimension, wie angenommen, leicht tangiert wird, werden durch die Maßnahme die kognitiven Erlebnisse in hohem Maße einbezogen. Die verhaltensbezogene Dimension ist, wie erwartet, nur marginal tangiert. Besonders die soziale und die Lifestyle-Dimension weisen bei der Auswertung der Daten deutliche Abweichungen zu den postulierten Wirkungen auf. Während die Lifestyle-Dimension nicht nur leicht tangiert wird, wie zuvor vermutet, aktiviert sie die Maßnahme stark. Dies ist konträr zu den sozialen Erlebnissen, bei denen wurde vermutet, dass sie durch die Maßnahme

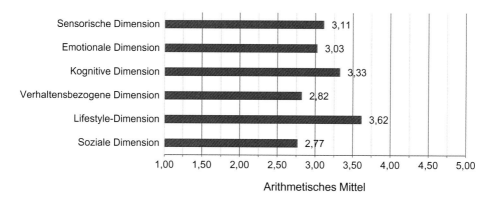

Abb. 12.1 Arithmetisches Mittel der Erlebnisdimensionen der Maßnahme „Verstärkter Online-Auftritt"

leicht tangiert werden; jedoch weist der Wert von 2,77 darauf hin, dass diese eher nicht angesprochen werden.

Anschließend wird das arithmetische Mittel aller Erlebnisdimensionen in Bezug auf die Maßnahme mittels t-Test gegen die Nullhypothese getestet. Da die Hypothese für Maßnahme 1 lautet, dass der erzeugte Erlebnischarakter durch den verstärkten Online-auftritt insgesamt durchschnittlich ist, wird der t-Test zweimal mit unterschiedlichen Nullhypothesen angewandt. Dies dient zur Überprüfung, ob der Wert nach oben oder unten abweicht und ob dies signifikant ist. Aus diesem Grund wird einmal die Nullhypo-these auf 2,8 und einmal auf 3,6 gesetzt. Die durchgeführten t-Tests bestätigen – wie Tab. 12.10 aufzeigt – die aufgestellte Hypothese, da der Wert in beide Richtungen eine sehr hohe Signifikanz aufweist. Lediglich die beiden Dimensionen „Sozial" und „Life-style", weisen bei der Abweichung Richtung der Nullhypothese 2,8 keine Signifikanz auf. Hier wird der verstärkte Onlineauftritt nicht als durchschnittlich, sondern als unter-durchschnittlich erlebnisvermittelnd wahrgenommen. Insgesamt betrachtet (über alle Dimensionen) kann H1 aber als vorläufig bestätigt angesehen werden.

Abb. 12.2 stellt die arithmetischen Mittel aller Erlebnisdimensionen von Maßnahme 2 dar.

Bei der Analyse der Daten lässt sich erkennen, dass eine Onlineberatung per Video-telefonie sämtliche Erlebnisdimensionen tangiert. Besonders ausgeprägt ist die Wirkung auf die Lifestyle-Dimension mit einem arithmetischen Mittelwert von 3,59. Dort wurde ursprünglich nur eine leichte Wirkung mit der Maßnahme vermutet. Während die kognitive und die verhaltensbezogene Dimension entgegen der Annahme nur leicht tangiert werden, treffen die ursprünglichen Vermutungen bezüglich der sozialen, der sensorischen und der emotionalen Erlebnisse zu.

Im Anschluss wird – wie Tab. 12.11 aufzeigt – das arithmetische Mittel aller Erleb-nisdimensionen für die Maßnahme gegen die Nullhypothese t-getestet. Da die Hypo-these für diese Maßnahme einen überdurchschnittlichen Erlebnischarakter vermutet,

Tab. 12.10 Ergebnisse Maßnahme 1: Verstärkter Onlineauftritt

Erlebnisdimension	Arithmetisches Mittel	Signifikanz der Abweichung	
		0-Hypothese = 2,8	0-Hypothese = 3,6
Sensorisch	3,1149	0,0030**	0,000021***
Emotional	3,0270	0,0191*	0,00000053***
Kognitiv	3,3311	0,00000016***	0,0028**
Verhaltensbezogen	2,8243	0,3972 n. s.	0,0000000000016***
Lifestyle	3,6216	0,00000000014***	0,4241 n. s.
Sozial	2,7703	0,4075 n. s.	0,0000000035***
Gesamt	**3,1149**	**0,00015***	**0,000000063***

Legende: Signifikanzniveaus (einseitig): * p ≤ 0,05: signifikant; ** p ≤ 0,01: sehr signifikant; *** p ≤ 0,001: höchst signifikant; n. s.: nicht significant

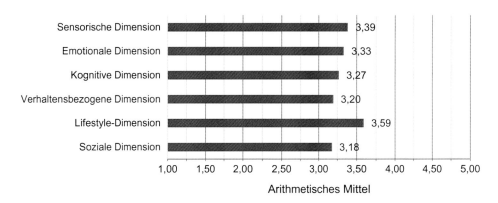

Abb. 12.2 Arithmetisches Mittel der Erlebnisdimensionen der Maßnahme „Onlineberatung per Videotelefonie"

Tab. 12.11 Ergebnisse Maßnahme 2: Onlineberatung per Videotelefonie

Erlebnisdimension	Arithmetisches Mittel	Signifikanz der Abweichung
Sensorisch	3,3854	0,0028**
Emotional	3,3333	0,0226*
Kognitiv	3,2708	0,0355*
Verhaltensbezogen	3,1979	0,1162 n. s.
Lifestyle	3,5938	0,0006***
Sozial	3,1771	0,1296 n. s.
Gesamt	**3,3264**	**0,0107***

Legende: Signifikanzniveaus (einseitig): * p ≤ 0,05: signifikant; ** p ≤ 0,01: sehr signifikant; *** p ≤ 0,001: höchst signifikant; n. s.: nicht significant

wird als Nullhypothese für den t-Test der Wert 3 angenommen, da dieser einen durch-schnittlichen (neutralen) Erwartungswert widerspiegelt. Da der Mittelwert über alle sechs Erlebnisdimensionen für diese Maßnahme gerundet bei 3,3 liegt und der t-Test mit einem Wert von 0,0107 ein signifikantes Ergebnis darstellt, kann die Hypothese 2 als bestätigt angesehen werden. Lediglich die beiden Dimensionen „Sozial" und „Ver-haltensbezogen" weisen bei der Abweichung keine Signifikanz auf. Insgesamt betrachtet (über alle Dimensionen) kann H2 aber als vorläufig bestätigt angesehen werden.

Abb. 12.3 stellt die arithmetischen Mittel aller Erlebnisdimensionen von Maßnahme 3 dar.

Bei der Analyse der Daten zeigt sich, dass – anders als vermutet – Online-Verkaufs-partys sämtliche Erlebnisdimensionen tangieren. Die emotionalen und die kognitiven

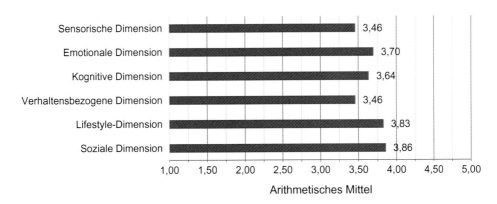

Abb. 12.3 Arithmetisches Mittel der Erlebnisdimensionen der Maßnahme „Online-Verkaufs-partys"

Dimensionen sind deutlich stärker ausgeprägt als in Abschn. 12.3 vermutet. Gleiches gilt auch für die Lifestyle-Dimension, bei welcher ursprünglich keinerlei Effekt angenommen wurde.

Im Anschluss wird – wie Tab. 12.12 aufzeigt – das arithmetische Mittel aller Erlebnis-dimensionen für die Maßnahme gegen die Nullhypothese t-getestet. Da die Hypothese für diese Maßnahme abermals einen überdurchschnittlichen Erlebnischarakter vermutet, wird analog zu H2 vorgegangen. Da der Mittelwert über alle sechs Erlebnisdimensionen für diese Maßnahme gerundet bei 3,7 liegt und der t-Test mit einem Wert von 0,000032 ein höchst signifikantes Ergebnis darstellt, kann H3 als vorläufig bestätigt angesehen werden.

Abb. 12.4 stellt die arithmetischen Mittel aller Erlebnisdimensionen von Maßnahme 4 dar.

Tab. 12.12 Ergebnisse Maßnahme 3: Online-Verkaufspartys

Erlebnisdimension	Arithmetisches Mittel	Signifikanz der Abweichung
Sensorisch	3,4625	0,0032**
Emotional	3,700	0,000076***
Kognitiv	3,6375	0,000035***
Verhaltensbezogen	3,4625	0,0017**
Lifestyle	3,8250	0,000012***
Sozial	3,8625	0,0000094***
Gesamt	**3,6583**	**0,000032***

Legende: Signifikanzniveaus (einseitig): * $p \leq 0{,}05$: signifikant; ** $p \leq 0{,}01$: sehr signifikant; *** $p \leq 0{,}001$: höchst signifikant; n.s.: nicht signifikant

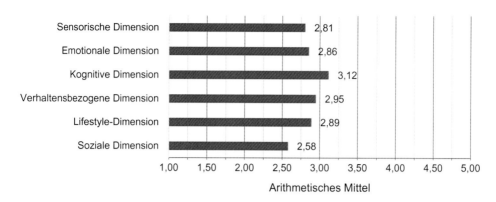

Abb. 12.4 Arithmetisches Mittel der Erlebnisdimensionen der Maßnahme „Verlängertes Rückgaberecht"

Die Analyse lässt erkennen, dass, anders als vermutet, im Grunde keine Dimension durch die Verlängerung des Rückgaberechts besonders ausgeprägt tangiert wird. Auffällig ist lediglich, dass die Dimension „soziale Erlebnisse" einen besonders geringen Wert erzielt.

Im Anschluss wird – wie Tab. 12.13 aufzeigt – das arithmetische Mittel aller Erlebnisdimensionen für die Maßnahme gegen die Nullhypothese t-getestet. Da die Hypothese für diese Maßnahme diesmal einen unterdurchschnittlichen Erlebnischarakter vermutet, gilt es, die Signifikanz für einen Durchschnittswert unter 3 zu ermitteln. Der Mittelwert über alle sechs Erlebnisdimensionen für diese Maßnahme gerundet liegt tatsächlich bei 2,86, das heißt, ein lediglich sehr schwacher Erlebniseffekt wird wahrgenommen. Das Ergebnis des t-Tests ergibt allerdings einen Wert von 0,084 und ist somit nicht signifikant. H4 kann folglich nicht weiter aufrechterhalten werden.

Tab. 12.13 Ergebnisse Maßnahme 4: Verlängertes Rückgaberecht

Erlebnisdimension	Arithmetisches Mittel	Signifikanz der Abweichung
Sensorisch	2,8051	0,0682 n.s
Emotional	2,8559	0,1445 n.s
Kognitiv	3,1186	0,1476 n.s
Verhaltensbezogen	2,9492	0,3504 n.s
Lifestyle	2,8898	0,1985 n.s
Sozial	2,5847	0,00029***
Gesamt	**2,8672**	**0,0839 n.s**

Legende: Signifikanzniveaus (einseitig): * $p \leq 0{,}05$: signifikant; ** $p \leq 0{,}01$: sehr signifikant; *** $p \leq 0{,}001$: höchst signifikant; n.s.: nicht signifikant

Abb. 12.5 stellt die arithmetischen Mittel aller Erlebnisdimensionen von Maßnahme 5 dar.

Ursprünglich wurde in Abschn. 12.3 vermutet, dass E-Mail-Marketing emotionale, kognitive und soziale Erlebnisse hervorruft, während für die anderen Dimensionen keine Wirkung prognostiziert wurde. Die Ergebnisse der Auswertung zeigen allerdings, dass insbesondere die Lifestyle-Dimension und die kognitive Dimension tangiert werden. Der wahrgenommene soziale Erlebnischarakter von E-Mail-Marketing ist insgesamt hingegen – anders als erwartet – auffällig unterdurchschnittlich.

Im Anschluss wird – wie Tab. 12.14 aufzeigt – das arithmetische Mittel aller Erlebnisdimensionen für die Maßnahme gegen die Nullhypothese t-getestet. Da die Hypothese für diese Maßnahme ebenfalls von einem unterdurchschnittlichen Erlebnischarakter ausgeht, erfolgt die Vorgehensweise analog zu H4. Der Mittelwert über alle sechs Erlebnisdimensionen für diese Maßnahme liegt gerundet bei 2,8. Das Ergebnis des t-Tests ergibt einen Wert von 0,0447 und ist somit signifikant, womit die Hypothese 5 als vorläufig bestätigt angesehen wird.

Die Auswertung hat verdeutlicht, dass die in Abschn. 12.3 getroffenen Annahmen über den Erlebnischarakter der Maßnahmen größtenteils aufrechterhalten werden können. Nachfolgend werden alle Ergebnisse nochmals gebündelt dargestellt und ein Theorie-Praxis-Vergleich vorgenommen (siehe Tab. 12.15).

Der größte Erkenntnisgewinn der Befragung ist, dass die Online-Verkaufspartys von allen Maßnahmen – sofern sie bei den Befragungsteilnehmenden bekannt war – am besten bewertet wurden und somit den höchsten Erlebnischarakter erzeugen. Das Ranking der Maßnahme wurde von Platz 2 auf Platz 1 angepasst. Auch die Onlineberatung per Videotelefonie ergab ein schlüssiges Gesamtbild. Da die Mittelwerte der einzelnen Dimensionen etwas unter den Vermutungen lagen, musste das Ranking angepasst werden, sodass diese Maßnahme auf Platz 2 gesetzt wurde. Die Verlängerung

Tab. 12.14 Ergebnisse Maßnahme 5: E-Mail-Marketing

Erlebnisdimension	Arithmetisches Mittel	Signifikanz der Abweichung
Sensorisch	2,7778	0,0212*
Emotional	2,7381	0,0228*
Kognitiv	3,0159	0,4475n.s
Verhaltensbezogen	2,6984	0,0063**
Lifestyle	3,1905	0,0765n.s
Sozial	2,5079	0,000047***
Gesamt	**2,8214**	**0,0447***

Legende: Signifikanzniveaus (einseitig): * p < 0,05: signifikant; ** p ≤ 0,01: sehr signifikant; *** p ≤ 0,001: höchst signifikant; n.s.: nicht significant

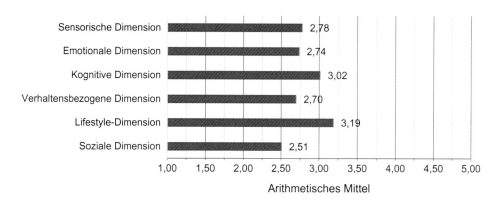

Abb. 12.5 Arithmetisches Mittel der Erlebnisdimensionen der Maßnahme „E-Mail-Marketing"

des Rückgaberechts musste als einzige Hypothese falsifiziert werden, da viele Mittel-werte der Erlebnisdimensionen nicht signifikant unterdurchschnittlich waren.

12.5 Handlungsempfehlungen und Fazit

Die Verstärkung des Onlineauftritts, die Onlineberatung per Videotelefonie sowie die Online-Verkaufspartys belegen im abschließenden Ranking zwar die ersten drei Plätze, jedoch kann durch einen verstärkten Fokus auf diese Onlinemaßnahmen der Erlebnis-charakter weiter ausgebaut und somit das Kundenerlebnis stark verbessert werden. Auf-grund der Coronapandemie haben viele stationäre Einzelhändler gezwungenermaßen einen Onlineauftritt aufgebaut, diesen jedoch ohne viel Know-how betrieben (vgl. Gode, 2021). Allerdings haben viele Menschen ihr Einkaufsverhalten durch die Pandemie dauerhaft verändert (vgl. Bahr, 2020). Die Digitalisierung des Handels sowie das Multi-Channel-Kaufverhalten sind keine schnelllebigen Phänomene, sondern stellen einen langfristigen Strukturwandel dar. Folglich gilt es, auch zukünftig Onlinekanäle zu stärken.

In Anbetracht der Tatsache, dass Onlineberatung per Videotelefonie sowie Online-Verkaufspartys bei der vorab gestellten Filterfrage zur Kenntnis über die Maßnahmen geringe Werte erzielten, sollten Händler Aktivitäten durchführen, um deren Bekanntheit zu erhöhen.

Bei der Maßnahme „verlängertes Rückgaberecht" war negativ auffällig, dass der Erleb-nischarakter nicht besonders stark wahrgenommen wurde. Aus diesem Grund empfiehlt es sich, diese Maßnahme mit weiteren Interaktionsmöglichkeiten zu kombinieren. Eine Möglichkeit könnte z. B. sein, dass man mit der Ware, die man geliefert bekommen hat bzw. die man abholt, zu einem späteren Zeitpunkt eine Onlineberatung per Videotelefonie mit Verkaufspersonal terminiert, um Feedback und Tipps einzuholen.

Tab. 12.15 Vergleich Hypothesen und Befragungsergebnisse

Maßnahme	Bezeichnung	Erlebnisdimensionen	Theoretische Analyse		Empirische Analyse		
			Bewertung	Hypothese	Bewertung	Ergebnis	Ranking
1	Verstärkter Onlineauftritt	Sensorische Erlebnisse	o	H1 – Der von Kundinnen und Kunden wahrgenommene Erlebnischarakter von verstärkten Onlineauftritten ist insgesamt durchschnittlich	+	☑	3
		Emotionale Erlebnisse	+		+		
		Kognitive Erlebnisse	+		+		
		Verhaltensbez. Erlebnisse	o		o		
		Lifestyle-Dimension	+		++		
		Soziale Erlebnisse	+		o		
2	Onlineberatung per Videotelefonie	Sensorische Erlebnisse	+	H2 – Der von Kundinnen und Kunden wahrgenommene Erlebnischarakter von Onlineberatungen per Videotelefonie ist insgesamt überdurchschnittlich	+	☑	2
		Emotionale Erlebnisse	+		+		
		Kognitive Erlebnisse	++		+		
		Verhaltensbez. Erlebnisse	++		+		
		Lifestyle-Dimension	+		++		
		Soziale Erlebnisse	+		+		
3	Online-Verkaufspartys	Sensorische Erlebnisse	+	Der von Kundinnen und Kunden wahrgenommene Erlebnischarakter von Online-Verkaufspartys ist insgesamt überdurchschnittlich	+	☑	1
		Emotionale Erlebnisse	+		++		
		Kognitive Erlebnisse	+		++		
		Verhaltensbez. Erlebnisse	++		+		
		Lifestyle-Dimension	o		++		
		Soziale Erlebnisse	++		++		

(Fortsetzung)

Tab. 12.15 Fortsetzung

Maßnahme	Bezeichnung	Erlebnisdimensionen	Theoretische Analyse		Empirische Analyse		
			Bewertung	Hypothese	Bewertung	Ergebnis	Ranking
4	Verlängertes Rückgabe-recht	Sensorische Erlebnisse	o	Der von Kundinnen und Kunden wahrgenommene Erlebnischarakter von verlängerten Rückgabefristen ist insgesamt unterdurch-schnittlich	o	-	5
		Emotionale Erlebnisse	+		o		
		Kognitive Erlebnisse	o		+		
		Verhaltensbez. Erlebnisse	+		o		
		Lifestyle-Dimension	o		o		
		Soziale Erlebnisse	o		o		
5	E-Mail-Marketing	Sensorische Erlebnisse	o	Der von Kundinnen und Kunden wahrgenommene Erlebnischarakter von E-Mail-Marketing ist ins-gesamt unterdurchschnitt-lich	o	☑	4
		Emotionale Erlebnisse	+		o		
		Kognitive Erlebnisse	+		+		
		Verhaltensbez. Erlebnisse	o		o		
		Lifestyle-Dimension	o		+		
		Soziale Erlebnisse	+		o		

Legende: o = kein Effekt + leicht betroffen ++ stark betroffen

Das E-Mail-Marketing hat gemäß den Ergebnissen der Befragung einen geringen Erlebnischarakter. Die Einzelhändler laufen daher Gefahr, dass ihre E-Mails von der Zielgruppe eher als Bedrängung oder Belästigung wahrgenommen werden. Aus diesem Grund ist es für die Unternehmen essenziell, sich auf eine angemessene Anzahl an E-Mails zu begrenzen. Getreu dem Motto „Weniger ist mehr" sollten sich die Händler auf eine qualitativ hochwertige und ansprechend aufbereitete Gestaltung des Newsletters konzentrieren (vgl. AGNITAS, 2020). Eine zusammengefasste Darstellung aller Handlungsempfehlungen bietet Abb. 12.6.

Diese abschließende Übersicht aller Implikationen stellt eine Hilfestellung für Händler dar, um auch zukünftig Erlebnisse zu vermitteln. Da diese Empfehlungen auf theoretisch hergeleiteten Hypothesen basieren, welche größtenteils empirisch validiert wurden, verkörpern sie den Mehrwert dieses Beitrags. Um ein nachvollziehbares Vorgehen zu gewährleisten, erfolgte die Auswahl der Maßnahmen gemäß dem Ablauf der Customer Journey, während die Bewertung des Erlebnischarakters dieser fünf Maßnahmen mithilfe der sechs gängigen Erlebnisdimensionen vorgenommen wurde.

Diese systematische Vorgehensweise stellt zugleich eine Grenze dieses Beitrags dar, denn es wurde sich bewusst auf lediglich eine Maßnahme pro Phase der Customer Journey begrenzt. Eine weitere methodische Grenze dieses Beitrags besteht in der Art und Durchführung der Befragung. Dadurch, dass die Studie als eine einmalige Teilerhebung und nicht als Panelstudie durchgeführt wurde, stellt diese eine Momentaufnahme dar und berücksichtigt keine möglichen Verzerrungseffekte (vgl. Stein, 2014, S. 144 f.).

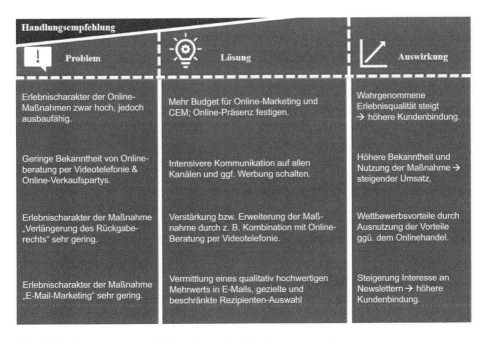

Abb. 12.6 Zusammengefasste Darstellung aller Handlungsempfehlungen

Diese Grenzen bilden aber zugleich den weiteren Forschungsbedarf. Um die Erkennt-nisse der Arbeit nochmals zu validieren, wäre es sinnvoll, eine Replikationsstudie durch-zuführen (vgl. Krebs & Menold, 2014, S. 426 ff.). Bei solch einer Studie bietet es sich an, weitere demografische Merkmale abzufragen und als Moderatoren einzubeziehen, um neue Zusammenhänge herauszuarbeiten. Ebenfalls könnte weitergehend auch qualitativ in Form von Interviews geforscht werden, um tiefenpsychologische Aspekte genauer zu beleuchten.

Der Verlauf der Coronapandemie mit stets neuen Varianten und schwankenden Inzidenzwerten lässt befürchten, dass die Coronapandemie nochmals auffacht und dass neue Krankheiten gleichermaßen das Potenzial haben, sich zu einer nicht aufhaltbaren Pandemie zu entwickeln. Die Einzelhändler werden folglich auch in Zukunft vor Heraus-forderungen stehen, um ein angenehmes Einkaufserlebnis zu schaffen. Daher ist es von hoher Bedeutung, dass sich die Händler auch zukünftig um attraktive Maßnahmen zur Schaffung einer erfolgreichen Customer Experience bemühen, wozu diese Abhandlung beigetragen hat.

Literatur

AGNITAS. (2020). E-Mail-Marketing zu Zeiten der Corona-Krise (2020). https://www.agnitas.de/email-marketing-in-der-corona-krise/#. Zugegriffen: 30. Juni 2022.

apa. (2021). Mehr Essen, weniger Kleidung und Schuhe während Corona (04.03.2021). https://www.wienerzeitung.at/nachrichten/wirtschaft/oesterreich/2091692-Mehr-Essen-weniger-Kleidung-und-Schuhe-waehrend-Corona.html. Zugegriffen: 30. Juni 2022.

artegic AG. (2021). Wie Corona das E-Mail-Marketing verändert (04.03.2021). https://www.marketing-boerse.de/fachartikel/details/2109-corona-hat-das-e-mail-marketing-veraendert/175313. Zugegriffen: 30. Juni 2022.

Bahr, I. (2020). Nutzerstudie zu Online-Shopping Trends in Zeiten von Corona (28.09.2020). https://www.capterra.com.de/blog/1741/online-shopping-trends-in-zeiten-von-corona. Zugegriffen: 30. Juni 2022.

Bayern2. (2021). Dieser Einzelhändler macht jetzt Teleshopping (16.02.2021). https://www.facebook.com/watch/?v=3617859978330239. Zugegriffen: 30. Juni 2022.

Brosius, H.-B., Haas, A., & Koschel, F. (2012). *Methoden der empirischen Kommunikations-forschung: Eine Einführung* (6. Aufl.). Springer.

Bruhn, M. (2019). *Marketing – Grundlagen für Studium und Praxis* (14. Aufl.). Springer.

Bruhn, M., & Hadwich, K. (2012). Grundlagen und Forschungsstand des Customer Experience Management. In M. Bruhn & K. Hadwich (Hrsg.), *Customer Experience – Forum Dienst-leistungsmanagement* (3. Aufl., S. 3–36). Gabler.

BVDW. (2012). Customer Journey – Definitionen und Ausprägungen (12.09.2012). https://silo.tips/download/12-september-2012-1200-1245-uhr-seminarraum-4. Zugegriffen: 30. Juni 2022.

dpa. (2015). Deutschland droht das große Ladensterben (04.09.2015). https://www.welt.de/print/die_welt/wirtschaft/article146060584/Deutschland-droht-das-grosse-Ladensterben.html. Zugegriffen: 30. Juni 2022.

Forke, S.-I. (2020). Einzelhandel geschlossen: Was der Lockdown für die Umtauschfristen eurer Geschenke bedeutet (28.12.2020). https://www.businessinsider.de/wirtschaft/lockdown-verlaengern-sich-umtauschfristen-fuer-weihnachts-geschenke-a/. Zugegriffen: 30. Juni 2022.

fraeuleinmodeundwohnen. (2022). fraeuleinmodeundwohnen. https://www.instagram.com/fraeuleinmodeundwohnen/channel/?hl=de. Zugegriffen: 30. Juni 2022.

Fahrmeir, L., Heumann, C., Künstler, R., Pigeot, I., & Tutz, G. (2016). *Statistik – Der Weg zur Datenanalyse* (8. Aufl.). Springer.

Gode, S. (2021). Ein Jahr Corona: Wie Shopping per Whatsapp, Instagram und Co. kleinen Händlern hilft, in der Krise zu überleben (20.03.2021). https://www.businessinsider.de/wirtschaft/handel/ein-jahr-corona-wie-shopping-per-whatsapp-instagram-und-co-kleinen-haendlern-hilft-in-der-krise-zu-ueberleben-a/. Zugegriffen: 30. Juni 2022.

Goldhausen, K. (Customer Experience Management). (2018). Customer Experience Management – Der Weg ist das Ziel. In A. Rusnjak & D. R. A. Schallmo (Hrsg.), *Customer Experience im Zeitalter des Kunden* (S. 41–93). Gabler.

Holland, H., & Ramanathan, N. (2016). Customer Experience Management. In Deutscher Dialogmarketing Verband e. V. (Hrsg.), *Dialogmarketing Perspektiven 2015/2016* (S. 84–101). Gabler.

Interactive One GmbH. (2020). Corona zwingt zum Umdenken: Gute Zeiten für E-Mail-Marketing (14.04.2020). https://www.marketing-boerse.de/fachartikel/details/2016-corona-zwingt-zum-umdenken-gute-zeiten-fuers-e-mail-marketing/166493. Zugegriffen: 30. Juni 2022.

Jentzsch, I. (2020). Harter Weihnachts-Lockdown droht: Können Geschenke dann nicht mehr umgetauscht werden? (12.12.2020). https://www.merkur.de/verbraucher/lockdown-weihnachten-geschenke-umtausch-rueckgabe-corona-90129460.html. Zugegriffen: 30. Juni 2022.

Käsehage & Lauterhahn CRM-Beratung GmbH. (2015). Customer Experience Management – Strategien zur Einführung von CEM (15.01.2015). https://www.marketing-boerse.de/fachartikel/details/1503-Customer-Experience-Management—Strategien-zur-Einfuehrung-von-CEM/50642. Zugegriffen: 30. Juni 2022.

Keller, B. (2019). Die Reise(n) durchs Touchpoint Management. In B. Keller & C. S. Ott (Hrsg.), *Touchpoint Management – Entlang der Customer Journey erfolgreich agieren* (2. Aufl., S. 35–70). Haufe Group.

Kolf, F., Hofer, J., Bialek, C., & Müller, A. (2021). Mit diesen Strategien versuchen Händler, den Lockdown zu überleben (23.01.2021). https://www.handelsblatt.com/unternehmen/handel-konsumgueter/einzelhandel-mit-diesen-strategien-versuchen-haendler-den-lockdown-zu-ueberleben/26836710.html?ticket=ST-9166166-Cr3wRkO5ZnaZr7kus2Y0-ap2. Zugegriffen: 30. Juni 2022.

Krebs, D., & Menold, N. (2014). Gütekriterien quantitativer Sozialforschung. In N. Baur & J. Blasius (Hrsg.), *Handbuch der empirischen Sozialforschung* (S. 425–438). Springer.

Kreutzer, R. T. (2018). Customer Experience Management – Wie man Kunden begeistern kann. In A. Rusnjak & D. R. A. Schallmo (Hrsg.), *Customer Experience im Zeitalter des Kunden* (S. 95–117). Gabler.

Krzywinski, M., & Altman, N. (2013). Error bars: The meaning of error bars is often misinterpreted, as is the statistical significance of their overlap. *Nature methods, 10*(10), 921–923.

Kuß, A., Wildner, R., & Kreis, H. (2018). *Marktforschung: Grundlagen der Datenerhebung und Datenanalyse* (6. Aufl.). Springer.

Lemon, K. N., & Verhoef, P. C. (2016). Understanding customer experience – Throughout the customer journey. *Journal of Marketing, 80*(6), 69–96.

Mangold, R. (2014). Werbepsychologie. In H. Holland (Hrsg.), *Digitales Dialogmarketing* (S. 29–50). Gabler.

Naskrent, J. (2021). Online-Verkaufspartys (05.03.2021). https://www.youtube.com/watch?v=PBlR8GakQiE. Zugegriffen: 30. Juni 2022.

Ober-Heilig, N. (2015). *Das gebaute Museumserlebnis – Erlebniswirksame Architektur als strategische Schnittstelle für Museumsmarken.* Springer Gabler.

Philipp, M., & Krauss, V. (2019). 6 Erfolgsfaktoren im Customer Experience Management (04.03.2019). https://www.marconomy.de/6-erfolgsfaktoren-im-customer-experience-management-a-803745/#:~:text=1. Zugegriffen: 30. Juni 2022.

Salzberger, T., & Holzmüller, H. (2009). Interkulturelle Studien. In C. Baumgarth, M. Eisend, & H. Evanschitzky (Hrsg.), *Empirische Mastertechniken: Eine anwendungsorientierte Einführung für die Marketing- und Managementforschung* (S. 293–329). Springer.

Schamber, M. (2022). So wird Social Commerce zum Gewinnmotor (06.04.2022). https://etailment.de/news/stories/Soziale-Medien-So-wird-Social-Commerce-zum-Gewinnmotor-23861. Zugegriffen: 30. Juni 2022.

Stein, P. (2014). Forschungsdesigns für die quantitative Sozialforschung. In N. Baur & J. Blasius (Hrsg.), *Handbuch der empirischen Sozialforschung* (S. 135–151). Springer.

Stockburger-Sauer, N., & Eisend, M. (2009). Konstruktentwicklung. In C. Baumgarth, M. Eisend, & H. Evanschitzky (Hrsg.), *Empirische Mastertechniken: Eine anwendungsorientierte Einführung für die Marketing- und Managementforschung* (S. 331–360). Springer.

Tiffert, A. (2019). *Customer experience management in der praxis.* Gabler.

Toth, A. (2019). *Die Treiber der Customer Experience So stärken Sie die Kundenbeziehung durch die Gestaltung des Einkaufserlebnisses.* Springer.

Wiesenmüller, A. (2020). Die Customer Journey – Von der Idee zur Map (28.02.2020). https://www.meltwater.com/de/blog/b2b-customer-journey-mapping. Zugegriffen: 30. Juni 2022.

Wuppertal. (2019). Online City Wuppertal. https://www.wuppertal.de/wirtschaft-stadtentwicklung/einzelhandel/online-city-wuppertal.php. Zugegriffen: 30. Juni 2022.

Zöller, S. (2019). *Ja zur Digitalisierung!* Gabler.

Prof. Dr. Julia Naskrent ist seit 2012 hauptberufliche Dozentin für Betriebswirtschaftslehre, insbesondere Marketing, an der FOM Hochschule. Des Weiteren ist sie Leiterin des KCMS KompetenzCentrum für Marketing & Sales Management (vormals KCM). In ihren Veröffentlichungen fokussiert sie oftmals nicht-beobachtbare, psychische Prozesse im Organismus von Menschen in ihrer Funktion als Kaufende bzw. User oder Rezipienten aus der wirtschaftswissenschaftlichen Perspektive.

Simon Dormann ist als Junior Projektmanager bei ifm tätig. Sein berufsbegleitendes Bachelor-Studium in Wirtschaftsingenieurwesen schloss er 2021 an der FOM Hochschule in Siegen ab. Zeitgleich zum Beginn seines Studiums fing er eine Ausbildung als Industriekaufmann bei der SÜLZLE KLEIN GmbH an, einem erfahrenen Spezialisten für den Anlagenbau im Bereich Eindickung, Entwässerung und Trocknung von Klärschlämmen. Sein besonderes Interesse gilt digitalen Medien und ihrer Akzeptanz.

Forschungsstark und praxisnah:
Deutschlands Hochschule für Berufstätige

Raphaela Schmaltz studiert den berufsbegleitenden Master-Studiengang Taxation am FOM Hochschulzentrum Köln.

Die FOM ist Deutschlands Hochschule für Berufstätige. Sie bietet über 40 Bachelor- und Master-Studiengänge, die im Tages- oder Abendstudium berufsbegleitend absolviert werden können und Studierende auf aktuelle und künftige Anforderungen der Arbeitswelt vorbereiten.

In einem großen Forschungsbereich mit hochschuleigenen Instituten und KompetenzCentren forschen Lehrende – auch mit ihren Studierenden – in den unterschiedlichen Themenfeldern der Hochschule, wie zum Beispiel Wirtschaft & Management, Wirtschaftspsychologie, IT-Management oder Gesundheit & Soziales. Sie entwickeln im Rahmen nationaler und internationaler Projekte gemeinsam mit Partnern aus Wissenschaft und Wirtschaft Lösungen für Problemstellungen der betrieblichen Praxis.

Damit ist die FOM eine der forschungsstärksten privaten Hochschulen Deutschlands. Mit ihren insgesamt über 2.000 Lehrenden bietet die FOM mit mehr als 50.000 Studierenden ein berufsbegleitendes Präsenzstudium im Hörsaal an einem der 36 FOM Hochschulzentren und ein digitales Live-Studium mit Vorlesungen aus den hochmodernen FOM Studios.